湖南省2018年度哲学社会科学基金项目（项目编号：18YBA081）

教育部2012年度人文社会科学研究规划基金项目（项目编号：12YJA710050）

教育部2019年度高校示范马克思主义学院和优秀教学科研团队建设项目（项目编号：19JDSZK080）

湖南大学出版社
图书出版基金资助项目

马克思主义文化理论与中国文化软实力发展研究

宁德业 著

湖南大学 出版社

·长沙·

内 容 简 介

本著作首先研究了马克思主义文化理论的形成发展及其中国化进程，论述了马克思、恩格斯和列宁在创立和发展马克思主义文化理论中所起到的重要作用，阐释了卢卡奇、葛兰西、阿多诺、马尔库塞、詹姆逊和伊格尔顿等西方马克思主义代表人物推动马克思主义文化理论所发生的历史性嬗变，介绍了中国共产党人在领导实现马克思主义文化理论中国化进程中所做出的卓越贡献。

其次，本著作还研究了提升中国文化软实力的现实要求与战略选择问题，着重分析指出了提升文化软实力对于实现中华民族伟大复兴"中国梦"的重要意义，并强调要在坚持先进理论导向战略、全面协调发展战略、民族文化认同战略、国家文化安全战略和谋求文化强国战略的前提下，努力探寻以马克思主义文化理论指导我国文化软实力发展的有效形式。

图书在版编目（CIP）数据

马克思主义文化理论与中国文化软实力发展研究/宁德业著. —长沙：湖南大学出版社，2021.2（2022.8 重印）

ISBN 978-7-5667-1914-0

Ⅰ.①马… Ⅱ.①宁… Ⅲ.①马克思主义—文化理论—发展—研究—中国②文化事业—建设—研究—中国 Ⅳ.①G12

中国版本图书馆 CIP 数据核字（2020）第 016764 号

马克思主义文化理论与中国文化软实力发展研究
MAKESI ZHUYI WENHUA LILUN YU ZHONGGUO WENHUA
RUANSHILI FAZHAN YANJIU

著　　者：	宁德业
责任编辑：	刘非凡　谌鹏飞
印　　装：	河北文盛印刷有限公司

开　本：787 mm×1092 mm　1/16	印　张：15.5　字　数：368 千字
版　次：2021 年 2 月第 1 版	印　次：2022 年 8 月第 2 次印刷
书　号：ISBN 978-7-5667-1914-0	
定　价：65.00 元	

出 版 人：李文邦
出版发行：湖南大学出版社
社　　址：湖南·长沙·岳麓山　　　　邮　　编：410082
电　　话：0731-88822559（营销部），88821691（编辑室），88821006（出版部）
传　　真：0731-88822264（总编室）
网　　址：http://www.hnupress.com
电子邮箱：hnuplff@126.com

目 次

导　论

在经济全球化深入发展的时代条件下，大力推进中国特色社会主义文化建设，努力提升我国文化软实力，不仅具有非常重要的理论意义，而且具有非常重要的现实意义。顺应时代发展的要求，党的十七大、十八大和十九大都强调要提高国家文化软实力，习近平同志在十八届中央政治局第十二次集体学习时强调："提高国家文化软实力，关系'两个一百年'奋斗目标和中华民族伟大复兴中国梦的实现。"① 这充分体现了我们党对提高国家文化软实力的高度重视。然而，加强我国文化建设，大力提升我国文化软实力，离不开科学理论的指导。马克思主义文化理论对各社会主义国家的文化建设实践发挥了重要的理论指导作用。在中国特色社会主义进入新时代的条件下，如何更好地以马克思主义文化理论来指导我国的文化建设，进一步提升我国文化软实力，是每一个负责任的中国人都必须深入思考的重大问题。

一、研究意义

全球化条件下，以美国为首的西方强势文化利用资本、技术和市场优势，对其他弱势文化进行渗透和控制，通过推行所谓文化"新干涉主义"来谋求世界文化霸权，构建文化帝国主义。这种情况严重威胁我国及广大发展中国家的文化生存与发展，迫切要求我们党高度重视我国的文化安全问题，采取有效措施切实加强我国文化建设，以确保我国在进一步向世界开放的条件下保持和发展本民族的优秀文化，更好地承担起中国和平崛起、中华文化复兴的伟大历史使命。

为应对时代发展提出的严峻挑战，胡锦涛在十七大报告中提出："当今时代，文化越来越成为民族凝聚力和创造力的重要源泉，越来越成为综合国力竞争的重要因素，丰富精神文化生活越来越成为我国人民的热切愿望。要坚持社会主义先进文化前进方向，兴起社会主义文化建设新高潮，激发全民族文化创造活力，提高国家文化软实力。"② 在十八大报告中，胡锦涛再次强调："文化是民族的血脉，是人民的精神家园。全面建成小康社会，实现中华民族伟大复兴，必须推动社会主义文化大发展大繁荣，兴起社会主义文化建设新高潮，提高国家文化软实力，发挥文化引领风尚、教育人民、服务社会、推动发展的作用。"③ 在十九大报告中，习近平总书记强调："文化是一个国家、一个民族的灵魂。文化兴国运兴，文化强民族强。没有高度的文化自信，没有文化的繁荣兴盛，就没有中华民族伟大复兴。要坚持中国特色社会主义文化发展道路，激发全民族

---

① 习近平. 习近平谈治国理政［M］. 北京：外文出版社，2014：160.
② 胡锦涛. 胡锦涛文选（第2卷）［M］. 北京：人民出版社，2016：639.
③ 胡锦涛. 胡锦涛文选（第3卷）［M］. 北京：人民出版社，2016：637.

文化创新创造活力，建设社会主义文化强国。……加强中外人文交流，以我为主、兼收并蓄。推进国际传播能力建设，讲好中国故事，展现真实、立体、全面的中国，提高国家文化软实力。"① 从十七大到十九大，党的三次全国代表大会通过的三个重要文件都强调要"提高国家文化软实力"，这充分体现了我们党对于加强文化建设、提升我国文化软实力的高度重视。

然而，加强我国文化建设，大力提升我国文化软实力，离不开科学理论的指导。作为"时代精神的精华"和"文明的活的灵魂"，马克思主义文化理论对各社会主义国家的文化建设实践均发挥了重要的理论指导作用。在我们党为全面建成小康社会、实现中华民族伟大复兴而努力奋斗的崭新历史阶段，如何更好地以马克思主义文化理论来指导我国的文化建设，进一步增强我国的文化软实力，是我们必须深入思考的重大问题。因此，顺应我们党的十七大、十八大和十九大提出的"提高国家文化软实力"重大战略决策的要求，本专著将马克思主义文化理论与中国文化软实力发展结合起来进行研究，通过深入考察马克思主义文化理论的发展历程，探讨实现马克思主义文化理论指导我国文化软实力发展的有效形式，这对于进一步推进马克思主义文化理论中国化进程、提升中国文化软实力来说，具有非常重要的理论意义和重大的实际应用价值。

二、研究现状

国内外学者对马克思主义文化理论和中国文化软实力发展问题的研究，基本上是把二者分开来进行的，虽取得了一定的成绩，但也存在一些问题和不足。

（一）国外研究现状

1. 马克思主义文化理论研究方面

以西尔伯曼、梅茹耶夫等人为代表的苏联学者把文化分为物质文化和精神文化，强调马克思主义文化理论的阶级性，认为反动统治阶级鼓吹的所谓"文化统一"是一种虚构，社会主义文化是人类文化发展的一个全新阶段，最终将过渡到共产主义文化这一高级阶段。但这些学者一定程度上受到了教条主义思想的影响，片面强调文化的阶级性和对抗性。

以卢卡奇、葛兰西、柯尔施为代表的早期西方马克思主义者，以霍克海默、阿多尔诺、马尔库塞、弗洛姆、哈贝马斯等人为核心的法兰克福学派，以及以吉登斯、拉克劳、墨菲、德里达、威廉斯、伊格尔顿、詹姆逊等人为代表的后现代马克思主义思想家，通过反思社会主义革命和建设实践的经验教训，通过对资本主义社会的物化现象以及文化大众化、文化工业化的理性分析，提出了"文化总体性""文化领导权"及以社会批判和意识形态批判为核心内容的文化批判理论。但是，他们没有真正做到从历史的、现实的发展上准确地揭示和分析文化自身发展规律，主要表达的是一种理想主义、浪漫主义的济世情怀。

---

① 习近平. 决胜全面建成小康社会夺取新时代中国特色社会主义伟大胜利［M］. 北京：人民出版社，2017：40-44.

2．软实力研究方面

"软实力（Soft Power）"这一概念的发明权应该归属于美国学者约瑟夫·奈（Joseph Nye）。当然，其他一些国家的学者，主要包括蒂姆·赖特（英）、渡边康（日）、马修·弗雷泽（加）等，也曾发表过有关"软实力"的研究成果，但影响最大的仍是约瑟夫·奈。

软实力概念是约瑟夫·奈于1990年在"美国衰败论"的氛围中提出的，是在东欧剧变、苏联解体、世界格局趋于多极化这样一种国际关系的视角下来进行阐释的。作为哈佛大学肯尼迪政府学院院长、全球战略问题研究专家，约瑟夫·奈于1990年在《外交政策》这一杂志上发表了《软实力》一文，首次将国家实力分为"硬实力"和"软实力"；1999年，他又在《软实力的挑战》一文中对"软实力"做出了较为完整的定义；2004年，他在《软力量：世界政坛成功之道》一书中则对"软实力"下了更为简明的定义："软力量是通过吸引力而非强迫或收买的手段来达己所愿的能力。它源于一个国家的文化、政治观念和政策的吸引力。"① 此后，他又出版了《领导力量》（2008）、《力量的未来》（2011）等著作，进一步深化了他的软实力理论。

约瑟夫·奈认为软实力是独立于硬实力（Hard Power）而存在的国家力量，它源于文化、政治价值观和国际制度，是通过吸引而非强迫或收买的方式来达到自己目的的能力，其重要性在信息时代将更为突出。这正如他本人所言："一个国家达到其在世界政治中所期望的结果，可能因为其他国家希望追随它，羡慕其价值观，以其为榜样，渴望达到其繁荣和开放的水平等。从这个意义上讲，作为实现世界政治目标的方式，确定议程，吸引其他国家，与通过威胁、运用军事或经济武器迫使他们改变同样重要。软权力（使得他者期望你所期望的目标）吸引民众，而不是迫使他们改变。确立预期的能力往往与无形的权力资源相关，如有吸引力的文化、政治价值观和政治制度，被视为合法的或有道义威信的政策等。如果我能够让你期望去做我所期望的事情，则我不需要迫使你做你不想做的事情。如果一个国家代表着其他国家所期望信奉的价值观念，则其领导潮流的成本就会降低。"② 由此可见，约瑟夫·奈对"软实力"这一概念的阐释，主要是指出了软实力的主体、对象、实现手段等方面的基本内容。在他看来，软实力主要体现于"文化辐射力、意识形态或政治价值观念的吸引力、塑造国际规则和决定政治议题的能力"；实现方式包括"公共外交、投入更多资金"等。但他的这一理论具有强烈的美国中心主义倾向，是为美国谋求世界霸权服务的。

（二）国内研究现状

1．马克思主义文化理论研究方面

马列经典作家文化思想研究扎实推进。在马克思、恩格斯的文化观上，王仲士认为马克思的文化概念主要是广义文化概念；黄力之认为马克思、恩格斯是从广义和狭义两个层面来使用文化概念的；何萍认为马克思、恩格斯的文化观主要包括对生命的文化哲学阐释、历史主义原则、文化发展规律等三方面内容；胡海波、郭凤志认为马克思、恩

---

① 奈. 软力量：世界政坛成功之道 [M]. 吴晓辉，钱程，译. 北京：东方出版社，2005：2.
② 奈. 硬权力与软权力 [M]. 门洪华，译. 北京：北京大学出版社，2005：6-7.

格斯实现了文化理论的历史嬗变。在列宁的文化建设理论上，钱念孙对列宁的"两种文化"理论进行过深入探讨；俞良早对列宁强调的文化建设和文化革命的迫切性进行了高度概括；李爱华对列宁关于文化建设的方法和途径进行了认真研究。但学者们对马列经典作家的文化思想研究还不够深入，尤其是对马克思、恩格斯文化观的文本研究和思想梳理还较缺乏。

建构马克思主义文化理论的学理探索持续进行。在何为马克思主义文化理论上，张华认为马克思主义文化理论体系包括文化的本质、内涵、特性、作用以及文化建设的途径和方法；徐敦凯、张瑞堂认为马克思主义文化理论体系包括文化本质观、文化主体观及文化政策等三个方面。在马克思主义文化理论建构是否可能上，郁建兴、黄力之认为重建马克思主义文化理论是可能的。在建构马克思主义文化理论如何可能上，郁建兴认为必须结合时代最重要的经验重建马克思主义文化理论；张华提出了从抽象到具体的方式来建构马克思主义文化理论。但是，学者们从整体的、历史的、系统的角度来研究马克思主义文化理论重构的力度还不够。

西方马克思主义文化理论研究成绩斐然。在西方马克思主义文化理论的综合性研究方面，王雨辰分析了西方马克思主义文化转向的根源；陈胜云总结了西方马克思主义文化理论两个转向的具体表现。在西方马克思主义思想家文化理论的微观个案研究方面，我国学者除了对葛兰西等早期西方马克思主义者、马尔库塞等法兰克福学派的理论进行了文化解析之外，也关注詹姆逊等后马克思主义思想家，如李金勇的《葛兰西文化领导权理论的当代意蕴》、刘梅的《詹姆逊文化理论关键语总体解读》、李晓晴的《马尔库塞文化批判理论的思想渊源》、萧俊明的《法兰克福学派的文化理论与文化解读》等。但对当代西方马克思主义文化理论的最新发展及其对我国文化建设的借鉴意义，还有待学者们付出更加艰辛的努力。

中国化马克思主义文化理论研究与时俱进。在毛泽东新民主主义文化理论方面，强胜认为毛泽东是在对封建文化和西方文化进行了科学评判的基础上形成他的新民主主义文化观的；吴林根认为毛泽东突出了文化在社会变革中的重要作用；孙玉太认为毛泽东领导创立的新民主主义文化理论是近代中国人会通中西文化最为珍贵的历史结晶；陈桂芝认为毛泽东领导创立了社会主义文化观。在改革开放以来党的历代领导人文化思想研究方面，唐贤秋、侯征峰、王艳等学者对邓小平文化理论的内涵、特点、意义进行了深入研究；任映红、周三胜对江泽民文化理论的发展阶段、理论贡献进行了深入探讨；王远、钟兴明深入论述了胡锦涛和谐文化思想的意蕴；何月红、陈光军探讨了习近平有关社会主义文化强国建设的思想。在中国特色社会主义文化和先进文化方面，张景荣、罗文东、魏恩政、肖贵清、陈胜云等学者对中国特色社会主义文化的内涵、特征、意义等进行过深入探讨；许明、钟宜、雷国珍、沈壮海、杨立新、李毅、王文章、刘苑、郭金平等学者出版专著对先进文化的内涵特征、判断标准、重要意义、发展战略等进行了广泛探讨；崔婷、任俊英、刘彦武、廖言等学者对中国特色社会主义文化的内涵、发展规律、战略选择等进行了探讨；严学琴、张渝政、李道中、盛海英、文丰安等学者论述了中国先进文化的时代性、民族性、科学性等基本特征；刘建军、廖志成提出了符合生产力发展要求等先进文化的衡量标准。在社会主义和谐文化研究方面，黄枬森探讨了和谐文化的性质及建设方法；郭宇光、陈晓洁探讨了社会主义和谐文化的科学内涵及其基本特征；李方祥、谢孝荣认为社会主义核心价值体系是和谐文化建设的灵魂和根本；孟宪平、林怀艺探讨了建设社会主义和谐文化的动力、压力、阻力、机制和路径问题。另外，翟丽艳、鄢本凤还出版了对社会主义和谐文化进行综合研究的专著。但学者们对马克思主义文化理论中国化的研究比较零散，缺乏整体性，出现了马克思主义文化理论中国化研究的"碎片化"现象，还有待于我们对马克思主义文化理论中国化深入进行整体解读和系统研究。

2. 文化软实力研究方面

首先，国内学者广泛探讨了有关文化的定义问题。

众所周知，在当今时代条件下，文化已经成为与人们日常生活息息相关的一种重要现象。无论是在普通百姓的口语交流中，还是在新闻媒介的传播报道中，无论是在政府决策的制定实施中，还是在学者们的文本叙述中，文化已经成为一个使用频率极高的词语。但要给文化下一个确切的定义，却不是一件容易的事情。有学者指出："关于文化，目前学术界尚无公认的定义。"[①]"文化的定义可谓众说纷纭，至少有 160 多种见解。"[②]

不过，在当前我国学者中，有关文化概念的理解，主要存在两层次论和三层次论之分。

两层次论者认为：文化可划分为物质文化和非物质文化，"物质文化包括建筑、饮食、文物等具体实物，非物质文化包括智能文化（科技、经济、教育）、规范文化（语言、民俗）和心态文化（思想、宗教、文学、艺术、学术、价值伦理精神）"[③]。文化有广义与狭义之分，"广义文化是物质文化和精神文化的总和，狭义文化仅指精神文化"[④]。

三层次论者认为：文化的第一层次是思想、意识、观念等；第二层次是文物，即表现文化的实物，既包括像哲学家的著作、文学家的文学艺术作品一类的"物"，也包括科学技术物化形态的"物"，即人工改造过的物质；第三层次是制度、风俗，是思想观点凝结而成的条例、规矩等[⑤]。文化可以从广义、常义和狭义三个层次来理解，"广义上的文化包括人类物质生产和精神生产的能力及创造的全部成果；常义上的文化指人类精神生产能力和精神产品，包括一切社会意识形态，亦即观念形态文化；狭义上的文化仅指文学、艺术和新闻出版、广播电视、图书馆、博物馆等媒体及体育卫生文化"[⑥]。文化还可以从大文化、中文化和小文化三个层次来理解，大文化是指人类所创造的物质与精神财富的总和，中文化是指社会的制度和精神，小文化是指人的精神和心理因素。[⑦]

---

① 王佐书. 中国文化战略与安全研究 [M]. 北京：人民出版社，2007：1.
② 符文品，黄兢. 把握当代中国青年主流文化的内涵 [J]. 天府新论，2005（1）：106.
③ 邓伟志，胡申生. 和谐文化导论 [M]. 上海：上海大学出版社，2007：39.
④ 王佐书. 中国文化战略与安全研究 [M]. 北京：人民出版社，2007：4.
⑤ 张岱年，程宜山. 中国文化论争 [M]. 北京：中国人民大学出版社，2006：4.
⑥ 杨立新. 当代中国先进文化建设论 [M]. 北京：中国社会科学出版社，2004：3.
⑦ 邓伟志，胡申生. 和谐文化导论 [M]. 上海：上海大学出版社，2007：38.

因此，当前我国学术界对文化定义的认识仍然存在较大分歧，难以作出比较准确的界定。

其次，国内学者对"文化力""文化软实力"问题进行了较深入的研究。

在我国，较早从事"文化力"研究的学者有黄硕风和贾春峰。黄硕风1992年在《综合国力论》中第一次提出了"文教力"；贾春峰1993年在《党校科研信息》上发表了《加强市场经济的"文化力"研究》一文，从而被誉为我国"文化力研究第一人"。不过，在"文化力"研究方面影响较大的应该是贾海涛，他主持的"文化力与综合国力系统研究"课题被批准为2005年国家社科基金项目。

我国学者在"文化软实力"研究方面，最早可追溯到王沪宁1993年在《复旦学报》发表的《作为国家实力的文化：软权力》一文。到十七大之后，国内学术界对我国文化软实力的研究热情空前高涨，主要体现于：

相关科研项目得以立项。北京师范大学王一川主持的"我国文化软实力发展战略研究"（2007年国家社科基金重大课题）、武汉大学骆郁廷为首席专家的"中国软实力建设与发展战略研究"（教育部2007年重大项目）、中国艺术研究院贾磊磊为首席专家的"提高我国文化软实力研究"（2008年国家社科基金重大项目）、大连理工大学洪晓楠主持的"提高国家文化软实力的哲学研究"（2009年国家社科基金哲学类一般项目）等一批重要科研项目纷纷立项。

重要研究基地得以成立。2009年7月22日全国首家中国文化软实力研究中心在湖南大学岳麓书院宣告成立；2015年5月6日"第七届中国文化软实力研究高层论坛暨国家文化软实力研究协同创新中心理事会"在中国社会科学院学术报告厅举行，宣告了"国家文化软实力研究协同创新中心"的正式成立，由该中心主任张国祚主编、社会科学文献出版社2011年1月出版的《中国文化软实力研究报告（2010）》成为我国第一本"文化软实力蓝皮书"。

相关研究成果如井喷般涌现。国内公开发表和出版发行的有关"文化软实力"的学术论文已达数千篇、学术著作百余本。在这些已有的学术成果中，学者们广泛探讨了有关文化软实力的概念、提高国家文化软实力的必要性和重要性、中国文化软实力的发展现状、提升中国文化软实力的路径等方面的问题，提出了一些有代表性的见解和观点。

在"何谓文化软实力"问题上，唐代兴、骆郁廷、贾磊磊、魏恩政等学者认为文化软实力主要是指"文化创造力""文化吸引力和感染力""精神的感召力、思想的影响力与心理驱动力""凝聚力、渗透力、吸引力、说服力、影响力"，贾海涛则明确提出"文化软实力概念是文化力和软实力概念的延伸"。这体现了国内学者在对文化软实力内涵的理解和把握上存在明显分歧。

对于"提高国家文化软实力的必要性和重要性"问题，童世骏、李彬、孙波等学者主要从应对复杂国际环境、促进国内和谐发展两个角度来进行论述；沈壮海、谢雪屏等学者主要从综合国力竞争、中国国家文化安全的高度来予以认识；孙锐、陈鑫、曾海涛、申细花等学者从国家和平崛起、民主政治发展等角度来谈论提升文化软实力的重要意义。这说明国内学者对于我国文化软实力发展重要性的认识尚不够系统。

对于"中国文化软实力发展现状"问题，刘洪顺、武铁传、孟淑媛等学者强调，我国文化软实力与硬实力的发展存在着严重的不均衡，文化产业落后，文化事业面临着巨大威胁，我国文化现状和时代要求之间的差距还很大；孙西辉、邓显超等学者认为我国的文化软实力建设正处在一个非常重要的历史起点，既面临有利条件和大好机遇，也面临一些制约因素和严峻挑战。这说明国内学者对于中国文化软实力发展现状的研究尚不够深入。

对于"提升中国文化软实力的路径"问题，唐代兴提出了发展科学、经济、政治、公民、伦理、教育六个方面文化软实力的基本战略；骆郁廷认为，在我国文化软实力建设中，可以实施"科学发展战略、价值主导战略、文化融合战略、自主创新战略"等四大战略；韩振峰提出了"发展文化生产力、增强文化凝聚力、增强文化感染力、增进文化传承力、拓展文化吸纳力、激发文化创造力、提高文化竞争力、提升文化传播力、扩大文化影响力、加大文化保障力"等提高我国文化软实力的十大举措；卜彦芳、牛大勇、郭俊民、陈正良等学者认为，提升国家文化软实力，必须弘扬中华民族优秀传统文化，荟萃世界多元文化精华，重视文化创新，树立"文化国力"观念，增强中国文化价值观的全球辐射和对外亲和力，让中国文化走向更广阔的世界。这说明国内学者对于"提升中国文化软实力的路径研究"的条理性还不够强。

三、主要内容

从选题来看，本专著研究的主要内容包括马克思主义文化理论的发展历程、提升中国文化软实力的现实要求两大方面，同时还包括马克思主义文化理论指导我国文化软实力提升的有效实现形式的探索问题。

（一）马克思主义文化理论的发展历程

马克思主义文化理论及其中国化理论成果之间具有内在统一的整体性。为注重其整体性研究，避免出现"碎片化"现象，本专著着重从马克思主义文化理论的创立及其革命性变革、西方马克思主义文化理论的历史嬗变、马克思主义文化理论的中国化进程等三大角度，共分四章进行了深入探讨。

马克思主义文化理论的创立及其革命性变革。本专著主要是对马克思、恩格斯、列宁的文化思想进行文本研读，明确马克思、恩格斯创立马克思主义文化理论的背景、过程以及这一科学的文化理论的主要内容，把握列宁文化建设理论的丰富内容及其在马克思主义文化理论发展过程中所做出的突出贡献。这部分内容分为两章，即"马克思主义文化理论的创立及其主要内容"和"列宁对马克思主义文化理论的重大发展"。

西方马克思主义文化理论的历史嬗变。由于西方马克思主义的代表人物众多，思想观点也不尽一致，因此，本专著只是在第三章集中探讨了卢卡奇的物化意识批判理论、葛兰西的文化领导权理论、阿多诺的文化工业批判理论、马尔库塞的文化批判理论、詹姆逊后现代主义文化批判理论、伊格尔顿的文化危机与战争理论等。

马克思主义文化理论的中国化进程。本专著的第四章着重从整体性高度阐述马克思主义文化理论中国化成果（毛泽东新民主主义和社会主义文化建设理论、中国特色社会主义理论体系的文化建设思想）的形成背景、主要内容及其贡献。

（二）提升中国文化软实力的现实要求与战略选择

文化软实力是综合国力的一个重要方面，我国政府和社会各界必须采取各种有效措施和手段，大力提升当前我国的文化软实力。

提升中国文化软实力的迫切要求。本专著的第五章从增强我国综合国力、维护我国文化安全、实现中国和平崛起等方面，尤其是着重从实现"中国梦"的角度，分析指出大力提升我国文化软实力的重要意义。但是，当前我国文化软实力发展正面临内外双重挑战：从国内看，主要有文化体制改革相对滞后、文化创新能力总体不足、软硬实力发展不够协调；从国际看，主要有西方国家对我国发展的误读、国外社会思潮对我国的侵袭、国外文化利用各种手段侵蚀我国文化。

提升中国文化软实力的战略选择。为了更好地应对来自国内外各方面的严峻挑战，推动实现中华民族伟大复兴的中国梦，本专著第六章在吸收学者们已经取得的相关研究成果的基础上，着重探讨了提升我国文化软实力的五大战略，主要包括先进理论导向战略、全面协调发展战略、民族文化认同战略、国家文化安全战略和谋求文化强国战略。

（三）马克思主义文化理论指导中国文化软实力发展的有效形式

本专著的"结语"部分，着重探讨了马克思主义文化理论指导中国文化软实力发展的有效实现形式。

继承与发展。马克思主义文化理论是提升中国文化软实力的科学指南，提升中国文化软实力是马克思主义文化理论发展的价值体现。我们要努力做到继承与发展的统一，在坚持马克思主义文化理论基本原则的前提下，通过以马克思主义文化理论指导我国文化软实力建设的实践，进一步发展马克思主义文化理论。

批判与借鉴。以文化批判作为主题的西方马克思主义文化理论，对于我国文化软实力发展来说，也具有非常重要的借鉴意义。我们要努力做到批判与借鉴的统一，吸收西方马克思主义文化理论的有益成分，通过自觉抵制各种错误思潮来有效提升我国文化软实力。

创新与超越。毛泽东新民主主义和社会主义文化建设理论、中国特色社会主义理论体系的文化建设思想，是马克思主义文化理论实现中国化的丰硕成果，对于增强我国文化软实力来说，具有无法替代的重要指导作用。我们必须努力做到创新与超越的统一，在继续推进马克思主义文化理论中国化进程中，大力开拓提升我国文化软实力的可行路径。

第一章 马克思主义文化理论的创立及其主要内容

自 1848 年 2 月《共产党宣言》发表以来，马克思主义在它诞生后的 170 余年发展历程中，对世界无产阶级革命运动起到了重要的理论指引作用。但是，由于马克思主义这一科学的革命理论在内容上博大精深，再加上其他各方面原因尤其是"文化概念（由于它起源于启蒙计划）是一个系统上存在分歧的概念"①，从而导致一些人产生了"马克思主义有没有文化理论"② 之类的疑问。对此类问题的回答，持否定意见的代表人物是美国著名社会学家、文化人类学家丹尼尔·贝尔。他在《资本主义文化矛盾》一书中强调："马克思主义思想体系的最大弱点在于没有文化理论。"③ 无独有偶，当今欧美文化研究领域的著名左翼理论家、美国得克萨斯大学政治学教授本·阿格也认为："最初由于极具势力声望，马克思主义经济主义势不可挡地把所有文化问题变成政治经济问题，这就使得马克思主义文化理论注定要失败。"④ 为什么会出现这种情况呢？马克思主义究竟有没有文化理论呢？要回答好这类问题，首先有赖于我们对马克思主义文化理论的形成与创立问题做出深入探讨。

第一节 马克思主义文化理论创立的条件

之所以导致一些人对"马克思主义有没有文化理论"这一问题持否定答案，一个重要原因是马克思主义创始人的著作中很少使用"文化"一词。黄力之教授在对苏联时期的著名哲学家弗·让·凯勒主编的《文化的本质与历程》一书做了一个统计后指出："全书在 126 处引用了马克思、恩格斯关于文化及文明的论述，真正使用了'文化''文明'概念的只有 13 处（约占 10%），扣除'文明'概念，'文化'一语就用得更少了。"⑤ 胡海波、郭凤志在对《马克思恩格斯全集》进行梳理后得出如下结论："尽管在马克思恩格斯的论著中，包含着丰富而又深邃的文化思想，但他们并没有大量地使用文化这一概念。'文化'一词在《全集》中大约出现 320 次，其中 29 处是马克思和恩格斯'引用'论敌观点时使用的，而且常常与其他的词连用，如文化修养、文化水

---

① 马尔库什. 马克思主义与文化理论 [J]. 孙建茵，译. 世界哲学，2010（2）：57.
② 张三元. 马克思主义有没有文化理论——丹尼尔·贝尔"马克思主义文化矛盾"批判之一 [J]. 马克思主义研究，2013（7）：76-84.
③ 贝尔. 资本主义文化矛盾 [M]. 严蓓雯，译. 北京：人民出版社，2010：362.
④ 阿格. 作为批评理论的文化研究 [M]. 张喜华，译. 开封：河南大学出版社，2010：55.
⑤ 黄力之. 历史实践与当代问题——马克思主义文化理论研究 [M]. 上海：上海人民出版社，2004：22-23.

平、文化斗争等，真正单独使用文化一词的频率并不高。'文化'一词在《全集》中的分布状况是：25、48、49 卷是 0 次，9、10、26、28、30、37、38、39、42、43、44 卷是 1 次，15、27、31、34、50 卷 2 次，17、40、46、47 卷 3 次，11、24、36 卷 4 次，4、5、13、14、29、33 卷 5 次，8、32 卷 6 次，20、35 卷 7 次，3 卷 9 次，18、22、23 卷 10 次，16 卷 12 次，1、6、12 卷 14 次，2 卷 15 次，21 卷 16 次，7 卷 20 次，41 卷 22 次，19 卷 24 次，45 卷 26 次。这意味着，与当时的学术背景而言，马克思、恩格斯文化概念存在着'飞地'现象。"①

不过，马克思、恩格斯虽然没有给世人留下专门研究文化问题的著述，但是，"他们在探索人类社会历史发展规律、创立历史唯物主义过程中，不可避免地渗透着对人类社会文化现象的回答，他们也正是在批判唯心主义历史观、创立科学的唯物主义历史观的过程中阐述了马克思主义文化理论的基本原理"②。因此，我们不应该从根本上否定马克思主义文化理论，而是应该在分析马克思主义文化理论形成和创立的主客观条件的基础上，对这一科学的文化理论进行深入而全面的认识。

一、时代背景条件

人类历史上的各种思想和学说的形成，都是以一定的社会经济、政治条件作为前提的，都是为了迎合和满足一定的社会需要的，都是时代发展的产物。马克思主义文化理论的产生，也有着错综复杂的时代背景条件。作为马克思主义文化理论创始人的马克思、恩格斯，他们生活的时代属于自由竞争的资本主义时期。尤其是 19 世纪 30—40 年代的西欧社会正经历着一场空前的社会变革，大机器生产的迅速发展推动资本主义生产关系在世界范围内扩张，促使人际交往关系突破了地域限制，也推动了自然科学和人文社会科学的迅速进步，促进了人们传统思想观念的日渐转变。但随之而来的却是资本主义生产方式所固有的基本矛盾日益凸显，资本主义经济危机频繁发生，贫富分化加剧导致国内阶级矛盾不断激化，资本向全球扩张导致各民族国家之间的矛盾也不断激化。在这些错综复杂的国际国内矛盾综合作用之下，马克思主义文化理论的创立就成为势所必然。

（一）物质前提

马克思主义文化理论的创立，是随着近代资本主义发展而出现的历史性课题，是以机器工业为主的社会化大生产的必然产物。

肇始于 18 世纪 60 年代的英国工业革命，推动资本主义生产关系由工场手工业发展到了大机器生产阶段，这种生产技术的革命不仅极大地提高了劳动生产效率，促进了生产力的迅速发展，而且还引起了社会生产关系的深刻变革。到 19 世纪 30—40 年代，英国率先完成工业革命，其生产的工业产品远销世界各地，推动形成了世界市场，促使英国成了当时名副其实的"日不落帝国"。

对于资本主义生产发展给社会带来的巨大进步，马克思、恩格斯曾经给予了高度肯

---

① 胡海波，郭凤志. 马克思恩格斯文化观研究 [M]. 北京：中国书籍出版社，2013：12.
② 李群山. 马克思主义文化理论发展史上的三座里程碑 [J]. 理论学刊，2012（11）：14.

定："资产阶级在它的不到一百年的阶级统治中所创造的生产力，比过去一切世代创造的全部生产力还要多，还要大。自然力的征服，机器的采用，化学在工业和农业中的应用，轮船的行驶，铁路的通行，电报的使用，整个大陆的开垦，河川的通航，仿佛用法术从地下呼唤出来的大量人口——过去哪一个世纪料想到在社会劳动里蕴藏有这样的生产力呢？"[①] "资产阶级，由于开拓了世界市场，使一切国家的生产和消费都成为世界性的了。……资产阶级，由于一切生产工具的迅速改进，由于交通的极其便利，把一切民族甚至最野蛮的民族都卷到文明中来了。它的商品的低廉价格，是它用来摧毁一切万里长城、征服野蛮人最顽强的仇外心理的重炮。它迫使一切民族——如果它们不想灭亡的话——采用资产阶级的生产方式；它迫使它们在自己那里推行所谓的文明，即变成资产者。一句话，它按照自己的面貌为自己创造出一个世界。"[②]

然而，与这种迅速发展的资本主义社会生产力相伴而生的却是周期性爆发的资本主义经济危机。对于这种危机，马克思、恩格斯也曾做出过形象而透彻的分析："在危机期间，发生一种在过去一切时代看来都好像是荒唐现象的社会瘟疫，即生产过剩的瘟疫。社会突然发现自己回到了一时的野蛮状态；仿佛是一次饥荒、一场普遍的毁灭性战争，使社会失去了全部生活资料；仿佛是工业和商业全被毁灭了。这是什么缘故呢？因为社会上文明过度，生活资料太多，工业和商业太发达。社会所拥有的生产力已经不能再促进资产阶级文明和资产阶级所有制关系的发展；相反，生产力已经强大到这种关系所不能适应的地步，它已经受到这种关系的阻碍；而它一着手克服这种障碍，就使整个资产阶级社会陷入混乱，就使资产阶级所有制的存在受到威胁。资产阶级的关系已经太狭窄了，再容纳不了它本身所造成的财富了。资产阶级用什么办法来克服这种危机呢？一方面不得不消灭大量生产力，另一方面夺取新的市场，更加彻底地利用旧的市场。这究竟是怎样的一种办法呢？这不过是资产阶级准备更全面更猛烈的危机的办法，不过是使防止危机的手段越来越少的办法。"[③]

正是在准确地把握到了上述资本主义生产发展及其所引发的严重危机的基础上，马克思、恩格斯才创立起了一种科学的文化理论——马克思主义文化理论。

（二）阶级基础

马克思主义文化理论的创立，也是无产阶级队伍日益壮大、革命觉悟日渐提高、革命斗争蓬勃发展的必然结果。

在资本主义大机器生产条件下，周期性发生的经济危机进一步加剧了无产阶级和广大劳动人民的贫困，而与此相对立的却是资本所有者这种作为人口极少数的剥削阶级的财富不断增长，这种严重的两极分化导致资本主义社会的阶级矛盾日益尖锐，从而直接引发了无产阶级起来反对资产阶级统治的革命运动。这正如马克思、恩格斯所指出的："随着工业的发展，无产阶级不仅人数增加了，而且结合成更大的集体，它的力量日益增长，而且它越来越感觉到自己的力量。机器使劳动的差别越来越小，使工资几乎到处都降到同样低的水平，因而无产阶级内部的利益、生活状况也越来越趋于一致。资产者

①　马克思，恩格斯. 马克思恩格斯文集（第2卷）[M]. 北京：人民出版社，2009：36.
②　马克思，恩格斯. 马克思恩格斯文集（第2卷）[M]. 北京：人民出版社，2009：35-36.
③　马克思，恩格斯. 马克思恩格斯文集（第2卷）[M]. 北京：人民出版社，2009：37.

彼此间日益加剧的竞争以及由此引起的商业危机,使工人的工资越来越不稳定;机器的日益迅速的和继续不断的改良,使工人的整个生活地位越来越没有保障;单个工人和单个资产者之间的冲突越来越具有两个阶级的冲突的性质。工人开始成立反对资产者的同盟;他们联合起来保卫自己的工资。他们甚至建立了经常性的团体,以便为可能发生的反抗准备食品。有些地方,斗争爆发为起义。"①

尤其是 19 世纪 30—40 年代发生在西欧社会的三大工人运动,更是把无产阶级反对资产阶级统治的政治斗争推进到了一个新阶段。1831 年法国里昂纺织工人起义要求提高工资,1834 年里昂工人再次举行起义并提出了建立民主共和国的要求。19 世纪 30—40 年代英国发生了持续时间长、影响范围广的"宪章运动",提出了实行普选权、废除贫民法、限制工作日、实行政教分离等具体要求。1844 年德国西里西亚纺织工人举行武装起义,明确地提出了消灭私有制、反对资本主义剥削的具体要求。虽然这三大工人运动都以失败而告终,但无产阶级第一次提出了自己的政治主张,把斗争的矛头直接指向了整个资产阶级和资本主义制度,标志着无产阶级已经逐步由自在阶级变成了自为阶级,标志着现代无产阶级作为独立的政治力量开始登上了历史舞台。同时,这三大工人运动的失败也使人们认识到:登上历史舞台的无产阶级迫切需要一种新的科学理论来指引他们正确地认识世界和改造世界。马克思主义文化理论的创立,正好顺应了革命斗争的迫切需要。

因此,正如马克思自己所言:"每个原理都有其出现的世纪。"② 马克思主义文化理论的创立,正是 19 世纪上半叶西欧资本主义社会发展的必然结晶。工业革命推动了生产力的巨大发展,促成了世界市场的形成,引起了人际交往关系极大变革,从而引发了无产阶级革命,导致人们的思想价值观念发生了重大转变,"生产的不断变革,一切社会状况不停地动荡,永远的不安定和变动,这就是资产阶级时代不同于过去一切时代的地方。一切固定的僵化的关系以及与之相适应的素被尊崇的观念和见解都被消除了,一切新形成的关系等不到固定下来就陈旧了,一切等级的和固定的东西都烟消云散了,一切神圣的东西都被亵渎了。人们终于不得不用冷静的眼光来看他们的生活地位、他们的相互关系"③。这种思想观念的转变必然通过理论的创新和超越体现出来。"工业革命、政治革命、世界历史的形成,这三者是资产阶级历史创造性活动的主要成果,这些成果及其引起的规模宏伟的、具有现代形式的社会矛盾,是推动马克思、恩格斯创立'科学的世界观'的根本原因,其中由生产力与交往形式辩证运动、人的创造力的迸发所引发的社会的巨大变革与人们的意识之间张力构成了马克思恩格斯文化观得以确立的动力机制。"④ 这种强大的动力机制,推动着马克思主义文化理论逐渐形成和创立起来。

二、思想理论渊源

马克思主义文化理论的形成和创立,也有着深厚的思想理论渊源,绝不是"无本之

---

① 马克思,恩格斯. 马克思恩格斯文集(第 2 卷)[M]. 北京:人民出版社,2009:40.
② 马克思,恩格斯. 马克思恩格斯文集(第 1 卷)[M]. 北京:人民出版社,2009:607.
③ 马克思,恩格斯. 马克思恩格斯文集(第 2 卷)[M]. 北京:人民出版社,2009:34—35.
④ 胡海波,郭凤志. 马克思恩格斯文化观研究[M]. 北京:中国书籍出版社,2013:35.

木、无源之水"，这正如恩格斯曾经强调指出的那样："现代社会主义，……同任何新的学说一样，它必须首先从已有的思想材料出发。"① 应该说，马克思主义文化理论是对西方文明传统的一种继承和转化。法国学者雅克·阿塔利在《卡尔·马克思》一书中做出过全面概括："犹太教告诉他贫穷让人无法容忍，生活的价值在于它能改善人类的命运。基督教使他怀揣梦想，对能够获得解放并人人互助友爱的未来充满希望。文艺复兴赋予了他理性思索世界的志向。普鲁士让他确信哲学是科学之首，而国家则是一切权力的可怕心脏。法国给予了他信念，让他懂得大革命是解放人类的条件。英国人使他对民主、经验主义与政治经济学饱含热爱。最后，他继承了整个欧洲对普世价值与自由的迷恋。"② 这一段话使我们不仅认识到了列宁后来概括的马克思主义"三个来源论"的正确性，而且也使我们认识到了西方文明传统对于马克思主义文化理论形成和创立的重要意义。

（一）古希腊罗马文化

在西方文明发展史上，古希腊罗马文化以其丰富的想象、深邃的思考而占据着极为重要的地位，尤其是古希腊哲学更是开启了西方哲学传统，为西方哲学的发展奠定了坚实基础，也对马克思主义文化理论的创立起到了重要作用。马克思在中学时期的宗教作文中就曾谈到过斯多亚派哲学和伊壁鸠鲁哲学，这说明马克思早在青少年时期就受到了古希腊哲学的熏陶。他的博士毕业论文《德谟克利特的自然哲学和伊壁鸠鲁自然哲学的差别》，更是使我们认识到了马克思在古希腊哲学方面的深厚造诣。

同时，希腊罗马神话在古希腊罗马文化中也占有十分重要的地位，马克思、恩格斯不仅非常熟悉希腊罗马神话，而且经常在他们的著作中加以引用。"我们在马克思和恩格斯的著作中，可以看到他们提到宙斯、雅典娜、阿波罗、普罗米修斯、海格立斯、安泰这些神和英雄的名字；可以看到他们引用'奥林帕斯山上的宙斯''美杜莎的头''奥吉亚斯的牛圈''普罗克拉斯提斯的床''阿莉阿德尼的线''斯芬克斯之谜''阿喀琉斯之踵''特洛伊木马''戈尔迪之结'这一类来源于希腊罗马神话中的典故。"③由此可见，希腊罗马神话中的人物形象深入马克思、恩格斯的语汇。

"希腊神话不只是希腊艺术的武库，而且是它的土壤。……希腊艺术的前提是希腊神话，也就是已经通过人民的幻想用一种不自觉的艺术方式加工过的自然和社会形式本身。这是希腊艺术的素材。"④ 马克思在这里使用"武库""土壤""素材"等字眼，充分肯定了希腊神话对于古希腊文学艺术发展所起到的重要作用。而且，马克思还形象地将希腊神话和文学艺术比喻为"历史上的人类童年时代"，并认为它们虽然是"作为永不复返的阶段"却能够"显示出永久的魅力"。

恩格斯在讲到摩尔根描绘的"人类经过蒙昧时代和野蛮时代达到文明时代的开端的发展图景"时强调："野蛮时代高级阶段的全盛时期，我们在荷马的诗中，特别是在《伊利亚特》中可以看到。发达的铁制工具、风箱、手磨、陶工的辘轳、榨油和酿酒、

---

① 马克思，恩格斯. 马克思恩格斯文集（第3卷）[M]. 北京：人民出版社，2009：523.

② 阿塔利. 卡尔·马克思 [M]. 刘成富，译. 上海：上海人民出版社，2010：2.

③ 戈宝权.《马克思恩格斯选集》中的希腊罗马神话典故 [M]. 北京：生活·读书·新知三联书店，1978：6.

④ 马克思，恩格斯. 马克思恩格斯文集（第8卷）[M]. 北京：人民出版社，2009：35.

成为手工艺的发达的金属加工、货车和战车、用方木和木板造船、作为艺术的建筑术的萌芽、由设塔楼和雉堞的城墙围绕起来的城市、荷马的史诗以及全部神话——这就是希腊人由野蛮时代带入文明时代的主要遗产。如果我们把恺撒，甚至塔西佗对日耳曼人的记述跟这些成就做一比较，便可看出，野蛮时代高级阶段在生产的发展上已取得多么丰富的成就，那时日耳曼人尚处在这个文化阶段的初期，而荷马时代的希腊人已经准备由这个文化阶段过渡到更高的阶段了。"① 在这段话中，恩格斯对古希腊人在史前各文化阶段的重要发明给予了高度肯定。

由此可见，马克思、恩格斯深受古希腊罗马文化的影响。可以说，马克思主义文化理论的创立，一定程度上得益于他们对这一人类优秀文明成果的糅合利用。

（二）理性主义文化

对于近代西方文化渊源的认识，我国有学者主要强调作为显性理性主义的古希腊理性和作为隐性理性主义的希伯来精神。从表面上看，古希腊理性和希伯来精神是西方文化截然不同的两个方面，一个是理性层面，一个是信仰层面；但从深层来看，二者是一致的，它们同属"逻各斯"与"努斯"、主体与客体二元对立的理性主义传统，是理性主义思维方式的不同产物和表现，二者互相契合，进一步强化了西方文化的理性主义传统。在文艺复兴和宗教改革的推动下，这种西方理性主义文化传统再经过笛卡尔主体性哲学的阐发，得到了进一步发展，尤其是经过康德先验哲学到黑格尔的绝对理念论，西方理性主义在德国古典哲学中达到了巅峰。

"逻各斯"与"努斯"这两个概念分别是古希腊哲学家赫拉克利特和阿那克萨戈拉提出来的。"逻各斯"（或"道"）强调的是具有客观必然性的、事物固有的本质和规律；"努斯"（心灵）强调的是作为独立自主的、能动的、创造性的存在。赫拉克利特的"逻各斯"精神被柏拉图贯彻到本体论和人本学之中，为西方理性主义文化的发展打下了基础。受阿那克萨戈拉"努斯"精神的影响，苏格拉底把人的精神世界置于首位，着重弘扬了人的主体性原则，从而对近代哲学发展产生了深远影响。亚里士多德在其实体哲学中，试图通过"实体"的运动、变化来实现"逻各斯"的客体性原则和"努斯"的主体性原则的融合，但由于他在认识论和人本学领域依然固守柏拉图的"逻各斯中心主义"，因而未能很好地解决古希腊理性主义的内在矛盾和冲突，从而为近代唯实论和唯名论之争提供了理论土壤。

作为西方理性主义文化另一个重要来源的希伯来精神，是通过基督教经典教义体现出来的。在《圣经》的"上帝创世说"部分，基督教既强调上帝是"逻各斯"精神的人格化，认为"太初有道，道就是神"，又强调上帝是"努斯"精神的人格化，认为上帝是绝对的创造者和绝对意志的代表，从而实现了"逻各斯"精神与"努斯"精神在上帝身上的统一。基督教的"原罪说"宣扬人由于超越了上帝规定的界限而背上了渎神之罪，人要想获得救赎以实现灵魂不朽，就必须虔诚忏悔以等待神恩的降临。这充分体现了希伯来精神所蕴含的人与神之间的对立、人的主体自由性与客观必然性之间的冲突。

---

① 马克思，恩格斯. 马克思恩格斯文集（第4卷）[M]. 北京：人民出版社，2009：37-38.

在"复兴古典文化"的旗号下，但丁、彼特拉克、薄伽丘、达·芬奇等文艺复兴运动的先驱试图通过恢复古希腊理性主义传统，以实现把人从中世纪神权和王权的双重压迫中解放出来的目的，他们强调以人性否定神性、以理智反对迷信、以自由反对专制，从而使"逻各斯"精神和"努斯"精神从天国回到尘世，使人们在现实生活中追求真理和幸福。而宗教改革运动却试图改变基督教出世禁欲主义，号召人们以入世禁欲主义面对上帝和现实生活，尤其是马丁·路德的"天职观"把"神召"与世俗职业生活联系起来，以这种职业伦理观念作为核心精神的新教伦理，确证了经济生活的理性化、合法化，促进了近代资本主义精神乃至整个近代西方文化的发展。

笛卡尔哲学发扬了古希腊理性的"努斯"精神，在认识论领域高举主体性大旗，提出了"我思故我在"的光辉命题，强调以"我思"主体作为哲学活动起点的重要性。在此基础上，理性主义的内在矛盾不断凸显出来：一方面，"逻各斯"精神强调客观必然性，人的自我确证以这一必然性为前提；另一方面，"努斯"精神强调主观自由性，对象世界应该在人的自我意志中得到确证。在意识到理性主义所具有的这一内在矛盾的基础上，康德试图通过其先验哲学来化解这一矛盾，既强调理论理性中的"逻各斯"精神，又强调实践理性中的"努斯"精神，但由于他缺乏辩证的思维方式，仍然未能突破二元对立的窠臼，从而在肯定了主体的意志自由的同时却割裂了现象与本质、必然与自由之间的关系。

黑格尔把辩证法运用于绝对理念的自我运动中，期待以此来解决"逻各斯"与"努斯"、必然和自由之间的矛盾冲突。他首先假定思维与存在是直接同一的，思维就是存在本身。基于这种对思维与存在同一性的理解，黑格尔强调在哲学反思活动中，思想就是主客体的统一，这就在本体论上改变了"逻各斯"与"努斯"的分裂状态，使其在思想的不断完善过程中实现了统一。同时，黑格尔还假定，思维不仅能够认识存在，而且能够创造存在，思维活动遵循着从肯定到否定、再到否定之否定的辩证运动规律，使人类精神不断走向丰富和成熟。可以说，黑格尔辩证法以思维的自我超越使西方理性主义达到了"理论的巅峰"，但其绝对精神、绝对理念的辩证法其实无法真正解决西方理性主义文化的内在矛盾，相反却导致西方理性主义文化危机随着技术理性和人本精神的分裂而日益暴露出来。

西方理性主义文化危机之所以日益暴露，主要是因为它尊奉的是一种唯心主义的"文化史观"。这种"文化史观"片面地将全部人类社会历史归结为一种观念史，青年时期的马克思、恩格斯都在不同程度上受到了这种文化思潮的影响。在柏林大学学习期间，马克思潜心钻研了德国古典哲学，尤其是黑格尔哲学，他"从头到尾读了黑格尔的著作，也读了他大部分弟子的著作"①，还结识了青年黑格尔派的布鲁诺·鲍威尔等人，并成为其中的一员。马克思的博士论文承袭了古希腊以来的理性主义传统，把"自我意识"看作现象世界的本质和基础，反映出来的是一种"黑格尔基本立场的同时又具有鲜明青年黑格尔派理论色彩的以'自我意识'为本体的理性主义文化观"②。恩格斯服

① 马克思，恩格斯. 马克思恩格斯全集（第47卷）［M］. 北京：人民出版社，2004：15.

② 胡海波，郭凤志. 马克思恩格斯文化观研究［M］. 北京：中国书籍出版社，2013：47.

兵役期间，在柏林大学旁听了哲学课程，也受到了青年黑格尔派"自我意识"哲学的影响，虽然他当时赞同黑格尔的理性哲学，但他同时也认识到黑格尔哲学同神学有一定的联系，"认为在消除了黑格尔哲学超人的神秘性之后，就会出现'人类的自我意识'的本质"①。

随着时间的推移和形势的发展，马克思、恩格斯在实现了自身历史观的转变之后，逐步认清了西方理性主义文化的唯心主义实质，并展开了对这种所谓"文化史"的无情批判。马克思谈到过："这所谓的文化史全部是宗教史和政治史。"② 恩格斯在《反杜林论》中指出："旧的、还没有被排挤掉的唯心主义历史观不知道任何基于物质利益的阶级斗争，而且根本不知道任何物质利益；生产和一切经济关系，在它那里只是被当作'文化史'的从属因素顺便提一下。"③ 正是通过对这种唯心主义文化史观的无情揭露和批判，马克思、恩格斯创立起了自己的唯物主义文化理论，真正实现了文化哲学史上的革命性变革。在这一点上，我国学者李群山提出的观点具有很强的说服力："马克思、恩格斯创立唯物主义历史观的过程也就是对唯心主义文化史观的颠覆和矫正的过程，同时也就是马克思主义文化理论的创立过程。"④

第二节　马克思主义文化理论的创立过程

由于马克思、恩格斯没有给世人留下专门研究文化问题的系列论著，因此，对有关马克思、恩格斯创立马克思主义文化理论历史进程的研究，可以说是一个仁者见仁、智者见智的问题。在借鉴马克思主义哲学形成发展过程的基础上，通过对马克思、恩格斯思想发展历程的分析及其相关著作的解读，我们大体上可以将马克思主义文化理论的创立过程划分为孕育萌芽、基本形成和公开问世三个阶段。

一、孕育萌芽

从 1836 年 18 岁的马克思转入柏林大学学习到 1845 年《神圣家族》出版的这段时期，青年马克思、恩格斯的世界观发生了重大转变。由于受到了青年黑格尔派"自我意识"哲学的影响，在柏林大学学习和生活期间的马克思、恩格斯曾表现出追求自由的哲学精神和强烈的革命民主主义倾向。虽然青年黑格尔派自认为对黑格尔的"批判的哲学"进行了彻底批判，但这种所谓"批判的批判"仍然没有超出黑格尔唯心主义。到后来，这个学派还通过创办《文学总汇报》，大肆散布黑格尔思辨唯心主义，反对革命的民主主义，否定人民群众的历史作用。针对这种情况，马克思、恩格斯在 1844 年 9—11 月合写了《神圣家族》，并于 1845 年 2 月出版了该书。在这本书中，马克思、恩格斯着重阐述了思辨结构的秘密、批判精神与群众的对立、物质生产是历史的诞生地、人与人的社会关系等重要观点。这些观点的提出，标志着青年马克思、恩格斯的世界观已

---

① 《马克思主义哲学史》编写组. 马克思主义哲学史［M］. 北京：高等教育出版社，2012：18.
② 马克思，恩格斯. 马克思恩格斯文集（第 8 卷）［M］. 北京：人民出版社，2009：33.
③ 马克思，恩格斯. 马克思恩格斯文集（第 9 卷）［M］. 北京：人民出版社，2009：29.
④ 李群山. 马克思主义文化理论发展史上的三座里程碑［J］. 理论学刊，2012（11）：15.

经接近了新世界观，标志着历史唯物主义已处于诞生的前夜。在世界观发生剧变的过程中，主要是马克思在自己撰写的一些重要著作中对有关文化自由、文化批判、文化的作用等问题进行了初步阐述，从而为马克思主义文化理论的形成和创立奠定了重要的理论前提和基础，尤其是《1844年经济学哲学手稿》更是被我国学者视为"马克思恩格斯文化观的发祥地"①。

（一）理性主义文化观的逐步松动

由于深受黑格尔理性决定论和青年黑格尔派的影响，马克思于1841年完成的博士论文反映出了一种以"自我意识"为本体的理性主义文化观，表达出了一种重视人的精神能动性和精神自由的文化思想。在文中，马克思把"自我意识"作为现实世界的本源和基础，"正如原子不外是抽象的、个别的自我意识的自然形式一样，感性的自然也只是对象化了的、经验的、个别的自我意识，而这就是感性的自我意识"②。这显然是一种受黑格尔理性决定论影响的理性主义文化观。同时，在博士论文中，马克思通过分析德谟克利特和伊壁鸠鲁自然哲学在承认"原子偏离直线这一点上"的差异，对伊壁鸠鲁的"原子偏斜说"给予了高度肯定，"原子脱离直线而偏斜不是特殊的、偶然出现在伊壁鸠鲁物理学中的规定。相反，偏斜所表现的规律贯穿于整个伊壁鸠鲁哲学"③。马克思还认为"'偏离直线'就是'自由意志'"④，就是"自我意识"对命运的抗争，这就折射出了马克思对于人的精神能动性和精神自由的高度重视。

博士毕业后，马克思被迫放弃了在大学任教授的念头，从1842年5月开始为《莱茵报》撰稿，后来还成为该报的主编。在此期间，马克思在深入研究社会现实问题的基础上，撰写了一系列政论文章，表达了力图变革社会制度、实现人民精神文化自由的强烈愿望。在《集权问题》一文中，马克思强调哲学要抓住"一个时代的迫切问题"，要对人民最关心的反对集权统治的时代问题进行深入探究。基于此种认识，马克思批判了将自己封闭起来、进行宁静孤寂研究的旧哲学，主张哲学应该走出书斋，改变那种"爱好宁静孤寂，追求体系的完善，喜欢冷静的自我审视"的状况，转向考察人们的现实生活，对"人民的最美好、最珍贵、最隐蔽的精髓"进行汇集、提炼和升华，使哲学真正成为"自己时代的精神上的精华"。而且，马克思认为，真正的哲学在人类文化发展中具有非常重要的地位和作用，"哲学正变成文化的活的灵魂，哲学正在世界化，而世界正在哲学化"⑤。这种哲学和世界相互作用的新哲学观使我们认识到了理论与实践相结合的重要意义，也使我们认识到了哲学在文化中的重要地位，同时也初步预示了马克思文化哲学思想的未来发展方向。

当然，在《莱茵报》工作的这段时期中，马克思的研究对象主要集中于普鲁士书报检查令、海尔梅斯宗教观、林木盗窃法辩论、摩泽尔河地区的贫困等问题。这些问题的深入研究，使得马克思更加关注现实社会生活，从而为他实现向唯物主义和共产主义

① 胡海波，郭凤志. 马克思恩格斯文化观研究［M］. 北京：中国书籍出版社，2013：56.
② 马克思，恩格斯. 马克思恩格斯全集（第1卷）［M］. 北京：人民出版社，1995：54.
③ 马克思，恩格斯. 马克思恩格斯全集（第1卷）［M］. 北京：人民出版社，1995：35.
④ 马克思，恩格斯. 马克思恩格斯全集（第40卷）［M］. 北京：人民出版社，1982：121.
⑤ 马克思，恩格斯. 马克思恩格斯全集（第1卷）［M］. 北京：人民出版社，1995：220.

转变提供了强大动力，并使得他在博士论文中体现出来的理性主义文化观开始出现了一定程度的松动迹象。为什么这么说呢？

首先，马克思在《评普鲁士最近的书报检查令》一文中，批判普鲁士书报检查令宣扬的所谓"自由主义"是一种"虚伪自由主义"，其产生的恶果主要根源于漠视理性自身规律、给自由的精神文化施加暴力的社会制度，这种制度把调整文化行为的权力交给了执行政府意志的官员，其实质是把人类精神的完美强加于个别人身上，表现出了真正的不谦逊。马克思认为，精神是世上最丰富的东西，并非只有一种存在形式，但普鲁士政府却要求"世界上最丰富的东西——精神"只能有一种存在形式，这正如每一滴露水在太阳照耀下都会闪现无穷无尽的色彩，但普鲁士政府却要求"精神的太阳，无论它照耀着多少个体，无论它照耀着什么事物，却只能产生一种色彩，就是官方的色彩"①，这明显违背了"自由"是"全部精神存在的类本质"和"新闻出版的类本质"的要求，因此，马克思大声疾呼："自由报刊是人民精神的洞察一切的慧眼，是人民自我信任的体现，是把个人同国家和世界联结起来的有声的纽带，是使物质斗争升华为精神斗争，而且是把斗争的粗糙物质形式观念化的一种获得体现的文化。"② 由此可以看出，虽然此时的马克思在论述文化自由时仍然受黑格尔理性决定论影响，把新闻出版自由问题归结为精神自由问题，但马克思强调精神个体的独立性，强调精神自由的现实指向性，从而为其文化观由理性主义文化观走向唯物主义文化观提供了可能。

其次，马克思在《〈科隆日报〉第179号的社论》一文中，批判了海尔梅斯的基督教神学的"宗教哲学"思想，阐述了自己的理性主义国家观。针对海尔梅斯在社论中表述的宗教国家观，马克思在评论中指出，宗教并非构成国家的基础，只有作为现世智慧的理性才是构成国家的基础、只有能够体现时代精神的自由理性才是构成国家的真正基础；那种认为宗教是国家的基础，宗教决定国家兴衰荣辱的论点"完全颠倒了历史"，"古代国家的宗教随着古代国家的灭亡而消亡，这用不着更多的说明，因为古代人的'真正宗教'就是崇拜'他们的民族'、他们的'国家'。不是古代宗教的灭亡引起古代国家的毁灭，相反，是古代国家的灭亡引起了古代宗教的毁灭"③。同时，针对"社论不是把国家看作相互教育的自由人的联合体"的观点，马克思批判指出，作为"实有"的国家的存在违背了人类自由和理性，作为"应有"的国家应该是"有道德的个人自由地联合起来"，而且，"实际上，国家的真正的'公共教育'就在于国家的合乎理性的公共的存在。国家本身教育自己成员的办法是：使他们成为国家的成员；把个人的目的变成普遍的目的，把粗野的本能变成合乎道德的意向，把天然的独立性变成精神的自由；使个人以整体的生活为乐事，整体则以个人的信念为乐事"④。由此我们可以认识到，此时马克思的国家观是一种深受黑格尔"理性国家"思想影响的理性主义国家观，但这种国家观其实是一种具有顽强生命活力的文化精神，它用一种以理性精神为核心的现代工业文化精神，实现了对那种以神本主义为核心的宗教文化精神的批判和

---

① 马克思，恩格斯. 马克思恩格斯全集（第1卷）[M]. 北京：人民出版社，1995：111.
② 马克思，恩格斯. 马克思恩格斯全集（第1卷）[M]. 北京：人民出版社，1995：179.
③ 马克思，恩格斯. 马克思恩格斯全集（第1卷）[M]. 北京：人民出版社，1995：213.
④ 马克思，恩格斯. 马克思恩格斯全集（第1卷）[M]. 北京：人民出版社，1995：217.

超越。

　　再次，马克思在《关于林木盗窃法的辩论》和《摩泽尔记者的辩护》中，对物质利益关系进行了初步探索，前者尖锐地批判了林木所有者的私人利益，后者却倾向于承认葡萄种植业经营者的私人利益，这就使他"第一次遇到要对所谓物质利益发表意见的难事"①。1842 年 10 月，马克思在《关于林木盗窃法的辩论》一文中指出，由于枯枝已经同树木没有了有机联系，因而捡拾枯枝是一种合法占有，是贫民的基本生存权利，不能算作盗窃林木；人类的自由理性支配国家的政治法律制度，法律应以人的自由和理性作为根本原则和出发点；在与私人利益的较量中，理性的法本应占据优势，而议会投票结果却表明"利益所得票数超过了法的票数"②，因此，议会由于维护林木所有者的私人利益和物质欲望而不应再具有理性立法者的资格。由此可见，在这篇文章当中，马克思事先是站在黑格尔理性主义文化观的立场上来批判普鲁士政府的非理性这一社会现实的，但事后他却发现作为历史发展动力的理性，根本无法自行在社会生活中得以实现，反而是私人利益处处占据上风，这就导致马克思理性主义文化观的既有理论基石明显出现了松动迹象。在 1843 年 1 月完成的《摩泽尔记者的辩护》一文中，马克思分析了摩泽尔河沿岸地区种植葡萄的农民因利益受损而陷入贫困的事实，揭露了普鲁士政府的"官僚本质"，正是这一脱离人民的官僚机构造成了对广大种植葡萄的农民的私人利益的严重损害，"摩泽尔河沿岸地区的贫困状况同时也就是管理工作的贫困状况"③，这种状况的改变，不能寄希望于行政当局，"即使行政当局怀有最善良的意图，也不可能消除一种本质的关系，或者也可以说，消除一种厄运。这种本质的关系就是既存在于管理机体自身内部，又存在于管理机体同被管理机体的联系中的官僚关系"④。由此可以看出，此时的马克思已经开始对当事人表面动机背后的深刻物质动因进行深入探究了，他改变自己曾经信奉的黑格尔理性决定论，逐渐转向文化的唯物主义立场。

（二）唯物主义文化观的初步表达

　　马克思陆续发表在《莱茵报》上的系列政论文章，深刻揭露了专制王权下人民的悲惨生活和统治阶级的反动腐朽，这一方面使报纸的影响日益扩大，但同时也极大地触怒了普鲁士政府，导致统治当局表现出了强烈不满和与日俱增的恐惧之情。1843 年 1 月 21 日，普鲁士内阁召开会议，指责《莱茵报》散布对国家、教会和现存秩序的不满，诽谤行政当局，并侮辱友邦，决定对该报实施查禁。面对反动政府的迫害，作为《莱茵报》股东们的德国资产阶级开始暴露出其特有的软弱性。出于维护自身利益的考虑，他们纷纷抱怨马克思具有革命倾向，要求他降低报纸的政治调子，以维持报纸生存。在对普鲁士政府的反动性和德国资产阶级的软弱性有了深刻认识后，马克思于 1843 年 3 月 17 日发表了退出《莱茵报》编辑部的声明。离开《莱茵报》之后，马克思"从社会舞台退回书房"⑤，就自己原来遇到的"对所谓物质利益发表意见的难事"进行了更加深

---

① 马克思，恩格斯. 马克思恩格斯全集（第 31 卷）[M]. 北京：人民出版社，1998：411.
② 马克思，恩格斯. 马克思恩格斯全集（第 1 卷）[M]. 北京：人民出版社，1995：288.
③ 马克思，恩格斯. 马克思恩格斯全集（第 1 卷）[M]. 北京：人民出版社，1995：376.
④ 马克思，恩格斯. 马克思恩格斯全集（第 1 卷）[M]. 北京：人民出版社，1995：377.
⑤ 马克思，恩格斯. 马克思恩格斯文集（第 2 卷）[M]. 北京：人民出版社，2009：591.

入的理论探索，这些理论研究成果在形成于 1843 年 3—9 月的《黑格尔法哲学批判》中得到了系统阐发。同时，马克思在 1844 年 2 月的《德法年鉴》上发表了《论犹太人问题》和《〈黑格尔法哲学批判〉导言》，这是马克思从唯心主义向唯物主义、从革命民主主义向共产主义转变过程中的重要著作，列宁甚至认为"上述的转变在这里彻底完成"①。尤其是在《黑格尔法哲学批判》和《〈黑格尔法哲学批判〉导言》这两篇文章中，马克思通过对黑格尔理性决定论的矫正，开辟出了一条通向历史唯物主义文化理论的阳光大道，初步表达了自己的唯物主义文化观。

在《黑格尔法哲学批判》中，马克思把批判的矛头直接对准了黑格尔理性主义文化观，揭露了其唯心主义实质，提出了市民社会决定国家的唯物主义观点。在考察家庭、市民社会和国家的关系时，黑格尔把观念作为独立主体，认为作为普遍观念的国家决定家庭和市民社会，家庭和市民社会是国家观念分化出的"两个理想性的领域"，根本没有任何独立性，必须以国家（即自在自为的现实最高理性本质）作为自己追求的目的，这是因为国家意志对于家庭和市民社会来说，具有外在的必然性，家庭和市民社会的矛盾必须在国家中才能得以解决。针对这种观点，马克思指出："观念变成了主体，而家庭和市民社会对国家的现实的关系被理解为观念的内在想象活动。家庭和市民社会都是国家的前提，它们才是真正活动着的；而在思辨的思维中这一切却是颠倒的。"②在这里，马克思着重批判了黑格尔思辨哲学把国家作为家庭和市民社会的前提的错误观点。在马克思看来，只有家庭和市民社会才是现实的主体和原动力，不是国家理念产生出家庭和市民社会，而是家庭和市民社会把自己变成为国家，可黑格尔思辨哲学却把这一层关系弄颠倒了，为什么会如此呢？这不仅因为黑格尔的国家观是理性决定论的，而且还因为他整个世界观也是理性决定论的，"他不是从对象中发展自己的思想，而是按照自身已经形成了的并且是在抽象的逻辑领域中已经形成了的思想来发展自己的对象。……这是露骨的神秘主义。"③在批判了黑格尔理性决定论这种"露骨的神秘主义"的基础之上，马克思进一步指出："政治国家没有家庭的自然基础和市民社会的人为基础就不可能存在，它们对国家来说是必要条件。"④这样，马克思就从根本上实现了对市民社会和国家关系的唯物主义理解，开辟出了一个唯物地理解文化理论的正确发展方向。

1843 年 10 月，马克思来到巴黎之后，受到了法国社会现实及广泛传播的空想社会主义的影响，在不断接触工人运动和深入进行理论研究的过程中，他进一步加速了自己向唯物主义和共产主义的转变。当时，青年黑格尔派的主要代表人物布鲁诺·鲍威尔发表了《犹太人问题》和《现代犹太人和基督徒获得自由的能力》这两篇文章，犯下了"对犹太人问题的片面理解"和"毫无批判地把政治解放和普遍的人的解放混为一谈"⑤的错误。为纠正这种错误，马克思于 1844 年 2 月在《德法年鉴》上发表了《论犹太人

---

① 列宁. 列宁全集（第 26 卷）［M］. 北京：人民出版社，1988：83.
② 马克思，恩格斯. 马克思恩格斯全集（第 3 卷）［M］. 北京：人民出版社，2002：11.
③ 马克思，恩格斯. 马克思恩格斯全集（第 3 卷）［M］. 北京：人民出版社，2002：18-19.
④ 马克思，恩格斯. 马克思恩格斯全集（第 3 卷）［M］. 北京：人民出版社，2002：12.
⑤ 马克思，恩格斯. 马克思恩格斯文集（第 1 卷）［M］. 北京：人民出版社，2009：25-26.

问题》，分析了市民社会与宗教的关系，认为宗教并非政治压迫的原因，而是政治压迫的表现，要克服宗教的狭隘性，就必须通过反对封建基督教国家的资产阶级政治革命来消除政治压迫，实现政治解放，使市民社会从原来一体化的国家中分离出来，成为独立的存在；但这种资产阶级的政治解放不同于人的解放，这样的政治解放实现的只是资产阶级的民主、自由和人权，还远不是人的解放，要实现人的解放，就必须突破资产阶级政治解放的历史局限性，通过消灭私有制来彻底变革市民社会，克服对异己力量——宗教和国家的迷信，消除人的生活本身的异化，"只有到了那个时候，人的解放才能完成"①。马克思在此提出的彻底变革市民社会、消除人的异化以最终实现人的解放的正确观点，无疑为日后创立科学的文化理论提供了重要理论支撑。

在《〈黑格尔法哲学批判〉导言》中，马克思从唯物主义和无神论的立场出发，分析了宗教的性质和作用，对宗教进行了总结性的文化批判，强调要把对宗教的批判转向对现实政治的批判，并提出了要在正确理论指导下来变革市民社会，最终实现无产阶级自身解放。在看待宗教的性质和作用问题上，马克思指出："宗教是还没有获得自身或已经再度丧失自身的人的自我意识和自我感觉"，是"颠倒的世界"产生的"一种颠倒的世界意识"，"是人民的鸦片"②。因此，马克思强调：对宗教的批判是其他一切批判的前提，当前的根本任务是要改变青年黑格尔派局限于宗教批判的做法，彻底改变宗教赖以存在的世俗基础，使文化批判由"对天国的批判变成对尘世的批判，对宗教的批判变成对法的批判，对神学的批判变成对政治的批判"③，要通过这样的批判来增强无产阶级的革命意识，使无产阶级自觉地"向德国制度开火"，这是因为"现代德国制度是时代错乱，它公然违反普遍承认的公理，它向全世界展示旧制度毫不中用"④。马克思还强调："在同这种制度进行的斗争中，批判不是头脑的激情，它是激情的头脑。它不是解剖刀，它是武器。它的对象是自己的敌人，它不是要驳倒这个敌人，而是要消灭这个敌人，因为这种制度的精神已经被驳倒。这种制度本身不是值得重视的对象，而是既应当受到鄙视同时又已经受到鄙视的存在状态。对于这一对象，批判本身不用自己表明什么了，因为它对这一对象已经清清楚楚。批判已经不再是目的本身，而只是一种手段。它的主要情感是愤怒，它的主要工作是揭露。"⑤ "应当让受现实压迫的人意识到压迫，从而使现实的压迫更加沉重；应当公开耻辱，从而使耻辱更加耻辱。"⑥ 在论述到"批判的武器"和"武器的批判"的关系时，马克思指出："批判的武器当然不能代替武器的批判，物质力量只能用物质力量来摧毁；但是理论一经群众掌握，也会变成物质力量。理论只要说服人，就能掌握群众；而理论只要彻底，就能说服人。所谓彻底，就是抓住事物的根本。而人的根本就是人本身。"⑦ 在这一论述中，马克思对实现批判理

① 马克思，恩格斯. 马克思恩格斯文集（第1卷）[M]. 北京：人民出版社，2009：46.
② 马克思，恩格斯. 马克思恩格斯文集（第1卷）[M]. 北京：人民出版社，2009：3-4.
③ 马克思，恩格斯. 马克思恩格斯文集（第1卷）[M]. 北京：人民出版社，2009：4.
④ 马克思，恩格斯. 马克思恩格斯文集（第1卷）[M]. 北京：人民出版社，2009：7.
⑤ 马克思，恩格斯. 马克思恩格斯文集（第1卷）[M]. 北京：人民出版社，2009：6.
⑥ 马克思，恩格斯. 马克思恩格斯文集（第1卷）[M]. 北京：人民出版社，2009：6-7.
⑦ 马克思，恩格斯. 马克思恩格斯文集（第1卷）[M]. 北京：人民出版社，2009：11.

论的彻底性给予了高度重视。在论述到哲学与无产阶级的关系时，马克思指出："哲学把无产阶级当作自己的物质武器，同样，无产阶级也把哲学当作自己的精神武器；思想的闪电一旦彻底击中这块素朴的人民园地，德国人就会解放成为人。……德国人的解放就是人的解放。这个解放的头脑是哲学，它的心脏是无产阶级。哲学不消灭无产阶级，就不能成为现实；无产阶级不把哲学变成现实，就不可能消灭自身。"① 马克思的这一论述把自己的哲学与无产阶级的关系比喻为"头脑"和"心脏"的关系，强调要把自己的哲学与无产阶级的革命实践自觉结合起来，也就是要真正把革命的理论与无产阶级群众的革命要求紧密结合起来，只有这样，无产阶级才能最终实现自身解放。由此可见，在这篇文章中，马克思比较深入地论述了宗教批判、革命理论对于变革市民社会、实现人的解放的重要作用，着重强调了通过把革命理论与无产阶级革命实践相结合以实现革命理论的彻底性，这不仅是他"彻底完成"向唯物主义、共产主义转变的一个重要标志，而且也是他的唯物主义文化观第一次得以比较全面表达的一个重要标志。

（三）科学文化理论的真正发祥地

从 1843 年年底开始，马克思把自己的研究兴趣逐步地转向了政治经济学，着手进行资本主义经济关系研究，并于 1844 年撰写一部并未完成的《1844 年经济学哲学手稿》（以下简称《手稿》）。在马克思生前，《手稿》并未公开发表，直到 1932 年才第一次出版了全文，并立即在国际哲学界产生了极大影响，有人把它称之为是"真正的马克思主义的启示录"，有人盛赞"这部著作比马克思的其他任何著作都更清楚得多地揭示了隐藏在他的社会主义信念背后，隐藏在他一生的全部科学创作的价值判断背后的伦理的、人道主义的动机"，② 有人甚至把它当作"真正的马克思主义"，认为它是"马克思哲学思想的顶峰"。当然，在这些为《手稿》高唱赞歌的西方学者中，有一些人片面强调《手稿》中受费尔巴哈人本主义影响的异化思想，企图以此来贬低、否定马克思后来的著作，制造"青年马克思"和"老年马克思"的对立。③ 因此，自《手稿》问世以来，就出现了一种有关其人道主义性质问题的争论。但不管这种争论的结果如何，越来越多的学者日益认识到了《手稿》对于马克思主义文化理论的重要意义。在我国，有学者指出："尽管它只在个别地方使用了文化这一术语，但无论如何也在实际上可以视为一个文化哲学文本，因为他不是个别地，而是普遍地接触了文化哲学问题。如果要探寻马克思主义文化哲学的基本理念的话，那就必须从这个文本出发。"④ 还有学者指出："《手稿》是马克思恩格斯文化观的发祥地，马克思、恩格斯在《德意志意识形态》中系统阐发的文化观，都是将《手稿》中的文化思想外化到存在论、交往观、世界历史等问题上的结果，马克思恩格斯文化观的诸多重要内容在《手稿》中都能找到原生态的基因。因此，从马克思恩格斯文化观发展历程的维度看，《手稿》是马克思恩格斯文化观的逻辑起点。"⑤ 根据上述观点，我们把《手稿》称为马克思唯物主义文化理论

---

① 马克思，恩格斯. 马克思恩格斯文集（第 1 卷）[M]. 北京：人民出版社，2009：17-18.
② 黄力之，张春美. 马克思主义文化哲学与现代性 [M]. 上海：上海三联书店，2006：34.
③ 《马克思主义哲学史》编写组. 马克思主义哲学史 [M]. 北京：高等教育出版社，2012：34.
④ 黄力之，张春美. 马克思主义文化哲学与现代性 [M]. 上海：上海三联书店，2006：35.
⑤ 胡海波，郭凤志. 马克思恩格斯文化观研究 [M]. 北京：中国书籍出版社，2013：56.

的发祥地。

首先，在《手稿》中，马克思论述了自然的优先性以及作为文化主体的人对于自然的依赖性。他指出："人靠自然界生活。这就是说，自然界是人为了不致死亡而必须与之处于持续不断地交互作用过程的、人的身体。"①"没有自然界，没有感性的外部世界，工人什么也不能创造。"②"人直接地是自然存在物。人作为自然界的存在物，而且作为有生命的自然存在物，一方面具有自然力、生命力，是能动的自然存在物；这些力量作为天赋和才能、作为欲望存在于人身上。另一方面，人作为自然的、肉体的、感性的、对象性的存在物，同动植物一样，是受动的、受制约的和受限制的存在物，就是说，他的欲望的对象是作为不依赖于他的对象而存在于他之外的。"③同时，马克思认为，人与自然之间的关系并非简单的依附关系，人与自然之间还存在着有机联系：人是自然界的一部分，自然界"是人的无机的身体"，人不是普通的自然存在物，而是以一种特殊方式存在的"类存在物"，这种特殊方式就是以自然为前提的"有意识的生命活动"，即人对自然进行加工改造的文化创造活动，"从理论领域来说，植物、动物、石头、空气、光等等，一方面作为自然科学的对象，一方面作为艺术的对象，都是人的意识的一部分，是人的精神的无机界，是人必须事先进行加工以便享用和消化的精神食粮"④。而从"文化"一词的起源来看，它产生于人与自然的关系，是人在通过耕作、播种等活动而对自然进行改造的过程中形成和发展起来的。因此，马克思在《手稿》中阐述的人与自然一体的重要思想，正确解决了马克思主义文化理论研究的逻辑起点问题。

其次，《手稿》在劳动实践的基础上，科学地揭示了文化的本质内涵。在马克思看来，劳动是一种自由自觉的"有意识的生命活动"，是人区别于动物的类本质特征，"一个种的整体特性、种的类特性就在于生命活动的性质，而自由的、有意识的活动恰恰就是人的类特性。……有意识的生命活动把人同动物的生命活动直接区别开来。正是由于这一点，人才是类存在物"⑤。人类通过劳动实践创造对象世界，改造无机界，这样一种创造活动明显区别于动物的生产活动，"动物的生产是片面的，而人的生产是全面的；动物只是在直接的肉体需要的支配下生产，而人甚至不受肉体需要的影响也进行生产，并且只有不受这种需要的影响才进行真正的生产；动物只生产自身，而人再生产整个自然界；动物的产品直接属于它的肉体，而人则自由地面对自己的产品；动物只是按照它所属的那个种的尺度和需要来建造，而人懂得按照任何一个种的尺度来进行生产，并且懂得处处都把内在的尺度运用于对象。因此，人也按照美的规律来构造。"⑥这使我们认识到，人总是通过一种有计划、有目的的对象性劳动作用于自己生活于其中

---

① 马克思，恩格斯. 马克思恩格斯文集（第 1 卷）［M］. 北京：人民出版社，2009：161.

② 马克思，恩格斯. 马克思恩格斯文集（第 1 卷）［M］. 北京：人民出版社，2009：158.

③ 马克思，恩格斯. 马克思恩格斯文集（第 1 卷）［M］. 北京：人民出版社，2009：209.

④ 马克思，恩格斯. 马克思恩格斯文集（第 1 卷）［M］. 北京：人民出版社，2009：161.

⑤ 马克思，恩格斯. 马克思恩格斯文集（第 1 卷）［M］. 北京：人民出版社，2009：162.

⑥ 马克思，恩格斯. 马克思恩格斯文集（第 1 卷）［M］. 北京：人民出版社，2009：162-163.

的客观世界，总是通过这种主客体统一的创造性活动使"人化的自然界产生出来"①。马克思在这里所说的"人化的自然界"基本上等同于我们现在所说的文化概念，而由于劳动是人的本质力量对象化的形式，"人化的自然界"是人的本质力量对象化的结果，所以马克思强调："无论从理论方面还是从实践方面来说，人的本质的对象化都是必要。"② 正是在劳动实践这种自由的有意识的活动中，作为主体的人体现了"自己的本质"，实现了对自然和动物的超越，创造出了相对于天然自然的"人化的自然界"（人的文化世界）。"由此可见，马克思在《手稿》中的论述虽然没有提及'文化'，却是在深刻地讨论人的文化。他在劳动实践的基础上科学地揭示了文化的本质，即人的本质力量的对象化。这构成了马克思主义文化理论的坚实基础。"③

最后，《手稿》通过对异化劳动的辩证批判，确立了一种新型文化价值理念。在《手稿》中，马克思并未像黑格尔那样"只看到劳动的积极方面，而没有看到它的消极的方面"④，难能可贵的是，马克思在高度肯定了劳动对人文世界的创造性意义的同时，还对资本主义条件下工人的异化劳动进行了全面考察，并将其规定为"人同自己的劳动产品异化、人同自己的劳动活动异化、人同自己的类本质异化、人与人关系的异化"等四个基本类型。马克思指出，在资本主义社会，工人生产出的劳动产品作为异己的力量与之对立，"工人生产得越多，他能够消费的越少；他创造价值越多，他自己越没有价值、越低贱；工人的产品越完美，工人自己越畸形；工人创造的对象越文明，工人自己越野蛮"⑤。这样的劳动活动不仅不能使工人感到丝毫幸福和快乐，反而使工人从肉体到精神都受到严重的摧残和折磨，"劳动对工人来说是外在的东西，也就是说，不属于他的本质；因此，他在自己的劳动中不是肯定自己，而是否定自己，不是感到幸福，而是感到不幸，不是自由地发挥自己的体力和智力，而是使自己的肉体受折磨、精神遭摧残"⑥。这种异化劳动使"动物的东西成为人的东西，而人的东西成为动物的东西"，最终导致"人的类本质"的丧失和"人的异化"。在对资本主义私有制条件下的异化劳动进行了深入批判的基础上，马克思还得出了异化劳动必将导致类似于文化异化的结论，"异化劳动使人自己的身体，同样使在他之外的自然界，使他的精神实质，他的人的本质同人相异化"⑦。而"人的本质的全部异化不过是自我意识的异化"，即"在知识和思维中反映出来的这种异化"⑧。要消除这种由资本主义私有制和异化劳动导致的文化异化现象，马克思强调必须通过共产主义的实际实现才能完成，"共产主义是对私有财产即人的自我异化的积极扬弃，因而是通过人并且为了人而对人的本质的真正占有；……作为完成了的自然主义，等于人道主义，而作为完成了的人道主义，等于自然主义，它是任何自然之间、人和人之间的矛盾的真正解决，是存在和本质、对象化和自我确证、

---

① 马克思，恩格斯. 马克思恩格斯文集（第1卷）[M]. 北京：人民出版社，2009：191.
② 马克思，恩格斯. 马克思恩格斯文集（第1卷）[M]. 北京：人民出版社，2009：192.
③ 范俊玉. 马克思主义的文化理论及其当代价值[J]. 学术交流，2004（2）：5-6.
④ 马克思，恩格斯. 马克思恩格斯文集（第1卷）[M]. 北京：人民出版社，2009：205.
⑤ 马克思，恩格斯. 马克思恩格斯文集（第1卷）[M]. 北京：人民出版社，2009：158.
⑥ 马克思，恩格斯. 马克思恩格斯文集（第1卷）[M]. 北京：人民出版社，2009：159.
⑦ 马克思，恩格斯. 马克思恩格斯文集（第1卷）[M]. 北京：人民出版社，2009：163.
⑧ 马克思，恩格斯. 马克思恩格斯文集（第1卷）[M]. 北京：人民出版社，2009：207.

自由和必然、个体和类之间的斗争的真正解决。它是历史之谜的解答，而且知道自己就是这种解答。"① 虽然马克思在此处所讲的共产主义还具有一定的费尔巴哈人本主义色彩，但他提出的通过消灭私有制来扬弃异化劳动、克服文化异化的重要思想，无疑是为未来人类社会描绘了一幅崭新发展蓝图，确立了一种新型文化理想。

二、基本形成

1845 年秋至 1846 年 5 月，马克思、恩格斯共同撰写了《德意志意识形态》（以下简称《形态》）。在这部标志马克思主义哲学基本形成的重要著作中，马克思、恩格斯不仅批判了以布鲁诺·鲍威尔和施蒂纳（1806—1856）为代表的青年黑格尔派，而且深入批判了费尔巴哈人本主义哲学，从而彻底清算了他们以前文化信仰的旧哲学基础，实现了和以往文化史观的最为彻底的决裂，并在批判旧哲学的基础上，系统阐述了历史唯物主义文化观的基本原理，最终促成了马克思主义文化理论的正式形成。

（一）与唯心主义文化史观实现最为彻底的决裂

马克思、恩格斯是在批判地继承西方文化的基础上创立起自己的文化理论的，而西方理性主义文化的唯心主义实质却也对他们造成了极为不利的影响，致使他们在青年时期孕育的文化思想中具有明显的唯心主义和人本主义的痕迹。在《形态》中，马克思、恩格斯通过对历史的物质前提的强调，彻底清算了黑格尔自我意识的理性决定论和费尔巴哈抽象人性的人本主义哲学，实现了与旧的文化史观的彻底决裂，为马克思主义文化理论的正式形成提供了极为重要的思想理论前提条件。

马克思主义文化理论的孕育萌芽时期，可以说主要是黑格尔理性决定论占据统治地位的时代，无论是马克思还是恩格斯都深受其影响。在博士论文中，马克思就曾把自我意识和理性看成是历史运动的决定性力量；在对《林木盗窃法》进行批判时，他把不实现理性自由的国家称为坏国家。由此可以看出，理性决定论对青年马克思的影响较深，这种唯心主义文化史观导致他也曾经把历史发展的动因主要归结为自我意识和理性的作用。

在逐步认识到黑格尔理性决定论的唯心主义实质这一致命缺陷之后，青年马克思、恩格斯由于受到费尔巴哈哲学的影响，转而走上了唯物主义道路。费尔巴哈的唯物主义和无神论思想对马克思、恩格斯的积极影响非常明显，极大地推动了他们逐步克服唯心主义文化史观的消极影响，从而为历史唯物主义文化观的形成奠定了坚实基础。但是，费尔巴哈强调的抽象人性的人本主义也给马克思、恩格斯带来了非常明显的消极影响。作为一个人本学唯物主义者，费尔巴哈仅仅从生物学上的自然主义视角来考察人，抹杀人的历史的、社会的和阶级的差别，把人看作抽象的、自然的、生物学意义上的人，把理性、爱和意志力归结为人的本质，认为"人的本质就是人自身"。在走上唯物主义的道路之前，马克思深受费尔巴哈人本学的影响，在对人及其本质的理解上表现出了明显的人本主义的印迹。"在《〈黑格尔法哲学批判〉导言》中马克思提出'人就是人的世

---

① 马克思，恩格斯. 马克思恩格斯文集（第 1 卷）[M]. 北京：人民出版社，2009：185.

界''人是人的最高本质''人的根本就是人本身',无论其能指与所指都是费尔巴哈式的,即使在《1844 年经济学哲学手稿》中,费尔巴哈的印痕也是十分明显的,这表明在马克思实现文化观转变的过程中,费尔巴哈人本主义对其影响是深刻的。"①

为了实现与上述旧哲学世界观的彻底决裂,马克思、恩格斯在《形态》中对当时德国的哲学思潮进行了深入分析和批判。

在对青年黑格尔派的观点进行批判时,马克思、恩格斯认为这些人只是在口头上讲了一些"震撼世界"的词句,可在实际行动上却是最大的保守主义者,譬如施蒂纳就只是把由感性形体的个人作为其哲学的"出发点和返回点",认为这种个人是离群索居的"唯一者",是不受任何现实条件制约的利己主义者;人类全部历史就是一个去除物质世界和精神世界的前提制约,向无前提的、绝对独立自主的个人发展的过程,就是个人认识到自身价值的自我实现过程。对此,马克思、恩格斯非常尖刻地指出:"这些哲学家没有一个想到要提出关于德国哲学和德国现实之间的联系问题,关于他们所做的批判和他们自身的物质环境之间的联系问题。"② 为了改变这种行动中的保守主义状况,他们强调指出:"意识的一切形式和产物不是可以通过精神的批判来消灭的,不是可以通过把它们消融在'自我意识'中或化为'幽灵''怪影''怪想'等等来消灭的,而只有通过实际地推翻这一切唯心主义谬论所由产生的现实的社会关系,才能把它们消灭;历史的动力以及宗教、哲学和任何其他理论的动力是革命,而不是批判。"③ 马克思、恩格斯在此提出的把革命作为社会发展动力的主张,既是他们深入批判青年黑格尔派的验证,又是他们开始自觉地清算自己以往文化理论信仰的标志。

与批判黑格尔及青年黑格尔学派相比,对费尔巴哈人本主义哲学进行深入批判,具有更为重要的意义。在《形态》中,马克思、恩格斯不但把对费尔巴哈的批判置于开篇第一章,而且还在其他章节的许多地方对费尔巴哈哲学进行了批判。总体来看,对费尔巴哈哲学进行深入批判、通过对它的批判来阐释唯物史观基本原理,构成了《形态》一书的最主要内容。在与"纯粹的"唯物主义进行比较之后,马克思、恩格斯肯定了费尔巴哈"承认人也是'感性对象'"这一值得称道的优点,但他们同时指出:"他把人只看作'感性对象',而不是'感性活动',因为他在这里也仍然停留在理论的领域内,没有从人们现有的社会联系,从那些使人们成为现在这种样子的周围生活条件来观察人们——这一点且不说,他还从来没有看到现实存在着的、活动的人,而是停留于抽象的'人',并且仅仅限于在感情范围内承认'现实的、单个的、肉体的人',也就是说,除了爱与友情,而且是观念化了的爱与友情以外,他不知道'人与人之间'还有什么其他的'人的关系'。他没有批判现在的爱的关系。可见,他从来没有把感性世界理解为构成这一世界的个人的全部活生生的感性活动,因而比方说,当他看到的是大批患瘰疬病的、积劳成疾的和患肺痨的穷苦人而不是健康人的时候,他便不得不求助于'最高的直观'和观念上的'类的平等化',这就是说,正是在共产主义的唯物主义者看到改造工业和社会结构的必要性和条件的地方,他却重新陷入唯心主义。当费尔巴哈

---

① 胡海波,郭凤志. 马克思恩格斯文化观研究 [M]. 北京:中国书籍出版社,2013:64.
② 马克思,恩格斯. 马克思恩格斯文集(第 1 卷) [M]. 北京:人民出版社,2009:516.
③ 马克思,恩格斯. 马克思恩格斯文集(第 1 卷) [M]. 北京:人民出版社,2009:544.

是一个唯物主义者的时候，历史在他的视野之外；当他去探讨历史的时候，他不是一个唯物主义者。在他那里，唯物主义和历史是彼此完全脱离的。"① 由此可以看出，马克思、恩格斯已经认识到了费尔巴哈人本主义哲学的唯心主义实质，并对其抽象人性论进行了辛辣和尖刻的批判。

因此，马克思、恩格斯在《形态》中，"以高度的文化自觉清算自己信仰的结果是消除了黑格尔唯心主义和费尔巴哈抽象人性论的影响，在批判文化史观的基础上建立起以现实的人为出发点、以人的生命存在和实际生活为本体的文化观，并揭示了物质资料的生产在社会生活中的决定作用，实现了与文化史观的最为彻底的决裂，从而确立了马克思恩格斯文化观的历史唯物主义基础"②。

（二）系统阐述历史唯物主义文化观的基本原理

我们之所以把《形态》作为马克思主义文化理论得以正式形成的标志，一方面是由于马克思、恩格斯在该书中通过深入批判旧哲学而实现了与唯心主义文化史观的彻底决裂，但更为重要的原因还在于：马克思、恩格斯在该书中通过系统地阐述历史唯物主义的基本原理，为马克思主义文化理论的形成奠定了坚实的理论前提和基础。

首先，在《形态》中，马克思、恩格斯从现实的个人出发，确立了马克思主义文化理论形成的物质前提。针对青年黑格尔派否认任何历史的物质前提的错误观点，马克思、恩格斯强调指出："我们开始要谈的前提不是任意提出的，不是教条，而是一些只有在想象中才能撇开的现实前提。这是一些现实的个人，是他们的活动和他们的物质生活条件，包括他们已有的和由他们自己的活动创造出来的物质生活条件。……全部人类历史的第一个前提无疑是有生命的个人的存在。因此，第一个需要确认的事实就是这些个人的肉体组织以及由此产生的个人对其他自然的关系。"③ 通过对人类生产活动的考察，马克思、恩格斯认识到，物质生产是满足人们物质生活资料需要的历史活动，是一切历史的基本条件；人们在进行物质生产的同时，也进行着人口的生产和繁衍，这也是历史的必要条件；在物质生产和人口生产过程中，不仅发生了人与自然的关系，而且发生了人与人的社会交往关系；在人与人的社会交往过程中，语言文字等精神生产成果逐步形成，人类文化得以产生。这样，马克思、恩格斯对人类历史前提的考察，并非像以往旧哲学那样，以"绝对精神""自我意识"等精神层面的东西为出发点，也不是以抽象的人或人的本质为出发点，而是以从事物质生产的、能动地表现自己生活的人及其实际生活过程为出发点。这就使文化的主体实现了由抽象的人到现实的人的转变，为把握人类文化发展的历史进程找到了现实的物质前提。

其次，在《形态》中，马克思、恩格斯提出了社会存在决定社会意识的历史唯物主义基本观点，使我们认识到了精神文化对社会生活的依赖关系。马克思、恩格斯认为，随着物质生产的发展，人类的思想观念逐步产生和发展起来，因而意识的生产是直接与人们的物质生产、社会交往、日常语言交织在一起的，"不是意识决定生活，而是

---

① 马克思，恩格斯. 马克思恩格斯文集（第1卷）[M]. 北京：人民出版社，2009：530.

② 胡海波，郭凤志. 马克思恩格斯文化观研究 [M]. 北京：中国书籍出版社，2013：65.

③ 马克思，恩格斯. 马克思恩格斯文集（第1卷）[M]. 北京：人民出版社，2009：516-519.

生活决定意识"①。作为社会意识的精神文化并不是某种独立存在的东西,"'精神'从一开始就很倒霉,受到物质的'纠缠'"②。在阶级社会,不同阶级的现实生活决定着人们具有不同的思想文化,"统治阶级的思想在每一时代都是占统治地位的思想。这就是说,一个阶级是社会上占统治地位的物质力量,同时也是社会上占统治地位的精神力量。支配着物质生产资料的阶级,同时也支配着精神生产资料,因此,那些没有精神生产资料的人的思想,一般的是隶属于这个阶级的。占统治地位的思想不过是占统治地位的物质关系在观念上的表现,不过是以思想的形式表现出来的占统治地位的物质关系;……一定时代的革命思想的存在是以革命阶级的存在为前提的"③。随着社会分工和交往的不断扩大,人类精神文化获得了相对的独立性和真正的社会意义,"分工只是从物质劳动和精神劳动分离的时候起才真正成为分工。从这时候起意识才能现实地想象:它是和现存实践的意识不同的某种东西;它不用想象某种现实的东西就能现实地想象某种东西。从这时候起,意识才能摆脱世界而去构造'纯粹的'理论、神学、哲学、道德等等"④。虽然说人类精神文化具有相对独立性,但却不能像唯心主义文化论者那样将其夸大为社会历史进程的决定性因素,因为它最终还是要受到社会实际生活的制约,"思想、观念、意识的生产最初是直接与人们的物质活动,与人们的物质交往,与现实生活的语言交织在一起的。人们的想象、思维、精神交往在这里还是人们物质行动的直接产物。表现在某一民族的政治、法律、道德、宗教、形而上学等的语言中的精神生产也是这样。人们是自己的观念、思想等等的生产者,……意识在任何时候都只能是被意识到了的存在,而人们的存在就是他们的现实生活过程"⑤。

最后,在《形态》中,马克思、恩格斯分析了社会结构诸方面的相互关系,论证了人类精神文化发展的一般进程。在马克思、恩格斯看来,生产力是人类通过物质生产劳动实现的对自然的改造关系,是理解全部人类历史的基础,"人们所达到的生产力的总和决定着社会状况"⑥;物质生产劳动不仅包括人与自然的关系,而且还包括人与人的物质交往关系(即生产关系),只有结成人与人的社会生产关系,才有人对自然的能动关系,才有现实的生产活动;生产力决定着人们的物质交往关系,而一定的物质交往关系反过来制约生产力的规模和范围,二者的对立统一构成了一定历史阶段上的生产方式,决定着社会结构的各个层次及其变化。同时,马克思、恩格斯还初步提出了经济基础和上层建筑两个范畴,阐明了市民社会是国家和观念的上层建筑的经济基础的重要思想。"市民社会这一名称始终标志着直接从生产和交往中发展起来的社会组织,这种社会组织在一切时代都构成国家的基础以及任何其他的观念的上层建筑的基础。"⑦ 这里所讲的上层建筑,包括国家、法律等政治的上层建筑,还包括哲学、道德、艺术、宗教

---

① 马克思,恩格斯. 马克思恩格斯文集(第1卷)[M]. 北京:人民出版社,2009:525.
② 马克思,恩格斯. 马克思恩格斯文集(第1卷)[M]. 北京:人民出版社,2009:533.
③ 马克思,恩格斯. 马克思恩格斯文集(第1卷)[M]. 北京:人民出版社,2009:550-551.
④ 马克思,恩格斯. 马克思恩格斯文集(第1卷)[M]. 北京:人民出版社,2009:534.
⑤ 马克思,恩格斯. 马克思恩格斯文集(第1卷)[M]. 北京:人民出版社,2009:524-525.
⑥ 马克思,恩格斯. 马克思恩格斯文集(第1卷)[M]. 北京:人民出版社,2009:533.
⑦ 马克思,恩格斯. 马克思恩格斯文集(第1卷)[M]. 北京:人民出版社,2009:583.

等观念的上层建筑（即意识形态），它们都基于经济基础（特别是私有制和分工），为一定的经济基础服务，赋予经济上处于支配地位的阶级以政治合法性和思想观念上的认同；但上层建筑又会反作用于经济基础，尤其是意识形态具有相对的独立性，先进思想意识对于社会发展具有强大的推动作用。因此，随着生产力和交往关系（生产关系）、经济基础和上层建筑的矛盾运动，社会基本结构不断发生变化，社会形态依次出现更替，人类精神文化也相应发生演变。"从直接生活的物质生产出发阐述现实的生产过程，把同这种生产方式相联系的、它所产生的交往形式即各个不同阶段上的市民社会理解为整个历史的基础，从市民社会作为国家的活动描述市民社会，同时从市民社会出发阐明意识的所有各种不同理论的产物和形式，如宗教、哲学、道德等等，而且追溯它们产生的过程。"① 由此可见，马克思、恩格斯论证的人类精神文化发展过程，正是建立在对人类社会基本矛盾运动所做的分析的基础之上的。

三、公开问世

通过上文的论述，我们有充分的理由相信，《形态》是马克思主义文化理论基本形成的重要标志。但是，由于普鲁士书报检察机关的极力阻挠，加上出版商对《形态》中所批判的哲学流派及其代表人物的同情，这部著作的全文没有能够于马克思、恩格斯在世的时候与读者公开见面。直到 1932 年，《形态》全书才第一次以德文原文发表于《马克思恩格斯全集》历史考证版的第一部分第五卷。这不能不说是马克思主义文化理论发展史上的一件憾事。不过，马克思、恩格斯于 1847 年 12 月至 1848 年 1 月为共产主义者同盟起草了一个纲领性文献——《共产党宣言》（以下简称《宣言》），并于1848 年 2 月公开发表。"这部著作以天才的透彻而鲜明的语言描述了新的世界观，即把社会生活领域也包括在内的彻底的唯物主义作为最全面最深刻的发展学说的辩证法以及关于阶级斗争和共产主义新社会创造者无产阶级肩负的世界历史性的革命使命的理论。"② 因此，《宣言》是科学社会主义诞生的标志，是马克思主义"惊天动地的出生证"，也是马克思主义文化理论公开问世的里程碑式文献。③

（一）夯实了马克思主义文化理论的立论基础

恩格斯在《宣言》1883 年德文版序言中强调，"贯穿《宣言》的基本思想：每一历史时代的经济生产以及必然由此产生的社会结构，是该时代政治的和精神的历史的基础"④。这一基本思想确证了马克思主义文化理论是以历史唯物主义作为其立论基础的，也确立了这一科学文化理论所强调的文化发展"取决于现实生活的生产和再生产"的终极性解释原则。

马克思、恩格斯认为，生产力状况决定生产关系的性质，经济上占统治地位的阶级在政治思想上也占据统治地位，一定的思想观念是对一定经济关系的反映；社会历史随着生产力的发展而发展，在生产力发展的不同阶段，会形成不同的生产资料所有制关

① 马克思，恩格斯. 马克思恩格斯文集（第 1 卷）［M］. 北京：人民出版社，2009：544.
② 列宁. 列宁专题文集（论马克思主义）［M］. 北京：人民出版社，2009：5.
③ 宁德业.《共产党宣言》的文化思想及其当代价值［J］. 当代世界与社会主义，2018（1）：61-66.
④ 马克思，恩格斯. 马克思恩格斯文集（第 2 卷）［M］. 北京：人民出版社，2009：9.

系；随着以所有制关系为主的社会经济结构的改变，政治统治和人们的思想观念随之发生变化。因此，"资产阶级的灭亡和无产阶级的胜利是同样不可避免的"①。这就是《宣言》揭示的"资本主义必然灭亡、社会主义必然胜利"的客观规律。同时，《宣言》还指明了无产阶级革命的基本道路和历史使命，描绘了无产阶级解放的光明前景，阐明了无产阶级的建党学说和策略原则。马克思、恩格斯指出，随着无产阶级反对资产阶级斗争规模的不断扩大，无产阶级的彼此联系得到加强、思想觉悟日益提高，从而意识到必须通过暴力推翻资产阶级统治，使自己"上升为统治阶级，争得民主"，继而"利用自己的政治统治，一步一步地夺取资产阶级的全部资本，把一切生产工具集中在国家即组织成为统治阶级的无产阶级手里，并且尽可能快地增加生产力的总量"②，并最终在生产力高度发达的基础上消灭阶级差别，实现自由人联合体的共产主义社会，"在那里，每个人的自由发展是一切人的自由发展的条件"③。而无产阶级要实现这样的宏伟目标，就必须由自己的先进政党——共产党来领导，因为共产党人没有任何同整个无产阶级利益不同的利益，"在实践方面，共产党人是各国工人政党中最坚决的、始终起推动作用的部分；在理论方面，他们胜过其余无产阶级群众的地方在于他们了解无产阶级运动的条件、进程和一般结果。……共产党人的理论原理，绝不是以这个或那个世界改革家所发明或发现的思想、原则为根据的。……共产党人可以把自己的理论概括为一句话：消灭私有制"④。因此，在《宣言》的结尾部分，马克思、恩格斯大声疾呼："共产党人不屑于隐瞒自己的观点和意图。他们公开宣布：他们的目的只有用暴力推翻全部现存的社会制度才能达到。让统治阶级在共产主义革命面前发抖吧。无产者在这个革命中失去的只是锁链。他们获得的将是整个世界。全世界无产者，联合起来！"⑤ 通过对《宣言》所阐述的上述基本原理的分析，我们无疑可以认识到资本主义制度及其文化的历史暂时性，从而使自己更加坚定对社会主义制度及其文化必然胜利的信念、信心和决心。

在《宣言》中，马克思、恩格斯还考察了"宗教的、道德的、哲学的、政治的、法的观念"等精神文化在历史进程中的发展规律，驳斥了超阶级的文化观和所谓"永恒真理"的说教。在马克思、恩格斯看来，文化在阶级社会里具有鲜明的阶级性，并不存在所谓"超阶级的文化"；资产阶级文化是由生产资料的资本主义私人占有制决定的，资本主义社会的"宗教、道德、哲学、政治和法"等精神文化终究是由其物质生活条件决定的；在人类社会发展过程中，新社会因素在旧社会母体内部孕育萌发出来，导致新旧思想文化依次发生更替，"当人们谈到使整个社会革命化的思想时，他们只是表明了一个事实：在旧社会内部已经形成了新社会的因素，旧思想的瓦解是同旧生活条件的瓦解步调一致的"⑥。因此，绝不存在什么"永恒真理"，而且"共产主义要废除永

① 马克思，恩格斯. 马克思恩格斯文集（第2卷）[M]. 北京：人民出版社，2009：43.
② 马克思，恩格斯. 马克思恩格斯文集（第2卷）[M]. 北京：人民出版社，2009：52.
③ 马克思，恩格斯. 马克思恩格斯文集（第2卷）[M]. 北京：人民出版社，2009：53.
④ 马克思，恩格斯. 马克思恩格斯文集（第2卷）[M]. 北京：人民出版社，2009：44-45.
⑤ 马克思，恩格斯. 马克思恩格斯文集（第2卷）[M]. 北京：人民出版社，2009：66.
⑥ 马克思，恩格斯. 马克思恩格斯文集（第2卷）[M]. 北京：人民出版社，2009：51.

恒真理，它要废除宗教、道德，而不是加以革新"①。虽然马克思、恩格斯认为"从宗教的、哲学的和一切意识形态的观点对共产主义提出的种种责难，都不值得详细讨论了"②，但他们却着重强调："人们的观念、观点和概念，一句话，人们的意识，随着人们的生活条件、人们的社会关系、人们的社会存在的改变而改变，……思想的历史除了证明精神生产随着物质生产的改造而改造，还证明了什么呢？任何一个时代的统治思想始终都不过是统治阶级的思想。"③ 在人类发展史上，思想文化的发展变化与统治阶级的政权更替相伴而随，"当古代世界走向灭亡的时候，古代的各种宗教就被基督教战胜了。当基督教思想在 18 世纪被启蒙思想击败的时候，封建社会正在同当时革命的资产阶级进行殊死的斗争。信仰自由和宗教自由的思想，不过表明自由竞争在信仰领域里占统治地位罢了"④。

所以，从总体上看，马克思、恩格斯在《宣言》中已经比较详尽地论证了人类精神文化的变化发展规律，为马克思主义文化理论的最终创立夯实了理论根基。

（二）对资本主义文化做出了客观公正的评价

在《宣言》中，马克思、恩格斯用热情洋溢的语言，高度肯定了资产阶级在人类文化发展史上曾经起到的革命性作用。马克思、恩格斯指出，资产阶级通过生产的不断变革，"对生产工具，从而对生产关系，从而对全部社会关系不断地进行革命"，使"一切社会状况不停地动荡，永远的不安定和变动"，导致资产阶级时代不同于过去一切时代，尤其是在这一变动不居的时代，资产阶级冲破了封建宗法等级观念的束缚，破除了中世纪黑暗社会的天国幻想和政治欺骗，"一切固定的僵化的关系以及与之相适应的素被尊崇的观念和见解都被消除了，一切新形成的关系等不到固定下来就陈旧了。一切等级的和固定的东西都烟消云散了，一切神圣的东西都被亵渎了"⑤，从而为符合人类理性要求的现代理性文化发展铺平了道路。同时，马克思、恩格斯还指出，资产阶级通过现代化机器大工业生产，开拓了世界市场，开创了世界历史，创造了比以往一切世代都要先进得多的科学文化，打破了民族文化的片面性、狭隘性和局限性，使人类精神文化生产成为一种世界性的创造活动，把一切民族甚至最野蛮的民族都卷到文明中来了，"过去那种地方的和民族的自给自足和闭关自守状态，被各民族的各方面的互相往来和各方面的互相依赖所代替了。物质的生产是如此，精神的生产也是如此。各民族的精神产品成了公共的财产。民族的片面性和局限性日益成为不可能，于是有许多种民族的和地方的文学形成了一种世界的文学"⑥。

当然，作为一种批判的革命理论，马克思、恩格斯在《宣言》中绝不会仅仅肯定资产阶级在人类文化发展史上起到的上述"非常革命的作用"，其思想中更为精彩的部分，主要体现于他们对资本主义文化的缺陷、弊端和不足进行了无情的批判。

---

① 马克思，恩格斯. 马克思恩格斯文集（第 2 卷）［M］. 北京：人民出版社，2009：51.
② 马克思，恩格斯. 马克思恩格斯文集（第 2 卷）［M］. 北京：人民出版社，2009：50.
③ 马克思，恩格斯. 马克思恩格斯文集（第 2 卷）［M］. 北京：人民出版社，2009：50-51.
④ 马克思，恩格斯. 马克思恩格斯文集（第 2 卷）［M］. 北京：人民出版社，2009：51.
⑤ 马克思，恩格斯. 马克思恩格斯文集（第 2 卷）［M］. 北京：人民出版社，2009：34-35.
⑥ 马克思，恩格斯. 马克思恩格斯文集（第 2 卷）［M］. 北京：人民出版社，2009：35.

首先，《宣言》用辛辣、尖刻的语言，对资本主义社会冷酷的利己主义思想和金钱至上的价值理念进行了入木三分的揭露和批判，"资产阶级在它已经取得了统治的地方把一切封建的、宗法的和田园诗般的关系都破坏了。它无情地斩断了把人们束缚于天然尊长的形形色色的封建羁绊，它使人和人之间除了赤裸裸的利害关系，除了冷酷无情的'现金交易'，就再也没有任何别的联系了。它把宗教虔诚、骑士热忱、小市民伤感这些情感的神圣发作，淹没在利己主义打算的冰水之中。它把人的尊严变成了交换价值，用一种没有良心的贸易自由代替了无数特许的和自力挣得的自由。总而言之，它用公开的、无耻的、直接的、露骨的剥削代替了由宗教幻想和政治幻想掩盖着的剥削。资产阶级抹去了一切向来受人尊崇和令人敬畏的职业的神圣光环。它把医生、律师、教士、诗人和学者变成了它出钱招雇的雇佣劳动者。资产阶级撕下了罩在家庭关系上的温情脉脉的面纱，把这种关系变成了纯粹的金钱关系"①。这一长段论述，使我们认识到了资本主义文化理念的核心——利己主义和拜金主义。

其次，《宣言》还揭露了资本主义文化教育的阶级本质。在《宣言》中，马克思、恩格斯坚决回击了资产阶级对共产党人的种种责难和攻击。他们指出：资产阶级"对共产主义的物质产品的占有方式和生产方式的责备，也被扩及精神产品的占有和生产方面"；在资产者看来，阶级的教育的终止"就等于一切教育的终止"，用社会教育代替家庭教育"就是要消灭人们最亲密的关系"。针对这种谬论，马克思、恩格斯予以了迎头痛击："资产者唯恐失去的那种教育，对绝大多数人来说是把人训练成机器。……你们的观念本身是资产阶级的生产关系和所有制关系的产物，正像你们的法不过是被奉为法律的你们这个阶级的意志一样，而这种意志的内容是由你们这个阶级的物质生活条件来决定的。你们的利己观念使你们把自己的生产关系和所有制关系从历史的、在生产过程中是暂时的关系变成永恒的自然规律和理性规律，这种利己观念是你们和一切灭亡了的统治阶级所共有的。……而你们的教育不也是由社会决定的吗？不也是由你们进行教育时所处的那种社会关系决定的吗？不也是由社会通过学校等等进行的直接的或间接的干涉决定的吗？"② 因此，马克思、恩格斯提出，共产党人要改变社会对教育的作用，要通过消灭私有制来使教育摆脱统治阶级的影响。

此外，《宣言》还揭示了资本主义文化对外殖民扩张的野蛮本性和伪善面目。马克思、恩格斯指出，资本在利益的驱动下，通过采取各种手段（哪怕是最卑鄙无耻的）不断向外扩张，驱使资产阶级奔走于全球各地，到处落户，到处开发，到处建立联系，"资产阶级，由于一切生产工具的迅速改进，由于交通的极其便利，把一切民族甚至最野蛮的民族都卷到文明中来了。它的商品的低廉价格，是它用来摧毁一切万里长城、征服野蛮人最顽强的仇外心理的重炮。它迫使一切民族——如果它们不想灭亡的话——采用资产阶级的生产方式；它迫使它们在自己那里推行所谓的文明，即变成资产者。一句话，它按照自己的面貌为自己创造出一个世界。资产阶级使农村屈服于城市的统治。它创立了巨大的城市，使城市人口比农村人口大大增加起来，因而使很大一部分居民脱离

---

① 马克思，恩格斯. 马克思恩格斯文集（第 2 卷）［M］. 北京：人民出版社，2009：33-34.
② 马克思，恩格斯. 马克思恩格斯文集（第 2 卷）［M］. 北京：人民出版社，2009：48-49.

了农村生活的愚昧状态。正像它使农村从属于城市一样，它使未开化和半开化的国家从属于文明的国家，使农民的民族从属于资产阶级的民族，使东方从属于西方"①。在此，马克思、恩格斯虽然还没有非常直观地批判资本主义文化殖民扩张的野蛮本性和伪善面目，但这种感情却明显地流淌于这段文字的字里行间。1853 年 8 月 8 日《纽约每日论坛报》发表了马克思的《不列颠在印度统治的未来结果》一文，该文尖锐地指出："当我们把目光从资产阶级文明的故乡转向殖民地的时候，资产阶级文明的极端伪善和它的野蛮本性就赤裸裸地呈现在我们面前，它在故乡还装出一副体面的样子，而在殖民地它就丝毫不加掩饰了。"② 这段文字使我们更加清楚地认识到了资产阶级殖民文化扩张的本性和面目。

（三）阐明了世界历史境遇下文化的发展趋势

在唯物史观基础上，对世界历史境遇下的文化发展趋势问题做系统阐述，并科学预见了共产主义文化这一人类文化的未来发展大势，这是《宣言》在马克思主义文化理论形成发展过程中做出的又一个突出贡献。

在《宣言》中，马克思、恩格斯阐明了世界历史境遇下文化发展的全球化趋势。对于"世界历史"问题，马克思、恩格斯的《形态》早就有所论及："各个相互影响的活动范围在这个发展进程中越是扩大，各民族的原始封闭状态由于日益完善的生产方式、交往以及因交往而自然形成的不同民族之间的分工消灭得越是彻底，历史也就越是成为世界历史。例如，如果在英国发明了一种机器，它夺走了印度和中国的无数劳动者的饭碗，并引起这些国家的整个生存形式的改变，那么，这个发明便成为一个世界历史性的事实。"③ 马克思、恩格斯此处所讲的"世界历史"是一个有着特定内涵的术语，"与其说是一个历史学理论，不如说是其历史观的重要内容，用以表征人类历史的整体性、有机性，特别是概括由大工业和普遍交往开创的、各个国家和民族走向'一体化'的历史时代"④。而马克思、恩格斯在《宣言》中对"世界历史"的描述则更为详尽："不断扩大产品销路的需要，驱使资产阶级奔走于全球各地。它必须到处落户，到处开发，到处建立联系。资产阶级，由于开拓了世界市场，使一切国家的生产和消费都成为世界性的了。……过去那种地方的和民族的自给自足和闭关自守状态，被各民族的各方面的互相往来和各方面的互相依赖所代替了。"⑤ 这种每一个民族都被卷入世界历史巨流中的一体化、整体化趋势，"就是今天人们所津津乐道的'全球化'现象。……从历史发展来看，《共产党宣言》所描述的'世界历史'现象与今天人们所认为的'全球化'现象没有任何本质上的区别"⑥。在对世界一体化、经济全球化做出了科学预见的基础上，马克思、恩格斯又对世界各民族文化交融问题做出了深刻阐释："物质的生产是如此，精神的生产也是如此。各民族的精神产品成了公共的财产。民族的片面性和局

---

① 马克思，恩格斯. 马克思恩格斯文集（第 2 卷）[M]. 北京：人民出版社，2009：35-36.
② 马克思，恩格斯. 马克思恩格斯文集（第 2 卷）[M]. 北京：人民出版社，2009：690.
③ 马克思，恩格斯. 马克思恩格斯文集（第 1 卷）[M]. 北京：人民出版社，2009：540-541.
④ 胡海波. 马克思恩格斯文化观研究 [D]. 长春：东北师范大学，2010：51.
⑤ 马克思，恩格斯. 马克思恩格斯文集（第 2 卷）[M]. 北京：人民出版社，2009：35.
⑥ 黄力之，张春美. 马克思主义文化哲学与现代性 [M]. 上海：上海三联书店，2006：50-51.

限性日益成为不可能，于是有许多种民族的和地方的文学形成了一种世界的文学。"①
在这里，马克思、恩格斯是从广义角度来阐述"世界文学"的，他们强调的是由"许多种民族的和地方的文学"形成的一种"世界的文化"，即相当于现在人们热论的"全球化的文化"。但由于马克思、恩格斯坚持的是唯物辩证法而非机械决定论，因此，他们在《宣言》中揭示的这种文化全球化趋势显然并非所谓"文化一体化""文化同质化"，而只是世界上各民族文化通过相互交流、相互影响而形成的世界文化交融现象，这正如我国学者所言："马克思所讲的世界文化并不是一种脱离民族文化之外的独立的文化形态，而实际上是由各民族文化的相互作用、相互影响而引起的一种新的文化现象。……每一种民族文化都是世界文化的一个有机组成部分，都在世界文化体系中扮演着特殊的角色，发挥着独特的功能；离开了民族文化，就不可能有独立存在的世界文化。正如自然界需要多种多样的生物、物种才能保持生态平衡一样，世界文化的正常发展也有赖于多种文化、多种智慧的存在及其相互影响。民族文化与世界文化的发展是并行不悖的。"②

在《宣言》中，马克思、恩格斯除了对世界历史境遇下各民族文化交融问题做了共时性的理论阐述之外，他们还对文化发展演进规律做了历时性的阐发，揭示了世界历史境遇下人类文化发展的必然趋势。在他们看来，资本主义工业文明时代简化了社会关系，导致了无产阶级和资产阶级的对立；简化了人类的精神世界，用金钱拜物教取代了天然尊长关系，导致了利己主义的盛行；资产阶级通过发展商品经济创造出了巨大的社会生产力和高度发达的文明，但金钱拜物教却导致了社会上物欲的横流和人类精神的空虚。这就是马克思、恩格斯在《宣言》中揭示的世界历史境遇下的资本主义文化逻辑。同时，马克思、恩格斯还认为：在资本主义社会，占主导地位的资本主义文化之所以具有强大活力，根本原因就在于其生产力或交往形式方面所具有的绝对优势。然而，建立在生产资料私有制基础之上的资本主义社会化大生产，却存在着自身无法克服的社会基本矛盾，而且这种社会基本矛盾运动导致资本主义社会的阶级矛盾不断激化，推动无产阶级反对资产阶级的革命斗争不断扩大，致使资本主义生产关系日益成为生产力发展的桎梏，"资产阶级的关系已经太狭窄了，再容纳不了它本身所造成的财富了。……资产阶级用来推翻封建制度的武器，现在却对准了资产阶级自己了"③。而要从根本上解决这一矛盾，就必须代之以一种更为先进的所有制形式——共产主义公有制，因为共产主义革命同传统的所有制关系实行了最为彻底的决裂，把教育同物质生产很好地结合了起来，使"人们的观念、观点和概念"即"人们的意识"随着人们的生活条件、人们的社会关系、人们的社会存在的改变而发生了彻底改变。"代替那存在着阶级和阶级对立的资产阶级旧社会的，将是这样一个联合体，在那里，每个人的自由发展是一切人的自由发展的条件。"④ 这就使我们认识到了马克思、恩格斯在《宣言》中揭示的世界历史境遇下人类文化发展的必然：在自己的发展进程中同传统的观念实行最彻底的决裂，最

① 马克思，恩格斯. 马克思恩格斯文集（第2卷）[M]. 北京：人民出版社，2009：35.
② 丰子义. 马克思"世界历史"思想研究中的几个问题 [J]. 教学与研究，2002（3）：58.
③ 马克思，恩格斯. 马克思恩格斯文集（第2卷）[M]. 北京：人民出版社，2009：37.
④ 马克思，恩格斯. 马克思恩格斯文集（第2卷）[M]. 北京：人民出版社，2009：53.

终建设好与实现每个人自由而全面发展相适应的共产主义文化。

第三节　马克思主义文化理论的主要内容

随着 1848 年 2 月《宣言》的发表，马克思主义文化理论最终创立起来了。在日后进行的研究工作中，马克思、恩格斯又对这一科学的文化理论做出了进一步的丰富、完善和发展。尤其是在马克思晚年的时候，他暂时搁置了《资本论》的写作，转而研究文化人类学问题，并给后人留下了 5 本共 280 页约合中文 40 万字的《人类学笔记》（以下简称《笔记》）。在《笔记》中，马克思通过对古代社会的家庭、氏族等诸多文化现象的分析，不仅揭示了人类文化发展的多样性、差异性，而且还揭示了世界文化的多元共存性和人类文化发展的统一性。在马克思去世之后，针对第二国际的一些青年思想家把唯物史观当成"经济决定论"的"惊人的"误读的现象，恩格斯晚年阐明了社会发展中的经济、政治、文化交互作用论及意识形态的相对独立性，并提出了"意志合力"的重要思想，从而进一步确认了文化在人类发展进程中所起到的重要作用。因此，虽然马克思、恩格斯在他们的著作中很少使用"文化"这一概念，虽然他们在研究文化现象时也总是把"文化"一词和其他概念连在一起加以使用，但是，从总体上看，"他们在使用文化概念时，重点突出了文化的功用，将文化确认为知识水平及接受教育的程度，突出了文化作为启蒙教化层面的功用，将文化视为迈向自由与革命的力量。文化在他们那里广义的概念是指社会生活方式、文明形态的意义，是历史发展过程中人类的物质和精神力量所达到的程度和方式；狭义的概念是指以社会意识形态为主要内容的思想体系，是政治思想、道德、艺术、宗教、哲学等意识形态所构成的领域。他们的文化理论对后世影响最大的是从历史唯物主义的角度揭示了文化的社会性，对唯心主义进行了'文化颠覆'；探讨了文化的意识形态功能及其独立性，阐明了物质生产与精神生产发展存在不平衡性；将文化与人的自由结合起来，认为文化的本质是人的本质的对象化；各民族形成普遍交往，世界文化正在上演自己的精彩"[①]。由此可见，虽然马克思、恩格斯将毕生最主要的精力放在了对资本主义经济、政治和社会的批判上，但这并未导致他们思想当中"文化理论的缺席"，恰恰相反，他们的思想当中也包含着内容十分丰富的文化理论。

一、广义和狭义的文化概念及其本质

对于文化概念的理解，可以说是歧见纷呈。从总体上看，主要包括广义的文化概念和狭义的文化概念两大类。广义文化亦称"大文化"，指的是人类在改造世界包括改造人自身的对象性活动中所展示的、体现出来的人的本质力量及其成果，是人的创造性本质、主体性力量的对象化，是人类所创造的"人工世界"及其人化形式，一般包括物质文化、制度文化和精神文化或观念文化三个层面；狭义的文化是指观念形态的精神文化，是人类社会生活及其方式的观念表达和精神体现，是人类在实践中创造的各种观念

---

①　韩红艳. 批判与革命——马克思主义文化理论的内涵 [D]. 上海：复旦大学，2012：16.

和社会生活行为规范的精神成果的总和。① 对于这样一个内涵十分丰富、外延非常广泛的文化概念，马克思、恩格斯在使用时也是非常谨慎的。正是他们的严谨态度，才使得他们能够透过纷繁复杂的表面现象，准确地把握住了文化的真正本质。

（一）广义和狭义的文化概念

马克思、恩格斯对文化概念的使用，更多的时候强调的是广义的文化概念。他们总是从社会生活、文明形态的角度来使用文化概念，把文化等同于文明。当然，从严格意义上看，文化与文明是两个不同的概念。广义的文化指的是人类在改造自然的过程中所创造的物质财富、精神财富的总和，而文明主要指的是人类社会的进步状态与开化程度。但是，按照文化概念最为宽泛的界定来看，文化与文明是同义语。可以说，这也是马克思、恩格斯在其著作中较少使用"文化"而比较多地使用"文明"的一个重要原因。

在《手稿》中，针对早期粗陋的空想共产主义提出的绝对平均主义及公妻制的主张，马克思做出了深刻批判，认为这种主张是"对整个文化和文明的世界的抽象否定，向贫穷的、没有需求的人——他不仅没有超越私有财产的水平，甚至从来没有达到私有财产的水平——的非自然的简单状态的倒退"②。在这里，马克思就是将文化与文明加以并列使用的。

在分析剩余价值生产时，马克思在《资本论》中从文明分期的角度谈到了"文化初期"问题，提出："在文化初期，已经取得的劳动生产力很低，但是需要也很低。……其次，在这个文化初期，社会上依靠别人劳动来生活的那部分人的数量，同直接生产者的数量相比，是微不足道的。……在文化初期，第一类自然富源具有决定性的意义；在较高的发展阶段，第二类自然富源具有决定性的意义。"③ 马克思在此处3次提到的"文化初期"，指的是文明程度较低的人类社会发展史上的蒙昧时期、野蛮时期。

在晚年的《笔记》中，马克思提道："非洲过去和现在都处于蒙昧时代和野蛮时代两种文化交织混杂状态；澳大利亚和波利尼西亚则曾经处于完完全全的蒙昧状态。美洲印第安人族系，和其他一切现存的族系不同，他们提供了三个顺序相承的文化时期的人类状态。"④ 此处所用的"文化"概念与《资本论》中的文化概念是一致的，都是从文明意义上来界定文化的内涵的。

恩格斯在《反杜林论》中提出了一个著名论断："文化上的每一个进步，都是迈向自由的一步。"⑤ 支持这个论断的论据，则是文明的阶段表现——从机械运动到热的转化，即火的发现；然后是从热到机械运动的转化，即蒸汽机的发明。正是随着火的发现和蒸汽机的发明，人类对自然界的支配能力不断增强，人类向自由迈进的步伐逐渐加快。可见，恩格斯在这里是在社会发展状态的意义上使用文化概念的，与文明是同等程

---

① 胡海波，郭凤志. 马克思恩格斯文化观研究［M］. 北京：中国书籍出版社，2013：19-20.
② 马克思，恩格斯. 马克思恩格斯文集（第1卷）［M］. 北京：人民出版社，2009：184.
③ 马克思，恩格斯. 马克思恩格斯文集（第5卷）［M］. 北京：人民出版社，2009：585-586.
④ 马克思，恩格斯. 马克思恩格斯全集（第45卷）［M］. 北京：人民出版社，1985：331.
⑤ 马克思，恩格斯. 马克思恩格斯文集（第9卷）［M］. 北京：人民出版社，2009：120.

度的概念。①

　　从以上列举的引文来看，马克思、恩格斯主要是从广义角度来使用文化概念的。当然，他们的著作中，也不乏从狭义角度来使用文化概念的情况。这个时候，马克思、恩格斯往往将文化界定为"时代精神""文明活的灵魂"等精神层面的东西，是从知识水平与教育程度的内涵上来使用文化概念的，甚至还会在比知识水平与教育程度更为宽泛的精神文化意义上来使用。据统计，在马恩论著中"文化"与"水平"一词连用，竟达30余次，约占"文化"这个概念在原著中出现次数的11%；同时，马克思、恩格斯在他们的著作中，多次将"文化"与"程度""素养""修养"等词合用，并有9次使用了"文化斗争"这一概念。②

　　马克思在关于现代社会中的普及教育的发言记录中指出："美国的制度的缺点在于地方的性质过重，教育取决于每一州的文化水平。"③ 恩格斯在《英国工人阶级状况》中指出："为了生存，有的人需要多一些，有的人需要少一些，有的人比别人更习惯于舒适的生活。在某些方面还算比较有点文化的英格兰人所需要的，就比穿破衣、吃土豆、住猪圈的爱尔兰人多一些。但是这并不妨碍爱尔兰人去和英格兰人竞争，也不妨碍把英格兰工人的工资及其文化程度逐渐降低到爱尔兰工人的水平。做某些工作，几乎包括工业中的一切工作在内，都需要有相当的文化程度。"④ 马克思、恩格斯在这里使用"文化水平""有点文化"与"文化程度"，主要是在知识水平和教育程度的意义上来使用文化概念的。

　　恩格斯在《流亡文献》中指出："有一点是毫无疑义的：在我们时代能给神的唯一效劳，就是把无神论宣布为强制性的信仰象征，并以禁止一切宗教来胜过俾斯麦的关于文化斗争的反教会法令。"⑤ 这里所讲的"文化斗争"，就是从狭义角度来使用文化概念，其中的"文化"指的是属于意识形态的精神文化。马克思在《莱茵报》的评论中也指出："自由报刊是人民精神的洞察一切的慧眼，是人民自我信任的体现，是把个人同国家和世界联结起来的有声的纽带，是使物质斗争升华为精神斗争，并且把斗争的粗糙物质形式观念化的一种获得体现的文化。"⑥ 在这里，马克思将精神斗争与文化联系起来，也是在狭义的非物质性的精神文化意义上来使用文化概念的。

　　总之，在对于文化概念的理解和使用上，马克思、恩格斯总是以唯物史观作为其方法论基础，克服了唯心主义文化史观的片面性、狭隘性，始终坚持从社会的物质生活来源以及人的实践活动的本质规定性的高度出发，来全面把握文化概念的内涵。因此，虽然由于马克思、恩格斯对文化概念使用的维度非常广泛，一定程度上造成了后人在马克思主义文化理论研究工作中的困难局面，却为后来的马克思主义者进行相关研究划设了基本的逻辑起点，提供了重要的理论支撑。

---

① 黄力之. 历史实践与当代问题——马克思主义文化理论研究［M］. 上海：上海人民出版社，2004：26.
② 胡海波，郭凤志. 马克思恩格斯文化观研究［M］. 北京：中国书籍出版社，2013：16.
③ 马克思，恩格斯. 马克思恩格斯全集（第16卷）［M］. 北京：人民出版社，1964：654.
④ 马克思，恩格斯. 马克思恩格斯全集（第2卷）［M］. 北京：人民出版社，1957：361.
⑤ 马克思，恩格斯. 马克思恩格斯全集（第18卷）［M］. 北京：人民出版社，1964：584.
⑥ 马克思，恩格斯. 马克思恩格斯全集（第1卷）［M］. 北京：人民出版社，1995：179.

（二）人的本质力量的对象化

马克思主义文化理论基于马克思、恩格斯的实践哲学之上，根据其实践哲学的基本精神，他们把文化的本质看作人的本质力量的对象化。马克思指出："正是在改造对象世界中，人才真正地证明自己是类存在物。这种生产是人的能动的类生活。通过这种生产，自然界才表现为他的作品和他的现实。"① 这段话使我们认识到，在马克思看来，被人的实践活动打上了深深的烙印的自然界即"人化的自然界"，正是人的文化力量的表征，文化在实质上表现为人类实践活动本身以及这种活动的成果的总和。"社会生活在本质上是实践的。凡是把理论诱入神秘主义的神秘东西，都能在人的实践中以及对这种实践的理解中得到合理的解决。"② 因此，文化必须与实践联系起来，只有通过创造性的对象化活动，文化的本质才能充分显现出来，这也就是马克思所强调的"人的本质力量的对象化"。

对于人的本质的认识，马克思指出："人的本质不是单个人所固有的抽象物，在其现实性上，它是一切社会关系的总和。"③ 既然人的本质是"一切社会关系的总和"，那就应该从全部社会关系中具体展开对人的本质和文化的本质的探讨。在《政治经济学批判》中，马克思还指出："培养社会的人的一切属性，并且把他作为具有尽可能丰富的属性和联系的人，因而具有尽可能广泛需要的人生产出来——把他作为尽可能完整的和全面的社会产品生产出来（因为要多方面享受，他就必须有享受的能力，因此他必须是具有高度文明的人），——这同样是以资本为基础的生产的一个条件。"④ 由此可见，文化的本质和功能只有在人的发展中才能得到说明。但文化的发展和人的发展需要一定的物质基础条件作为支撑，这正如恩格斯在《论住宅问题》中所指出的："在所有的人实行合理分工的条件下，不仅进行大规模生产以充分满足全体社会成员丰裕的消费和造成充实的储备，而且使每个人都有充分的闲暇时间从历史上遗留下来的文化——科学、艺术、交际方式等等——中间承受一切真正有价值的东西；并且不仅是承受，而且还要把这一切从统治阶级的独占品变成全社会的共同财富和促使它进一步发展。"⑤ 这就使我们充分认识到了劳动生产实践对于文化发展和人的全面发展的极端重要性。

通过劳动生产实践活动，人们能够创造出大量的劳动产品，"劳动的产品是固定在某个对象中的、物化的劳动，这就是劳动的对象化"⑥。这种对象化表明作为主体的人通过劳动实践作用于自然对象，然后使自身的本质力量由生产活动形式转化为物质存在形式，即通过物化劳动创造新的可以占有的对象客体——劳动产品。"没有自然界，没有感性的外部世界，工人什么也不能创造。它是工人的劳动得以实现、工人的劳动在其中活动、工人的劳动从中生产出和借以生产出自己的产品的材料。但是，自然界一方面在这样的意义上给劳动提供生活资料，即没有劳动加工的对象，劳动就不能存在，另一

---

① 马克思，恩格斯. 马克思恩格斯文集（第1卷）[M]. 北京：人民出版社，2009：163.
② 马克思，恩格斯. 马克思恩格斯文集（第1卷）[M]. 北京：人民出版社，2009：505-506.
③ 马克思，恩格斯. 马克思恩格斯文集（第1卷）[M]. 北京：人民出版社，2009：505.
④ 马克思，恩格斯. 马克思恩格斯全集（第46卷）[M]. 北京：人民出版社，1979：392.
⑤ 马克思，恩格斯. 马克思恩格斯全集（第18卷）[M]. 北京：人民出版社，1964：246.
⑥ 马克思，恩格斯. 马克思恩格斯文集（第1卷）[M]. 北京：人民出版社，2009：156-157.

方面，也在更狭隘的意义上提供生活资料，即维持工人本身的肉体生存的手段。"① 由此可见，客观对象的自然界，对于人这样的主体来说是至关重要的，人在通过劳动改造自然的时候，实现了自身的目的。

同时，根据马克思的理解，人首先是一种自然存在物，是一种"类存在物"，但人又并非像动物一样与自然具有直接同一性，人能够使自己的生命活动受自己的意志和意识的支配，而不是像动物那样仅仅是在肉体需要的支配下进行生产活动。只有这种既生产人自身又再生产整个世界的活动，才是真正意义上的生产活动；只有这样的有生命意识的生产活动即劳动，才能使人的感性、对象性得以产生、实现并得到确证。"人类活动的这两个方面是相互依存的，一方面，人只有在改造自然的对象化活动中，不断地再生产'整个自然界'，以扩展属人的对象化世界；另一方面，人也只有在这种活动中'能动地、现实地复现自己'，以实现和提升自己的本质能力。毫无疑问，人的对象化活动的这两个方面正是文化的本质内涵所在。"②

二、文化的意识形态性及其主要作用

自从人类进入文明时代以来，阶级的存在和阶级斗争的作用，造成了社会与国家的分离、统治阶级与广大民众的分野，从而使作为社会生活重要组成部分的精神文化不可避免地沾染上了强烈的意识形态色彩。"统治阶级总是力图把社会精神文化当作服务于本阶级统治的工具，社会精神文化必然地被注入极强的政治和阶级的目的，使得社会精神文化以'阶级社会维护意识'和'观念上层建筑'的面目呈现出来，这就是文化的意识形态性。马克思、恩格斯曾对私有制社会特别是资本主义社会制度下的意识形态做过无情的批判，但是他们对具有意识形态性的文化并没有停留在简单的否定上，而是对社会精神文化作了更为全面、深刻的理解，他们认为，任何一种社会精神文化在人类社会发展的一定阶段都存在其历史必然性，在一定历史时期都起着推动人类社会发展的重要作用，这就是文化的历史正当性。文化的意识形态性和历史正当性共同构成了马克思、恩格斯对阶级社会条件下社会精神文化现象的全面理解。"③ 因此，要全面准确地把握好马克思主义文化理论的全部内容，还有待于我们对马克思、恩格斯的有关文化的意识形态性及其主要作用做出深入阐释。

（一）文化的意识形态特征

意识形态也是一个极为复杂的概念。一般认为这个概念最初是法国学者托拉西创用的，其含义主要表示一种"意识科学"或"观念科学"。作为启蒙运动的传人，托拉西创设意识形态原理的理论旨趣不仅局限于学术领域，而且还具有改造社会的政治实践的价值指向。但由于这样的政治实践的价值指向与拿破仑日后的理想与目标相抵牾，因此托拉西及其信徒所在的法兰西学院后来受到了拿破仑的谴责，他们的思想被拿破仑贬斥为虚幻的形而上学的意识形态，他们这些意识形态家被指称为无视帝国现实、对抽象概

① 马克思，恩格斯. 马克思恩格斯文集（第1卷）[M]. 北京：人民出版社，2009：158.
② 左亚文. 马克思文化观的多维解读 [J]. 学术研究，2010（3）：31.
③ 胡海波，郭凤志. 马克思恩格斯文化观研究 [M]. 北京：中国书籍出版社，2013：141.

念进行无休止争论的知识分子。从此，意识形态开始被认为是狂热的革命信仰与不切实际的空想的代名词，从而直接赋予了"意识形态"一词以否定和贬义的色彩。

此后，德国的思想家们尤其是黑格尔和费尔巴哈对意识形态的思想以德国人特有的思维方式进行了梳理和剖析。黑格尔在其《精神现象学》中把意识发展的诸形态作为意识发展的依次排列的各个有机环节加以辩证地考察，并提出了著名的"教化"和"异化"的理论，指出了"教化是自然存在的异化"以及"教化的虚假性"等命题。费尔巴哈对宗教异化的批判也触及意识形态和异化的内在关系问题。他所提出的一切宗教都是人的本质的外化并独立化的结果、宗教作为人的本质异化的结果反过来支配人的批判以及爱的宗教观对宗教异化的克服等理论，对于人们唯物主义地理解宗教等意识形态具有启发作用。① 这对马克思、恩格斯意识形态观的形成具有直接的启迪意义。

马克思、恩格斯在法国经验理性与德国批判理性的张力下对意识形态进行了深入研究，从而使意识形态概念在现代学术界具有了理论上的重大意义。然而，马克思、恩格斯在其著作中并未对这一概念下过清晰而明确的定义，这就为理解上的歧义留下了可能的存在空间。伊格尔顿曾经指出，马克思的意识形态概念包含了两方面迥然相异的意义，"一方面，意识形态是有目的、有功能，也有实践的政治力量；另一方面，似乎仅仅是一堆幻想、一堆观念，它们已经与现实没有联系，过着一种与现实隔绝的明显的自律的生活"②。

虽然如此，但我国学者通过文本梳理还是得出结论认为，与意识形态概念的使用相适应，马克思、恩格斯至少在两种最基本的意义上指认了文化的意识形态性。③

首先，马克思、恩格斯采用了法国当时盛行的否定性用法，把意识形态指称为虚假的意识，他们经常使用"意识形态的胡说""意识形态的歪曲""意识形态的方法""意识形态家""青年黑格尔意识形态家""资产阶级的意识形态白痴""意识形态的代表和发言人""意识形态的阶层"等，这些提法都很明显地带有强烈的贬义色彩，主要是针对资产阶级为维护其阶级利益、阶级统治而刻意制造的欺骗，是有意识的幻想和有目的的虚伪，是对现实社会生活颠倒的、虚假的反映。

其次，马克思、恩格斯还在肯定意义上使用（至少是在中性意义上使用）意识形态概念，把它作为社会结构中的重要组成部分，并将其指称为"人类史的一个方面""统治阶级的思想""观念的上层建筑"，主要包括政治思想、法律、道德、宗教、艺术、哲学等。不过，大多数人更倾向于认为，在马克思、恩格斯的著作中，他们对文化意识形态性的贬义理解较为明显，肯定性或中性理解显得隐晦未明，这就给我们理解、把握文化的意识形态特征增加了很大的难度。

在理解马克思、恩格斯所强调的文化的意识形态特征时，我们首先可以认识到：把具有意识形态性的观念文化看作现实社会整体的一个重要组成部分（即观念的上层建筑），这是马克思、恩格斯一贯坚持的重要思想。④ 在《形态》中，马克思、恩格斯将

① 胡海波，郭凤志. 马克思恩格斯文化观研究［M］. 北京：中国书籍出版社，2013：143.
② 伊格尔顿. 历史中的政治、哲学、爱欲［M］. 马海良，译. 北京：中国社会科学出版社，1999：85.
③ 胡海波，郭凤志. 马克思恩格斯文化观研究［M］. 北京：中国书籍出版社，2013：144-145.
④ 胡海波，郭凤志. 马克思恩格斯文化观研究［M］. 北京：中国书籍出版社，2013：147-148.

人类社会结构实际上规定为四个层次：直接生活的物质生产（生产力）——市民社会（经济基础）——国家（政治上层建筑）——意识的所有各种不同理论的产物和形式（观念文化），并将其称之为观念的上层建筑。马克思在《〈政治经济学批判〉序言》中把社会结构经典性地表述为：社会生产——社会的经济结构——法律的和政治的上层建筑——社会意识形态。恩格斯晚年在《反杜林论》等著作中明确地把各种观念文化指称为观念的上层建筑："在第三类科学中，即在按历史顺序和现今结果来研究人的生活条件、社会关系、法的形式和国家形式及其由哲学、宗教、艺术等等组成的观念的上层建筑的历史科学中，永恒真理的情况还更糟。"① 把观念文化确定为"观念的上层建筑"，不仅明确了观念文化在社会结构中的位置，更为重要的是使文化的意识形态性特征在社会结构中得到了合理的说明。

同时，在马克思、恩格斯看来，一定历史阶段上的精神生产的产物——观念文化，总是统治阶级思想的集中体现，占统治地位的思想必然是居于统治地位的物质关系在观念文化上的表现；统治阶级支配着物质生产资料，同时也就必然控制着精神文化的生产，在阶级社会中居于主导地位的不是所有阶级的意识，而只能是统治阶级的意识。"统治阶级的思想在每一时代都是占统治地位的思想。这就是说，一个阶级是社会上占统治地位的物质力量，同时也是社会上占统治地位的精神力量。支配着物质生产资料的阶级，同时也支配着精神生产资料，因此，那些没有精神生产资料的人的思想，一般的是隶属于这个阶级的。占统治地位的思想不过是占统治地位的物质关系在观念上的表现，不过是以思想的形式表现出来的占统治地位的物质关系。因而，这就是那些使某一个阶级成为统治阶级的关系在观念上的表现，因而这也就是这个阶级的统治的思想。此外，构成统治阶级的各个人也都具有意识，因而他们也会思维。既然他们作为一个阶级进行统治，并且决定着某一历史时代的整个面貌，那么不言而喻，他们在这个历史时代的一切领域中也会这样做，就是说，他们还作为思维着的人，作为思想的生产者进行统治，他们调节着自己时代的思想的生产和分配，而这就意味着他们的思想是一个时代的占统治地位的思想。"② 因此，观念文化是"阶级社会的维护意识"，这是马克思、恩格斯所强调的文化的意识形态特征的集中体现。

（二）文化的历史合力作用

长期以来，由于深受以第二国际理论家为代表的经济决定论的纠缠，加上苏联传统哲学教科书对马克思主义理论进行教条式解读的影响，人们对于文化在社会发展中的重要作用没有予以应有的重视。应该说，马克思、恩格斯不仅指出了文化作为"观念的上层建筑"的意识形态性特征，而且还深入论述了生产力和生产关系、经济基础和上层建筑之间的辩证统一关系，尤其是恩格斯晚年在面对种种责难时更是提出了历史合力论思想，这样就为我们准确把握文化在经济社会发展中的历史合力作用，提供了重要的理论指南。

在 1859 年 1 月完成的《〈政治经济学批判〉序言》中，马克思指出："人们在自己

---

① 马克思，恩格斯. 马克思恩格斯文集（第 9 卷）[M]. 北京：人民出版社，2009：94.
② 马克思，恩格斯. 马克思恩格斯文集（第 1 卷）[M]. 北京：人民出版社，2009：550-551.

生活的社会生产中发生一定的、必然的、不以他们的意志为转移的关系，即同他们的物质生产力的一定发展阶段相适合的生产关系。这些生产关系的总和构成社会的经济结构，即有法律的和政治的上层建筑树立其上并有一定的社会意识形态与之相适应的现实基础。物质生活的生产方式制约着整个社会生活、政治生活和精神生活的过程。不是人们的意识决定人们的存在，相反，是人们的社会存在决定人们的意识。社会的物质生产力发展到一定阶段，便同它们一直在其中运动的现存生产关系或财产关系（这只是生产关系的法律用语）发生矛盾。于是这些关系便由生产力的发展形式变成生产力的桎梏。那时社会革命的时代就到来了。随着经济基础的变更，全部庞大的上层建筑也或慢或快地发生变革。在考察这些变革时，必须时刻把下面两者区别开来：一种是生产的经济条件方面所发生的物质的、可以用自然科学的精确性指明的变革，一种是人们借以意识到这个冲突并力求把它克服的那些法律的、政治的、宗教的、艺术的或哲学的，简言之，意识形态的形式。"[①] 马克思的这一长段论述，无疑能使我们认识到生产力对生产关系、经济基础对上层建筑的决定性作用，使我们了解到文化在整个社会结构中，归根结底是受经济基础决定和制约的。但我们决不能像经济决定论者那样仅仅只看到经济对文化的决定作用，我们还应该更加全面地认识到，马克思所强调的作为观念形态上层建筑的文化，对于经济社会发展具有的强大反作用。

在马克思看来，整个人类社会是一个有机联系的大系统，主要由生产力、生产关系（经济基础）、上层建筑等具体要素构成，经济基础虽然起决定性作用，但政治文化上层建筑对经济基础具有反作用，这种反作用并非一种消极的、外在的机械反映，而是一个社会有机系统内部各要素之间的自主的、能动的耦合互动作用。在对蒲鲁东的唯心主义历史观进行批判时，马克思指出："经济学家蒲鲁东先生非常明白，人们是在一定的生产关系中制造呢绒、麻布和丝织品的。但是他不明白，这些一定的社会关系同麻布、亚麻等一样，也是人们生产出来的。社会关系和生产力密切相连。随着新生产力的获得，人们改变自己的生产方式，随着生产方式即谋生的方式的改变，人们也就会改变自己的一切社会关系。手推磨产生的是封建主的社会，蒸汽磨产生的是工业资本家的社会。人们按照自己的物质生产率建立相应的社会关系，正是这些人又按照自己的社会关系创造了相应的原理、观念和范畴。"[②] 在这里，马克思对生产力和生产关系、经济基础和上层建筑的互动关系加以了描述。马克思还指出："火药、指南针、印刷术——这是预告资产阶级社会到来的三大发明。火药把骑士阶层砸得粉碎，指南针打开了世界市场并建立了殖民地，而印刷术则变成新教的工具，总的来说变成科学复兴的手段，变成对精神发展创造必要前提的最强大的杠杆。"[③] 这使我们认识到，正是文化与经济、政治等要素的交互作用，引发了整个社会结构和社会形态的变革。

恩格斯晚年在有关历史唯物主义的书信中，对经济基础与上层建筑之间的关系，又做出了非常有益的补充说明。在1890年9月22日致约瑟夫·布洛赫的信中，恩格斯指出："根据唯物史观，历史过程中的决定性因素归根到底是现实生活的生产和再生产。

---

① 马克思，恩格斯. 马克思恩格斯文集（第2卷）[M]. 北京：人民出版社，2009：591-592.

② 马克思，恩格斯. 马克思恩格斯文集（第1卷）[M]. 北京：人民出版社，2009：602-603.

③ 马克思，恩格斯. 马克思恩格斯文集（第8卷）[M]. 北京：人民出版社，2009：338.

无论马克思或我都从来没有肯定过比这更多的东西。如果有人在这里加以歪曲，说经济因素是唯一决定性的因素，那么他就是把这个命题变成毫无内容的、抽象的、荒诞无稽的空话。经济状况是基础，但是对历史斗争的进程发生影响并且在许多情况下主要是决定着这一斗争的形式的，还有上层建筑的各种因素：阶级斗争的政治形式及其成果——由胜利了的阶级在获胜以后确立的宪法等等，各种法的形式以及所有这些实际斗争在参加者头脑中的反映，政治的、法律的和哲学的理论，宗教的观点以及它们向教义体系的进一步发展。"① 在这里，恩格斯认为经济因素并非历史过程中"唯一决定性因素"。在1890年10月27日给康拉德·施米特的信中，恩格斯指出："我们称之为意识形态观点的那种东西——又对经济基础发生反作用，并且能在某种限度内改变经济基础，我认为这是不言而喻的。"② 这简短的几句话使我们清楚地认识到，作为"观念的上层建筑"的、具有意识形态性特征的精神文化对它所反映的经济基础起着积极的、能动的反作用。在1894年1月25日致瓦尔特·博尔吉乌斯的信中，恩格斯指出："政治、法、哲学、宗教、文学、艺术等等的发展是以经济发展为基础的。但是，它们又都互相作用并对经济基础发生作用。并非只有经济状况才是原因，才是积极的，其余一切都不过是消极的结果。这是在归根到底总是得到实现的经济必然性的基础上的互相作用。"③ 这也使我们认识到了观念文化与经济因素之间的互动作用。同时，恩格斯还指出："每一个时代的哲学作为分工的一个特定的领域，都具有由它的先驱传给它而它便由此出发的特定的思想材料作为前提。因此，经济上落后的国家在哲学上仍然能够演奏第一小提琴。"④ 这使我们认识到了观念文化所具有的历史继承性和相对独立性。

尤为难能可贵的是，恩格斯晚年提出的历史合力论思想，更是进一步丰富了马克思主义文化理论。"历史是这样创造的：最终的结果总是从许多单个的意志的相互冲突中产生出来的，而其中每一个意志，又是由于许多特殊的生活条件，才成为它所成为的那样。这样就有无数互相交错的力量，有无数个力的平行四边形，由此就产生出一个合力，即历史结果，而这个结果又可以看作一个作为整体的、不自觉地和不自主地起着作用的力量的产物。因为任何一个人的愿望都会受到任何另一个人的妨碍，而最后出现的结果就是谁都没有希望过的事物。所以到目前为止的历史总是像一种自然过程一样地进行，而且实质上也是服从于同一运动规律的。但是，各个人的意志——其中的每一个都希望得到他的体质和外部的，归根到底是经济的情况（或是他个人的，或是一般社会性的）使他向往的东西——虽然都达不到自己的愿望，而是融合为一个总的平均数，一个总的合力，然而从这一事实中决不应作出结论说，这些意志等于零。相反地，每个意志都对合力有所贡献，因而是包括在这个合力里面的。"⑤ 在这一长段论述中，恩格斯运用平行四边形法则，描述了诸如"意志""愿望"等各种文化要素在社会发展中起到的合力作用。这种有关历史发展"合力"的论述，不仅使我们认识到社会发展客观规律

---

① 马克思，恩格斯. 马克思恩格斯文集（第10卷）[M]. 北京：人民出版社，2009：591.
② 马克思，恩格斯. 马克思恩格斯文集（第10卷）[M]. 北京：人民出版社，2009：598.
③ 马克思，恩格斯. 马克思恩格斯文集（第10卷）[M]. 北京：人民出版社，2009：668.
④ 马克思，恩格斯. 马克思恩格斯文集（第10卷）[M]. 北京：人民出版社，2009：599.
⑤ 马克思，恩格斯. 马克思恩格斯文集（第10卷）[M]. 北京：人民出版社，2009：592-593.

与人的主观能动作用的一致性，而且还使我们认识到相互作用的个体意志（即文化）对于人类历史发展所起到的重要作用。它必将有力地推动后来的马克思主义者们在尊重本国具体国情的基础上，充分发挥其主观能动性，大力调动作为文化建设主体的全体人民的积极性，不断探索出独具民族特色的文化发展道路。

第二章 列宁对马克思主义文化理论的重大发展

列宁（1870—1924）是俄国布尔什维克党的创始人、十月革命的领导人、第一届苏维埃政府人民委员会主席，被称为"全世界无产阶级和劳动人民的伟大革命导师和领袖"。"在短暂的54年中，列宁没有留下一儿一女，却留下了许许多多光辉的思想，以及千百万继承着他的思想的子孙后代。"[①] 列宁生活的时代，资本主义发展开始由自由竞争资本主义阶段进入帝国主义阶段。正是从这一时代条件出发，列宁在充分继承了马克思主义理论的同时，又将其深深扎根于俄国各阶层土壤和俄国的具体国情，创造性地提出了具有俄国特色的马克思主义理论——列宁主义，进一步丰富、完善和发展了马克思主义理论。列宁对马克思主义的发展是非常全面的，涉及经济、政治、文化等多个领域。本章仅就"列宁对马克思主义文化理论的重大发展"略作探讨。

第一节 丰富完善文化基础理论

1917年11月7日，列宁领导俄国布尔什维克党举行武装起义，推翻了资产阶级临时政府的统治，建立了世界上第一个社会主义国家。由于此次革命发生在俄历十月，所以被称为"十月革命"。十月革命的胜利，开创了人类历史的新纪元，为世界各国无产阶级革命、殖民地和半殖民地民族解放运动开辟了胜利前进的道路。但十月革命胜利之后，苏维埃俄国面临一系列的建设问题：政治结构的重组、经济的恢复、文化的发展等。虽然说革命胜利为苏俄社会主义文化建设开辟了广阔道路，但俄国无产阶级和广大劳动群众在文化上一直处于相对落后的状态，严重制约着苏俄社会主义建设事业的发展，而文化事业的发展又不是一朝一夕就能完成的。鉴于此，列宁就文化的内涵与特征、文化的结构与作用等问题阐述了自己的见解，尤其是从文化建设事关社会主义成败、事关社会主义民主政治发展、事关社会主义经济发展等角度，系统阐述了文化建设对于苏俄社会主义建设的重大意义，从而使马克思主义文化理论进一步得以丰富、完善和发展。

一、文化的内涵与特征

作为一个哲学、社会学、人类学等众多学科领域经常用到的基本概念，"文化"本身有其丰富的内涵与外延，在不同的学科体系中具有不同的地位和作用。同时，又因为

---

① 赵培. 列宁晚年著作导读 [M]. 北京：中共中央党校出版社，2014：2.

与社会联系非常紧密，"文化"的内涵及其特征也随着人类社会的进步而不断发生变化。对这种社会发展客观规律极为熟悉的列宁同志，非常注重从俄国具体国情出发，在领导俄国革命和社会主义建设的过程中，就文化的内涵与特征问题，提出过他自己的独到见解。

（一）文化的内涵

虽然列宁也没有就文化概念给出过明确的定义，但通过阅读他的相关著作，我们不仅可以发现他对于文化问题的重视，而且还可以从多方面认识到他所理解的文化的深刻内涵。

首先，列宁强调的文化，主要是指一个民族或阶级长期形成的思维习惯、传统、习俗和心理层面的东西。在《宁肯少些，但要好些》一文中，列宁曾经提到过"资产阶级文化""'无产阶级'文化""官僚或农奴制等等的文化"，① 这些具有一定阶级属性的文化，都是属于某个阶级、阶层的文化，也就是属于这个阶级、阶层的所有人员的思维习惯、传统、习俗和心理层面的东西。列宁在《日记摘录》中提道："当我们高谈无产阶级文化及其与资产阶级文化的关系时，事实提供的数据向我们表明，在我国就是资产阶级文化的状况也是很差的。"② 这里的资产阶级文化和无产阶级文化，不仅仅是称谓上的不同，更为重要的是它们代表着不同阶级的思想文化体系。同时，列宁还指出："只有那些已经深入文化、深入日常生活和成为习惯的东西，才能算作已达到的成就。"③ 由此我们可以认识到列宁强调的文化，主要指的是意识层面的东西，包括那些"深入日常生活和成为习惯的"属于精神范畴的习俗、习惯、传统等。这就是列宁所理解的文化内涵之一。

其次，列宁总是将文化与意识形态对等，把文化界定为受经济结构制约的意识形态。作为一种"观念的上层建筑"，文化具有鲜明的意识形态特征，是人脑对客观实在的反映，产生于社会实践的同时又会反作用于社会实践。列宁在《怎么办?》一文中曾经引用过卡·考茨基的"一段十分正确而重要的话"："现代社会主义意识，只有在深刻的科学知识的基础上才能产生出来。……社会主义意识是一种从外面灌输到无产阶级的阶级斗争中去的东西，而不是一种从这个斗争中自发地产生出来的东西。"④ 这里所讲的"社会主义意识"，主要指的是作为一种思想观念形态的社会主义学说，是一种具有鲜明意识形态色彩的"现代社会主义文化"。在《党的组织和党的出版物》一文中，列宁提出："写作事业应当成为整个无产阶级事业的一部分，成为由整个工人阶级的整个觉悟的先锋队所开动的一部巨大的社会民主主义机器的'齿轮和螺丝钉'。写作事业应当成为社会民主党有组织的、有计划的、统一的党的工作的一个组成部分。"⑤ 列宁在此强调的写作事业，无疑也具有鲜明的意识形态色彩，主要目的就是为无产阶级革命事业做好充分的舆论宣传准备工作。

---

① 列宁. 列宁专题文集（论社会主义）[M]. 北京：人民出版社，2009：366.
② 列宁. 列宁专题文集（论社会主义）[M]. 北京：人民出版社，2009：343.
③ 列宁. 列宁专题文集（论社会主义）[M]. 北京：人民出版社，2009：367.
④ 列宁. 列宁专题文集（论无产阶级政党）[M]. 北京：人民出版社，2009：84-85.
⑤ 列宁. 列宁专题文集（论无产阶级政党）[M]. 北京：人民出版社，2009：167.

再次，列宁所讲的文化，主要是指科学、艺术、教育等方面的知识。我们现在所讲的某人很有文化，其中的文化内涵与列宁所讲的文化内涵不谋而合。《社会主义和宗教》一文中提道："宗教是人民的鸦片。宗教是一种精神上的劣质酒，资本的奴隶饮了这种酒就毁坏了自己做人的形象，不再要求多少过一点人样的生活。"① 列宁的这段话，通过对宗教信仰的批判，使我们认清了宗教这种文化现象的本质和危害。在全俄工兵农代表苏维埃第三次代表大会上，列宁曾经讲道："过去，人类的全部智慧、人类的全部天才所进行的创造，只是为了让一部分人独享技术和文化的一切成果，而使另一部分人连最必需的东西——教育和发展也被剥夺了。然而现在一切技术奇迹、一切文化成果都将成为全民的财产，从今以后，人类的智慧和天才永远不会变成暴力手段，变成剥削手段。"② 这段话所讲的技术成果和文化成果，主要强调的是文化内涵中的科技、教育等因素。

此外，列宁还强调指出了文化最基本的内涵，主要是指知识、受教育程度、识字水平等。列宁在《论国民教育部的政策问题》中讲道："由于俄国农奴制的国家制度，青年一代里有五分之四的人注定要成为文盲。"③ 在列宁看来，文盲是苏维埃政权面临的"三大敌人"之一，"文盲是处在政治之外的，必须先教他们识字。不识字就不可能有政治，不识字只能有流言蜚语、谎话偏见，而没有政治"④。早期的俄国实行农奴制，一方面，为了保证生产时间，诸多农奴的时间都花费在劳作上面，没有时间来学习文化知识；另一方面，农奴主也不可能让农奴有机会接触到太多的文化知识，以达到愚民、利于统治的目的。"文盲的大量存在与俄国农奴制社会关系密切，为了欺骗和统治人民的思想，统治阶级剥夺他们的文化权益，宣扬愚民政策，文盲不懂政治，只能服从和按照统治阶级的意志生活。"⑤ 因此，列宁认为，俄国农奴制度造成了为数众多的文盲，阻碍了俄国人民文化水平的提高，苏维埃政权必须大力消灭文盲，而消灭文盲最基础的工作就是要提高他们的识字水平和受教育程度。

最后，列宁所理解的文化，既包括物质层面的文化，也包括精神层面的文化。在列宁看来，"没有愈来愈多的居民习惯于在图书馆里使用此类工作报告，就根本谈不上把半亚洲式的国家真正变成文明的、社会主义的国家"⑥。在这里，列宁所讲的文明，既强调了物质文化层面的高度发达状态，也强调了精神文化层面的进步状态。列宁在《论我国革命》一文中指出："既然建立社会主义需要有一定的文化水平（虽然谁也说不出这个一定的'文化水平'究竟是什么样的，因为这在各个西欧国家都是不同的），我们为什么不能首先用革命手段取得达到这个一定水平的前提，然后在工农政权和苏维埃制度的基础上赶上别国人民呢？"⑦ 列宁在此强调的"一定的文化水平"，主要就是指一个

---

① 列宁. 列宁专题文集（论辩证唯物主义和历史唯物主义）［M］. 北京：人民出版社，2009：220.
② 列宁. 列宁全集（第33卷）［M］. 北京：人民出版社，1985：288-289.
③ 列宁. 列宁全集（第23卷）［M］. 北京：人民出版社，1990：110.
④ 列宁. 列宁专题文集（论社会主义）［M］. 北京：人民出版社，2009：268.
⑤ 杨海波. 列宁文化理论研究［M］. 北京：人民出版社，2015：115.
⑥ 列宁. 列宁全集（第43卷）［M］. 北京：人民出版社，1987：150-151.
⑦ 列宁. 列宁专题文集（论社会主义）［M］. 北京：人民出版社，2009：359.

国家的经济和文化发展程度。

（二）文化的特征

所谓特征，即一事物区别于其他事物的特质。要将某一事物与其他事物区别开来，最直接的方法就是找到其独特之处，亦即其独有的特征。列宁通过深入分析纷繁复杂的人类文化现象，比较全面、准确地概括出了文化的三大基本特征。

一是民族性。

任何民族都有属于自己的、独特的民族文化。这种民族文化是在一定地域、经过长期共同生活而形成的一种独具特色的共同性。世界史上讲到"四大文明古国"，之所以是"四大"而不是"一大"，首先是因为地域，其次是因为这四大古国的民族文化各具特色，并非千篇一律的单一文化。

在列宁看来，作为一个多民族国家，俄国的民族文化也独具特色。"列宁认为，俄罗斯文化的民族性不仅仅表现在它是个多种族国家，而且还表现在宗教、语言、伦理、道德等文化因素。这种民族性既包括东正教信仰、弥赛亚意识，还包括千百年来的爱国主义。"① 因此，文化的民族性主要表现在共同的宗教信仰、共同的语言及普遍接受的伦理道德。由于俄国具有深厚的农奴制传统，小农占居民的多数，这就使整个国家内部的文化氛围体现为因循守旧的、愚昧无知的、宗法式和农奴式关系的，以及不思进取的"奥勃洛摩夫"② 精神。列宁认为，俄罗斯民族也不乏"那种钩心斗角、互不信任、互相敌视、各行其是、尔虞我诈等等恶劣风气"③"那些最根深蒂固的偏见，那种一成不变、世代相传的落后习惯"④，而且俄罗斯人甚至从"吃母亲奶的时候"就开始受到这种"风气"和"习气"影响了。由此可见，列宁既充分肯定了俄罗斯文化中的积极成分，也指出了其中的消极因素，使我们认识到了这种文化所具有的鲜明民族特色。

二是阶级性。

文化作为一种精神形态的存在，属于意识的范畴。唯物论中讲到社会存在决定社会意识，一定的社会意识是对社会存在的反映。文化作为意识同样是对社会存在的反映。而在阶级社会中，不同的阶级面对的社会存在是不同的，这也就决定了文化必然具有一定的阶级属性。

列宁指出："每个民族文化，都有一些民主主义的和社会主义的即使是不发达的文化成分，因为每个民族都有被剥削劳动群众，他们的生活条件必然会产生民主主义的和社会主义的意识形态。但是每个民族也都有资产阶级的文化（大多数还是黑帮的和教权派的），而且这不仅表现为一些'成分'，而表现为占统治地位的文化。因此，笼统说的'民族文化'就是地主、神父、资产阶级的文化。"⑤ 这就是说，在阶级社会中，每

---

① 杨海波. 列宁文化理论研究［M］. 北京：人民出版社，2015：118.

② 19世纪批判现实主义作家伊万·亚历山德罗维奇·冈察洛夫的代表作《奥勃洛摩夫》中的主人公。他养尊处优，视劳动与公职为不堪忍受的重负。尽管他设想了庞大的行动计划，却无力完成任何事情，最后只能躺在沙发上混日子，成为一个彻头彻尾的懒汉和废物。

③ 列宁. 列宁全集（第39卷）［M］. 北京：人民出版社，1986：100.

④ 列宁. 列宁全集（第39卷）［M］. 北京：人民出版社，1986：101.

⑤ 列宁. 列宁全集（第24卷）［M］. 北京：人民出版社，1990：125-126.

个国家的不同阶级都有其与众不同的生活环境，这就造成了他们所面对的客观实在不同，所以也就会产生不同的意识形态，产生属于不同阶级的文化。

无论在什么形态的政权中，文化的话语权总是掌握在一定阶级手中，他们会从本阶级的利益出发，把本阶级的世界观、价值观贯彻到社会所要倡导的文化理论中去。而掌握文化话语权的阶级一般都是统治阶级，就像马克思所讲的："统治阶级的思想在每一时代都是占统治地位的思想。"[1] 既然统治阶级掌握文化的话语权，那么他们制定文化政策的出发点一定是为其自身谋利益的。而在政治上处于被统治地位的人民则成了被剥削者，在经济上是这样的，在文化上也同样如此，"只要人们还没有学会透过任何有关道德、宗教、政治和社会的言论、声明、诺言，揭示出这些或那些阶级的利益，那他们始终是而且会永远是政治上受人欺骗和自己欺骗自己的愚蠢的牺牲品"[2]。掌握不了文化的话语权，或者说文化的主动权，势必会使自己的文化权益受到不同程度的损害，而文化的阶级性又不是可以随人的意志而转移的，"那么问题只能是这样：或者是资产阶级的思想体系，或者是社会主义的思想体系。这里中间的东西是没有的（因为人类没有创造过任何'第三种'思想体系，而且在为阶级矛盾所分裂的社会中，任何时候也不可能有非阶级的或超阶级的思想体系）"[3]。因此，文化阶级性的存在有其客观性，只要阶级社会存在，文化的阶级性就不会消亡。

但是，我们评析一个阶级的文化是先进还是落后，不能只站在本阶级的立场上，应该用历史的、发展的眼光。认识资产阶级文化，不能仅仅站在无产阶级的立场来加以评价，那种认为资产阶级文化完全就是落后、反动、腐朽的观点，是根本站不住脚的。资产阶级文化在其诞生之初，相对于当时的时代条件来说，完全是激进的进步文化，在指导资产阶级推翻封建主义的统治、建立资本主义制度的过程中，起到了不可替代的作用；那时候的资产阶级革命是符合历史潮流的，所以它创造的资产阶级文化也是符合历史潮流的，是进步的。由此可见，在对不同阶级的文化进行评价时，列宁提出了一种科学的方法，即阶级分析法，它要求我们在认识某一阶级的文化时，要从特定的社会历史背景出发，而不能完全割裂文化和时代的关系，不能用某一时代的标准去评价一切文化形态。

应该说，关于文化阶级性的理论，是列宁文化思想的一个重要方面，它对于丰富、发展马克思主义文化理论来说，无疑起到了重要作用。

三是继承性。

民族文化是一个民族在长期生活过程中形成和发展起来的，是世代相传的。一个民族的文化之所以能世代流传下来，是因为文化具有继承性。

意识的本质是人脑对社会存在的客观反映，是自然的"人化"，而这个人化的过程不可能一蹴而就，在这样的情形下，继承就显得尤为重要。一个民族的传统文化遗产是该民族文化能继续发展的土壤，没有了继承就失去了根基，就没有发展可言，所以文化的继承是文化发展过程的必然环节，继承性是文化的必然特征。

---

① 马克思，恩格斯. 马克思恩格斯文集（第1卷）[M]. 北京：人民出版社，2009：550.
② 列宁. 列宁专题文集（论马克思主义）[M]. 北京：人民出版社，2009：71.
③ 列宁. 列宁专题文集（论无产阶级政党）[M]. 北京：人民出版社，2009：85.

"人们自己创造自己的历史，但是他们并不是随心所欲地创造，并不是在他们自己选定的条件下创造，而是在直接碰到的、既定的、从过去继承下来的条件下创造的。一切已死的先辈们的传统，像梦魇一样纠缠着活人的头脑。"① 这就是马克思所强调的文化发展的前提条件。在列宁看来，无论是一种社会制度向另一种社会制度的转变，还是一个历史阶段向另一历史阶段的上升，并非每一次都是在重新创造自己的文化。中国是有着五千年文化的文明古国，其间经历了不同社会制度的演变和历史朝代的更迭，但中华文化却一直在延续着。这里所讲的延续，并不是对前期文化进行毫无甄别的全盘照搬照抄，而是在继承的基础上进行发展，选取其精华部分，抛弃那些落后的、糟粕性的部分。因此，继承性并不是对旧文化的完全肯定，也不是完全否定，而是一种辩证的否定，即扬弃。

列宁曾经强调，搞社会主义建设，不但要继承本民族的优秀传统文化，还应不排斥其他阶级、其他民族的优秀文化，只有广泛吸收，为我所用，才能不断将自身发展壮大。"资本主义把文化只给予少数人。而我们必须用这个文化来建设社会主义。……必须取得资本主义遗留下来的全部文化，并且用它来建成社会主义。必须取得全部科学、技术、知识和艺术。否则，我们就不可能建设共产主义社会的生活。"② 关于对传统文化的继承与发展的问题，列宁在《我们究竟拒绝什么遗产?》中还讲道："'学生们'是比民粹派分子彻底得多、忠实得多的遗产保存者。他们不仅不拒绝遗产，……当然，'学生们'保存遗产，不同于档案保管员保存旧的文件。保存遗产，绝不等于局限于遗产。"③ 这就是说，作为马克思、恩格斯的"学生们"，即马克思主义的后继者们，必须准确把握住文化的继承性特征，一方面要充分利用好已有的旧文化成果，另一方面要在继承的基础之上做到推陈出新，努力建设好社会主义新文化。

二、文化的结构与功能

列宁对马克思主义文化基础理论所做出的重大发展，不仅体现在他对文化丰富内涵的深入理解和对文化基本特征的准确把握上，而且，在有关文化的结构、文化的功能等方面，列宁也提出了他自己的一些独到认识和见解。

（一）文化的结构

结构是指某一事物具体由哪几个部分组成，各部分之间又存在什么样的关系。各种事物都有其结构，文化也不例外。在继承马克思主义文化理论的基础上，在探索社会主义文化建设的实践中，列宁逐步形成了自己的文化结构理论。他认为，文化的构成比较复杂，不仅包括艺术、文学、教育、科学、法律、技术等文化形态，包括传统与现代、资本主义和社会主义等不同类型的文化，还包括道德情感等非物质文化。因此，列宁坚持从无产阶级革命和社会主义建设实践的现实出发，依据辩证唯物主义和历史唯物主义的基本观点，把文化所包含的内容贯穿起来，将其组成一个有机联系的整体，并按照不

① 马克思，恩格斯. 马克思恩格斯文集（第2卷）[M]. 北京：人民出版社，2009：470-471.
② 列宁. 列宁全集（第36卷）[M]. 北京：人民出版社，1985：48.
③ 列宁. 列宁全集（第2卷）[M]. 北京：人民出版社，1984：417.

同的标准将其划分为几种不同的类型。①

从历时性上说，文化可分为传统文化和现代文化。传统文化是从先前时代继承下来的文化，有积极成分，也有消极成分。俄国是一个农奴制根深蒂固的国家，农民文化程度普遍不高，思维方式深受其害。针对这一特点，列宁指出："工人在建设新社会，但他还没有变成新人，没有清除掉旧世界的污泥，他还站在这种没膝的污泥里面。"② "到处都是宗法制度、奥勃洛摩夫精神和半野蛮状态占优势。"③ 列宁认为，那些刚从农民身份转变过来的工人拥有的文化，就是传统文化，其中包含有许多愚昧、落后的因素；如果不丢掉这种文化，工人们在很长的时间内还将会一直"站在这种没膝的污泥里面"。同时，在列宁看来，一些现代工业发展较早的国家，诸如北美、西欧的部分国家，他们称得上是现代文化的代表。这主要是因为这些国家的资产阶级觉醒较早，发动了资产阶级革命，并取得了成功；随后而来的工业革命，在极大解放生产力的同时，也使得这些国家人们的思想更加解放，其文化相对来说也就比较先进。所以，正是在机器化大生产、科技革命等因素的推动下，现代文化才得以建立。较之传统文化来说，现代文化当然是相对进步的文化形态。

从共时性上说，文化可分为民族文化和国际文化。民族文化是一定群体在某个特定地域内，经过长期的共同生活而形成的一种独具特色的共同性文化，包括风俗习惯、思维方式、社会心理等方面。作为观念形态的文化是由物质决定的，不同民族有不同的社会存在，也就决定了其有不同的民族文化，"每一个现代民族中，都有两个民族。每一种民族文化中，都有两种民族文化。一种是普利什凯维奇、古契科夫和司徒卢威之流的大俄罗斯文化，但是还有一种是以车尔尼雪夫斯基和普列汉诺夫的名字为代表的大俄罗斯文化"④。在这里，列宁通过分析俄罗斯民族内存在的两种民族文化，使我们认识到民族文化不是单一的，同一个民族内部也可能存在多种形态的文化。同时，列宁认为，随着社会的发展，各个国家和地区之间的联系日益密切，民族的终将变成世界的，文化亦然。因此，"我们的任务不是把各个民族分开，而是把各民族工人团结起来。我们旗帜上写的不是'民族文化'，而是各民族共同的（国际的）文化，这种文化能使一切民族在高度的社会主义团结中打成一片，目前这种文化由于国际资本的联合正在形成"⑤。将民族文化推出国门走向世界，既是对本民族文化自信心的表现，也是积极推动国际文化发展的举动。

从社会性上说，文化可分为原始社会文化、奴隶社会文化、封建社会文化、资本主义社会文化、社会主义社会文化等。文化是社会发展的产物，社会发展是文化产生的前提。每种社会形态的发展都会产生与之相适应的、独特的文化形态，原始社会会产生原始社会文化，奴隶制社会会产生奴隶社会文化。每种社会的文化都是在批判继承之前文化成果的基础上逐步发展起来的。随着生产力发展，原始社会被奴隶社会所取代，奴隶

---

① 杨海波. 列宁文化理论研究［M］. 北京：人民出版社，2015：121-124.

② 列宁. 列宁全集（第35卷）［M］. 北京：人民出版社，1985：438.

③ 列宁. 列宁全集（第41卷）［M］. 北京：人民出版社，1986：216.

④ 列宁. 列宁全集（第24卷）［M］. 北京：人民出版社，1990：134.

⑤ 列宁. 列宁全集（第24卷）［M］. 北京：人民出版社，1990：247-248.

社会的公民在批判吸收原始社会文化的基础上，形成了奴隶制文化。随后生产力发展到一定程度，封建社会又取代了奴隶社会，文化也发展成封建社会文化。这是每个社会形态发展的必然结果，这样就有了与不同社会形态相适应的不同社会性质的文化，无产阶级文化、社会主义文化也是这么发展起来的。

从阶级性上说，文化可分为封建阶级文化、资产阶级文化和无产阶级文化。唯物论讲道，物质决定意识，意识对物质有能动的反作用。文化属于意识范畴，是由一定的社会存在决定的。在阶级社会中，各阶级的生活环境不同，造成了他们面对的社会存在不同，进而使他们的世界观、价值观等方面存在差异，这种差异反映到文化上面，就形成了不同阶级性质的文化形态。列宁说："对于那些过多地、过于轻率地侈谈什么'无产阶级'文化的人，我们就不禁要抱这种态度，因为在开始的时候，我们能够有真正的资产阶级文化就够了，在开始的时候，我们能够抛掉资产阶级制度以前的糟糕之极的文化，即官僚或农奴制等等的文化也就不错了。"① 在这段话中，我们可以非常清楚明了地看到，列宁按照阶级性质将文化分成了三类：以官僚或农奴制文化为代表的糟糕之极的封建阶级文化、资产阶级文化和无产阶级文化。

从进步性上说，文化可分为腐朽文化（或称落后文化）和进步文化。一种文化是进步文化还是落后文化，只是相对而言的。启蒙运动之前，封建主义文化笼罩着整个欧洲；启蒙运动之后，资产阶级给人们送来了资本主义的价值观与文化。这时候，相对于资产阶级文化来说，封建文化就是腐朽落后的文化。但是随着时代的发展，无产阶级革命取得成功之后，相对于无产阶级文化来说，资产阶级文化又成了落后的文化形态。"列宁认为，无产阶级政党代表的就是先进文化，因为它的指导思想和组成分子是先进的。马克思主义是其指导思想，无产阶级优秀先进分子是其重要的组成部分，它在工人阶级为首的劳动人民群众中发挥着先锋队和思想引路人的作用。"② 而俄国的腐朽落后文化根深蒂固，在革命后的相当长一段时间内都无法根除，"俄国完成了三次革命，但奥勃洛摩夫们仍然存在，因为奥勃洛摩夫不仅是地主，而且是农民，不仅是农民，而且是知识分子，不仅是知识分子，而且是工人和共产党员"③。由此可见，在当时的俄国，腐朽落后的文化充斥着每个阶层和每一位社会公民的脑海。列宁也曾痛斥这种文化的危害："我们的全部生活中和我们的一切不文明现象中的主要弊端就是纵容古老的俄罗斯观点和半野蛮人的习惯。"④ 这些落后文化的影响范围很广，不仅仅涉及人民群众的生活层面，还会进而波及国家的政治生活；要达到新的文明高度，就必须根除这些腐朽文化，实现"以先进理论为指南的党"的领导。

从学科属性来说，文化可分为文学、历史、宗教、教育、科学等。前文论及了列宁对文化内涵的理解，其中之一就是指科学、艺术、教育等方面的知识。由于俄国长期受到农奴制文化及资产阶级文化的影响，国民文化水平普遍不高，因此，列宁说："我们高谈无产阶级文化与资产阶级文化的关系时，事实提供的数据向我们表明，在我国就是

---

① 列宁. 列宁专题文集（论社会主义）[M]. 北京：人民出版社，2009：366.
② 杨海波. 列宁文化理论研究 [M]. 北京：人民出版社，2015：124.
③ 列宁. 列宁全集（第43卷）[M]. 北京：人民出版社，1987：12.
④ 列宁. 列宁全集（第43卷）[M]. 北京：人民出版社，1987：195.

资产阶级文化的状况也是很差的。"① 在这种前提下，要想发动工人阶级参加革命和建设，必须从提高他们的文化水平入手，进而提高他们的思想觉悟。而要想提高他们的文化水平，让他们识字是最根本、最基础的前提。关于其他学科的文化知识，如文艺领域，列宁也提道："写作事业不能是个人或集团赚钱的工具，而且根本不能是与无产阶级总的事业无关的个人事业……写作事业应当成为整个无产阶级事业的一部分，成为由整个工人阶级的整个觉悟的先锋队所开动的一部巨大的社会民主主义机器的'齿轮和螺丝钉'。"② 不仅是文艺出版和写作事业，列宁还认为整个文化事业中的历史、宗教、教育、科学等每一部分，都应成为"社会民主主义机器的螺丝钉"。

（二）文化的功能

功能指事物或者方法所发挥的有利作用。文化的功能，主要指的是文化在社会发展中所具有的重要作用。作为一种观念形态的文化，既是社会发展的产物，又对社会发展具有能动的反作用。文化对社会发展的先导性，是其能动反作用的主要体现。在列宁看来，文化是影响社会进步的观念形态，"观念的东西转化为实在的东西，这个思想是深刻的：对于历史很重要"③。基于此，列宁特别强调，无论是在社会主义革命时期，还是在社会主义建设时期，都应高度重视文化的认知功能和凝聚功能，努力创造条件，充分发挥出它在社会发展中所具有的重要作用。

对于文化认知功能的认识，我国学者指出："文化的认知功能是指借助教育和科技等手段实现人类认识世界的基本能力，包括识字、阅读以及对新事物的认识能力和思维水平等，即文化具有开阔视野、启迪思维、增强人类的见识、提高人类认识世界和改造世界的能力等独特价值。"④ 列宁认识到，俄国长期的农奴制严重阻碍了人民文化水平和认知能力的提高，不仅无产阶级文化水平及认知能力较低，就连曾经自以为先进的资产阶级的文化水平也处在一个很低的层次之上。所以，发展文化事业，提高人们的认知能力，已经不仅仅是无产阶级革命的需要，而且还是整个俄国社会发展的需要。

在列宁看来，要想提高人们的认知能力，最根本的途径和方式就是发展教育事业。列宁号召全俄共产党员都要做好表率，把发展教育事业、普及文化知识放在各项事业的首位，强调要通过发展学校教育和社会教育来扫除文盲，提高国民的认知能力和文化水平，"在实际上使被剥削劳动者能够真正享受文化、文明和民主的福利，这正是苏维埃政权一项最重要的工作，而且今后应当坚定不移地把这项工作继续下去。"⑤ 同时，列宁还认识到，一些欧洲国家"技术十分发达、文化丰富全面、实行立宪、文明又先进"⑥，这一切都是由科学技术的发展带来的，因为科学技术提高了劳动生产效率，促进了经济结构的转变，推动了人类文明的进步。随着现代科技成果的大量涌入，俄国资本主义逐渐发展起来，这个发展过程虽然缓慢，但效果却比较明显，"现在，已经有可

---

① 列宁. 列宁专题文集（论社会主义）[M]. 北京：人民出版社，2009：343.
② 列宁. 列宁专题文集（论无产阶级政党）[M]. 北京：人民出版社，2009：166-167.
③ 列宁. 列宁全集（第55卷）[M]. 北京：人民出版社，1990：97.
④ 杨海波. 列宁文化理论研究 [M]. 北京：人民出版社，2015：125.
⑤ 列宁. 列宁全集（第36卷）[M]. 北京：人民出版社，1985：86.
⑥ 列宁. 列宁专题文集（论资本主义）[M]. 北京：人民出版社，2009：81.

能把电力输送到遥远的地方，运输技术已经非常发达，只需花较少的费用就能以每小时200多俄里的速度运载旅客，因此，要让大体上平均分布于全国各地的全体居民共同享用几世纪来在少数中心城市积聚起来的科学艺术宝藏，在技术上已经没有任何困难了"①。正是在敏锐地捕捉到科学技术给当时社会生活带来了这些新变化的基础上，列宁后来曾多次强调，要改变人们的生活方式，提高人们的认知能力和文化水平，建设社会主义和共产主义，还必须大力促进科学技术进步，"没有建筑在现代科学最新成就基础上的大资本主义技术，……社会主义就无从设想"②，"要建设共产主义，就必须掌握技术，掌握科学，并为了更广大的群众而运用它们"③。

至于列宁所强调的文化的凝聚功能，主要是指列宁把文化视作团结劳动群众、形成文化认同的重要手段，具有保证社会主义建设顺利进行的强大作用。列宁认为，对于无产阶级来说，文化的价值只有跟夺取政权和建立新社会的斗争结合起来才能体现出来，"'文明的''有教养的'资本主义世界正在走向空前未有的崩溃，这种崩溃会破坏而且一定要破坏文明生活的一切基础"④。随着资本主义的崩溃，"或者是毁灭全部文化从而毁灭人类自己；或者是用革命的办法摆脱资本的桎梏，推翻资产阶级统治，赢得社会主义和持久和平"⑤。在这二者之间，人民必须做出一个抉择。但资本主义统治下的人民因为文化水平和认知能力较低，犹如一盘散沙，所以，苏维埃政权必须通过发展科学文化教育事业，努力使文化被人民群众所掌握、被人民群众所认同，这样才能形成强大的凝聚力量。对于这一点，列宁比谁都清楚。他说："凡是熟悉实际生活、阅历丰富的人都知道：要管理就要懂行，就要精通生产的全部情况，就要懂得现代水平的生产技术，就要受过一定的科学教育。"⑥ "我们要向农民这些最不开展的群众指出，要使整个苏维埃建设获得成功，就必须使文化和技术教育进一步上升到更高的阶段。"⑦ 在这里，列宁对科技文化所具有的凝聚功能的着重强调，使我们认识到：只有大力发展代表最广大人民群众利益的文化，才能增强广大人民的心理认同及其社会归属感，从而真正发挥出文化所具有的强大凝聚功能，推动整个社会健康有序地向前发展。

第二节　落后国家文化革命理论

十月革命后的俄国，虽然取得了政治上的胜利，建立起了苏维埃国家政权，但经济文化方面仍面临着极为严峻的挑战，可谓是百废待兴。这种落后的经济文化状况，严重阻碍了苏维埃俄国社会主义的顺利发展。在充分认识到俄国这种落后的基本国情的基础上，列宁提出了要开展一场"文化革命"，以促进俄国由落后国家向社会主义国家的顺

---

① 列宁. 列宁全集（第5卷）[M]. 北京：人民出版社，1986：133.
② 列宁. 列宁全集（第34卷）[M]. 北京：人民出版社，1985：279.
③ 列宁. 列宁全集（第38卷）[M]. 北京：人民出版社，1986：283.
④ 列宁. 列宁全集（第34卷）[M]. 北京：人民出版社，1985：409.
⑤ 列宁. 列宁全集（第33卷）[M]. 北京：人民出版社，1987：171.
⑥ 列宁. 列宁全集（第38卷）[M]. 北京：人民出版社，1986：240.
⑦ 列宁. 列宁全集（第38卷）[M]. 北京：人民出版社，1986：176.

利过渡。他特别提出："只要实现了这个文化革命，我们的国家就能成为完全社会主义的国家了。但是这个文化革命，无论在纯粹文化方面（因为我们是文盲）或物质方面（因为要成为有文化的人，就要有相当发达的物质生产资料的生产，要有相当的物质基础），对于我们来说，都是异常困难的。"① 列宁在这里指出了俄国当时的社会现实，不论是文化方面还是物质方面，都是非常落后的，甚至到了连最基本的生活都无法正常维持下去的程度。所以，文化革命的开展是必要的，"文化革命将带来大众受教育的体制；通过对资产阶级知识分子进行再教育，塑造新的社会主义知识分子；它能推动社会主义文学、艺术和科学的进步；产生新的伦理和道德以及新的生活方式"②。正是看到了文化革命的这种重大意义，列宁才将其放到了与政治经济建设同等重要的位置上，通过实施许多新的文化政策，大力推动俄国社会主义文化建设目标的实现，从而形成了一种独具特色的列宁"文化革命"理论。

一、落后国家文化革命理论的提出背景

十月革命是人类历史上第一次取得彻底胜利的社会主义革命，建立了第一个由无产阶级领导的社会主义国家政权，开辟了人类探索社会主义道路的新时代，改变了俄国历史的发展方向，对整个人类社会的发展都产生了巨大而深远的影响。新政权诞生以后，百废待兴，国家政体的规划、经济政策的调整、文化政策的制定，都需要耗费相当的人力、物力和财力。而苏维埃俄国作为世界上第一个由无产阶级建立并直接领导的社会主义国家，尚无成功经验可以直接借鉴，这无疑更加剧了建设任务的难度。由于文化作为社会意识对社会实践具有指导作用，因此文化建设就成为苏俄重建任务的重中之重。但十月革命后，苏俄政权面临许多文化困境。找到这些困境及其症结所在，对于解决好苏俄文化重建问题尤为重要。

（一）农民阶级面临的文化困境

文盲问题和小农宗法意识，是俄国农民阶级在十月革命胜利后面临的主要文化困境。

在对文盲问题的认识上，列宁认为，农奴制传统将中世纪的俄国打造成了一个小农国家，由于当时的文化环境及统治阶级的统治需要，广大农民接受文化教育的机会不多，故而不会有太高的文化水平，他们陷入了原始的愚昧和缺乏最基本的认知能力的境地。这正如列宁特别指出的："做工的无产者和种地的农民贫穷不堪，无论在沙皇尼古拉的统治下，还是在共和国总统威尔逊的统治下，都没有可能上大学。科学和技术为富人、为有产者所享有；资本主义把文化只给予少数人。"③ 因此，旧时代条件下的俄国工人农民几乎没有什么文化，文盲在俄国农村中的比例高达80%。针对这样的现实，列宁鲜明提出，要想顺利进行社会主义建设，就必须努力扫除文盲。列宁为什么如此重视扫盲工作呢？

其一，列宁认为，农村中文盲人口的大量存在，严重影响了人们对新事物的理解

---

① 列宁. 列宁专题文集（论社会主义）[M]. 北京：人民出版社，2009：355.

② 杨海波. 列宁文化理论研究 [M]. 北京：人民出版社，2015：215.

③ 列宁. 列宁全集（第36卷）[M]. 北京：人民出版社，1985：48.

力、判断力和接受力。认知力是理解力、判断力和接受力的基础，要想对一个事物作出正确理解、判断乃至最终心悦诚服地接受，必须先对其有一定的认知。但由于占俄国人口大多数的农民绝大部分都是文盲，连基本的识字能力都不具备，这样也就难怪他们难以理解、相信和接受革命阶级所倡导的新政策了，"谁也无法预见到，无产阶级竟会在一个属于最不发达之列的国家中取得政权；它起初试图为农民组织大规模的生产和分配，后来由于文化条件所限无力完成这个任务，不得不采用资本主义"①。这里的"文化条件所限"，指的就是农民阶级的文化水平低，认知能力不强。

其二，列宁认为，农村中文盲人口的大量存在，严重影响了农民对民主政治权利的行使。十月革命胜利之后，俄国建立起了人民当家做主的新型国家政权，法律赋予了公民一系列的民主政治权利。但这种民主政治权利的行使，是以民众文化水平的提高作为前提和基础的，一群认知能力极差、毫无主体意识的民众是不可能充分行使自己的民主政治权利的。这是因为政治和文化是相互联系、密不可分的。政治是文化发展的保障，文化是行使政治权利的基础；不识字的文盲没有权利意识，不能深入了解自己的政治权利，当然也就无法充分行使自己的这种权利了；文化只掌握在少数人手里，政治权利同样也只会属于少数人，这样的后果就是使社会主义民主政治成为一句空洞的口号。因此，列宁反复强调：只要俄国还存在文盲现象，就谈不上政治教育；不识字就不可能有政治，提高文化水平是最迫切的任务之一，而且，"文盲固然应当扫除，但仅仅识字还不够，还要有能教人们同拖拉作风和贪污受贿行为作斗争的文化素养"②。

其三，列宁认为，农村中文盲人口的大量存在，使人们缺乏从事现代经营管理的知识和本领。在列宁看来，要取得社会主义建设的成功，仅仅有认知力是远远不够的，还要掌握经济发展和政策制定的主动权。新经济政策倡导建立的合作社，具有"买卖机关"的性质，要想发挥其积极作用，农民就必须掌握运行这个机关的知识和本领。但俄国农奴制的传统将农民世世代代禁锢在土地上面，致使他们连识字的本领都不具备，更不用说运行合作社了。因此，只有改变农民现有的文化知识水平，才能将合作社的作用充分发挥出来，但这必将是一个长期的过程。关于这一点，列宁曾经有着非常清醒的认识："所谓做商人的本领，我指的是做文明商人的本领。这一点是俄国人，或者直截了当地说是农民应该牢牢记住的，他们以为一个人既然做买卖，那就是说有本领做商人。这种想法是根本不对的。他虽然在做买卖，但这离有本领做个文明商人还远得很。他现在是按亚洲方式做买卖，但是要能成为一个商人，就得按欧洲方式做买卖。他要做到这一点，还需要整整一个时代。"③

在关于小农宗法意识问题的认识上，列宁认为，这是历史原因所造成的。农民长期生活在农奴制和沙皇专制统治之下，致使他们形成了因循守旧、故步自封的保守心理、狭隘眼界及小农式思维方式。列宁把这种好吃懒做、不思进取的懒散性格称为"奥勃洛摩夫习气"，这种习气成为阻碍和制约社会主义事业发展的毒瘤。因此，他强调："我

---

① 列宁. 列宁全集（第43卷）[M]. 北京：人民出版社，1987：114-115.
② 列宁. 列宁专题文集（论社会主义）[M]. 北京：人民出版社，2009：265.
③ 列宁. 列宁专题文集（论社会主义）[M]. 北京：人民出版社，2009：351-352.

们绝不会受本能地轻视商业的'感情社会主义'或旧俄半贵族半农民的宗法情绪的支配。"① 很显然，这种"宗法情绪"已经严重阻碍了俄国社会主义的发展。至于农民阶级的意识之所以被称为小农意识，是因为其具有小生产者地位。一方面，俄国有独特的自然环境和农业生产方式，陆地经济形态以农业为主，主要是一种封闭式的农奴制生产方式；另一方面，俄国的农民与西欧的农民具有概念上的差异，"在西欧所谈的农民几乎都是资本主义社会、资产阶级社会中的农民，在俄国所谈的，主要是受资本主义前的制度和关系压迫、受农奴制残余的压迫并不比受资本主义压迫轻（甚至更重）的农民"②。在压迫环境中长期生存的俄国农民不可避免地会滋生出强烈的宗法意识，其显著表现就是立场不坚定，容易随利益的变化而左右摇摆，"当高尔察克从西伯利亚、邓尼金从南方进攻时，农民是站在他们那边的。当时农民不欢迎布尔什维主义，因为布尔什维克按固定价格收购粮食"③。但这并不是说农民们的本质是坏的，而是他们所处的生活环境致使他们目光短浅，成为"受盘剥的、愚昧的、贫困的、因循守旧的农民"④，容易做出一些只顾眼前利益的事情。这就需要通过大力发展基础教育，努力提高农民的文化水平，最终达到消除这种小农宗法意识的目的。

（二）工人阶级面临的文化困境

19 世纪末，列宁在分析俄国阶级成分时，将工人阶级队伍分成三个部分：一部分是先进工人，一部分是中等水平的工人，一部分是低水平的工人群众。先进工人主要指"工人知识分子"，人数较少；中等水平的工人人数也不是很多，有一定的文化知识；工人群众指的是文化水平较低的工人，人数最多，文化程度最低，"他们很可能完全看不懂或者几乎完全看不懂社会主义报纸"⑤。列宁所讲的工人阶级面临的文化困境，主要是针对后两部分工人而言的，其具体表现也是多方面的。⑥

首先，存在小农意识和较低的识字水平。因为俄国大部分工人是无产阶级革命胜利之后直接由农民转变而来的，沿袭了农民阶级在文化方面的缺点与不足。在俄国历史上，工人阶级一直与乡村和农民有着千丝万缕的联系。据 1899 年的统计，在俄国 31 个省中有 31.3% 的工人在农村保留份地。到 1914 年，俄国各类工人为 1780 万，占总人口的 11% 左右，其中同土地完全脱离关系的只占一半多。⑦ 即使在莫斯科这样的"工业中心"，72.45% 的城市人口出生在农村，大约有 80 万人，而土生土长的城市人口还不到 30 万，只占 27.55%。资料统计显示，在全部农民出身的移民中，只有 13% 的人在城市居住时间超过 16 年，而只有 33.3% 的人达到 10 年。也即是说，他们中的大部分人，到工业中心只是打工，即使人在城市并且身为工人，但并没有隔断与农村的联系。⑧ 综合

---

① 列宁. 列宁全集（第 42 卷）[M]. 北京：人民出版社，1987：250.
② 列宁. 列宁全集（第 4 卷）[M]. 北京：人民出版社，1984：197.
③ 列宁. 列宁专题文集（论无产阶级政党）[M]. 北京：人民出版社，2009：290.
④ 列宁. 列宁全集（第 16 卷）[M]. 北京：人民出版社，1988：237.
⑤ 列宁. 列宁全集（第 4 卷）[M]. 北京：人民出版社，1984：235.
⑥ 杨海波. 列宁文化理论研究 [M]. 北京：人民出版社，2015：226-229.
⑦ 张广翔. 18—19 世纪俄国城市化研究 [M]. 长春：吉林出版社，2006：112.
⑧ 金雁. 农村公社、改革与革命——村社传统与俄国现代化之路 [M]. 北京：中央编译出版社，1996：293-294.

上述数据，我们可以认识到，苏俄绝大多数工人都具有双重身份，既是现代工业条件下的生产者，又是乡村文化的继承者，与其说他们是工人阶级，不如说他们是生活在城市中的农民阶级。所以，他们就不可避免地带有农民阶级身上的某种文化属性。

其次，"行会习气"盛行。行会是指一种手工业的同业团体，由同一行业的工人组成，订有行规，调解会内纠纷，对外办理交涉。当时的俄国"行会"，实际上就是农村米尔的城市版，他们将乡村中的劳动组合传统大量移植到了城市工业生产领域。文化知识有限、孤独闭塞、眼界狭窄等原因，造就了他们比较重视小恩小惠的小团体意识。列宁曾经讲道："谈到'工人'，常常以为指的就是工厂无产阶级。根本不是那么一回事。从战争开始以来，我们这里进工厂的根本不是无产者，而是逃避打仗的人。难道在我国目前的社会经济条件下，能说进工厂的是真正的无产者吗？这样说是不对的。这符合马克思的说法，但是马克思说的不是俄国，而是15世纪以来的整个资本主义。对过去的600年，这是正确的，而对现在的俄国不适用。进工厂的常常不是无产者，而是各式各样的偶然碰上机会的人。"① 所以，俄国工人阶级具有较强的共同体人格，自然也就容易导致"行会习气"的盛行。

再次，存在资产阶级心理。20世纪初，俄国的社会主义制度是由无产阶级推翻资产阶级政权之后建立的，是在旧社会基础上建立的新政权。新政权虽然建立起来了，但人们的传统心理仍然停留在之前旧制度的层面，其发展过渡不是一蹴而就的。列宁认为："工人和旧社会之间从来没有一道万里长城。工人同样保留着许多资本主义社会的传统心理。"② 旧制度下资产阶级的恶习导致工人阶级同小资产阶级一样涣散，缺乏组织纪律性，严重影响了工业生产的进行。这正如列宁所提到的："在工人阶级和资产阶级旧社会之间并没有一道万里长城。革命爆发的时候，情形并不像一个人死的时候那样，只要把尸体抬出去就完事了。旧社会灭亡的时候，它的尸体是不能装进棺材、埋入坟墓的。它在我们中间腐烂发臭并且毒害我们。"③ 这种在新政权中间"腐烂发臭并且毒害我们"的，正是工人阶级从旧社会沿袭下来的资产阶级心理。因此，列宁提醒广大无产阶级：不要以为工人成了贫苦农民的先进领袖，就成了圣人，"他领导人民前进，可是他也染上了小资产阶级的涣散毛病。工人队伍中最有组织、最有觉悟、最守纪律和最坚决的工人愈少，这些队伍就愈容易涣散，代表过去的小私有者自发势力战胜代表未来的无产阶级共产主义觉悟的情况也就愈多。工人阶级开创了共产主义革命，并不能一下子就丢掉自己身上的弱点和毛病。这些东西都是从地主资本家社会，从剥削者和土豪的社会，从少数人卑鄙地钻营财富而多数人遭受贫困的社会继承下来的"④。

最后，民主意识不强。苏维埃政权是人民民主专政的社会主义国家，人民是国家的主人，享有包括选举、监督和罢免国家管理人员的广泛民主权利。俄国工人阶级作为国家公民的一部分，也享有同等的权利，但他们权利意识淡薄和文化知识匮乏，致使其不能正确行使自己的各项权利。他们还沉浸于沙皇专制和农奴制的统治之下没有醒来，没

① 列宁. 列宁全集（第43卷）[M]. 北京：人民出版社，1987：104.
② 列宁. 列宁全集（第35卷）[M]. 北京：人民出版社，1985：438.
③ 列宁. 列宁全集（第34卷）[M]. 北京：人民出版社，1985：380.
④ 列宁. 列宁全集（第34卷）[M]. 北京：人民出版社，1985：340-341.

有意识到自己已经拥有诸多民主权利，没有认识到自己已经成为新社会的主人。而英国这样的西欧文明国家，"在长期的政治自由发展中受到严格训练的无产阶级具有比较高的文明程度"①，这是俄国工人阶级与西欧工人阶级的显著差异。虽然苏维埃政权在理论上实行了先进无比的社会主义民主，在原则上实行了非常具有感召力的民主范式，但苏维埃文化的落后和野蛮却成为制约民主制度实现的根本性障碍，变成了影响俄国成为全世界民主榜样的绊脚石，成为世界民主化进程的巨大阻力。因此，列宁特别强调，要充分发挥社会主义制度的优越性，推进社会主义共和国的文明进程，就必须彻底改变俄国工人阶级权利意识淡薄、文化素质低下的落后状况。

（三）共产党员面临的文化困境

在不过多进行人为干预的情况下，某种事物数量的增加，往往会导致其质量的下滑。十月革命胜利后，俄共党员人数激增，一些破坏分子也趁机混入了党的队伍，使整个党面临着被征服和取代的危险。面对这样的危急局面，在俄共第九次代表大会上，列宁鲜明指出，虽然作为执政党的共产党员人数已经达到 60 余万，但党员队伍的整体素质却处于较低水平，与苏俄正在进行的社会主义建设事业极不同步。俄共党员队伍的素质之所以较低，主要是因为他们面临着一系列的文化困境。②

首先，官僚主义作风盛行。问题的暴露和人们对问题的发现都是需要一个过程的，官僚主义作风在俄国的显露和列宁对它的警觉也是如此。在十月革命完成之后一年左右的时间内，列宁并没有意识到官僚主义的严重危害性。但随着社会主义建设事业的逐步开展，党和国家机关中的官僚主义作风不断滋生蔓延开来，"官僚不仅在苏维埃机关里有，而且在党的机关里也有"③。列宁认为，官僚主义是旧社会、旧文化遗留下来的一种恶劣风气，为广大人民群众所深恶痛绝，"官僚主义在我们国家制度中已经成为这样一种脓疮"④，它降低了苏维埃政权机关的工作效率，"可恶的官僚主义积习使我们陷入滥发文件、讨论法令、乱下指示的境地，生动活泼的工作就淹没在这浩如烟海的公文之中了"⑤，它还加深了公民与新生政权的矛盾，"如果不注意、不督促、不检查、不拿三根鞭子抽打"，结果就会养成危害社会主义事业的奥勃洛摩夫习气，而且，"官僚主义这一祸害，自然是集中在中央；在这方面，莫斯科不能不是一个糟糕的城市，而且算得上是全国最糟糕的地方"⑥。这样，官僚主义无疑构成了对新生苏维埃政权的严重威胁，官僚主义者成为"我们内部最可恶的敌人"。

在认识到官僚主义的严重危害的同时，列宁对于诱发其产生的根源也进行了深入探讨，"官僚主义和拖拉作风主要是同俄国的文化水平低、战争所造成的严重经济破坏和贫困等后果有关的"⑦。但列宁认为，在诱发官僚主义产生的文化根源中，首要因素是

①　列宁. 列宁全集（第41卷）［M］. 北京：人民出版社，1986：203.
②　杨海波. 列宁文化理论研究［M］. 北京：人民出版社，2015：230-238.
③　列宁. 列宁专题文集（论社会主义）［M］. 北京：人民出版社，2009：373.
④　列宁. 列宁全集（第41卷）［M］. 北京：人民出版社，1986：26.
⑤　列宁. 列宁全集（第42卷）［M］. 北京：人民出版社，1987：387.
⑥　列宁. 列宁专题文集（论社会主义）［M］. 北京：人民出版社，2009：230.
⑦　列宁. 列宁全集（第41卷）［M］. 北京：人民出版社，1986：273.

国民低下的识字水平，即文盲的大量存在；其次是俄国传统文化因素，尤其是沙俄时期形成的陋习更是构成了无形的"绞索套"。在苏维埃俄国，多数共产党员的文化水平不高，一定程度上限制了他们的眼界，导致其中一些人只顾自身的眼前利益，从而为官僚主义的形成提供了有利条件；而传统文化因素中的那些陋习，直接为官僚主义的滋生蔓延提供了合适的气候和土壤。正如列宁所说："我们从沙皇俄国学到了最坏的东西，也就是简直要把我们窒息死的官僚主义和奥勃洛摩夫习气"①，导致"大多数人民委员和其他大员"不自觉地往官僚主义的"绞索套"里钻。因此，列宁强调："我们必须清除这种敌人，我们要借助所有觉悟的工人农民收拾这种敌人。所有非党的工农群众都会跟着共产党的先进队伍去反对这种敌人，反对这种紊乱现象和奥勃洛摩夫习气。在这方面不能有任何动摇。"②

其次，缺乏执政本领和能力。每个社会的统治阶级要想把自己的政权长久维持下去，必须有过硬的统治能力和本领。执政本领强大且运用得当的话，就能保持国家的长治久安；反之，迎来的可能是政局的动荡和文明的倒退。列宁曾经不无惋惜地讲道："我们有足够的、绰绰有余的政治权力，我们还拥有足够的经济手段，但是，被推举出来的工人阶级先锋队却没有足够的本领去直接进行管理，确定范围，划定界限，使别人受自己控制，而不是让自己受别人控制。这里所需要的只是本领，但我们缺乏这种本领。"③这说明，俄共虽然在当时已经具备了执掌政权所必需的政治经济基础，但恰恰缺少管理政权的本领和能力。"这里必须明确地提出一个问题：我们的力量是什么，我们缺少的是什么？政治权力是完全够了。这里恐怕没有一个人能指出，在处理某个实际问题时，在某个办事机构中，共产党员或共产党的权力不够。有些人还是这样认为，这些人都无药可救地向后看，而不懂得应该向前看。主要经济力量操在我们手里。一切具有决定意义的大企业、铁路等，都操在我们手里。不管租赁在某些地方得到多么广泛的发展，但总的说来它的作用是微不足道的，它的比重总的说来是微乎其微的。俄国无产阶级国家掌握的经济力量完全足以保证向共产主义过渡。究竟缺少什么呢？缺少什么是很清楚的：做管理工作的那些共产党员缺少文化。"④很明显，列宁在这里所讲的文化，并非通常意义上所说的文化，还包含有管理国家的本领和能力的意思。而且，文化水平的高低直接决定管理工作的成败。要增强管理国家的能力，就必须提高文化素养。只有提高了文化素养，才能协调好国家机器中各方利益关系，顺利完成建设社会主义的任务。因此，列宁对从事管理工作的共产党员面临的执政能力不强的文化困境是非常清楚的。

再次，贪污受贿现象严重。贪污受贿是官僚主义结出的恶果，而产生官僚主义作风的根本原因则是党员缺少基本的文化素养，继续沿袭传统文化的思维方式，崇尚利己主义，从而站到了人民的对立面。所以，寻求克服俄共党内贪污受贿现象的有效方法，最终还是要归结到文化上来。这正如列宁所指出的："拖拉作风和贪污受贿行为是任何军

---

① 列宁. 列宁全集（第 42 卷）[M]. 北京：人民出版社，1987：426.
② 列宁. 列宁专题文集（论无产阶级政党）[M]. 北京：人民出版社，2009：325.
③ 列宁. 列宁全集（第 43 卷）[M]. 北京：人民出版社，1987：84.
④ 列宁. 列宁全集（第 43 卷）[M]. 北京：人民出版社，1987：93.

事胜利和政治改造都无法治好的毛病。说实在的，这种毛病靠军事胜利和政治改造是治不好的，只有用提高文化的办法才能治好。"① 同时，导致俄共党内贪污受贿现象严重的另一个原因就是监督不力。无产阶级夺取政权之后，制定了严格的法律，赋予了公民一系列的政治权利，其中就包括监督权。但由于种种原因（其中最致命的就是公民的权利意识淡薄），这些权利没有被充分利用起来。列宁曾经痛心地讲道："苏维埃的法律是很好的，因为它使每一个人都有可能同官僚主义和拖拉作风做斗争。在任何一个资本主义国家里，都没有给工人和农民提供这种可能。然而有人利用了这种可能性吗？几乎没有！不仅农民不会利用，就连相当多的共产党员也不会利用苏维埃的法律去同拖拉作风和官僚主义作斗争，或者去同贪污受贿这种道地的俄国现象作斗争。……我们的共产党员至少有一半不会进行斗争，且不说还有一些人妨碍斗争。"② 而公民之所以权利意识淡薄，是因为他们文化素质低下，不知道该拿起法律武器维护自己的利益。因此，要根除贪污受贿现象，不仅要制定严格的法律，还必须大力提高公民的文化素养和权利意识。

最后，"无产阶级心理"薄弱。所谓"无产阶级心理"，主要指的是具有党性原则。列宁认为，十月革命胜利之后，俄共党员的素质和党性还远没有达到建设社会主义的要求，"它目前的政治修养的一般水平和平均水平（拿绝大多数党员的水平来说）是不够的"③。而党员的政治修养不够，主要表现在非党性现象严重。列宁认为："非党性是资产阶级思想，党性是社会主义思想。"④ 所谓"非党性"，即否认共产党为人民服务宗旨的思想倾向，说党"狭隘""墨守成规""不容人"，"可是，无党性的、不跟着坚强的党走的群众是没有觉悟的，没有自制力的乌合之众，他们会变成那些总是'及时'从统治阶级中冒出来利用'适当'时机的狡猾政客的玩物"⑤。因此，列宁强调："任何非党性表现，任何削弱或模糊党性的做法，都是绝对不允许的。而正因为我们维护党性是有原则的，是为了广大群众的利益，是为了使他们摆脱资产阶级的各种影响，是为了最明确地进行阶级组合，——正因为如此，我们必须竭尽全力并密切注意使党性不仅仅停留在口头上，而且要见诸行动。"⑥ 而要加强党性，就必须采取"清党"的方法来保持党员队伍的纯洁性，"清党显然已经发展成为一项关系重大和极其重要的工作了。……必须把脱离群众的分子清除出党（自然，更不用说那些在群众眼中玷污了党的分子了）"⑦。只有把这种"混进党里来的人"驱除出去，才能让有觉悟的、真正忠于共产主义的人留在党内，从而使共产党员的"无产阶级心理"得到切实增强。

二、落后国家开展文化革命的具体途径

列宁在对国内各阶层人民面临的文化困境进行了透彻分析的基础上，逐步提出了落

---

① 列宁. 列宁全集（第42卷）[M]. 北京：人民出版社，1987：197-198.
② 列宁. 列宁全集（第42卷）[M]. 北京：人民出版社，1987：196-197.
③ 列宁. 列宁专题文集（论无产阶级政党）[M]. 北京：人民出版社，2009：329.
④ 列宁. 列宁全集（第12卷）[M]. 北京：人民出版社，1987：128.
⑤ 列宁. 列宁全集（第24卷）[M]. 北京：人民出版社，1990：69.
⑥ 列宁. 列宁全集（第19卷）[M]. 北京：人民出版社，1989：109.
⑦ 列宁. 列宁专题文集（论无产阶级政党）[M]. 北京：人民出版社，2009：320.

后国家开展文化革命的具体途径。"列宁认为,只有扫除工人、农民中的文盲,才能增强社会主义建设的基本能力;只有消除封建时代和资本主义时代留下来的旧文化,才能培养工人、农民以及工人阶级先锋队严格的纪律性和组织性;只有大力发展文化教育事业,加强机关作风建设,才能摆脱官僚主义作风的影响以及树立良好的社会风气。"①

(一) 重视文化知识教育

列宁倡导文化革命,最主要的任务就是开展文化知识教育,提高广大人民群众的文化知识水平,以达到扫除文盲、培养具有较高知识素养的公民之目的。而完成这一主要任务,要采取的具体措施也很多。

首先是识字。农奴制统治下的俄国,是个文盲大量存在的国家,这不仅严重影响了俄国文化事业的发展进程,而且阻碍了政治经济的发展。可识字是学习其他文化知识的基础和前提,因此,文化建设事业最首要的工作就是教会人民识字。如果连字都不认识,更谈不上去阅读、去学习了。这样,列宁就把识字放在文化知识教育的首位,强调文化革命的第一步,就是要通过提高人民的识字水平、扫除文盲,来加快文化建设的进程。

其次是学习与现代经济发展相适应的知识和本领。在列宁看来,进行社会主义和共产主义建设,离不开发达的社会生产力和坚实的物质基础;而要提高生产力,加快经济发展的步伐,就必须熟知经济发展规律、深谙现代经营管理之道。只有掌握有关现代经营管理知识和本领,才能掌握经济发展的自主权,才不会受制于人。现代经营管理知识和本领,具体包括计算监督的本领、经商的本领和做文明商人的本领。而要真正掌握这样的知识和本领,还必须到资本主义商品经济大潮中去多加历练。这正如列宁所说:"目前在俄罗斯联邦仍然应当爱惜黄金,卖黄金时要卖得贵些,用黄金买商品时要买得便宜些。和狼在一起,就要学狼叫。"②

再次,要学会提高工作效率的相关管理知识。列宁认为:"同先进民族比较起来,俄国人是比较差的工作者。"③ 这里的"差",主要体现在工作时的纪律习惯、工作效率等诸多方面。没有好的纪律习惯,就无法保证员工严肃认真地对待工作;没有好的工作效率,主要是由于不懂得利用最新科技成果和先进管理知识而导致的。所有这些,都是不利于建设社会主义的。因此,列宁强调:"学会工作,这是苏维埃政权应该充分地向人民提出的一项任务。资本主义在这方面的最新成就泰罗制,同资本主义其他一切进步的东西一样,既是资产阶级剥削的最巧妙的残酷手段,又包含一系列的最丰富的科学成就,它分析劳动中的机械动作,省去多余的笨拙的动作,制定最适当的工作方法,实行最完善的计算和监督方法等等。苏维埃共和国无论如何都要采用这方面一切有价值的科学技术成果。社会主义能否实现,就取决于我们把苏维埃政权和苏维埃管理组织同资本主义最新的进步的东西结合的好坏。应该在俄国组织对泰罗制的研究和传授,有系统地试行这种制度并使之适用。"④

① 杨海波. 列宁文化理论研究 [M]. 北京:人民出版社,2015:238.
② 列宁. 列宁专题文集(论社会主义)[M]. 北京:人民出版社,2009:293.
③ 列宁. 列宁专题文集(论社会主义)[M]. 北京:人民出版社,2009:98.
④ 列宁. 列宁专题文集(论社会主义)[M]. 北京:人民出版社,2009:98.

　　不过，在以上讲到的三点中，列宁认为最重要的、最紧迫的任务就是识字。因为俄国是一个小农经济占主导地位、民众文盲率非常之高的国家，这严重阻碍了苏维埃俄国的发展，以至于十月革命胜利之初的俄国就像一个几乎还不能站立起来的婴儿，想要快速奔跑起来都不可能。为了能让这个婴儿快速站立起来，列宁探索并采取了一系列卓有成效的举措。

　　列宁在当时号召成立了很多文化速成班，在全国掀起了扫盲运动的高潮，各种扫盲站纷纷建立起来。其中最有代表性的就是 1920 年 7 月 19 日建立起来的"全俄扫除文盲非常委员会"，归中央教育人民委员部直接领导。之后，又成立了以苏联著名的党务活动家加里宁为主席的群众性扫盲协会。在列宁的倡导下，扫盲工作得到了全国人民的响应，在全国范围内建立起了从中央到基层的非常系统的扫盲机构，并使扫盲工作取得了令人满意的成就。

　　在开展全国性扫盲工作的同时，列宁也高度重视普及教育。他认为，普及教育是关乎社会主义文化建设乃至社会主义建设事业全局的大事，只有通过普及教育，切实提高民众的文化知识水平，才能增强民众同落后腐朽思想做斗争的能力，才能更好地促进俄国经济社会发展。列宁曾经说道："可以有根据地说，花上 10 年功夫，我们就能使整个俄国布满电站，使电力工业能够满足现代技术的要求和结束旧式农民的耕作。要做到这一步就需要有更高的文化和教育。"[1] 列宁不仅对教育寄予了如此高的期望，而且还不遗余力地探索并采取了一些发展教育事业的切实有效的措施。

　　首先，列宁强调要重视教育部门领导干部的选拔任用问题。在列宁看来，作为教育政策的制定者与教育事业的规划者，教育部门的干部在发展教育事业中具有不可替代的作用，党和国家要抓好对他们的选拔任用工作，必须慎重对待，必须层层严格把关，确保选取那些富有学识、立场坚定、工作经验丰富的人来担任教育部门的领导职务，从而为保证俄国教育事业的持续健康发展提供强有力的人才保障。

　　其次，列宁强调要实行综合技术教育。在《论综合技术教育》一文中，列宁提出，为了防止职业技术学校沦为低层次的"培养手艺人的学校"，应当明确规定：（1）避免过早地专业化；（2）在所有的职业技术学校里增设普通课程，包括共产主义、通史、革命史、1917 年革命史、地理、文学和其他；（3）把立即向综合技术教育过渡，或者确切些说，立即采取许多马上就能做到的走向综合技术教育的步骤，规定为必须绝对执行的任务。[2] 在通常意义上，职业技术学校教授的应该只有专门技术，学生从这样的学校毕业之后就成了"手艺人"。而列宁主张要在职业技术学校开设普通课程，让学生学习广泛的文化知识。这样一来，从职业技术学校毕业的学生就不仅仅是"手艺人"了，这在一定程度上提高了职业技术学校和该类学校毕业生的社会地位，有利于教育事业的可持续发展。

　　最后，列宁强调要提高人民教师的社会地位。教师是人类灵魂的工程师，在教育系统中发挥着教书育人、启蒙心智的重要作用。如果教师的社会地位得不到保障，必然会

---

[1]　列宁. 列宁全集（第 38 卷）[M]. 北京：人民出版社，1986：176.

[2]　列宁. 列宁全集（第 40 卷）[M]. 北京：人民出版社，1986：226.

打击教师工作的积极性,使工作效率大打折扣。十月革命前的俄国,政治制度和经济发展水平的影响,使教师地位非常低下,甚至连基本权益都得不到保障。当时的"政府对教师采取的是一种最放肆、最无耻、最令人厌恶的专横态度"①。随着十月革命的胜利,无产阶级夺得了国家政权,为提高教师的社会地位提供了有利条件。但列宁曾指出:"推动旧的教师们前进,吸引他们来执行新的任务,使他们注意教育学一些问题的新提法,注意宗教之类的问题,我们做了不少的工作。但是我们没有做主要的事情。我们没有关心或者远没有充分关心把国民教师的地位提到应有的高度,而不做到这一点,就谈不上任何文化,既谈不上无产阶级的文化,甚至也谈不上资产阶级文化。"② 由此可见,列宁对提高教师的社会地位是非常重视的。

那么应该怎样提高教师的社会地位呢?列宁认为,教师社会地位的高低与他们的物质生活水平的高低是成正比的。换言之,要想提高教师的社会地位,就必须提高他们的物质生活水平,最基本的是提高他们的工资收入水平。如果教师的工资低到连基本的生活都无法保证,他们势必会另寻途径解决吃饭穿衣问题,这样就会占用他们本应该用在教学上面的精力。在教学方面投入的精力变少,教学质量势必会下降,对教育事业的持续发展就会产生不利影响。而要增加教师的工资收入,就必须加大国家对教育事业的财政投入力度。针对这方面问题,列宁曾经讲道:"整个国家的预算首先去满足初级国民教育的需要,这个工作我们还做得太少,做得还远远不够。……应当把我国国民教师的地位提到在资产阶级社会里从来没有也不可能有的高度。这是用不着证明的真理。为此,我们必须经常不断地、坚持不懈地工作,既要振奋他们的精神,也要使他们具有真正符合他们的崇高称号的全面修养,而最重要的是提高他们的物质生活水平。"③

(二) 加强思想政治教育

俄国无产阶级通过十月革命虽然夺取了政权,但旧社会遗留下来的旧文化、旧风气和旧习惯不可能立即得到彻底清除,还在侵蚀着社会主义国家的人民。列宁认为,思想政治教育是清除其影响、确保文化革命得以顺利开展的重要手段,必须予以高度重视。

1. 明确思想政治教育的目标是培养具有良好政治素养的共产主义新人

苏维埃俄国作为诞生在资本主义国家包围下的社会主义国家,不论是内部还是外部的环境,都受到了资产阶级腐朽思想的渗透和侵蚀。如果作为工人阶级先锋队的共产党员不能坚定立场,不能坚定自己的共产主义信仰,很容易因受引诱而犯错误。列宁正是看到了这点,才格外重视思想政治教育。"他指出,政治教育的目的之一就是培养真正的共产主义者,培养具有战胜愚昧和偏见的本领,培养具有分辨谎言和判断局势的能力,培养具有联系群众、帮助群众建设新世界的本领。"④ 真正的共产党员应该能够辨别披着各种华丽外衣的、伪装起来的资产阶级思想,并同它们展开英勇的斗争,防止受其腐蚀。不仅仅是共产党员,有良知和爱国情怀的人民群众也应该具有良好的政治素养。因此,培养具有共产主义思想道德情操的人民群众,是执政党的主要任务之一。既

---

① 列宁. 列宁全集(第23卷)[M]. 北京:人民出版社,1990:117.
② 列宁. 列宁专题文集(论社会主义)[M]. 北京:人民出版社,2009:344.
③ 列宁. 列宁专题文集(论社会主义)[M]. 北京:人民出版社,2009:345.
④ 杨海波. 列宁文化理论研究[M]. 北京:人民出版社,2015:245.

然良好的政治素养这么重要，那什么样的政治素养才是良好的政治素养呢？列宁认为，良好的政治素养应该包括：

一是坚定的社会主义政治方向。无论走什么样的路，方向都是根本性的保证。苏维埃俄国是人民民主专政的社会主义国家，最显著的特点就是人民当家做主，这是其他一切政治活动的前提。如果丧失了这个大前提，其他的一切都将变成空谈。思想政治教育的方向决定着社会主义建设的方向，也决定着工人阶级政党的先进性。所以思想政治教育必须要保证坚定的社会主义方向。

二是鲜明的无产阶级政治立场。所谓无产阶级的政治立场，指的是一切从无产阶级人民群众的立场出发来考虑问题、解决问题，树立无产阶级党性原则。无论是在革命战争年代，还是在和平发展时期，鲜明的无产阶级政治立场都是区分无产阶级和资产阶级的一个重要依据。在面临不同派别之间的政治斗争时，共产党员要立场鲜明，坚决维护广大人民群众的利益和马克思主义的崇高地位。列宁特别强调，党报及主流媒体编辑人员的思想倾向也属于思想政治教育工作的范畴，"党掌握的各种机关报刊，都必须由已经证明是忠于无产阶级革命事业的可靠的共产党人来主持编辑工作"[1]。这不仅是对宣传媒体从业人员的要求，也是党进行思想政治教育的任务之一。

三是马克思主义世界观。列宁特别强调："现代历史的全部经验，特别是《共产党宣言》发表后半个多世纪以来世界各国无产阶级的革命斗争，都无可争辩地证明，只有马克思主义的世界观才能正确地反映无产阶级的利益、观点和文化。"[2] 因为马克思是站在最广大人民群众的立场上的，他的观点和主张最能代表人民的切实需要。所以，培养具有马克思主义世界观的一代新人，是思想政治教育的核心内容。从一个社会主义国家的角度来说，马克思主义的世界观是重要的，而其必要性体现在苏维埃俄国的历史与现实上面。十月革命前的俄国，长期受到沙皇的专制统治，加之农奴制的小农经济形态，使得俄国民众的世界观产生严重畸形，资产阶级世界观在当时的社会占绝对优势。畸形的世界观和匮乏的文化知识，使得众多的民众纵使处在比资本主义制度先进无数倍的社会主义国家也浑然不觉。但马克思主义世界观是科学的、严格的、无产阶级的世界观，是为世界无产阶级民众量身打造的，它能挽救人民于水深火热的混沌状态，逐步指导世界民众走向共产主义的康庄大道。列宁对于这点是深信不疑的，"严格的无产阶级世界观只有一个，这就是马克思主义。严格的无产阶级纲领和策略就是国际革命社会民主党的纲领和策略。而正是无产阶级的经验，正是从德国到美国，从英国到意大利的全世界无产阶级运动的经验向我们证明了这一点。从这个运动 1848 年第一次登上广阔的政治舞台起，已过去半个多世纪了；各国的无产阶级政党已经形成，并且壮大起来，成为百万大军；它们经历了一系列的革命，经受了各种各样的考验，既有过右倾，也有过'左倾'，既反对过机会主义，也反对过无政府主义。而整个这一伟大的经验，是对马克思主义世界观和社会民主党纲领的证明。"[3] 由此可见，马克思主义世界观是被一系列的社会主义实践证明过了的科学世界观，它能指导人民揭示事物发展的客观规律并利

① 列宁. 列宁全集（第 39 卷）[M]. 北京：人民出版社，1986：199.

② 列宁. 列宁专题文集（论社会主义）[M]. 北京：人民出版社，2009：167.

③ 列宁. 列宁全集（第 10 卷）[M]. 北京：人民出版社，1987：271.

用其为自身造福。但是，要引导人民树立马克思主义世界观也不是一蹴而就的，而是一个循序渐进的漫长过程。

在列宁看来，要树立马克思主义世界观，必须引导人民正确处理马克思主义与宗教的关系。马克思主义从根本上来讲是唯物的，它宣扬无神论，认为物质决定意识。而宗教则是唯心的，它坚持世界上是存在神的。这点是二者的根本分歧。宗教问题是一个复杂的历史问题，俄国在十月革命以前，几乎所有的民众都是宗教徒。在这样一个宗教氛围如此浓厚的国家宣扬马克思主义的世界观，必须要弄清楚马克思主义与宗教的关系，否则寸步难行。因为人的信仰是任何物质的外力都难以撼动的。在这种情形下，列宁揭示了宗教的本质。他认为，宗教是社会内部经济压迫的产物和反映，属于资产阶级的观点和工具。宗教产生之初就是统治阶级为了巩固自己的统治地位而臆造出来麻痹被统治阶级精神的工具。针对宗教的实质，列宁提出了对待宗教的态度和策略。即要慎重处理马克思主义与宗教的关系，而不应该草率地用强制手段来消除存在于不同宗教之间的偏见。由于宗教问题的复杂和信徒人数众多，强制手段必然会引起不必要的动乱，加深因宗教分歧造成的分裂，将会适得其反。对待宗教问题，要善于唤起落后群众自觉地、自发地对待。列宁同时认为，之所以存在宗教偏见，是因为人民生活中还存在穷困和愚昧的现象，这才是宗教偏见的深层次根源。要解决问题，当然要从根源入手。要对人民进行无神论的教育，引导他们掌握马克思主义世界观和方法论，而不应用强制手段强迫他们必须坚持马克思主义。在宗教政策方面，列宁主张要坚持"教会同国家分离、教会同学校分离"的原则，采取措施，在使宗教不危害国家和人民利益的前提下，国家和宗教尽量不产生交集。列宁特别强调："无产阶级专政应当把剥削阶级（地主和资本家）和助长群众愚昧的宗教宣传的组织之间的联系彻底摧毁。无产阶级专政应当坚持不懈地使劳动群众真正从宗教偏见中解放出来，为此就要进行宣传和提高群众的觉悟，同时注意避免对信教者的感情有丝毫伤害，避免加剧宗教狂。"① "马克思主义者应当是唯物主义者，即宗教的敌人，但是他们应当是辩证唯物主义者，就是说，他们不应当抽象地对待反宗教斗争问题，他们进行这一斗争不应当立足于抽象的、纯粹理论的、始终不变的宣传，而应当具体地、立足于当前实际上所进行的、对广大群众教育最大最有效的阶级斗争。"②

此外，列宁着重强调，要树立马克思主义世界观，还必须加强共产主义道德修养。所谓道德，指的是一种社会意识形态，它是人们共同生活及其行为的准则与规范。而共产主义道德就是在共产主义社会生活的人们所约定俗成的一种准则和规范。列宁指出："旧社会依据的原则是：不是你掠夺别人，就是别人掠夺你；不是你给别人做工，就是别人给你做工；你不是奴隶主，就是奴隶。"③ 与之形成鲜明对比的是，共产主义社会中的道德原则是没有剥削、没有压迫、相互尊重的。我们培养共产主义道德的过程就是将民众心目中的旧的原则改变为新的原则的过程。这是一个除旧布新的过程，而旧思想的根深蒂固也决定了这个过程任务的艰巨性。这种培养将是一个长期的系统工程，马虎

① 列宁. 列宁专题文集（论社会主义）［M］. 北京：人民出版社，2009：195.
② 列宁. 列宁选集（第2卷）［M］. 北京：人民出版社，1995：252-253.
③ 列宁. 列宁专题文集（论无产阶级政党）［M］. 北京：人民出版社，2009：287.

不得，冒进不得。共产主义道德培养过程，就是广大教育工作者把共产主义道德传播到工农群众中去，并引导他们破除旧制度遗留下来的旧风气的过程。只有经过这样一个过程，苏维埃俄国"才能着手建设并彻底建成共产主义社会的大厦"。

那么，何谓共产主义呢？共产主义社会到底能不能够实现呢？在列宁看来："共产主义社会就意味着土地、工厂都是公共的，实行共同劳动。"① "共产主义"，顾名思义，所有的财产或者财物都是共有的，所以共产主义的显著特点应该是"公共"，公共的劳动、公共的意识、公共的习惯和公共的道德。列宁曾经高度评价了当时的"共产主义星期六义务劳动"，称之为"伟大的创举"，是共产主义思想觉悟的具体表现。在《共产主义星期六义务劳动报》和1919年12月的俄共（布）莫斯科代表会议上，列宁对共产主义劳动的性质进行了具体明晰的阐述："共产主义劳动，从比较狭窄和比较严格的意义上说，是一种为社会进行的无报酬的劳动，这种劳动不是为了履行一定的义务、不是为了享有取得某些产品的权利。不是按照事先规定的法定额度进行的劳动，而是自愿的劳动，是无定额的劳动，是不指望报酬、不讲报酬条件的劳动，是按照为公共利益劳动的习惯、按照必须为公共利益劳动的自觉要求（这已成为习惯）来进行的劳动，这种劳动是健康的身体的需要。"② 列宁认识到，虽然苏维埃俄国现在的生产力和经济发展水平还没有达到实现共产主义的要求，还只是处于由资本主义向共产主义过渡的阶段，但他相信："在社会主义取得完全胜利以后，在社会主义中必然会生长出共产主义来，生长出我们从星期六义务劳动中看到的那种不是书本上的而是活生生的现实当中的共产主义来。"③

2. 明确思想政治教育的根本方法是坚持把灌输与宣传鼓动相结合

"所谓'灌输'原则，是指文化意识作为一种理论形态，只能借助外力由外而内地对教育对象进行宣传和教育，以期达到培养共产主义道德的最终目的和要求。"④ 列宁认为，坚持灌输原则进行思想政治教育，是历史发展的必然选择和必然结果。在19世纪末、20世纪初的俄国，各种思想流派蓬勃发展，思想理论界鱼龙混杂；而苏维埃新政权下的民众，刚刚获得精神和身体上的自由，思想极度活跃，甄别能力不强；如果不加以规范引导，极易在破坏分子的诱导下，走向落后腐朽的资本主义深渊，成为他们反社会主义的傀儡。所以，在这样的情况下，采取偏向于强制性的"灌输"方法进行思想政治教育，不仅是必要的，而且是必需的。正是基于这种考虑，列宁鲜明提出了"灌输"原则，这既是对马克思主义文化理论的继承，也是结合俄国现实国情对马克思主义文化理论所做出的发展。

列宁所倡导的"灌输"原则，主要是基于以下几个方面的考虑：

首先，工人运动的自发性，决定了他们无法产生社会主义意识。作为由资本主义社会直接过渡到社会主义社会的工人阶级，曾经长期受到资产阶级的压迫，无论是身体方面还是精神方面。他们的社会地位、受压迫的经历以及相当低的文化水平，决定了他们

---

① 列宁. 列宁专题文集（论无产阶级政党）[M]. 北京：人民出版社，2009：289-290.
② 列宁. 列宁全集（第38卷）[M]. 北京：人民出版社，1986：343.
③ 列宁. 列宁全集（第38卷）[M]. 北京：人民出版社，1986：38.
④ 杨海波. 列宁文化理论研究 [M]. 北京：人民出版社，2015：245.

不可能自发地产生社会主义意识。因此，新政权首先就必须做好对他们的科学引导工作，使他们远离腐朽的资产阶级思想，走向建设社会主义的康庄大道。

其次，知识分子是社会主义意识的制造者，是革命理论的创造者，是社会思潮的引导者。但是，在沙皇专制制度下的知识分子，连自身的基本生活都无法满足，当然也就没办法接受很好的思想政治教育了。随着十月革命的胜利，社会主义制度逐步得以建立，人民开始成为国家的主人，法律赋予了每个公民受教育的权利，知识分子也不例外。所以要在知识分子能够自觉产生社会意识之前，对他们进行适当的引导，以保证他们在以后的社会生活中发挥引领社会思潮的作用。

再次，文化的阶级性也决定了必须采用"灌输"的原则。十月革命之前的俄国，资本主义文化一家独大。社会主义革命取得胜利之后，无产阶级文化也登上了历史的舞台。但是，想让长期受到资本主义文化影响的俄国民众快速接纳社会主义文化，显然是不可能的。因为在当时的俄国，存在资产阶级和无产阶级两大根本对立的阶级，他们各自倡导自己阶级的文化。站在一定阶级立场上，获取的思想体系是不同的，这也就决定了长期受资本主义文化影响的俄国民众，其思想体系也是资本主义性质的。所以要想在广大民众中间建立社会主义的思想体系，只靠宣传和教育是不够的。只有首先把社会主义思想体系的幼芽种植在资本主义文化体系之上，才有可能长出社会主义性质的文化。而这个种植的过程就是要先把社会主义文化的种子"灌输"进民众的意识。

最后，革命理论是行动的指南。理论作为文化的一种，也是意识形态的部分。它不仅是人脑对社会现实的客观反映，而且对于社会现实还具有能动的反作用，正确的理论能够指引人们在实际工作中少走弯路。这种正确理论的指导作用，是我们顺利开展工作的前提，是我们的工作能够取得事半功倍显著效果的强有力保证；只有以革命理论作为我们行动的指南，才能使我们在实际工作中坚持正确的方向，不至于偏离正常的轨道。同样的道理，在建设社会主义的实践过程中，也需要正确理论的指导，只有将革命理论与革命实践统一起来，才能把工人自发运动转变为自觉运动。

需要明确指出的是，列宁所讲的"灌输"是从外面灌输，强调的是一种原则，是一种根本指导方法，而不是放之四海而皆准的真理。历史时期不同、教育对象不同时，灌输的方法也是不尽相同的。灌输不要生"灌"硬"输"，要做到有的放矢，根据不同对象采取不同的说服教育方法。在对青年一代进行思想政治教育时，列宁强调不要"简单生硬地把政治灌输给尚未准备好接受政治的正在成长的年轻一代"[1]，而且，"培养共产主义青年，绝不是向他们灌输关于道德的各种美丽动听的言辞和准则。我们要培养的并不是这些"[2]。青年一代正处在学习知识、拓宽眼界的年纪，过多、过早地接触政治智慧会让他们变得复杂且圆滑世故。我们要做的就是给年轻人提供适合他们学习和成长的环境，让他们在自我认知的基础上慢慢接触政治生活。而对农民阶层的灌输，应该是"不能强迫农民接受社会主义，而只能靠榜样的力量，靠农民群众对日常实际生活的认识"[3]。对不同的阶级阶层，采用不同的思想政治教育方法，这正是马克思主义灌输理

---

① 列宁. 列宁全集（第35卷）[M]. 北京：人民出版社，1985：422.

② 列宁. 列宁专题文集（论无产阶级政党）[M]. 北京：人民出版社，2009：288.

③ 列宁. 列宁全集（第33卷）[M]. 北京：人民出版社，1987：264.

论的精髓，符合马克思主义"一切从实际出发、具体问题具体分析"原则的根本要求。

在强调思想政治教育应该坚持灌输的原则的同时，列宁还认为，为了能在最大程度上发挥出灌输的作用，还要适时对受教育者进行宣传鼓励。他要求俄国社会民主党人以理论宣传家的姿态，深入到人民群众中去，向他们宣传社会主义文化的真谛，让他们充分了解之后，形成心理上的认同感。只有通过这种方式，思想政治教育工作才能收到事半功倍的效果。

除此之外，列宁还列举了多种其他思想政治教育方法，比如组织出版和阅读大众化的经典著作读本。因为书籍是人类进步的阶梯，将读书的习惯带入普通民众的日常生活不失为一种对他们进行思想政治教育的重要方法。为了照顾不同阶层文化水平的差异，列宁强调要编写通俗易懂的读本，大量译著马克思的经典著作，以提高民众的马克思主义理论水平。而且，列宁也特别重视发挥宣传媒体在思想政治教育中所起到的重要教育媒介作用，这些宣传媒体主要包括：党的理论刊物、报纸、电影等。党的理论刊物主要用来宣传党的政策，在增加民众对执政党的认同度方面，发挥着不可替代的作用；报纸的内容多样，集娱乐与宣传于一体，可以在最大限度满足人民日常文化需要的同时，宣传社会主义文化，达到思想政治教育的目的；电影是最富有群众性、生动性的艺术形式，在传播社会主义理论的媒介中，最为人民群众所喜闻乐见。

因此，思想政治教育是文化革命顺利进行的强大思想保证，系统开展灵活多样、富有实效的思想政治教育，是社会主义建设取得巨大成就的重要思想前提。正是看到了思想政治教育具有如此强大的重要作用，列宁才一直不遗余力地强调要抓好党的思想政治教育工作。可以说，这也正是列宁在发展马克思主义文化理论过程中所做出的最为重要的贡献。

（三）全面改革国家机关

社会主义国家机关是正确处理党和国家政权两者关系的桥梁和纽带，也是广大工农群众根本利益的代表机关。正是基于这一点，列宁认为，建立高效、廉洁、务实的国家机关是非常有必要的，同时也是保证人民群众合法权益的必然之举。但是，苏维埃俄国建立之初的国家机关存在许多诸如官僚主义作风盛行、行政效率低下的弊端，严重影响了文化革命的顺利开展。针对这样的现状，列宁提出了一系列改革国家机关以顺利推进文化革命的具体举措，主要包括铲除官僚主义作风和建立精干高效的国家机关两大方面。

1. 铲除官僚主义作风

苏维埃俄国成立之初，俄共党内盛行官僚主义作风。这不仅是新社会面临的文化困境所要克服的困难，也是对民众进行思想政治教育的严重阻碍。历史实践告诉我们：社会民主精神发展越完善，官僚主义就越没有容身之地；社会民主精神越缺失，官僚主义就越会随意滋生、横行无阻。所以，列宁特别强调，落后国家要通过搞好文化革命来大力发展社会主义民主，坚决铲除官僚主义。

首先，列宁认为，要铲除官僚主义，必须完善民主选举和罢免制度。苏维埃俄国是人民民主专政的国家，人民是国家的主人，主席及各级委员都应该由人民民主选举产生，代表人民的利益和意志行使管理国家的权力。人民有民主选举的权利，同时也必须享有依法罢免官员的权力。列宁强调，人民的选举和罢免权是法律赋予的，承认和实行人民群众对代表的选举和罢免的权利，是体现社会主义民主的重要内容和形式。为了使苏俄人民能够充分行使这种权利，就必须不断完善民主选举和罢免制度，以充分保证人民权利，达到预防和遏制官僚主义的目的。列宁还认为，民主和集中是相辅相成的，"我们主张民主集中制。因此必须弄明白，民主集中制一方面同官僚主义集中制，另一方面同无政府主义有多么大的区别。……把民主集中制同官僚主义和公式化混为一谈，是再错误不过的了。"① 在列宁看来，民主集中制是民主基础上的集中和集中指导下的民主相结合的政治制度，根本不同于那种"只讲集中，不讲民主"的官僚主义作风，也与那种"只讲民主，不讲集中"的无政府主义存在重大区别；只有坚持和完善民主集中制，才能有效遏制官僚主义和无政府主义，更好地保障苏俄人民当家做主的民主政治权利。

其次，列宁认为，要铲除官僚主义，必须吸收工农群众参与国家管理。在苏维埃俄国，无产阶级占据了全国总人口的绝大部分。吸收工农群众参与国家管理，意味着能够极大地调动起最广大人民群众来参与国家管理的积极性。列宁认为："在人民群众中，我们毕竟是沧海一粟，只有我们正确地表达人民的想法，我们才能管理。否则共产党就不能率领无产阶级，而无产阶级就不能率领群众，整个机器就要散架。"② 苏维埃俄国的领导干部也是人民群众中的一员，是人民群众选举出来的、符合他们利益的、代替他们行使管理国家权力的人，是人民的公仆，而不是骑在人民头上作威作福的"老爷"。只有人民才是社会主义国家的主人，他们既是国家的管理者，也是被管理者，他们能按照自己的意愿管理自己的国家。人民群众在建设社会主义国家的过程中所表现出来的积极性，正是社会主义国家强大生命力之所在。所以，列宁强调："委托代表机构中的人民'代表'去实行民主是不够的。要立即建立民主，由群众自己从下面发挥主动性，有成效地参与全部国家生活，而不要来自上面的'监视'，不要官吏。"③

最后，列宁认为，要铲除官僚主义，必须提高广大共产党员的文化水平。十月革命前，俄国人民一直生活在水深火热之中，沙皇专制和农奴制度造就了大量的文盲。列宁认为，人民群众这种较低的文化水平，正是产生官僚主义的文化根源；要教会一批连字都不认识多少的人去摆脱拖拉作风、根除贪污腐败，是根本不可能的。一方面，这是一个太大高度的跨越，是行不通的；另一方面，他们的文化知识水平也决定了他们的世界观还仅仅停留在只顾自身利益的层面，还没有达到为全体人民谋利益的高度。所以，要根除官僚主义和贪污腐败，仅靠行政命令和政治约束是行不通的，只能靠提高内心的觉悟和思想意识来解决；而觉悟的提高和文化水平是成正比的，只有提高文化水平才是根治官僚主义和贪污腐败的良方。同时，列宁认为，广大党员要提高的文化水平，不能仅仅停留在专业知识层面，还要学习机关建设的基本常识，学习马克思主义基本理论；不仅要讲究学习方法，还要经常检查学习的效果；必须将理论学习与实践结合在一起，在学习中实践，在实践中检验所学的知识。此外，列宁还意识到，根除官僚主义作风将是

① 列宁. 列宁全集（第34卷）［M］. 北京：人民出版社，1985：139.
② 列宁. 列宁全集（第43卷）［M］. 北京：人民出版社，1987：109.
③ 列宁. 列宁全集（第29卷）［M］. 北京：人民出版社，1985：270.

一个长期性的工程，它不可能一蹴而就，"我理解官僚主义的严重性，但是我们没有在党纲中提出要消灭它。这不是一次代表大会的问题，这是整整一个时代的问题"①。

2. 建立精干高效的国家机关

列宁非常清楚，改革和完善国家机关、建立精干高效的国家机关，这是发扬社会主义民主、提高办事效率的关键所在。但他也不否认："我们国家机关及其改善的问题，是一个非常困难、远未解决同时又亟待解决的问题。我们的国家机关，除了外交人民委员部，在很大程度上是旧事物的残余，极少有重大的改变。这些机关仅仅在表面上稍微粉饰了一下，而从其他方面来看，仍然是一些最典型的旧式国家机关。"② 这些从沙俄旧社会沿用下来的旧式国家机关不能很好地代表最广大人民的利益，虽然无产阶级在夺取政权之后，多次对这些旧式国家机关进行了精简，但是效果不佳，多数机关仍然臃肿庞杂，大多数人整天无所事事，"英勇肯干的人可能只有几十个，而呆着怠工或半怠工，钻在公文堆里的人却有几百个，这种力量对比往往使我们生气勃勃的事业断送在文牍的汪洋大海里"③。这种情况不仅导致办事效率不高，而且严重浪费了国家资源。所以，列宁强调指出："我们国家机关的情况，即使不令人厌恶，至少也非常可悲，因此，我们必须首先认真考虑怎样来克服它的缺点，同时要记住，这些缺点根源于过去，过去的东西虽已被打翻，但还没有被消灭，没有退到早已成为陈迹的旧文化的阶段去。我在这里提出的正是文化问题，因为在这种事情上，只有那些已经深入文化、深入日常生活和成为习惯的东西，才能算作已达到的成就。"④ 这样，只有通过文化革命，不仅在形式上，而且主要是在实质上打破旧机关制度的限制，才能建立起精干高效的国家机关。

首先，要组织清党工作，提高党员的文化素质。苏维埃俄国的政权机关是代表人民行使管理国家权力的机关，其成员中绝大部分人的政治面貌为共产党员。所以，党员的素质，直接关系到国家机关的办事效率和苏维埃政权的健康发展。在苏维埃俄国成立之初的几年，党员数量飞速发展，但是党员的质量没有得到提高，甚至还有下降的趋势。针对这样的现象，列宁提出要延长人民入党的预备期，同时责成组织局拟定一些条例并严格执行，强调党员预备期应成为极其严肃、极其认真的考验，不能流于形式。列宁在《关于清党和入党条件》中提道："我倒主张党代表会议通过一项决定，把入党条件规定得更严些：工人（以前在大工厂里至少当过十年普通雇佣工人，现在又至少工作了两三年的人，才能算工人）的预备期为一年半，其余的人为三年。"⑤ 如果不严格设置入党条件，会产生非常严重的后果，"马上又会有一大批乌七八糟的人来钻这个空子"⑥。总之，列宁认为，如果不严格规定入党条件，党员的纯洁性就无法保证，就会对社会主义建设事业构成威胁，因此必须延长预备期和考察期，以阻止不合格党员混入党的队伍当中来；同时，对于已经存在于队伍里的破坏分子，必须采取检查清洗的办法，以求将

---

① 列宁. 列宁全集（第 40 卷）[M]. 北京：人民出版社，1986：162.
② 列宁. 列宁专题文集（论社会主义）[M]. 北京：人民出版社，2009：361.
③ 列宁. 列宁全集（第 43 卷）[M]. 北京：人民出版社，1987：248.
④ 列宁. 列宁专题文集（论社会主义）[M]. 北京：人民出版社，2009：366-367.
⑤ 列宁. 列宁全集（第 42 卷）[M]. 北京：人民出版社，1987：314.
⑥ 列宁. 列宁全集（第 42 卷）[M]. 北京：人民出版社，1987：316.

这些社会主义的毒瘤驱逐出去；要清洗的党内破坏分子包括趁机混入党内的不法分子、违法乱纪的党员以及不具备马克思主义世界观的伪党员，因为这些人就像体制内的定时炸弹，随时都有可能将整个革命的胜利成果炸得粉碎；对于具有违法乱纪行为的党员必须严加惩处，因为他们会严重影响党和国家的地位，势必会给社会主义文化建设带来污迹和臭味；要提高党和国家机关的形象和效率，还要注重提高党员的文化素质，因为党和国家的先进性不是取决于党员成分，而是党所建立起来的威信和魅力，这又依赖于党员文化素质的提高。

其次，要精简合并国家机构。由于成立之初的苏维埃俄国的大部分国家机关是沿袭资本主义旧社会的，这种旧的国家机构的显著特点就是臃肿不堪、效率低下。针对这样的情况，列宁通过专门调查后得出结论："我们的机构很糟糕，应当彻底整治一下。"①之后，列宁秉承"宁肯少些，但要好些"的原则，对国家机关进行了精简和合并。但列宁所进行的精简和合并，并不是隔靴搔痒似的小动作，而是进行了大刀阔斧的改革。如当时的工农检察院在改革之前工作人员一度达到 12000 人，列宁要求缩减到 2000 人，最后提出最多不要超过 500 人。列宁的改革措施收到了很好的效果，改革之后的政府工作效率得到了很大的提高，形成了一股内外一致的合力，能有效避免出现阶级分裂。

最后，要建立有效的运行机制。列宁提出的有效的运行机制包括：监督机制、人才机制、奖惩机制和学习机制等。

其一是监督机制。苏维埃俄国是人民民主专政的社会主义国家，由人民选举产生国家机关的工作人员，代表人民行使管理国家的权力，但作为人民选举产生的、管理国家的人员并不是产生之后就可以为所欲为，他们还要接受人民的监督。监督机制的建立，就是为了保障人民监督权的有效行使。在列宁的直接领导下，俄国建立了从下到上的、直接或者间接的监督机制。一方面，从法律上规定了下层群众享有民主监督的权利，有利于吸收基层民众参与国家管理，充分发挥人民的监督权，增强主人翁意识；另一方面，改组工农检察院，让其与其他部门相互关联，相互依存，不再独立存在。这样，通过建立健全监督机制，较好地规范了政府工作人员的行为，提高了行政办事效率。

其二是人才机制。政权的建立、经济和文化的发展，出发点和落脚点都是为了人民，因为人民既是国家的管理者和被管理者，又是国家的建设者和受益者。而要搞好新型国家的管理和建设工作，最为迫切需要的就是新型人才。面对这样的问题，列宁提出要着重抓好苏维埃俄国的人才机制建设。他认为，人才机制的建立，需要注意的问题有人才来源、人才原则及人才的培养。关于人才的来源，列宁认为一是有觉悟的工人，一是有专业知识的人。有觉悟的工人是积极向上的，对社会主义也是尽忠尽力的，但是他们的知识水平不是很高，他们缺少的是文化知识；有专业知识的人在苏维埃俄国是数量极少的，既然少，就要想办法进行培养。关于人才的培养，列宁提出了三个原则：一是要坚持对人才的长期培养，制定人才战略以适应社会发展对人才需求不断增大的现状；二是要加强前期的考察和审查，以便找到最合适的人，做最拿手的事，提高效率，人尽其才，物尽其用；三是对破格提拔的国家公职人员进行全面考核。关于如何考核，列宁

---

① 列宁. 列宁全集（第 52 卷）[M]. 北京：人民出版社，1988：495.

有自己明确的规定："第一，他们必须有几名共产党员推荐；第二，他们必须通过关于我们国家机关知识的考试；第三，他们必须通过有关我们国家机关相关问题的基本理论、管理科学、办文制度等基础知识的考试。第四，他们必须同中央监察委员和本院秘书处配合工作，使我们能够信赖整个机关的全部工作。"①

其三是奖惩机制。为了落实国家的改革成果，树立榜样的力量，必须加大奖惩力度，做到奖惩分明。关于奖惩，列宁强调，一方面要确立好奖惩的标准，另一方面"需要用新办法给予新的严厉的惩罚"②，尤其是对违法共产党员的惩处力度必须大于非共产党员。

其四是学习机制。列宁认为，国家机关的管理不应该依靠经验，不能把权力都放给长官，必须实行科学管理。所谓科学管理，指的并非模式化管理，而是要根据本国的国情和实际情况制定合理的管理规则。科学管理方式需要学习才能掌握，这就必须健全学习机制。这种学习机制规定，不仅要学习从事机关工作所必须掌握的文化素养和专业知识，还要学习新的管理国家的方法。其他先进国家的管理模式和最新的前沿科技也是必须要学习的。只有这样，才能汲百家之长为我所用，才能真正达到强健自身的学习目的。

第三节　过渡时期文化建设理论

十月革命胜利后，俄国社会发展开始进入由资本主义向社会主义转变的过渡时期。在列宁的正确领导下，全体俄共党员和苏俄人民建设社会主义的积极性空前高涨，社会活力空前迸发。但革命胜利后的俄国一片狼藉，百废待兴。苏维埃俄国面临着恢复国民经济、组织领导文化建设、击退国内外反动势力疯狂围攻、巩固社会主义政权等艰巨任务，其中，文化建设任务最为艰巨。这是因为：1917 年以前的俄国是受沙皇专制统治的国家，封建色彩浓厚；十月革命胜利后，资产阶级腐朽思想在新政权内部仍然根深蒂固，严重影响着人民的思维方式、行为习惯；这些从旧社会直接沿袭下来的文化传统，与社会主义国家政权格格不入，严重阻碍着社会主义建设进程的推进，甚至还构成了对社会主义政权的致命威胁。针对这种严峻情况，列宁在继承马克思主义文化理论的基础上，结合俄国的具体国情，适时提出了有关过渡时期的文化建设理论，进一步推进了马克思主义文化理论的发展进程。

一、过渡时期文化建设的主要任务

过渡时期文化建设理论，也是列宁主义的重要组成部分，它是列宁在不断探索苏维埃俄国建设之路的过程中逐渐形成和发展起来的。十月革命胜利后，文化建设任务被提到了国家建设的重要日程上来。但文化建设事业必须经历一个长期的发展过程，它不像其他领域的建设事业一样，立马就能看到建设的成效，可能需要几年、十几年甚至几十

---

① 列宁. 列宁专题文集（论社会主义）[M]. 北京：人民出版社，2009：370.
② 列宁. 列宁全集（第52卷）[M]. 北京：人民出版社，1988：267.

年。列宁在认识到文化建设的这种特殊性的基础上，结合苏维埃俄国向社会主义过渡的特殊国情，非常明确地提出了过渡时期社会主义文化建设的中心工作和任务，指导苏俄早期社会主义文化建设取得了令人满意的成就。

（一）大力启发无产阶级的自觉意识

列宁认为，意识的产生不是自发的，而是在外力的启发诱导下逐步形成和发展起来的，因此，社会主义文化建设的任务之一，就是要利用文化来启发无产阶级的自觉意识。

在夺取社会主义政权的斗争中，列宁一直注意启发和诱导无产阶级的自觉意识，并始终将其作为文化革命的一项重要任务。列宁之所以如此重视启发民众的自觉意识，是因为在他看来，只有产生了自觉意识，无产阶级才会自发地投入到维护自身利益的斗争中去。列宁曾经对无产阶级自觉意识做了明确的解释："工人的阶级自觉就是工人认识到，只有同大工厂所造成的资本家、厂主阶级进行斗争，才是改善自己状况和争得自身解放的唯一手段。其次，工人的自觉就是工人认识到，本国所有工人的利益是相同的、一致的，他们全体组成了一个不同于社会上所有其他任何阶级的独立的阶级。最后，工人的阶级自觉就是工人认识到，为了达到自己的目的，工人必须争取对国家事务的影响，就像土地占有者和资本家已经争取到并且在继续争取对国家事务的影响一样。"[1]这充分说明，列宁对于启发无产阶级的自觉意识，已经给予了高度重视。

但是，长期接受沙皇专制统治的俄国广大工农群众具有一种天生的"奴性"，他们甘心受别人的统治、奴役，甚至不惜失去其基本的作为人的权利。他们并未意识到，苏维埃俄国的法律赋予他们的那些基本权利，其实早在沙皇统治时期就应该是他们的。相反，他们只是心安理得地安于沙皇统治现状而丝毫不觉得应该奋起反抗，去夺回本该属于自己的合法权益。列宁认为，必须努力改变这种状况，尽可能地使无产阶级清醒地意识到自己受奴役的现状，从而树立起维护自身合法权益的自觉意识，这样才能将他们组织起来进行自觉的革命斗争。而要达到增强这种自觉意识的目的，还必须具备基本的文化素养；只有具备足够的文化素养，人们才能意识到自己作为人所应该享有的基本权利。可是，工人阶级的文化素质都是比较低的，他们不能自发形成无产阶级的自觉意识，这就需要外界的引导和诱发。而这种启发无产阶级自觉意识的艰巨任务，责无旁贷地落在了作为工人阶级先锋队成员的俄共党员身上，俄国共产党人必须勇敢地承担起这项光荣使命。

因此，列宁特别强调，革命时期共产党的主要任务之一，就是适时启发工人阶级的自觉意识。要启发他们对革命斗争的认识，对敌我阵营的认识，对工人阶级团结的重要性的认识以及利益一致性的认识；要积极引导广大工农群众与已经投身革命的无产阶级组成坚不可摧的统一战线，以维护他们自身的合法权益不受损害。当然，列宁也非常清楚地认识到，由于俄国工人阶级长期受到落后腐朽思想的影响，这种启发工人阶级自觉意识的工作开展起来难度较大，尤其是有少数工人的思想认识仍处于低水平状态，他们中还有些人甚至对苏维埃政权持贬低和否定的态度。在这样的情况下，加大对他们进行

---

① 列宁. 列宁全集（第2卷）[M]. 北京：人民出版社，1984：85-86.

无产阶级意识的启发力度，就更加有必要，也更加重要。可以说，只有将他们和社会主义很好地结合起来，才能进一步加大社会主义革命获取胜利的筹码。

当谈及对工农群众进行无产阶级自觉意识启发的方法时，列宁认为在短时期内仍要采取"灌输"的方法。因为在工农群众文化素质如此之低、受腐朽文化侵害程度如此之重的情况下，普通意义上的诱导和教育渗透是起不到任何作用的，甚至有可能会起相反的作用。而"灌输"的方式是在非常情况下采取的非常措施，有时候也是一种效果显著、意义重大的启发无产阶级自觉意识的方式和手段。无产阶级政党必须把科学社会主义理论灌输给广大工农群众，发动他们自觉参与革命斗争，通过革命来洗涤他们身上所具有的资产阶级的劣根性，进而提高他们自身的文化素质，增强他们作为无产阶级的自觉意识，并有组织地使他们加入社会主义建设的队伍当中来，最终使其成长为一支既有战斗力又有执行力的社会主义建设主力军。只有到了这种时候，苏维埃红色政权的根基才能真正得以巩固，社会主义大厦才能岿然屹立不动。

（二）造就全面发展的共产主义新人

列宁认为，十月革命后的俄国文化建设的一项主要任务是促进人的全面发展，造就一代共产主义新人，为社会主义建设事业注入新鲜血液。在列宁看来，这个任务当然也是贯穿整个文化建设事业始终的，它具体可分为两个部分，第一部分是消灭资本主义生产关系下的剥削和压迫式的劳动；第二部分是发展教育和培训，不断提高他们的各种本领与能力。其实，这两部分就是促进一个人全面发展进程中关系非常密切的两个阶段。成立之初的苏维埃俄国的民众都是之前社会制度的"遗民"，他们的思维方式和行为习惯都是旧社会的产物，带有落后腐朽文化的影子。所以，在第一个阶段，苏维埃政权需要做的就是破除民众过时的、腐朽的思维方式和行为习惯，即消灭资本主义生产关系下的剥削和压迫式的劳动。第二个阶段的任务是在第一阶段的基础上，通过发展教育和培训，不断提高苏俄人民的各种本领与能力。

"在历史实践中，各种认识活动、物质生产和精神生产中无不烙印着每个人的本性和本质的力量，造成了映视着人类历史的文化史。"① 从这种角度来讲，文化的发展和人性的变迁是息息相关、紧密联系在一起的，文化的发展会催生属于该时代的文化新人，文化新人又会创造属于自己时代独具特色的文化。具有时代特征的人，既是时代文化的产物，又是时代文化的创造者。列宁说："社会主义蕴藏着巨大的力量，人类现在已经转入一个新的、有着光辉灿烂的前途的发展阶段。"② 这样的机遇应当紧紧把握住，尤其是需要通过培育全面发展的一代新人来利用好这样一个千载难逢的机遇期。

当然，列宁提出培育全面发展的一代共产主义新人的思想，并非他自己一时头脑发热而凭空捏造出来的，而是有其深厚理论依据的。共产主义社会的基本原则和根本目标是培养全面发展的人，这与列宁的思想是不谋而合的，二者在基本原则和最高价值上达到了高度统一。在《共产党宣言》中，马克思和恩格斯都曾把全社会每一个人的自由全面发展作为共产主义社会的基本原则和本质特征。列宁与马克思、恩格斯一样，也是

① 杨海波. 列宁文化理论研究 [M]. 北京：人民出版社，2015：133.
② 列宁. 列宁专题文集（论社会主义）[M]. 北京：人民出版社，2009：377.

着眼于从历史活动的主体——人的全面发展角度出发，对共产主义做出规定和探讨的。

同时，造就全面发展的一代新人，也是社会主义文化建设的重要目标和核心任务。社会主义建设者包括工人、农民、知识分子等各个阶层，但由于历史原因，各个阶层的民众都面临着自己的文化困境，要想成为全面发展的共产主义新人，每个阶层都要正视自己面临的文化困境，按照各自的文化诉求去努力提高自己的文化素质。工人阶级面临的文化困境主要是文盲和小资产阶级心理，要解决这个问题，必须对工人阶级进行文化知识教育，扫除他们当中的文盲，提高他们的社会主义意识和觉悟，还要对他们进行读写能力和管理知识的普及教育。农民阶级面临的文化困境主要是文盲和小农宗法意识，发展基础教育和综合技术教育是解决农民文盲问题的有效途径，还要对他们进行计算经商的教育，以便使他们尽快消除宗法意识，形成对社会主义文化的认同感。知识分子，要经过专业培训这种特殊途径走向共产主义，从资产阶级制度的支柱变成苏维埃制度的支柱。

此外，造就自由全面发展的一代新人，也是新的时代发展的迫切要求。列宁强调，一代新人必须树立共产主义理想和道德情操，用共产主义理论来武装自己的头脑，多方面锤炼自己，提升自身的各方面能力，全面提高自身素质和内心世界。新时代的发展需要新人，但是社会主义新人提升自己各方面能力的欲望不是与生俱来的，也不是任何外力能强加给他们的。他们提升自己能力和本领的动力，来自对社会主义制度的认同和对共产主义社会的憧憬，是从中获得的一种强大的内驱力。社会主义新人不仅仅是社会主义事业的建设者，而且是一个个有文化、有素质、有自主意识的个体，他们在创造精神财富的同时也能创造物质财富。因此，培育全面发展的社会主义新人是非常必要的，但这一任务又是艰难且复杂的，值得苏维埃政权用几年甚至几十年的时间去探索和完成。

二、过渡时期文化建设的重大原则

原则是做某件事要遵循的基本准则，是不可逾越的警戒线。或轻或重，或多或少，解决任何问题都要遵循一定的原则，文化建设亦然。列宁的文化建设思想，是在继承马克思主义文化理论的基础上，结合本国实际发展而来的。马克思主义的精髓是实事求是。作为马克思主义的忠实信仰者，列宁所倡导的文化建设原则不可能没有马克思主义的影子。正是在马克思主义理论的正确指引下，列宁根据文化发展的具体任务，结合苏维埃俄国的实际国情，提出了解放思想破除束缚、理论与实践相结合的文化建设所必须遵循的根本原则。

（一）解放思想破除束缚原则

何谓解放思想？邓小平曾经指出："解放思想，就是使思想和实际相符合，使主观和客观相符合，就是实事求是。"① 只有通过解放思想，人们才能打破传统的、旧的习惯势力和心理模式，才能突破各种错误思潮的束缚，才能真正做到从实际出发，结合新情况，解决新问题。

解放思想，破除束缚，对于个人和社会来说，都有着非常重要的意义。一个人的主

---

① 邓小平. 邓小平文选（第2卷）[M]. 北京：人民出版社，1994：364.

观意识、思想认识正确与否，能否真正做到使主观与客观相符合，决定了他在社会生产活动中能否取得较好的成绩，决定了他的个人发展能否跟上时代前进的步伐、能否适应世界潮流的变化。随着科学技术的进步，整个社会的劳动生产效率极大提高，人们的精神面貌日新月异，社会生活节奏显著加快，有些东西过去有效，现在未必有效；有些过去不合时宜，现在则势在必行；有些过去是不可逾越的，现在则需要超越。这就要求人们能够自觉解放思想，打破传统习惯势力的束缚，消除主观偏见的影响，真正做到实事求是、与时俱进、求真务实，这样才能使个人更好地适应社会发展进步的要求，紧紧跟上时代前进的步伐，更加有效地调动起参与国家建设的积极性，从而更好更快地推动整个社会向前发展。

虽然列宁没有明确地提出"解放思想"的口号，但他在领导苏俄人民进行早期社会主义建设的过程中，实际上却非常重视破除传统习惯势力的思想束缚。在《共产主义运动中的"左派"幼稚病》一文中，列宁深入分析了小资产阶级习惯势力的严重危害，指出："这也恰恰就是小资产阶级的散漫、动摇、不能坚持、不能团结、不能步调一致，而这些一旦得到纵容，就必然断送无产阶级的任何革命运动。……他们用小资产阶级的自发势力从各方面来包围无产阶级，侵染无产阶级，腐蚀无产阶级，经常使小资产阶级的懦弱性、涣散性、个人主义以及由狂热转为灰心等旧病在无产阶级内部复发起来。……千百万人的习惯势力是最可怕的势力。"[①] 针对这种情况，列宁明确提出"要抵制这一切"、要"对旧社会的势力和传统"进行"顽强斗争"，但他也非常清楚，要"战胜"这些"千百万小业主"的"习惯势力"并非易事。因此，列宁提出了加强无产阶级专政、严格党的组织纪律等与传统习惯势力作斗争的方法，并特别强调了加强党的领导的重要性，否则，"没有铁一般的在斗争中锻炼出来的党，没有为本阶级一切正直的人们所信赖的党，没有善于考察群众情绪和影响群众情绪的党，要顺利地进行这种斗争是不可能的"[②]。

同时，为了突破传统习惯势力的束缚，列宁在实际工作中特别重视通过发展文化事业来帮助苏俄人民实现思想解放。在他看来，这是由多方面原因所决定的。首先，从历史传统方面来讲，俄国曾经长期是一个落后、未开化、不文明的半文盲国家。虽然封建阶级的统治已经被推翻，但是中世纪农奴制的残余和半野蛮状态还在侵蚀人民的思想，麻痹他们的意识。其次，从当时的社会发展情况来看，苏维埃俄国成立之初，生产力遭到极大破坏，经济发展水平很低，社会上各种反动腐朽落后思想盛行，这种落后的经济社会现实也不可能产生先进的文化。社会主义文化必须植根于社会主义现实的土壤，十月革命前的资本主义制度只能产生资本主义性质的文化，而这两者是格格不入、不能兼容的。要想破除封建阶级和资产阶级文化的侵蚀，就必须解放思想，摆脱旧的思维方式的束缚。可是，"问题就在于我们直到今天还没有摆脱半亚洲式的不文明状态，如果我们不做重大的努力，是不能摆脱的"[③]。

在列宁看来，这种努力就是要通过文化建设来达到除旧布新的目的。而要真正做到

---

①　列宁. 列宁专题文集（论无产阶级政党）［M］. 北京：人民出版社，2009：252.
②　列宁. 列宁专题文集（论无产阶级政党）［M］. 北京：人民出版社，2009：252.
③　列宁. 列宁专题文集（论社会主义）［M］. 北京：人民出版社，2009：344.

除旧布新，就必须使广大人民群众理解并接受社会主义，召集广大人民群众组成强大的文化建设军团。要做到这一点，解放思想是非常关键的一步。要从根本上解放人民群众的思想，首先必须加强对他们的教育，包括加强学校教育以教授他们基本的文化知识，加强综合技术教育以教授他们基本的工作方法和生存技能；其次要逐渐揭露资本主义制度伪善和剥削人民的本质，引导他们理解和接受社会主义制度，理解社会主义法律赋予他们的各种权利，理解社会主义制度下人民当家做主的实质。只有通过这种方式，广大人民群众才能普遍形成对社会主义的心理认同，解放思想和共建社会主义事业才有现实的可能性。

当然，列宁还认为，解放思想并不是要简单地破除一切旧的东西，对于旧社会的一些先进经验、优秀文化，还必须要懂得吸收利用，要善于利用全部人类科技成果尤其是资本主义社会的优秀文化成果。在《苏维埃政权的成就和困难》一文中，列宁提出："必须取得资本主义遗留下来的全部文化并且用它来建设社会主义。必须取得全部科学、技术、知识和艺术。否则，我们就不可能建设共产主义社会的生活。"[①] 在《青年团的任务》一文中，列宁指出："当我们谈到无产阶级文化的时候，就必须注意这一点。应当明确地认识到，只有确切地了解人类全部发展过程所创造的文化，只有对这种文化加以改造，才能建设无产阶级的文化，没有这样的认识，我们就不能完成这项任务。无产阶级文化并不是从天上掉下来的，也不是那些自命为无产阶级文化专家的人杜撰出的。如果硬说是这样，那完全是一派胡言。无产阶级文化应当是人类在资本主义社会、地主社会和官僚社会压迫下创造出来的全部知识合乎规律的发展。"[②] 在十月革命胜利后不久，列宁曾经提出过一个著名的公式："乐于吸取外国的好东西：苏维埃政权+普鲁士的铁路秩序+美国的技术和托拉斯组织+美国的国民教育等等=总和=社会主义。"[③] 由此可见，作为伟大的革命导师，列宁就一直秉承解放思想、实事求是的科学态度来对待人类文化遗产，并一直倡导苏俄人民通过解放思想、破除束缚来搞好社会主义文化建设工作。这在当时的历史条件下，显得难能可贵。

（二）理论与实际相结合原则

一切从实际出发，理论联系实际，实事求是，在实践中检验真理和发展真理，这是中国共产党人在总结我国长期实践经验基础上，在将马克思列宁主义与我国具体实际相结合的过程中，逐步形成和发展起来的正确思想路线。同时，理论联系实际，用理论来指导实践，并通过总结实践经验来进一步丰富、完善和发展理论，这也是我们在工作、学习和生活当中必须努力掌握好、运用好的科学方法。在领导苏俄人民进行早期社会主义建设的过程中，列宁也非常重视理论联系实际这一科学工作方法，甚至还将理论与实际相结合的原则看作过渡时期社会主义文化建设的根本原则。

无论是在进行"政治斗争、革命、夺取政权"的过程中，还是在"和平组织'文化'工作"的过程中，列宁都一直强调要一切从实际出发，这个实际就是俄国的具体国情和当时的国际背景。只有从这样的实际情况出发，才能制定出符合俄国实际的正确

---

① 列宁. 列宁全集（第36卷）［M］. 北京：人民出版社，1985：48.
② 列宁. 列宁专题文集（论无产阶级政党）［M］. 北京：人民出版社，2009：281.
③ 列宁. 列宁全集（第34卷）［M］. 北京：人民出版社，1985：520.

路线、方针和政策。列宁是这样倡导的，他也是这样做的。其反映俄国革命规律的理论著作《俄国资本主义的发展》一书，就是在进行深入实践研究，大量搜集材料和史实，并阅读相关书籍资料的基础上写成的。十月革命胜利后，列宁又根据俄国国情和社会发展的一般规律提出："目前时局的全部特点、全部困难，就是要了解从主要任务是说服人民和用武力镇压剥削者转到主要任务是管理这一过渡的特征。"① 正是因为找到了理论联系实际这把解决问题的密钥，列宁在解决社会主义建设过程中遇到的问题时能够得心应手。

列宁特别强调，在解决复杂问题时，理论联系实际不仅仅是简单地将表面现象与通俗理论联系起来，还要考虑事物的内部矛盾问题，要将一定的历史条件也纳入考虑的范围。"在社会现象领域，没有哪种方法比胡乱抽出一些个别事实和玩弄实例更普遍、更站不住脚了。挑选任何例子是毫不费劲的，但这没有任何意义，或者有纯粹消极的意义，因为问题完全在于，每一个别情况都有其具体的历史环境。如果从事实的整体上、从他们的联系中去掌握事实，那么，事实不仅是'顽强的东西'，而且是绝对确凿的证据。如果不是从整体上、不是从联系上去掌握事实，如果事实是零碎的和随意挑出来的，那么他们就只能是一种儿戏，或者连儿戏也不如。"② "不要忘记基本的历史联系，考察每个问题都要看某种现象在历史上怎样产生、在发展中经历了哪些主要阶段，并根据它的这种发展去考察这一事物现在是怎样的。"③ 空洞的理论和特殊的实际都不能够成为解决问题的依据，只有深入分析事物的内部规律和历史背景，再在此基础上将理论与实际联系起来，才能切实解决问题。

同时，实践是检验真理的唯一标准，理论必须在实践中不断地进行调整，接受实践的检验，只有经得起实践检验的理论，才是正确的、值得推行的理论。在《什么是"人民之友"以及他们如何攻击社会民主党人?》一文中，列宁提出："马克思认为理论符合现实是理论唯一的标准。"④ 而俄国社会主义文化建设正是在这种标准的指导下展开的。列宁认为，文化的发展如同社会历史一样，要求我们"善于从发展路线或链条中找出最重要的环节"，要善于抓住主要的症结或者主要矛盾，"仅仅一般地做一个革命者和社会主义拥护者或者共产主义者是不够的。必须善于在每个特定时机找出链条上的特殊环节，必须全力抓住这个环节，以便抓住整个链条并切实地准备过渡到下一个环节；而在这里，在历史事变的链条里，各个环节的次序，它们的形式，它们的联结，它们之间的区别，都不像铁匠所制成的普通链条那样简单和粗陋"⑤。正是本着这样的原则，列宁深入分析了十月革命后国际国内形势，在遵循社会发展客观规律的基础上，不断对社会主义文化建设的方针、政策适时做出了调整。在苏维埃俄国，从起初实行战时共产主义政策试图直接过渡的发展策略，到后来实行新经济政策以实现迂回发展的策略，正是列宁根据实际情况来推进理论发展的强有力证明。

---

① 列宁. 列宁全集（第34卷）[M]. 北京：人民出版社，1985：155.
② 列宁. 列宁全集（第28卷）[M]. 北京：人民出版社，1990：364.
③ 列宁. 列宁全集（第37卷）[M]. 北京：人民出版社，1986：61.
④ 列宁. 列宁专题文集（论辩证唯物主义和历史唯物主义）[M]. 北京：人民出版社，2009：184.
⑤ 列宁. 列宁专题文集（论社会主义）[M]. 北京：人民出版社，2009：112.

　　此外，列宁还认为，只有通过实践，才能够赋予理论以更加鲜活的生命力。在《怎样组织竞赛?》一文中，列宁提出："应当懂得，现在一切都在于实践，现在已经到了这样一个历史关头：理论在变为实践，理论由实践赋予活力，由实践来修正，由实践来检验；马克思说的'一步实际运动比一打纲领更重要'这句话，显得尤其正确了，……要知道，'我的朋友，理论是灰色的，而生活之树是长青的'。"① 这段话说明，理论和实践是相互影响、紧密联系的；只有在理论的指导下，实践活动才能少走弯路，顺利前行；只有在实践活动中，理论才能不断为自身注入新的内容以求发展；离开任何一方面，另一方面都不能充分发挥其作用；一旦离开了生活之树，灰色的理论就会毫无生气可言；只有生动的社会实践，才是一切理论的源泉和发展的动力。因此，在组织领导过渡时期社会主义文化建设的过程中，列宁特别重视将理论与实践结合起来，尤其注重总结文化建设实践过程中的新鲜经验，然后用积累起来的这些丰富经验进一步推动理论向前发展，从而为马克思主义文化理论注入新的内容、新的血液，使其在现实社会主义实践过程中焕发出了强大的生机和蓬勃的活力。

---

① 列宁. 列宁专题文集（论社会主义）［M］. 北京：人民出版社，2009：59-60.

第三章 西方马克思主义文化理论的历史嬗变

"西方马克思主义"最早是由德国著名哲学家与革命活动家柯尔施提出来的。柯尔施在《马克思主义与哲学》一书中曾这样写道:"我们这些西方共产主义者形成了共产国际自身内部一个敌对的哲学流派。"① 在这里,柯尔施所说的"西方共产主义"其实质就是西方马克思主义。1955 年,法国哲学家、思想家梅洛·庞蒂对西方马克思主义的特征进行了总结,并且首次把卢卡奇看作西方马克思主义的创始人与奠基者,把卢卡奇的代表作《历史与阶级意识》看作西方马克思主义的"圣经"。20 世纪 70 年代以后,西方马克思主义在世界范围内得以广泛传播,形成了众多流派,如存在主义的马克思主义、弗洛伊德马克思主义、后现代马克思主义等等。从世界上第一个社会主义国家政权建立以来,一些西方马克思主义的代表人物纷纷开始指责以列宁为代表的正统马克思主义,批判其把马克思主义推向了庸俗化的境地,犯了经济决定论的错误,造成了经济对文化的"独裁"局面。他们强调要反对"经济宿命论",主张要重新恢复马克思主义的人道主义与主观能动性的因素,实现向马克思主义革命性与批判性的复归,进而开始了对马克思主义文化理论的重构,尤其是在现代科技发展日新月异和资本主义国家福利制度日益完善的条件下,如何唤起民众获取自由权利的自觉革命意识,更是成为西方马克思主义者高度关注的焦点问题。

第一节 早期西方马克思主义文化理论

在西方马克思主义的众多流派中,以卢卡奇、葛兰西为代表的早期西方马克思主义者奠定了西方马克思主义文化理论发展的基础。他们首次把文化从经济的范畴中独立出来,强调文化的重要作用。由此,早期西方马克思主义使以往对政治经济学的批判走向了对文化的批判。但早期西方马克思主义者只是提出了一个新的批判理论,并没有对具体的文化现象进行深入的批判,他们更多的是从意识形态的角度来阐释文化。因此,严格说来,早期西方马克思主义文化批判理论是一种"意识形态批判"。

一、卢卡奇的物化意识批判理论

格奥尔格·卢卡奇是匈牙利著名哲学家、文学批评家和 20 世纪国际共产主义运动革命家。作为西方马克思主义理论发展史上的一颗璀璨明星,他在马克思主义异化理论

---

① 柯尔施. 马克思主义与哲学 [M]. 王南湜, 荣新海, 译. 重庆: 重庆出版社, 1989: 72.

的基础上提出了资本主义社会的物化现象，并创造性地从文化的视角对其进行了深刻的批判，强调把历史辩证法的重心由历史自身转向主体对阶级意识的认知上，形成了独具特色的"物化意识批判"理论。

（一）总体性视域下的文化

在卢卡奇看来，"总体性"思想不仅是辩证法的核心，更是方法论的精华，这一思想贯穿着他作品的始终。对于总体性视域下的文化，卢卡奇虽然并没有给出一个明确的定义，但是我们可以从他早期的作品中总结出他的文化观。卢卡奇曾在《小说理论》中这样描述"文化"一词："世俗世界的拒绝并不是针对世俗日常的，而是部分地指向心灵的异化，部分地指向精巧的缺失；部分地指向其文明而非文化的本质特征，部分地指向其枯干的精神荒漠。除了可以被形容为神秘的无政府主义倾向之外，被寄予希望的一切指的都是在与心灵相对称的结构之中将自身客体化的一种文化。"① 卢卡奇认为伴随着世界的发展与文明的发达，主体却在现实中迷失了，整体性遭到了破坏。他认为一种理想的与真正的文化应该是主客体之间的和谐相容。他在这本书中继而打破了传统观点中认为的文化是一种与自然对立的精神存在的狭义文化观，认为文化是一种物质与精神的统一，并且这种统一等同于一种有意义的生活。因此，卢卡奇在《小说理论》的序言中特地强调说自己所追寻的是一种基于真正文化基础之上的一个有意义的"新世界"，文化对他来说已经超越了纯粹的文学形式而成了一种理想的生活。他也对此进行了解释："只有在文化的基础上，而不论人们对此采取何种态度，人和事件的总体性才是可能的。"②

由此我们可以看出，卢卡奇所表达的文化观念其实就是一种总体性的文化观念，这是他所认为的理想文化。同时，卢卡奇也看到了资本主义社会对这种总体性的彻底破坏。在他看来，没有了总体性文化，资本主义要求实现个人的解放完全是一种构想、一种谬论而已。随后，卢卡奇在《历史与阶级意识》一书中明确阐述了他的"总体性"思想。他认为，马克思主义是一种适用于社会历史领域的辩证法，他承认主客体之间的展开关系，而这个展开过程也就是辩证法的再现过程。卢卡奇主客体历史统一的辩证法思想是同他的"总体性"思想连接在一起的。对于主客体之间的关系，卢卡奇着重强调了主体的能动性作用，"对辩证方法说来，中心问题乃是改变现实"③。因此，卢卡奇对西方思潮中的经济决定论与实证主义进行了批判，他认为这些做法虽然是从事实出发，却陷入了纯粹的拜物教与一切物化的关系中而无法自拔。相反，他认为，马克思主义则不同，马克思虽然也强调事实，但是马克思的辩证法"不顾所有这些孤立的和导致孤立的事实以及局部的体系，坚持整体的具体统一性"④，因此只有把孤立的事实看作总体中的一个环节、一个部分，人们才可以透过事实的表象实现对现实的认识。因此，卢卡奇认为，正是总体性的观点使马克思主义哲学与其他哲学之间的关系彻底破裂了。

对于卢卡奇的总体性思想，我们要从以下几方面来认识：首先，整体相对于部分的

---

① 卢卡奇. 卢卡奇早期文选 ［M］. 张亮，吴勇立，译. 南京：南京大学出版社，2004：108.
② 卢卡奇. 卢卡奇早期文选 ［M］. 张亮，吴勇立，译. 南京：南京大学出版社，2004：110.
③ 卢卡奇. 历史与阶级意识 ［M］. 杜章智，任立，燕宏远，译. 北京：商务印书馆，1999：50.
④ 卢卡奇. 历史与阶级意识 ［M］. 杜章智，任立，燕宏远，译. 北京：商务印书馆，1999：54.

优先性。部分的发展寓于整体发展之中，任何现有的事实只有被置于特定的历史背景与整个历史发展过程中，才能够发现它的真理所在，正如科西克所言："总体意味着实在是一个有结构的辩证的整体，在这个整体中并通过这个整体，任何特殊的事实（或事实的组合、系列）都可以得到合理的理解。全部事实的堆积并不等于对实在的认识，堆砌起来的全部事实也不等于总体。事实只有被当作一个辩证整体中的事实和结构性部分来理解，才构成关于实在的认识。"① 其次，总体性相对于现实的过程性。卢卡奇认为，总体性要求我们把社会历史看成是一个过程，它是过去、现在、未来的集合体并渗透在现实发展中，只有用总体性的视野才能看清事物的本质。最后，总体性视域下主客体的统一性。既然总体性反对分裂与孤立，那么，主客体之间的统一便是总体性的题中应有之义。卢卡奇认为，处于总体性视域下的个体不是以孤立、抽象、片面的主体或者客体形式而存在的，它应该是作为历史主客体的统一体而存在的，只有成为总体性意义上的这类人才不会沦为事实的奴隶。因此，人应该意识到自己不仅是社会的客体存在物，同时更是历史发展过程的主体存在。

卢卡奇认为，要准确把握总体性，必须以一种总体性的视野，把社会历史发展中的孤立现象置于整个人类历史发展的长河中去，从理论和实践综合把握当下事实，而并不能以个人的思想或者个别的科学方法来割裂事实或回避社会矛盾。然而，卢卡奇以犀利的眼光看到了第二国际正是坚持着这样一种"个别"的方法，它否定辩证法、否定社会矛盾，单从经济的角度论证了资本主义的合理性，而为了提防资本主义发展可能会产生的灾难性后果则进行伦理学上的批判，这样一来，经济决定论就与伦理反对彻底割裂了。卢卡奇认为，这种弥补看似天衣无缝与尽然合理，但它其实是毫无意义的，因为经济发展与社会伦理本就是作为一个相互联系的整体而存在的。因此，卢卡奇对第二国际内部滋生的经济决定论与实证主义研究方法进行了不留余地的批判。

首先，卢卡奇对第二国际中的经济决定论进行了批判。卢卡奇认为，第二国际的理论家们在社会存在与社会意识的关系问题上出现了二元论的本体论错误。正是因为如此，他们忽视了无产阶级意识以及无产阶级作为社会历史的主体在社会发展中的作用，而错误地把经济因素看作无产阶级革命取得胜利的决定性因素。因此，第二国际的理论家们陷入庸俗的决定论而无法看清物化意识的本质，也根本无从抵御这种物化意识的毒害，无产阶级的阶级意识与革命意识便在消磨中殆尽。由此看来，无产阶级革命的失败以及第二国际的解体便是意料之中的事了。

因此，卢卡奇认为，第二国际由于在社会历史领域的本体论错误而把马克思主义歪曲成庸俗化的马克思主义，这种哲学上的错误理解导致了社会主义在发展过程中的经济宿命论。针对这种现象，卢卡奇认为，只有作为无产阶级的阶级意识的马克思主义哲学，才能明察社会历史发展的本质，也才能抵御资本主义物化意识的侵袭，最终找到实现人自由发展的道路。在马克思主义哲学中，理论与现实是融为一体的，理论的存在必然是当它成为实践的一部分时才会永恒地存在。同样道理，无产阶级的阶级意识本身就

---

① 科西克. 具体的辩证法——关于人与世界问题的研究 [M]. 傅小平，译. 北京：社会科学文献出版社，1989：23.

是一个辩证的方法，一方面它是一种作为意识的存在，另一方面它不只是作为意识的存在，还是一种无产阶级革命的方法。然而在资本主义社会，无产阶级的阶级意识被蒙蔽了，"只有当历史的过程迫切需要无产阶级的阶级意识发生作用，严重的经济危机使这种阶级意识上升为行动时，这种阶级意识的实践的、积极的方面，它的真正本质才能显示出它的真实形态"①。也只有在这种情况下，无产阶级的批判与无产阶级的革命才是一致的，革命才会在正确的批判下通往胜利的道路。

其次，卢卡奇对第二国际内部的实证主义的研究方法进行了批判。卢卡奇认为，实证主义研究方法的产生是由于资本主义社会内部的社会结构。随着资本主义社会工业化过程的不断推进，生产专业化程度越来越高，分工也越来越细，随之"片段化"的生产方式与生活方式代替正常的存在而成为"正常"。因此，这就决定了第二国际的理论家们在对社会历史的研究上必然会形成实证主义的研究方法。以这种研究方法为基础，他们并不认为他们自己所理解的事物是从活生生的总体关系中抽象出来的，反而认为社会原本就是由一个个"孤立"的事实或者是"孤立"的事实群所拼接组成的，静止与永恒不变才是事物的本质。对此，卢卡奇指出："这种看来非常科学的方法的不科学性，就在于它忽略了作为其依据的事实的历史性质。这种错误来源的实质在于，统计和建立在统计基础上的'精确的'经济理论总是落后于实际的发展。"② 很明显，建立在这种研究方法基础之上的理论，它对资本主义社会的内部结构以及资本主义社会的本质是毫无批判能力的，最终只能导致它对现存社会的默认与维护，而马克思主义的批判向度最终也会被这种实证主义的研究方法所消解。卢卡奇认为，马克思主义在社会历史领域的辩证法哲学基础就已经决定了马克思主义的研究方法应该是总体性辩证法，而不是实证主义的方法。这种总体性辩证法以深入挖掘历史的延续性与充分了解社会关系为出发点，它必然不会停留于资本主义这种暂时的虚假繁荣，而是在不断的批判与否定中推动历史的进步。

卢卡奇在对第二国际庸俗马克思主义进行批判后，对资本主义社会所产生的工业文明进行了剖析。他认为，资本主义工业文明的发展是以牺牲主体为代价的，它正是在对主体的摧残与压制过程中显示其历史进程的。在资本主义社会，物化现象十分严重，人人关系被物物关系全面取代，人成为客体性的存在，社会的总体性与人的总体性无一不遭到了破坏。他还指出，在资本主义社会中，无产阶级身上已经沾染上了资本主义的生活方式、思想观念等，如果无产阶级的阶级意识不被唤醒，那么他们将会对现实执迷不悟，始终处于被奴役、被压迫的命运，并且随着资本主义工业化程度的深入，这种奴役和压迫会与日加重。因此，无产阶级要恢复马克思主义的批判向度，首先必须重新找回他们的阶级意识。

因此，卢卡奇在对马克思主义哲学进行研究、在对第二国际内部出现的经济决定论与实证主义的庸俗马克思主义理论进行批判的基础上，构建了一种总体性视域下的、以意识形态批判为核心的马克思主义文化哲学。

① 卢卡奇. 历史与阶级意识 [M]. 杜章智，任立，燕宏远，译. 北京：商务印书馆，1999：94.
② 卢卡奇. 历史与阶级意识 [M]. 杜章智，任立，燕宏远，译. 北京：商务印书馆，1999：54.

（二）资本主义物化意识批判

卢卡奇对资本主义物化意识的批判，也就是对资本主义意识形态的批判。这种批判资本主义意识形态的物化理论，建立在马克思主义相关理论的基础之上。马克思认为，资本主义社会衍生了一种商品拜物教，"一种社会生产关系采取了一种物的形式，以致人和人在他们的劳动中的关系反倒表现为物和物彼此之间的和物与人的关系，这种现象只是由于在日常生活中看惯了，才认为是平凡的、不言自明的事情"①。正是从资本主义商品拜物教所引发的社会关系由人人关系向物物关系转移的现象中，卢卡奇推导出了物化理论。

那么，究竟什么是"物化"呢？卢卡奇虽然没有在《历史与阶级意识》一书中明确指出物化的内涵，但从他的论述中我们可以知道，物化的基本含义是："人自己的活动，人自己的劳动，作为某种客观的东西，某种不依赖于人的东西，某种通过异于人的自律性来控制人的东西，同人相对立。"② 在卢卡奇看来，资本主义社会的物化主要表现在以下两个方面：

一是作为客观方面的物化。在马克思主义看来，物相对于人来说应该是作为一种附属的客体而存在，人可以发现、掌握并利用规律。但随着资本主义生产力的发展，它却成为限制与控制人发展的力量，进而逐渐具有了人格化的倾向。卢卡奇对此进行了分析，他认为生产力的发展造就了工业化大生产的新时代，为商品经济的发展与繁荣提供了有力的保障。各种商品关系随之产生并渗透到社会生活的各个层面。然而，商品世界却从人类社会中走出来并遵循着自身发展的规律，而不再受人类社会及其发展规律的控制。不仅如此，它还反过来影响着现实社会中人与人之间的关系。因此，在被资本主义物化的世界中，商品经济的发展制约着人的发展甚至整个社会的发展，人的主观能动性得不到全面的发挥。

二是作为主观方面的物化。人具有自然属性与社会属性，社会属性是人的本质属性。而在资本主义社会中，作为主体的人的活动却与人本身分离，成为供人消费的商品，人活动的过程并不是靠人自身来引导的。从生产力发展的目的来看，人的生产活动主要是为了满足人类生存的需要。然而，到了资本主义社会，这种主动的人类生产活动的目的却演变为满足商品经济发展的需要。这样一来，生产活动则具有了主体性，而人相对于生产活动只是作为客体的存在，只是为实现主体性目标而存在的工具。因此，在资本主义商品经济社会，物的发展规律始终是作为制约人类社会发展的力量而存在的，人不得不服从、遵守商品经济规律，从而丧失了主体性。同时，在资本主义社会化大生产中，工人只需要严格按照相关规定进行机械化生产，无须发挥人的主观能动性，从而排斥了人的主体性地位，这也是资本主义社会物化的一个表现。

卢卡奇认为，资本主义社会存在着普遍的物化现象，这种现象必然会不自觉地内化到人们的思想中，导致人的物化意识的形成。这种物化意识并非资产阶级所特有的，它是整个社会的普遍命运，生活在这个社会中的所有人，包括广大的无产阶级也沾染了这

---

① 马克思，恩格斯. 马克思恩格斯全集（第13卷）[M]. 北京：人民出版社，1962：23.
② 卢卡奇. 历史与阶级意识 [M]. 杜章智，任立，燕宏远，译. 北京：商务印书馆，1999：150.

种意识。对于资产阶级统治者来说，只有当物化意识深入无产阶级的心理，只有当物化的事实成为无产阶级所认为的既定"现实"后，无产阶级才会把资产阶级的统治看作永恒的，资产阶级的统治才会具有合理性与正当性，才能维护资本主义的统治地位。因此，物化意识是资本主义统治的忠实守卫，它抹杀了人的个性、人的精神、人的批判能力，并且，它还在操纵人的思想与观念的基础上使之外化为物质的东西。而对于无产阶级来说，他们沉浸在物化意识中而无法准确洞察社会历史发展的动向，忘却了自身所承担的历史使命，这时候原本应该是社会历史主体的无产阶级反倒以一副旁观者的姿态随波逐流了。因此，资本主义正是通过这种看似合理的方式掩盖着资产阶级统治、压迫、奴役无产阶级的事实。由此，卢卡奇便揭开了物化意识的神秘面纱。因此，卢卡奇指出，无产阶级革命若想取得胜利，首要的任务便是要揭露物化意识的危害性，并清除无产阶级头脑中的物化意识。然而，这种物化意识几乎难以摆脱，只要资本主义存在，商品关系也就继续存在，物化也就永远不会消失。

卢卡奇还认为，资本主义社会的工业文化不仅操纵着人，它还渗透到政治、语言、法律等领域。随着资本主义的发展，生产的专业化程度越来越高，工人们越来越孤立地被固定在某一个生产环节。孤立的个体产生了对社会的孤立理解、对事情的孤立看待、对学科的孤立研究等等。在这种丧失了总体性文化观的社会中，理论是抽象的，实践是无力的，注定了革命的失败结局。因此，卢卡奇认为，只有回归到马克思主义的总体性视野中，把社会中的孤立现象看作有机联系的整体，才能把握现实、付诸行动。

总之，卢卡奇的物化意识理论基于对资本主义工业化进程中价值理性与工具理性相互割裂的深层反思，它反映了当下西方人所面临的异化的现实境遇，体现着深刻的人文主义与人性关怀。

（三）无产阶级的阶级意识理论

卢卡奇所说的总体性是一种主客体辩证统一的总体性，这种总体性对于无产阶级本身具有适用性。换句话说，无产阶级既是它自身发展的客体，同时也是它自身发展的主体，这就决定了无产阶级从资本主义普遍物化的生存环境中摆脱出来的力量也只能是它自身。而无产阶级要实现这个目标，只有在批判资产阶级意识形态的过程中唤醒自身的阶级意识，并在无产阶级的阶级意识与资产阶级的物化意识相对抗的过程中才有可能改变社会，摧毁资本主义的物化结构。卢卡奇认为，以往西方发达资本主义国家的无产阶级革命之所以惨遭失败，正是因为无产阶级的阶级意识被资产阶级的物化意识所遮蔽了。因此，革命的首要任务便是恢复无产阶级的阶级意识。

那么，什么是"阶级意识"呢？卢卡奇在《历史与阶级意识》一书中指出，阶级意识指的是"'变成意识的阶级历史地位的感觉'，或'人们在特定生活状况中，如果对这种状况以及从中产生的各种利益能够联系到它们对直接行动以及整个社会结构的影响予以完全把握，就可能具有的那些思想、感情等等'"[①]。卢卡奇在此规定的阶级意识具有以下特征：一是它是资本主义社会发展过程中产生的一种独特的历史概念；二是阶级意识并不是单个人的意识，而是集体的、某个阶级的意识；三是在资本主义发展过

---

① 卢卡奇. 历史与阶级意识 [M]. 杜章智，任立，燕宏远，译. 北京：商务印书馆，1999：8.

程中，阶级意识是推动社会前进的动力所在。在对阶级意识概念清晰界定的基础上，卢卡奇又把这种阶级意识理论返回到资本主义的物化现象中，提出了一种作为支配现实力量的无产阶级意识。

卢卡奇认为，在当代，资本主义实现其统治地位的方式比起以往发生了变化，通过文化意识形态渗透的方式已经全面取代了赤裸裸的暴力统治。这种文化意识形态的渗透性不仅体现在它具有系统的、完整的、无处不在的宣传体系上，更不容忽视的是，它通过宣传使人们在无意识层面形成了一种消费主义的生活方式。这种新的生活方式支配着无产阶级的需求，使无产阶级认为只有通过消费才能实现自身的价值。此时，无产阶级本身的阶级意识、政治意识、革命意识等被消费所带来的快感抹去了。用卢卡奇的话来说，无产阶级就陷入了一个物化的社会，他们的意识被资本主义的物化意识支配着。在资本主义社会，物化意识无处不在，它操纵着人的思想与精神并且使人外化为独立于人自身的存在"物质"，人在客观上和劳动的关系上都不是那个过程的真正的主人，而是结合于机器系统中的一个机器的部件。因此，在这种情况下，西方马克思主义者一再强调马克思主义理论的批判向度，希望尽快恢复无产阶级作为革命主体的地位。卢卡奇认为，无产阶级若想回归原位，他们必须消除业已形成的物化意识，唤醒深藏于他们内心的革命意识并使这种意识发挥力量。换句话说，我们要唤醒的不仅是一种作为社会意识存在的无产阶级意识，更是一种作为能够支配现实力量的无产阶级意识，从而使人真正成为社会实践的主体，使意识可以通过人的实践活动把虚拟存在变成现实存在。这样就冲破了第二国际的经济决定论者对马克思主义的庸俗化解释，重新树立了马克思主义哲学中辩证法的权威地位，从而把马克思主义哲学解释成一种关于文化批判的哲学，从文化批判的角度去重新唤醒无产阶级。所以，卢卡奇认为，唤醒无产阶级，使他们看清历史发展的趋势并自觉参与革命斗争，这才是历史唯物主义的真正使命所在。他的这一观点在《历史与阶级意识》一书中得到了印证，"历史唯物主义的首要功能肯定不会是纯粹的科学知识，而是行动"①。

卢卡奇还认为，无产阶级消除资本主义物化意识的过程是一个不断与自身作斗争、不断改造自身的过程，无产阶级若想彻底消除物化意识，取决于其自身是否能将斗争坚持到底；无产阶级的最终目标不仅在于实现共产主义，同时也要达到改造自身的目的。这就表明无产阶级在革命过程中，一方面要与阶级敌人进行斗争，另一方面还要与自己头脑中各种形形色色的物化意识进行斗争，以防止自身陷入腐化的危机。在卢卡奇看来，无产阶级与自身的斗争尤为重要，它是无产阶级发展的"生命要素"，否则，就是在自己的前进道路上铺设障碍。总之，无产阶级只有做到对社会历史的总体性认识与自我认识相一致，主体与客体的、理论与实践的统一，才能最终达到自身的解放与实现共产主义。

可以说，卢卡奇不愧为一位杰出的西方马克思主义理论家，他把马克思主义从庸俗化中解救了出来，重新强调了阶级意识在实现无产阶级历史主体作用中的重要性，并且在总体性视域下强调了理论与现实的统一，这就为后来的资本主义批判指明了文化批判

---

① 卢卡奇. 历史与阶级意识 [M]. 杜章智，任立，燕宏远，译. 北京：商务印书馆，1999：313.

的新方向。

二、葛兰西的文化领导权理论

安东尼奥·葛兰西（Antonio Gramsci）是意大利著名的思想家、革命家，也是早期西方马克思主义的杰出代表人物之一。十月革命后，葛兰西结合十月革命胜利的经验撰写了著名文章——《反〈资本论〉的革命》。在这篇文章中，葛兰西认为十月革命是一场唤醒民众进行意识形态斗争的暴力革命，是俄国人民在对经济事实做出判断后形成顽强意志进而转化为行动的结果，它的胜利归功于"了解经济事实的社会中的人"。葛兰西对十月革命的这一思考，为其从政治上阐明夺取文化领导权的革命策略提供了思路。而后，葛兰西又深入分析了欧洲无产阶级革命失败的主要原因，形成了比较系统与完整的文化领导权思想。总体来看，葛兰西通过对市民社会、有机知识分子的分析，看到了文化领导权在巩固国家政权中的突出作用，深入探讨了怎样才可以实现最有效的领导、怎样才可以培养最卓越的领导者、怎样才可以找到被领导者服从领导的合理道路等问题，强调要推翻资产阶级的统治必须要夺取资产阶级的文化领导权，从而探寻出一条在西方发达资本主义国家进行社会主义革命的新道路，提出了一种颇具新意的理论——文化领导权理论。[①]

（一）文化领导权的基础——市民社会

在葛兰西看来，市民社会是文化领导权的基础。在这里，就涉及两个核心概念：市民社会与文化领导权。那么，什么是市民社会？什么是文化领导权？

市民社会作为一种西方政治概念，最早是由亚里士多德提出来的。在历史发展的不同阶段，市民社会被赋予了不同的含义。马克思从经济领域对市民社会展开了研究，在他那里，市民社会是"物质的生活关系的总和"[②]。加拿大哲学家查尔斯·泰勒曾这样评价马克思的市民社会："马克思援引了黑格尔的概念，并把它几乎完全地化约为经济领域；而且，从某种角度讲，正是由于马克思这种化约观点的影响，'市民社会'才一直被人们从纯粹经济的层面加以界定。"[③]

然而，葛兰西所讲的市民社会则有所不同。在葛兰西看来，市民社会是作为完整国家的组成部分，从属于意识形态的上层建筑领域，是一个承担着创造与传播思想文化的组织。在他那里，市民社会以非强制性、教化性为特征，包括政党、学校、教会、公会、学术文化团体以及各种新闻媒介等；在市民社会中，民众都是自愿接受的。在对资本主义社会进行剖析后，葛兰西认为上层建筑不仅包括市民社会，它还包括政治社会；与市民社会相对应，政治社会则以非自愿为特征，包括军队、法庭、警察、监狱等国家暴力机关；在政治社会中，民众是被迫服从的。

在葛兰西那里，国家是"强制"和"同意"的统一，即政治社会与市民社会的集合。在国家统治过程中，政治社会与市民社会是相互作用的，一方面，政治社会必须想方设法征得市民社会的同意，并利用其为各项政策做好舆论宣传工作以教育本国公民；

---

① 宁德业. 葛兰西文化领导权思想及其现实启迪意义 [J]. 云梦学刊, 2016（1）: 88-89.

② 马克思, 恩格斯. 马克思恩格斯文集（第2卷）[M]. 北京: 人民出版社, 2009. 591.

③ 邓正来. 国家与市民社会——一种社会理论的研究路径 [M]. 北京: 中央编译出版社, 1996: 19.

另一方面市民社会本身又是在政治社会的笼罩之下生存的，当市民社会反对政治社会并且力量强大到冲破统治阶级的意识形态架构后，国家也就摇摇欲坠了。这也就是说，国家的稳定不是主要依靠国家强制机器运作的，而是依靠意识形态的占领并通过对市民社会的控制来实现的。葛兰西把政治社会形象地比作"前沿的战壕"，把市民社会比作"强大的堡垒和工事体系"。"战壕"一旦摧毁，还有稳固、复杂的市民社会做坚强的后盾，市民社会不被摧毁，也就不会真正失去国家领导权。如果一个国家被消灭了，只要这个国家的文化宣传阵地依然存在，这个国家迟早要复兴；但倘若一个国家及其文化宣传阵地同时被消灭了，这个国家也就永远被消灭了。

其次是文化领导权。葛兰西认为，西方资本主义发达国家民主化程度普遍较高，统治阶级已经摒弃了以往的暴力统治方式，更多是通过教育与宣传的方式使资本主义意识占领民众的道德与精神领域，从而让民众自觉接受资本主义的统治。葛兰西把资本主义社会的这种统治现象称为"文化领导权"。由此可见，文化领导权是和市民社会天然地联系在一起的，它的实现是以市民社会作为其现实基础的。对于"文化领导权"，葛兰西在《南方问题的一些情况中》首次明确使用了这一概念，并在《狱中札记》以及狱中所写的其他书信中对"文化领导"与"文化统治"进行了区分。他认为"领导"一词更能体现它是在大众同意的基础上实行的统治，而并非纯粹意义上的统治。

葛兰西文化领导权的提出，直面资本主义社会的现实境遇。他认为，以俄国为主的东方专制主义国家，市民社会力量弱小，阶级统治主要是通过暴力统治的机器警察、监狱、法庭等实现的，是一种政治领导权，而列宁正是通过这种政治领导取得了十月革命的胜利。十月革命的胜利引起了西欧国家无产阶级的纷纷效仿。然而，俄国的这种政治领导权在西欧国家却并未取得预期效果，无产阶级革命遭遇血腥镇压。葛兰西对这些失败的运动进行了分析，他认为西方发达资本主义国家的政治上层建筑不同于俄国，这就决定了革命方式不能生搬硬套。与此同时，他又看到了资本主义国家正通过思想文化的国家机器消磨着无产阶级的政治意识与革命意识。基于此，葛兰西认为夺取文化领导权才是西方发达资本主义国家无产阶级革命的正确模式。

葛兰西也毫不吝啬地表达了他对文化领导权的钟爱："谈到伦理的和文化的国家，那么据我看，在这方面最合乎理性的和最具体的可归纳为下列几点：每个国家都是伦理的，因为它的最重要的职能之一是把广大居民群众提高到符合生产力发展需要从而符合统治阶级利益的一定的文化和道德水平。"[①] 在葛兰西看来，市民社会没有"独裁"与"义务"，它通过自己的文化团体、大众媒介等机构产生了使民众自觉靠拢的力量；如此一来，市民社会便塑造了人的集体性，并且这种集体性是与资产阶级统治之下的社会完全一致的。因此，文化领导权便通过市民社会的这种"内在凝聚力"来巩固自己的统治，但前提是这种文化领导权要得到社会多数人的认可。葛兰西又着重考察了市民社会中的文化意识。他认为，文化领导权在西方发达资本主义国家的政治生活中占据着越来越重要的地位，意识形态领导已经成为资本主义统治的主流形式。那么，既然如此，无产阶级要想取得革命的彻底胜利，就应该立足于市民社会并夺取文化领导权，从而增

---

① 葛兰西. 狱中札记［M］. 葆煦，译. 北京：人民出版社，1983：217.

强无产阶级的意识形态、思想文化与价值观念在整个社会范围内的影响力与震慑力。

(二) 文化领导权的核心——知识分子

葛兰西把知识分子看作支配文化领导权的核心。知识分子是政治社会和市民社会的细胞，他们在建构本阶级的意识形态的同时，又把其渗透到整个社会之中。葛兰西对知识分子的研究主要包括对知识分子的类型划分、对知识分子的职能划分、知识分子与政党的联系这几个方面。

在葛兰西看来，知识分子在概念表示上是异常宽泛的。马克思最早对知识分子进行划分时，他是依据人们在社会分工中从事脑力劳动和体力劳动的不同，把人分为知识分子与非知识分子的。而葛兰西则不同，他既没有按学识水平将知识分子分为高、中、低三级，也没有按职业差异将知识分子分为人文型和科技型，而是立足于社会关系这一标准，并从广义的角度对知识分子进行了重新界定。葛兰西在《狱中札记》中写道："知识分子与非知识分子之间的差别，仅在于知识分子职业范畴直接的社会作用方面，即使考虑特殊职业活动所在中心的方向——智力工作还是使用神经——肌肉力量。……除自己的职业界限外，每个人都在发展某种智力活动，是'哲学家'、艺术家、具有一定兴趣的人，各有一定的世界观，从而对拥护或变更世界观，即是唤起新的思想方式，起着一定的作用。"[①] 从这种观点出发，葛兰西认为"一切的人都是知识分子"，生存在社会中的每一个人通过语言知识或者某种特有技能，证明着他们每一个人都具有知识分子的能力，并具有发挥知识分子功能的可能性。

然而，葛兰西同时认为"并不是一切的人都在社会中执行知识分子的职能"，真正的知识分子不应该只是一个"雄辩者"，而是身体力行的"建设者""组织者""坚持不懈的劝说者"，应该是站在"人道主义的历史观"下的、成为真正的"领导者"。为此，葛兰西历史性地把知识分子分为"传统的"知识分子和"有机的"知识分子两种类型。在他看来，传统知识分子是与历史上存在的落后生产力相联系的、凭借文化传承而保持相对稳定地位的知识群体；而有机知识分子是代表新生阶级的、能够与社会实践密切相关并与一定的社会集团存在着某些有机的思想联系的知识群体。

葛兰西对有机知识分子在文化领导权中的核心地位予以了充分肯定。在资本主义社会，有机知识分子是仲裁者、立法者、思想生产者和社会实践者的统一体，他们通过对市民社会的宣传教育来牢牢捍卫意识形态领域的安全。对于无产阶级而言，他们要推翻资产阶级的统治，就必须要在意识形态上破坏资产阶级领导权，建立自己的领导权，这就需要培养有机知识分子来吸收传统知识分子，以扩大工人阶级的力量；同时，工人阶级的革命意识不是自发产生的，而是在生产环境和阶级斗争中，由有机知识分子从外部灌输的；没有有机知识分子，工人阶级就无法带领广大群众摆脱资产阶级思想意识的束缚，就无法争得文化领导权。

葛兰西认为，传统知识分子与有机知识分子是根据知识分子在社会历史发展中的地位和作用来划分的，因此，这种划分具有相对性。对于任何一个阶级社会来说，都存在着传统知识分子与有机知识分子，但是二者的划分并不是绝对的，他们在一定条件下可

---

① 葛兰西. 狱中札记 [M]. 葆煦，译. 北京：人民出版社，1983：422.

以相互转化。一方面，对于任何阶级来说，他们可以通过对传统知识分子进行教化与改造，把这些敌对的力量整合到本阶级中为自己服务，甚至在某些时候可以把他们改造成为本阶级有机知识分子的组成部分；另一方面，在任何一个阶级中，如果有机知识分子不能与时俱进而落后于历史发展的潮流，那他们也会沦落成顽固僵化的传统知识分子的一部分。因此，对于无产阶级来说，他们不仅应该着力于打造有机知识分子队伍，同时还要对传统知识分子进行改造。鉴于西欧革命形势的发展以及社会上对建立革命统一联盟的呼吁，葛兰西特别强调了传统知识分子向有机知识分子转化的必要性。在社会变革时期，传统知识分子可能还在市民社会占据绝对优势地位，仍然掌握着文化的领导权，与新兴阶级形成对抗局面。因此，新兴阶级必须重视意识形态领域对传统知识分子的改造、同化与征服。葛兰西认为"任何正在走向统治地位的集团，其最重要的特点之一就是从'意识形态上'竭力同化并征服传统知识分子。这种同化和征服的工作做得越快，越有成效，则该集团在精心造就自己有组织的知识分子的工作中就越成功"[1]。对于新兴阶级来说，只有同时做好有机知识分子的培养与传统知识分子的改造，才能争取更多的知识分子参与到这个组织中来，从而壮大自己的力量。

葛兰西除了讨论对知识分子的划分之外，还研究了知识分子的职能问题。葛兰西十分强调知识分子的作用，他认为"要是没有知识分子，那就是说，没有组织者和领导者，也是没有组织的"[2]。但是，葛兰西在这里所说的知识分子并不是泛指那些掌握了知识并具备知识分子能力的知识分子，他强调的是那些不仅掌握了知识财富并且能够切实参与到统治社会上层建筑领域的知识分子。究其重要性来说，知识分子在文化领导权中的作用集中表现在上层建筑层面。在文化领导权获取与巩固的过程中，葛兰西认为："知识分子是统治集团的'管家'，用他们来实现服从于社会领导和政治管理任务的职能。就是：（1）保证广大人民群众'自由'同意基本统治集团所提供的社会生活方向——统治集团的威信（因而也就是给予统治集团的信任）'历史地'产生的同意，统治集团的地位及其在生产界的职能所规定的同意；（2）执行国家机关的强制作用，'合法地'加强对那些都不积极或消极'表示同意'的集团纪律；这些机关在预见当'自由'同意一旦消失时，指挥与管理有可能发生危机点，而为全社会建立。"[3] 这也就是说，知识分子一方面要做"和颜悦色"的"布道者"，通过教育、组织、指导等温和的方式，保证社会大众与统治阶级保持一致；另一方面，知识分子还必须执行国家机关的强制职能，通过强制性方式迫使那些冥顽不化的分子服从其统治。

此外，葛兰西对知识分子问题的探讨又是与政党学说紧密联系在一起的。葛兰西认为，必须发挥工人阶级政党在培养本阶级"有机知识分子"过程中的重要作用，只有拥有一大批有机知识分子的政党，新兴阶级才可能在整个社会范围内成功实现文化领导权。由此可见，在葛兰西那里，无产阶级政党是以"集体知识分子"的方式而存在的，此时，无产阶级政党的职能就在于"培养自己的干部、一定社会集团（作为'经济'集团发生和发展的）分子，直到把他们变成熟练的政治知识分子、领导者、各种形式活

① 麦克劳伦. 马克思以后的马克思主义 [M]. 李智，译. 北京：中国人民大学出版社，2004：203.
② 葛兰西. 狱中札记 [M]. 葆煦，译. 北京：人民出版社，1983：15.
③ 葛兰西. 狱中札记 [M]. 葆煦，译. 北京：人民出版社，1983：425.

动的组织者和整体社会——公民社会和政治社会有组织发展所具有的职能的执行者"①。由此可见，无产阶级政党是一个造就、培养无产阶级有机知识分子的有力组织，它的职能就是领导与组织，以此把社会的力量凝聚起来。无产阶级政党领导有机知识分子夺取文化领导权的过程是一个兼具"破"和"立"的过程，它既有在市民社会领域与资产阶级的意识形态斗争，同时又借助与民众的联系使民众形成无产阶级的世界观。

（三）夺取文化领导权的策略——阵地战

葛兰西认为，争夺"文化领导权"是西方发达资本主义国家无产阶级革命的正确战略选择，无产阶级要以"阵地战"的形式来全面取代俄国以正面进攻为主的"运动战"形式。"运动战"一般是在政治社会领域使用的，它是通过武装斗争、暴力革命的方式去推翻旧政府，建立新政权；相反，"阵地战"则指的是无产阶级在市民社会领域通过宣传无产阶级的意识形态、思想文化，从而逐步入侵资产阶级的思想阵地并攻克一个个的市民社会机构，最终彻底颠覆资产阶级的意识形态，趁机夺取并建立无产阶级文化领导权的渐进性进攻策略。

西方发达国家无产阶级革命为何必须采用"阵地战"而非"运动战"呢？葛兰西对此是经过了深思熟虑的。在西欧无产阶级革命照搬俄国经验而惨遭失败后，葛兰西对东西方社会结构进行了具体的考察。他指出："在东方，国家就是一切，市民社会处于初生而未成形的状态。在西方，国家与市民社会之间存在着调整了的相互关系。假使国家开始动摇，市民社会这个坚固的结构立即出面。"② 葛兰西认为俄国市民社会不发达，经济发展落后，工农人口较多，实行专制主义中央集权，国家暴力机器也就意味着整个国家，这就决定了俄国十月革命必须通过运动战的形式来夺取政权。然而，在葛兰西看来，运动战的模式却不能适用于西方，因为西方发达的市民社会有着悠久的民主传统，资产阶级政治上的压迫、经济上的剥削、文化上的认同已深入植根于被统治阶级的骨髓，若继续采用运动战只会造成无谓的牺牲。因此，无产阶级要取得革命的胜利，首先必须夺取文化意识形态的领导权。

此外，阵地战的形成还具有可能性。葛兰西认为，文化领导权作为上层建筑的有机组成部分，它的存在具有相对的独立性，这就决定了它可以被不同的阶级所掌握，而文化领导权具体被哪个阶级所掌握，关键取决于哪个阶级的意识形态、思想文化在社会大众中具有更高的认可度与满意度。因此，葛兰西希望通过阵地战的方式来重新塑造大众的世界观、价值观，以此来获取大众对无产阶级意识形态与文化的认同，构建无产阶级的文化领导权。

简单来说，实施阵地战的过程就是一个在瓦解旧有文化的同时以一个新的阶级为核心而构建一种新的文化的过程。阵地战通过思想、文化上的长期渗透、进攻与侵蚀从而达到瓦解资本主义意识形态这一目的。葛兰西把这种阵地战的方式称之为"分子式入侵"。在他那里，"分子式入侵"的阵地战是无产阶级争夺文化领导权的先决条件。葛兰西认为，在新的形势下，阵地战的重要性不言而喻，但另一方面这将是一场长期的、

---

① 葛兰西. 狱中札记 [M]. 葆煦，译. 北京：人民出版社，1983：428.
② 葛兰西. 狱中札记 [M]. 葆煦，译. 北京：人民出版社，1983：180.

复杂的、艰苦卓绝的阵地战。这是因为在西方发达资本主义社会，居于统治地位的资产阶级自然不会拱手出让文化领导权，在实际政治生活中，他们也意识到其领导权并不是完全通过暴力操纵或愚弄群众取得的，而是通过市民社会对对立的社会集团、阶级以及他们的价值观念进行教育，软化对立者，使得被统治阶级心悦诚服、心甘情愿地接受统治阶级的领导而实现的。因此，阵地战的实施过程绝不仅仅是对资本主义意识形态的渗透、进攻的过程，也是一个伴随着各种斗争、谈判、冲突、让步、折中、平衡等谈判与争论的过程，同时还是一个通过吸引力、影响力、震慑力、感召力与同化力来赢得民众支持并获得期望结果的权力行使过程。由此可见，阵地战的难度是可想而知的。但葛兰西并非无产阶级革命问题上的悲观论者，而是积极地为无产阶级实行阵地战探索了一条具体的线索和思路。

首先，无产阶级要对市民社会进行瓦解，尽力突破市民社会通过社会团体构筑的思想防线和精神枷锁，一步一步地夺取市民社会中一个又一个的社会化机构，唤醒工人阶级的意识，造成统治阶级内部的混乱，使统治阶级对本身的力量、对自己的前途失去信心。

其次，无产阶级有机知识分子对社会成员进行无产阶级意识形态教育。葛兰西认为，教育具有普遍的适用性，教育关系不能仅仅被理解为发生在学校里的关系，它应该是"存在于整个社会之中，并适用于每一个个人在他同其他个人的关系中，适用于知识分子阶层与非知识分子阶层之间、统治者与被统治者之间、杰出人物与追随他们的群众之间、领导者与被领导者之间、先锋队与主力之间的关系"[①]。而借助这种普遍教育功能的发挥，统治阶级可以凭借大众的认可与信奉来获得统治的权威。

此外，葛兰西还认为，在各种实践活动错综复杂的现代社会中，学校教育和职业教育是维护统治秩序所不可缺少的，它们是新兴的革命阶级实现理论和实践相统一的前提条件。在资本主义社会，资产阶级通过文化教育职能的发挥，把整个社会的发展提高到与他们相适应的经济或者文化水平，因此资本主义国家作为一个处于不断运动、发展过程中的有机体得以建立并持续。但是在任何国家，包括资本主义国家，他们的人民群众与知识分子集团之间或多或少都存在着一定的脱节，正是这种脱节为新兴革命阶级文化教育职能的发挥提供了可能性。葛兰西还特别强调，通过"阵地战"的方式进行教育时，要根据无产阶级内部素质的高低来决定教育进程的快慢，教育过程也不再是传统的"灌输式"教育，而更倾向于教学相长，在这种和谐的教育氛围中对无产阶级进行意识形态塑造，使他们由革命的"自发性"发展成为革命的"自觉性"，培养无产阶级"批判性的自觉"，从而在"批判的自觉"中用正确的理论去指导实践，最终获取无产阶级的文化领导权。

第二节　法兰克福学派的大众文化理论

法兰克福学派沿着早期西方马克思主义所指明的方向，继续进行文化批判。但不同

---

① 葛兰西. 狱中札记 [M]. 葆煦，译. 北京：人民出版社，1983：33.

的是，法兰克福学派深入文化内部，着手对具体的文化现象进行批判。同早期西方马克思主义相比，法兰克福学派的风格发生了重大转折，更加侧重"批判"，涉及对技术理性的批判、对意识形态的批判、对大众文化的批判等诸多方面的批判，体现了更多的反传统、反多元化的意味，是一种真正的"文化批判"理论。1937 年，法兰克福学派代表人物之一的霍克海默对本学派的理论进行了总结，以"批判理论"来命名，而"批判理论"也正是法兰克福学派的一大特色。

一、阿多诺的文化工业批判理论

西奥多·阿多诺（Theodor Wiesengrund Adorno）1903 年生于德国法兰克福的一个犹太酒商家庭，是德国著名的哲学家、社会学家与音乐理论家。作为法兰克福学派第一代的中心人物与社会批判理论的奠基者，他的文化工业批判理论成为法兰克福学派大众文化批判理论的经典形态。阿多诺对大众文化的批判在西方近代大众文化研究中的地位不可小觑，"正如现代哲学是建立在对黑格尔的批判之上一样，当代大众文化理论的推陈出新也几乎都是从批判阿多诺的大众文化批判理论开始的"[①]。因此，对法兰克福学派大众文化批判理论的研究必然要涉及阿多诺的文化工业批判理论。

（一）基于否定辩证法的文化工业批判

阿多诺的文化工业批判以"否定的辩证法"为其哲学基础。他曾在《否定的辩证法》一书中写道："否定的辩证法是一个蔑视传统的词组。早在柏拉图之时，辩证法就意味着通过否定来达到某种肯定的东西；'否定之否定'的思想形象后来成了一个简明的术语。本书试图使辩证法摆脱这些肯定的特性，同时又不减弱它的确定性。展开这个自相矛盾的标题，是它的一个目的。"[②] 很明显，阿多诺所倡导的辩证法是对自黑格尔以来总体性与同一性辩证法的反叛，他强调的是对肯定的再否定。在他那里，否定性是唯一能确定的东西。在此基础上，阿多诺强调了对宏大体系的批判。他认为，无论一个体系如何动态地发展，它本质上还是一个封闭的体系，还是一种基于对自身肯定的存在。因此，阿多诺反对建立体系，他试图靠一种逻辑一致性的手段与非同一性的原则来使主体冲破主观的谬见，并把研究黑格尔辩证法中所排斥的个别性、特殊性与非概念性等作为自己哲学研究的目标。

阿多诺的否定辩证法坚持的是绝对的、彻底的否定。他认为黑格尔的辩证法是用来平息矛盾的，并没有挖掘事物发展的潜能，一旦否定性走向了肯定，这只能证明这种否定不是充分的否定。被否定的东西直到消失之前都是否定的，这是阿多诺的至理名言，这也标志着阿多诺哲学同黑格尔哲学的彻底决裂。而否定辩证法的思维决定了他批判的逻辑并不在于"每一客体和其概念之间的差异中的同一性"，而在于怀疑一切同一并挖掘出非同一性。我们可以说阿多诺的逻辑是一种瓦解的逻辑，而他瓦解的对象是"主体首先直接面对的概念的、准备好的和对象化的形式"[③]。在阿多诺那里，没有完整的体

---

① 赵勇. 整合与颠覆：大众文化的辩证法——法兰克福学派的大众文化理论 [M]. 北京：北京大学出版社，2005：38.

② 阿多尔诺. 否定的辩证法 [M]. 张峰，译. 重庆：重庆出版社，1993：1.

③ 阿多尔诺. 否定的辩证法 [M]. 张峰，译. 重庆：重庆出版社，1993：142.

系，没有至高无上的权威，也不会有故步自封，他的一切目的就在于否定批判，他甚至为保留否定的精华而拒绝建立一切理论体系。因此，从否定的辩证法出发，阿多诺对资本主义发达工业社会的文化工业进行了十分猛烈的批判，并看到了隐藏于文化工业之下的精神生产已经彻底沦为了物质生产的工具，而此时，文化便失去了批判与否定的力度，倒退到了意识形态的地步，成了操纵与控制人意识的恶魔。与此同时，文化工业通过向大众输送标准化、无深度的文化产品以及它所制造出来的虚假需求，以一种看似合理的方式欺骗与奴役着大众。

（二）文化工业批判理论的基本内容

在资本主义商品拜物教的驱使下，技术不断融入文化生产过程，最终使得文化工业成为技术的附庸与操控人的工具，文化产品最终以一种商品的存在而收尾，并且从规模来看，成千上万的人同时参与了文化产品的生产过程与消费过程。针对这种现象，霍克海默与阿多诺在撰写《启蒙辩证法》时明确提出要对"大众文化"与"文化工业"加以区分。事实上，《启蒙辩证法》一书在草稿中使用的是"大众文化"一词，而非"文化工业"。但是，阿多诺所批判的大众文化并非那种自发地由大众生产并且在大众之中得以流行的通俗文化，而是一种由机械批量复制并通过大众传播媒介广泛传播的商业化与技术化的文化。为避免理解上产生歧义，阿多诺与霍克海默在《启蒙辩证法》一书最终定稿时首次用"文化工业"这一概念全面取代了"大众文化"。因此，准确来说，阿多诺的大众文化批判理论是一种文化工业批判理论。相对于"大众文化批判"而言，"文化工业批判"这一定义更为准确，因为它更深刻地揭示了阿多诺文化批判的本质所在。阿多诺对文化工业进行批判时，从不同的视角出发，揭示了文化工业的不同特性。

1. 从政治经济学视角对文化工业的批判

首先，阿多诺创造性地把马克思主义政治经济学中的使用价值与交换价值概念运用到了文化领域，批判了文化拜物性。在马克思看来，商品具有使用价值与交换价值，物品必须具有使用价值才能实现其交换价值。当物品具有能够满足人们需要的某种属性时，它就具有使用价值。而一旦它成为商品，它存在的唯一价值就成了交换。伴随着使用价值转为交换价值，物品所具有的自然属性被极大地贬低。此时，人与人之间的关系便通过物物交换体现出来，人对物的崇拜使人在商品的世界中沦陷并无法自拔，这就产生了马克思主义所说的商品拜物教。阿多诺在对这些概念进行分析的基础上深刻地指出，文化工业的产品生产与交换也没有逃掉这个规律。在资本主义社会，文化工业从头到脚都洋溢着浓厚的商品气息，整个文化工业的正常运作也遵守着商品与市场的规律与原则。在文化产品交易过程中，它的交换价值被上升到了至高的地位，商品拜物教已经完胜了文化之为文化的精神，人的精神生产在这种氛围中与物质生产已没有任何的区别，以往文化产品生产中的人人关系被物物关系所取代，人的本质和存在被物的价值所消解。大众文化的拜物性导致了人精神上的物化，使人变成了一个没有思想、没有意识的人，物反过来成为控制人的力量，人变成了异化的人。

更为关键的是，资本主义社会的文化工业由于其拜物性而使其生产出来的文化产品被刻上了资本主义经济利益动机、资本的逻辑等思维，此时的文化产品俨然成为资本主义的传声筒与扩音器，正如某位学者所言："当大众文化的意识形态与统治阶级的意识形态形成一种相互支援、相互利用、唇齿相依、荣辱与共的复杂关系时，则意味着政治经济学意义上的文化工业生产机制已经初具规模，利用文化工业对消费者进行整合的意识形态国家机器已经开动。"①

其次，阿多诺对大众文化技术化也进行了批判。大众文化的技术化是与科技革命分不开的。资本主义制度的确立与稳固促进了工业革命的兴起，在工业革命的作用下科技的发明日渐繁荣。在这些科技创造中，大众传播媒介的出现为文化的传播提供了有效的载体，并且文化的发展借助这些媒介迅速上升到了新的高度。因此，大众文化商品化的前提是其技术化。反过来，大众文化的商品化又刺激了更为高级的科技的发明与创造，这会进一步促进文化的技术化。与此同时，伴随着大众文化的技术化过程，文化工业对人意识的操纵逐步增强，人不断地受到技术的压抑与控制。此时，技术形式逐渐代替内容变成了资本主义意识形态的发声器，维护着资本主义的统治。

此外，阿多诺对文化商业性经济目的还进行了深入批判。技术在文化由一种精神存在转变为商品存在的过程中无疑起着推波助澜的作用，但是阿多诺并没有局限于技术本身，他认为技术只是工具，经济才是真正的幕后主使。在资本主义社会中，实际的逻辑应该是这样：经济通过技术来支配社会，因而催生了文化工业，而此时的文化工业又受到了经济的直接制约，把"效益"看作是唯一的真理。这个时候的文化其实已经脱离了传统美学的意义，但是为了生存与利润，它必须给自己贴上似乎合理的文化审美标签。因此，艺术领域被开发成一个新的消费领域，但是此时由文化工业加工与生产出来的"艺术"已经不是为了满足人们的精神需要，而是为实现交换价值而存在的，艺术便沦为商品。在娱乐至死的时代，文化工业出于对效益最大化的追求，必须通过消费者的主动买账才能实现。因此，文化工业打着娱乐的幌子开始引诱着无知的大众。自此，文化便在商业目的刺激下走向娱乐深渊而万劫不复。

艺术沦为了商品，这是对艺术本身存在意义的人为贬低，阿多诺对此写道："就其自身意义来说，文化不仅是为人的，而且总是能够对人们生活于其中的僵化关系提出抗议，因而得到了人们的尊敬。但现在，文化被这种僵化关系完全吸收为自身的一部分，这样，人们就又一次贬低它。"② 因此，文化所具有的反思与重构力量被消解，它只是作为一种外在于它本身的机械复制技术与传播技术的附庸物，文化工业只为自己的利益而存在。阿多诺曾一针见血地指出，"全部文化工业实践将利润动机赤裸裸地转移到各种文化形式上"，"文化工业的'新'就在于，在精确计算效用的最典型的文化工业产品中，对利润的追逐是直接的、不加掩饰的"。③

阿多诺还认为，文化的商品属性还体现在它与广告宣传的结合。当艺术起初添加进娱乐的成分而遭到冷落与批判时，通过艺术的政治标语化来吸引大众是一个使其交换价值得以实现的方法，这对文化工业同样适用。文化在刚开始成为娱乐工具的时候，并不为大众所接受甚至受到大众的反感，但是文化作为一种商品，必须遵守市场的原则与交

---

① 赵勇. 整合与颠覆：大众文化的辩证法——法兰克福学派的大众文化理论［M］. 北京：北京大学出版社，2005：46.

② 阿多尔诺. 再论文化工业［J］. 王凤才，译. 云南大学学报，2012（4）：5.

③ 阿多尔诺. 再论文化工业［J］. 王凤才，译. 云南大学学报，2012（4）：5.

换的法则。当文化彻底放弃了自身的底蕴时，它只是一种以市场为导向的商品。因此，文化商品也就不再以文化的名义而是以商品的名义进行交换。商品为实现其交换价值，便转而求助于广告宣传，正如《启蒙辩证法》中所写的："文化是一种充满悖论的商品。它完全遵循交换规律，以至于它不再可以交换；文化被盲目地使用，以至于它再也不能使用了。所以，文化与广告便混同了起来。"①　而文化工业与广告的结合造就了所谓的"流行"，激发了大众的虚假需求。大众在选择商品时不再那么困难，与此同时使供应商卖出了自己的产品，如此一来，买卖双方都达到目的，可谓一举两得。此时，文化工业便充当了大众生活的"指南"，它通过"满意"与"满足"塑造着大众不断占有商品的生活方式。因此，文化工业便通过广告宣传的范畴架空了事实，让生活在其中的大众认为现实就是正确的生活，因此，大众对文化工业所宣传的"大众的责任和义务""应该有的生活方式与信仰"等观念不再反抗。总之，文化工业使得人形成一种肯定的思维、肯定的观念，因此，文化工业便开始退化为一种意识形态的存在。

2. 从社会学视角对文化工业的批判

首先，阿多诺对文化工业承载的意识形态属性进行了深入批判。文化工业的拜物化、技术化与商业化造就了文化工业的意识形态属性，作为美学的、艺术的与真理的文化倒退为意识形态。阿多诺从文化工业的社会效益层面出发，指出："在垄断下，所有大众文化都是一致的，它通过人为的方式生产出来的框架结构，也开始明显地表现出来。那些高高在上的人不再有意地回避垄断；暴力变得越来越公开化，权力也迅速膨胀起来。电影和广播不再需要装扮成艺术了，它们已经变成了公平的交易，为了对它们所精心生产出来的废品进行评价，真理被转化成了意识形态。"②

那么，如何理解意识形态呢？马克思在《德意志意识形态》一文中对"意识形态"一词进行了详细的论述。他认为，意识形态是以观念的上层建筑形式存在而非独立存在的，它是社会生活在人们头脑中的反映，具有历史性与阶级性。作为杰出的西方马克思主义者，阿多诺继承了马克思对意识形态的理解，他看到了意识形态的阶级性。因此，阿多诺认为自从文化失去了本身所具有的自律性后，实质上是统治阶级的意识形态控制了它的生产标准。文化工业意识形态属性的实现，依赖于技术——铺天盖地的大众传媒手段。在这种情况下，大众已无处可逃与无法拒绝，只能接受文化工业洗脑过程。然而，可怕的是，这种洗脑过程不仅投机于大众的意识层面，同时还深入大众的无意识层面，最终达到对大众的彻底控制。

因此，我们可以毫不夸张地说，文化工业伪装成一副自由的嘴脸，它的思维却是来自资产阶级的，它只不过是通过欺骗而达到奴役人、控制人的工具而已。这种统治方式可以说是如此的高明，它让大众在体验娱乐与消遣中感觉到自己是自由的、快乐的，换句话说大众是心甘情愿地被统治阶级的意识形态所奴役的。阿多诺认为，意识形态本身就是一个矛盾集合体，它既有虚假的、不合理的一面，同时也是社会发展过程中不可或缺的。在对意识形态的虚假性进行批判并逐步达到真理性的过程中，阿多诺看到了统治

① 霍克海默，阿道尔诺. 启蒙辩证法 [M]. 渠敬东，曹卫东，译. 上海：上海人民出版社，2006：146.
② 霍克海默，阿道尔诺. 启蒙辩证法 [M]. 渠敬东，曹卫东，译. 上海：上海人民出版社，2006：108.

阶级与意识形态之间的相互合作并达到共赢的局面，因此，他认为，比起以往的政治经济压迫，这种新型的压迫方式造就了一个更稳固的资本主义社会，成为资本主义社会的主要统治形式。

同时，阿多诺对大众文化的欺骗性也进行了深入批判。他认为，大众文化之所以能够成为意识形态的工具，就在于它的虚假性与欺骗功能；文化与现实生活并不是等同的，它是一种非实际的存在。然而在现代社会中，文化俨然与实际融为一体，它以一种极其逼真的方式塑造着一切真实的东西，这种实际的存在甚至已经超越真实而成为真实的存在，意识形态利用大众对现实的崇拜使生存本身成了意义所在，文化也正是通过这种既虚假又真实的方式实现着对大众的欺骗，"欺骗不在于文化工业为人们提供了娱乐，而在于它彻底破坏了娱乐，因为这种意识形态般的陈词滥调里，文化工业使商业将这种娱乐吞噬掉了。……所有从科学艺术中已经获得的知识都包含着虚假的成分"①。在这种虚假娱乐中，大众并没有忘掉屈从，他们反而变得服服帖帖了。这是因为大众从文化工业中体会到的快乐并不是来自对残酷现实的逃避，而是来自对反抗、对否定、对批判意识的逃避，娱乐所提供的自由，也不过是基于肯定性的自由罢了。因此，在文化工业泛滥的资本主义社会，快乐是虚假的快乐，自由是空洞的自由，批判是毫无力量的批判，人是没有反抗意识的人，社会是没有反对派的社会。在这种空洞笼罩下的社会，大众只能听从统治阶级的安排而别无选择，成为资本主义统治秩序之下的"顺民"，以致到最后，大众甚至开始逃避自由，他们遵循的只是一次次地"循规蹈矩"。针对文化工业导致的大众文化的这种欺骗性，阿多诺进行了经典的总结："整个文化工业所作出的承诺就是要逃出日常的苦役，就像在卡通片里，黑暗中父亲拿着梯子去解救遭到绑架的女儿一样。然而，文化工业的天堂也同样是一种苦役。逃避和私奔都是预先设计好的，最后总归得回来。"②

3. 从艺术学视角对文化工业的批判

阿多诺认为，大众文化的商品化造成了文化艺术性的丧失。这是因为，在文化工业生产过程中，对利润最大化的追求衍生了大批量标准化、模式化、雷同化的文化产品，而这直接剥离了文化的艺术性。因此，阿多诺从艺术学的角度出发，对大众文化进行了深入批判。

首先，阿多诺批判了文化的复制性。文化成了商品之后，艺术就步入了一个机械大复制的时代，造成了真正艺术的消融。文化工业作为一种复制与拷贝技术，它所承载的内容几乎是大同小异。正如阿多诺所言："文化工业独具特色的创新，不过是不断改进的大规模生产方式而已，……所有消费者的兴趣都是以技术而不是以内容为导向的，这些内容始终都在无休无止地重复着，不断地腐烂掉，让人们半信半疑。"③ 不言而喻，文化工业的这种机械复制使文化的普遍性战胜了其特殊性，从而导致了艺术个性的丧失。而且文化工业通过表象的娱乐性引诱着大众，它造成了文化的腐化并且使得娱乐逐

---

① 霍克海默，阿道尔诺. 启蒙辩证法 [M]. 渠敬东，曹卫东，译. 上海：上海人民出版社，2006：128-129.

② 霍克海默，阿道尔诺. 启蒙辩证法 [M]. 渠敬东，曹卫东，译. 上海：上海人民出版社，2006：128.

③ 霍克海默，阿道尔诺. 启蒙辩证法 [M]. 渠敬东，曹卫东，译. 上海：上海人民出版社，2006：122-123.

渐产生知识化的倾向，再加上技术复制，文化工业就彻底形成了一种娱乐知识化的固定模式。在阿多诺看来，电影院所呈现的图像、电台的录音等都是娱乐知识化的体现，也都是技术复制所产生的结果。而这种复制充斥着社会的各个角落，轰炸着无处可逃的大众。这样，文化工业就轻易地把深陷其中的大众塑造成为可以为它们的文化工业进行文化产品再生产的类型，这些大众在同样的机制下、同样的标签中生产着文化工业的所有要素，导致文化工业可以持续永久地存在。而基于同其他事物一致与相似的文化工业，可想而知它抛给大众的是一系列陈词滥调的、整齐划一的、标准化的文化产品。因此文化工业所提供的文化产品既不是特立独行、不是避免重复，也没有自我批判与超越、没有否定性的真理，它已经不是真正的"文化"，可能沦为生活中用以索引、分类的工具而已，或者普通大众的日常消费品。

其次，阿多诺批判了文化的伪个性化。他认为，大众文化的伪个性化与大众文化的标准化密切相关。伪个性化是为掩盖标准化的表象而在标准化的基础上进行适当加工，打上"特殊化"的标签，从而使普遍化的文化产品显得多姿多彩。但是，无论这种文化产品如何具有特殊性，它的本质始终是一种毫无个性的商品。大众文化为什么会走向伪个性化呢？阿多诺与霍克海默在《启蒙辩证法》一书中一语中的："因为，大众不会总愿意掏钱购买和消费老是重复的同样的文化用品。"① 而创造出来的伪个性文化，借助标准化赋予了文化大量生产以自由选择或开放市场的光环。可以说，走红歌曲的标准化，其控制消费者的办法是让他们觉得好像在为自己听歌；就伪个性化而言，它控制消费者手法是让他们忘记自己所听的歌曲早已被听过或已被"事先消化"过了。因此，文化生产者总是力图塑造鲜明的、个性化的形象以吸引消费者消费，文化的伪个性化由此产生。

正是在对文化工业的复制性与伪个性化进行了深入批判的基础上，阿多诺认识到，文化工业不仅带来了社会危机，同时也造成了人的伪个性。他认为，文化工业呈献给大众的是一些丧失了深刻内容的文化垃圾，在这种文化氛围中，"只有每个人束手就擒，不再对幸福抱有任何希望，每个人才能像这个万能的社会一样，都充满着快乐和幸福。正是在他们的软弱中，社会发现了自己的强大，并赋予每个人以力量。人们只有逆来顺受，才能有所倚靠"②。文化的驯服本能在文化工业那里发挥得淋漓尽致，人的个性已经在文化工业的奴役下被祛除，个性也只是一种幻想，人就像物品一样成了复制技术下的成品，代替个性存在的并不是"无个性"，而是"伪个性"，从用以展示自己特立独行的"标准的爵士乐"到"用鬈发遮住眼睛"，无不是虚假的个性，这些"个性不过是普遍性的权利为偶然发生的细节印上的标签，只有这样，它才能够接受这种权利"③。

4. 从心理学视角对文化工业的批判

阿多诺还从心理学的视角对文化工业的心理操纵功能进行了批判，揭示了大众文化深入人的心理层面或无意识层面，形成了对人的控制与操纵，从而为社会造就了一大批

① 霍克海默，阿道尔诺. 启蒙辩证法［M］. 渠敬东，曹卫东，译. 上海：上海人民出版社，2006：128.
② 霍克海默，阿道尔诺. 启蒙辩证法［M］. 渠敬东，曹卫东，译. 上海：上海人民出版社，2006：139.
③ 霍克海默，阿道尔诺. 启蒙辩证法［M］. 渠敬东，曹卫东，译. 上海：上海人民出版社，2006：140.

具有顺从性的、无区别的大众群体。

阿多诺认为，大众文化作为资本主义意识形态的工具，并不像国家暴力机关那样通过外在于人的强制手段来维护其统治，它是内在地作用于人的心理，并把现代大众文化转变成一种心理控制的意想不到的手段。大众文化在传播过程中通过两种方式形成了对大众的心理操纵。第一种是大众在自居性心理的作用下，对大众文化所呈现出来的社会规范的超我性摄取。"自居性"一词是弗洛伊德精神分析学中的一个概念，它指的是在成长过程中，男孩子由于对父亲的崇敬而在心理上自居于父亲的位置时，所产生的一种快乐感与权威感，它实质是一种"心理上的自我以为"。阿多诺认为，正是在大众自居心理的作用下，大众文化中所传达出来的美好、快乐、偶像、权威等意识，被大众所接受并逐渐内化于大众的心中，最终成为操纵大众的力量。第二种方式便是通过对某些公式和陈规的不断重复来达到加强操纵的效果。阿多诺认为，这种重复化可以使大众的思想僵化与固定化，从而进一步加强与巩固已经形成的意识控制之下的超我。正是通过这两种方式，大众文化就形成了对大众意识层面与无意识层面的全方位的渗透与操纵。

二、马尔库塞的文化批判理论

赫伯特·马尔库塞（Herbert Marcuse）是美籍犹太裔哲学家与社会学家。作为法兰克福学派的另一个代表性人物，马尔库塞沿袭了霍克海默与阿多诺的文化批判思想，从文化以及意识形态的视角对资本主义工业社会进行了鞭挞与讨伐，并且把马克思主义相关理论同西方哲学思想结合起来，对当代文化工业进行了深刻的批判。马尔库塞的文化批判理论分散在《文化的肯定性质》《爱欲与文明》《单向度的人》《审美之维》《反革命与造反》等几部著作中，主要包括对肯定性文化的批判、对单向度文化的批判、对压抑性文化的批判、高层文化革命对人的回归等四个方面的内容。

（一）对肯定性文化的批判

马尔库塞在《审美之维》一书中曾这样定义文化："它在给定的情境中点明了社会生活的整体性，这就是指出了观念再生产的领域（狭义的文化，即'精神世界'），和物质再生产的领域（'文明'），一道构成了历史上显著和包容一切的统一体。"[①] 从马尔库塞的文化概念中我们可以清晰地看到，他把文化分为了精神文化与物质文化，观念再生产领域的文化对应精神文化，属于狭义概念的文化；物质再生产领域的文化对应物质文化，属于广义概念的文化。在他看来，物质文化与精神文化是一个统一体，它们共同构成了社会历史的发展。

然而，马克库塞认为，资本主义社会的文化是一种把物质文化与精神文化相互割裂开来的虚假文化，这种虚假的文化丧失了批判与否定的能力，成为一种"肯定性文化"。对于肯定性文化，马尔库塞给出了这样的解释："（肯定性文化）是指资产阶级时代按其本身的历程发展到一定阶段所产生的文化。在这个阶段，把作为独立价值王国的心理和精神世界这个优于文明的东西，与文明分割开来。这种文化的根本特性就是认可普遍性的义务，认可必须无条件肯定的永恒美好和更有价值的世界：这个世界在根本上

① 马尔库塞. 审美之维［M］. 李小兵，译. 上海：三联书店，1989：7.

不同于日常为生存而斗争的实然世界，然而又可以在不改变任何实际情形的条件下，由每个个体的'内心'着手而得以实现。"① 由此，我们可以看出，肯定性文化是一种为平息叛乱、调和现实、美化并维护现存社会秩序而存在的文化。对于资本主义文化所承诺的自由、幸福、快乐，也只不过是"海市蜃楼"的幻想而已。马尔库塞从以下几个方面阐述了他对肯定性文化的认识：

首先，肯定性文化并非一开始就是作为肯定性的存在。马尔库塞认为，肯定性文化起初盛行的时候，恰恰是因为它曾显示出对现实的否定力量而被大众所接受，这时的肯定性文化是一种革命性的文化。然而，当这种文化发展到资本主义工业化阶段而被统治阶级所利用的时候，它就充当了意识形态统治的代言人，转而从之前的否定力量变成了压制否定的力量，这个时候的文化才成了肯定性的文化。

其次，肯定性文化呈现出虚假的和谐，它否定一切冲突、对立与质疑，让现实通过人的心理选择性地呈现出美好、幸福的一面。马尔库塞在《审美之维》一书中写道："随着无目的性和美的东西（还有那些与普遍合法性和崇高美相联系的性质）被内化并置入资产阶级的文化价值中，一个看起来统一和自由的王国，在文化中建立起来了：在这个王国中，生存的各种对立关系似乎是安定和平息了。文化肯定着、隐匿着社会生活的新条件。"② 因此，在大众看来，现实是美好的，幸福是永恒的，世界是不朽的，这种文化杀死了大众的反叛细胞。当人们在生活中遭遇不幸与困境时，肯定性文化所呈现出来的美好幻想充当了人思想上的动力，它让人甘心承受所有的不如意与所有的不自由。因此，人们从资本主义的肯定性文化中学会了隐忍，学会了把不幸福当作是默认的生活方式。对于个体来说，打破现实以追求新的自由会使自己陷入新一轮的不自由中，与其如此，倒不如乐观地忍受现有社会的不自由。

最后，肯定性文化的抽象本质导致人们对现存社会的默认。马尔库塞认为，肯定性文化把社会抽象成一个内在的联合体，让人觉得人是生来平等的，因而他们在现实中也是平等的。因此，这种由于肯定文化的抽象本质而集结起来的团结一致，使人在现实生活中对不公、贫困视而不见，而这种来自肯定性文化对人的统治是人们所无法选择的。人从出生到死亡，无时无刻不被泛滥成灾的肯定性文化氛围所影响与塑造着，并且最终趋向于产生对这种文化"价值"的认同感，并以这种文化为基础展开自己的现实生活。而其实，这种文化只抽象地存在于人的头脑中，文化所塑造的王国也只不过是一种灵魂上的抽象王国罢了，它与现实没有任何的干系，更不会通过作用于现实而去改变现实。我们可以说，文化虽然强调人的自由，却对人在现实生活中的不自由视而不见；文化虽然强调尊严，却不关注现实生活中的具体尊严。真实的情况是，肯定文化赋予人的只是一种毫无抵抗能力的精神上的自由与尊严，人的自由、尊严的实现也只是在内心的实现，它与现实的人的自由与尊严毫不相干。肯定性文化用灵魂去对抗物化，用抽象去对抗现实，最终也只能向物化的现实投降。总之，肯定性文化只是在抽象的心灵中展开，在抽象的心灵中抗议，它对现实毫无反抗的能力，人们的精神只能被物化的文化现实所

① 马尔库塞. 审美之维 [M]. 李小兵，译. 上海：三联书店，1989：8.
② 马尔库塞. 审美之维 [M]. 李小兵，译. 上海：三联书店，1989：8.

统治着，最终形成大众对现存社会统治秩序的默认。

（二）对单向度文化的批判

"单向度"是相对于"双向度"而言的。双向度既有肯定性，又包含着否定性；只有肯定性而失去了否定性便是单向度。在马尔库塞看来，资本主义社会充满了这种单向度，文化亦是如此。马尔库塞对单向度文化的批判主要集中在《单向度的人》一书中，该书的副标题"发达工业社会意识形态研究"使我们认识到，马尔库塞把单向度文化批判的矛头指向了资本主义意识形态。马尔库塞对单向度文化的批判是基于"技术拜物教"的。在他看来，技术产生了高效率，这与资本主义统治的要求不谋而合，因此，统治阶级便利用技术来压制个体的以及整个社会的否定力量。此时对社会的批判又重新回到了人的抽象思维中，理论便与实践、思想便与行动脱节，因此，现实社会中就不存在反对派。正是因资本主义社会的工具理性的泛滥而导致了效率至上的单向度文化。

马尔库塞认为，早期资本主义文化具有对现实进行否定的革命性一面，但是当资本主义确立其统治地位并发展到发达工业社会时，在商品经济与市场规律的作用下，肯定性文化被物化，它的革命性也就随之消失，并与这个社会同呼吸共命运。在资本主义发达工业社会，统治阶级利用意识形态达到这样的统治局面："它们所进行的思想灌输便不再是宣传，而变成了一种生活方式。这是一种好的生活方式，一种比以前好得多的生活方式；但作为一种好的生活方式，它阻碍着质的变化。由此便出现了一种单向度的思维和行为模式。"① 因此，生活在这样一种单向度的思维和行为模式的社会中，人变得不再否定社会、不再进行批判、不再煽动情绪、不再热衷革命，因此，人也成为单向度的人。在这个单向度的社会中，科学技术本身已经开始作为一种意识形态而存在并发挥作用。科学技术利用它对人们所提供的各种物质上的丰盛让人们达到精神上的暂时满足，人在肯定中已经趋向被操纵、被同化了，于是人们便不自觉地接受、认同甚至去维护这种意识形态，而此时隐藏在技术背后的力量——统治阶级也就达到了它的统治的目的。

对于资本主义社会的这种单向度文化，马尔库塞还提出了与它相对抗的文化形态——高层文化。他认为，这种高层文化是一种"前技术文化"，在前技术时代，文化信仰的是道德、美学与思想价值。因此，相应的高层文化的核心就在于对现存社会的否定、批判、反抗与超越。同时，马尔库塞认为高层文化也是一种"后技术文化"，因为高层文化并没有跌入技术的深渊，它有意识地试图使自己从现实的生活方式中摆脱出来。在资本主义发展的历史过程中，高层文化一直在与单向度文化进行着激烈的斗争。但伴随着技术理性的极度盛行，高层文化的合法性被取消，但这并不是"高层文化向大众文化的堕落，而是高层文化被现实所拒斥。现实超过了它的文化"②。然而，高层文化合法性的取消并不是血淋淋地发生的。事实上，高层文化仍然存在，只不过是进行了改头换面，即消除高层文化中异己的、对立的和超越的因素，并将其改造成与现实生活紧密联系的大众文化，贴上商品的标签而得以再生。正如马尔库塞所言："清除双向度

---

① 马尔库塞. 单向度的人 [M]. 刘继，译. 上海：上海译文出版社，2008：11.
② 马尔库塞. 单向度的人 [M]. 刘继，译. 上海：上海译文出版社，2008：46.

文化的办法，不是否定和拒斥各种'文化价值'，而是把它们全部纳入已确立的秩序，并大规模地复制和显示它们。"① 因此，在资本主义发达工业社会，作为思想领域的文化也被物化了，物质文化、精神文化都统统以物化形态存在，文化便丧失了批判的锋芒。

在资本主义社会中，单向度的文化似乎产生了文化的"和谐"局面，但真实的情况是，在一定意识形态控制之下的单向度的文化走向了极权主义，"文化领域里的新型极权主义正是在调和性的多元主义中表现出来的，这种多元主义使最不相容的作品和真理也能在差别中和平共处"②。而文化上的极权主义逻辑反映在政治上，最终会起到维护意识形态、巩固统治秩序的作用。如今，单向度的文化随处可见，文化中心、商业中心、市政中心等无不如此。马尔库塞认为，在单向度的文化传播过程中，人们却成了改造他们思想的文化机器的零件。然而，高层文化却不然，当它受到压抑时，它对资本主义的物质文化进行着控诉、指斥并与它保持距离，"征服对立面、达到一体化，在高层文化向底层文化转化的过程中，有其意识形态上值得夸耀的东西，而这一切都发生在人们得到进一步满足的物质基础上"③。否则，高层文化所具有的革命性会被极大地激发出来。

（三）对压抑性文化的批判

马尔库塞文化批判理论的另外一个主要方面是对压抑性文化的批判。他把马克思主义关于人的解放的学说置于弗洛伊德的爱欲本能论的环体中，从文化的角度揭露了资本主义社会对人的压抑现象，并在《爱欲与文明》一书中提出了以爱欲解放来对抗压抑性文化，最终达到人性的回归。

马尔库塞的压抑性文化理论来源于弗洛伊德的文化压抑理论。弗洛伊德在他的精神分析学中把人的心理结构分为无意识与意识两部分，把人分为本我、自我、超我。在他看来，无意识是人与生俱来的，它追求的是"快乐原则"，由"生本能——爱欲本能"与"死本能——破坏本能"组成；意识领域则是后天形成的，它受"现实原则"的支配。在对人的划分中，"本我"存在于人的无意识领域，它追求的是快乐原则，表现为外在的"自我"在现实原则的基础上为追求快乐而对自己本能与欲望的压抑，这样一来就导致了人被压抑的历史。弗洛伊德认为，人在发展过程中受到的压抑是必需的与合理的，人的历史就是一部被压抑的历史。

马尔库塞对此提出了不同的意见。为了更清晰地挖掘压抑的来源，他在弗洛伊德压抑理论的基础上对压抑进行了分类：基本压抑与剩余压抑。马尔库塞认为，基本压抑是在社会发展程度较低的情况下出现的，由于贫穷而迫使人本能的力量作用于外部世界，人类文明才得以不断进步，因此，基本压抑是一种既合理又必需的压抑；剩余压抑是统治阶级为维护阶级统治而实行的统治阶级对被统治阶级、上层阶级对下层阶级的附加压抑，剩余压抑带给人紧张、不安与负担，是一种不合理与非必需性压抑。马尔库塞分析了压抑来源后，在现实原则的基础上提出了与其对应的历史形式与执行手段——"操作

---

① 马尔库塞. 单向度的人 [M]. 刘继，译. 上海：上海译文出版社，2008：47.

② 马尔库塞. 单向度的人 [M]. 刘继，译. 上海：上海译文出版社，2008：50.

③ 马尔库塞. 单向度的人 [M]. 刘继，译. 上海：上海译文出版社，2008：58.

原则"，并且指出剩余压抑正是通过"操作原则"才得以实现的。马尔库塞对这几个概念进行细化、界定与分析，就是为了揭露科技发达的资本主义社会几乎已经摆脱了因贫穷而导致的"基本压抑"，其对人的压抑更多地表现为不合理的"剩余压抑"，这种剩余压抑使人成为异化的人，阻碍着人爱欲本能的释放。因此，在马尔库塞看来，马克思所强调的关于人的解放的实质，主要就是关于爱欲的解放。

因此，马尔库塞在《爱欲与文明》一书中揭露了当代文化批判的一个重要方向——文明对人本能的压抑。他认为，压抑是广泛存在的，文化不仅压制着人的社会性存在与一般方面，还压制着人的生物性存在与本能结构。马尔库塞在《爱欲与文明》一书的开头就阐述了对文化的这种看法："所谓文化，就是有条不紊地牺牲力比多，并把它强行转移到对社会有用的活动和表现上去。"① （力比多是一个心理学名词，指代人的一种本能与力量，是人的心理现象发生的驱动力。）换句话说，文化就是人的本能受到压抑而升华的产物，当力比多转移到对社会有用的活动和表现中时，它一方面以文化的形式表现出来，另一方面表现为受到剩余压抑而产生的反抗。

人的爱欲本能使得人向往快乐，但是当代资本主义文化对人释放了剩余压抑，导致人的爱欲本能受到压制。如此，这种受压抑的本能形成了对现实原则的挑战。基于此，马尔库塞又回归到了弗洛伊德的压抑理论，他指出："在考察文化时，弗洛伊德所根据的不是浪漫主义的或乌托邦式的观点，而是根据由于推行这种观点而导致的苦难与贫困。因此，文化自由是通过不自由来表现的，而文化进步则是通过压制来实现的。但文化并没有因此而被否弃，因为不自由和压制是必须支付的代价。"② 在弗洛伊德那里，人的爱欲与文明是相互冲突的，正是对人的压抑才产生了推动社会历史发展与文明进步的动力。

马尔库塞对弗洛伊德的压抑理论进行了补充，他认为基本压抑是人为生存而必须受到的压抑，但是剩余压抑则是必须要消除的。剩余压抑造成了对人爱欲本能的压抑，因而要消除压抑性文化就必须要消除剩余压抑，这就要通过"操作原则"来实现，而操作原则的背后则是工具理性的支配。在资本主义社会中，工具理性突出地表现为效率至上。对此，马尔库塞分析了资本主义社会是如何通过工具理性而对人进行压抑的。他认为，随着科技的不断创新与发展，一方面，人改造自然、支配自然的能力得到了前所未有的提高，但是另一方面，人类劳动所创造的日益剧增的文化财富与知识财富，反过来提供了压抑人本能的手段与工具。在资本主义社会所创造的工业文明中，人受到的不仅仅是来自生存的基本压抑，金钱和利益成了至高无上的追求，造成了工具理性的泛滥，使得人更多地受到来自工业文明潜移默化的压抑以及各种渗透在生产和消费过程中的剩余压抑。在资本主义制度范围内，文化成为一种物质统治精神的工具，这种统治不断悄无声息地蔓延到普通大众的心灵，使文化最终异化为一种维护与巩固现存社会秩序的水泥。

马尔库塞认为，随着文化的异化，文化本身也会产生出抵抗异化的力量。文化是在

---

① 马尔库塞. 爱欲与文明 [M]. 黄勇，薛民，译. 上海：上海译文出版社，2008：1.
② 马尔库塞. 爱欲与文明 [M]. 黄勇，薛民，译. 上海：上海译文出版社，2008：7.

人的生本能与死本能相互矛盾斗争的过程中所产生的，人为生存而战也是快乐的。然而社会发展到资本主义阶段后，资产阶级为了实现其统治而把这种生存斗争组织了起来，此时，文化的爱欲基础也就相应发生了改变，生存原则与快乐原则受到了威胁，文化本身也不再产生对抗异化的力量。因此，要改变这种压抑本能的现状，必须超越现实原则。

马尔库塞还认为，不论是消除压抑的文化还是超越现实原则，都必须消除资本主义所附加给人们的剩余压抑。但消除剩余压抑并不意味着消除、破坏人类劳动，把人类生存变为劳动工具的社会组织，而是通过建立一种非压抑性文化的现实原则去改变劳动关系的组织，这是由于"爱欲的解放可以创造新的、持久的工作关系"。因此，马尔库塞力图建立一种"爱欲解放理论"来对抗资本主义的剩余压抑，他认为这样非但不会颠覆文明，反而有助于人们打破当下资本主义统治秩序的桎梏，使人类文明发展到一个新的高度。

（四）高层文化革命对人的回归

在资本主义发达的工业社会，文化失去了否定的向度，发展成一种肯定的、单向度的与压抑性的文化，那么，如何实现文化的救赎呢？马尔库塞认为，寻找资本主义文化的出路还是要立足于资本主义这个特定的历史语境，重新找回这个社会中所存在的对抗性力量。最终，马尔库塞通过对艺术和美这一领域的研究，提出要通过高层文化革命这一方式来唤醒、展开人们精神上的革命，从而构建一种非压抑性文明的社会，并通过文化层面上的革命来促进政治层面与经济层面的革命。

马尔库塞认为，这种文化革命的任务，不仅仅是要实现对物质文化层面的变革，同时还要实现对传统文化层面的变革，换句话说，高层文化革命是对物质文化与精神文化的同时革新。对传统文化的变革是在对当下事物的控诉、对未来快乐的承诺、对解放目标的设定的基础上提出一种感性的文化，进而培养一种具有新感性的人，"包含对人的感性经验和接受性的激进化改造：就是将其从自发进行的、赢利的、歪曲性的生产力中解放出来。但是文化革命远远超出了对艺术的重新评价：它波及资本主义在个人身上的根子"①。因此，这种新感性可以使人摆脱对物的崇拜、对商品的追求，让人从异化与压抑中重新回归人性。

马尔库塞试图用这种新感性的思想去抵抗当代无产阶级被压抑与同化、无产阶级阶级意识丧失以及社会主义运动衰落的社会现实。在他看来，这种新感性就是实践，是反对奴役、压迫、暴行的斗争实践，如此，人们就会形成一种全新的生活方式。而这种新生活是这样一种状态：物质文化与精神文化和谐共存，人们的思想与现实达成一致。物质层面上的富足代表着人在自由上的物质化，正是在此基础上人才可以不受约束地发展着人的需求，从而形成一种非压抑性文化。在物质与精神的自由王国中，人作为个体的存在达到主客体的统一，实现与自然的和谐。此时，物质文化与精神文化便摆脱了割裂的状态，实现了共生、共存。这正如马尔库塞所写到的："当肯定性与否定性，欢乐与痛苦，高级文化与物质文化的对立不复存在了，当作品再也承受不住现在是什么样的和

---

①　马尔库塞. 工业社会和新左派 [M]. 任立，译. 北京：商务印书馆，1982：146.

可能（及应该）是什么样之间的辩证统一时，艺术也就失去了它的真实性，甚至失去了它自身。而资产阶级艺术的这一批判的、否定的、超越的质恰恰体现在这种美学形式中，这是些反资产阶级的质。恢复和改变这些质，挽救它们不使失传，应该是文化革命的一项任务。"①

当然，这只是理想中的状态，在现实中，这两者之间几乎难以达成一致。人已经沉溺于物质的世界而无法自拔，因此，文化革命的历程中注定充满着各种斗争。此时的高层文化虽然让人感觉到是一种带有乌托邦色彩的幻想，但是它革命性的一面毕竟也为个体的解放打开了一个得以突破的维度，这个维度便是它使人不再执迷于现实，而是从现实中幡然醒悟，产生了一种渴望改变现实的念想。因此，马尔库塞认为，高层文化虽然具有阶级性，但这只是表象的而非内在的东西，"人性"才是它的本质。他认为，就目前而言，高层文化产生于前技术时代，带有浪漫与理想主义，这就决定了高层文化只能是被特定的阶级所掌握。但是作为一件真正的艺术品，它的价值并不在它是否反映了某个阶级阶层的思想、观点，而在于它具有内在的艺术感染性，而这种艺术感染性正是普遍的人性光芒。

马尔库塞还认为，高层文化具有对经济的超越性。他在《审美之维》一书中批判了苏联和东欧流行的对"经济基础—上层建筑"的教条理解。他认为这一教条理解实质是忽略了人是一种作为主体性的存在，物质基础不仅包括现实存在的范畴，同时还应该包括由于人的主观能动性而产生的物质力量范畴。因此，马尔库塞概念中的高层文化具有对经济的超越性，它反对教条的经济决定论与对生产力的盲目崇拜，他更反对资本对个体的奴役。因此，马尔库塞所说的文化变革不仅仅是让人们形成一种政治意识，还是通过这种意识使人们产生新的需要，并把这种需要置于现实的实践中，让人们在积极的自由中实现人性的复归。

在马尔库塞看来，高层文化具有一种反抗现实的力量，它是"今天对现存现实文化的反抗，同样还反抗着这种文化中的美，反抗着这个现实文化中所有过于升华、分割、有序、和谐的形式。今天的反抗中对自由的渴望，表现为对传统文化的否定，这就是一种在方法上的反升华"②。马尔库塞指出，这种反抗的动力来自那些被排斥于高层文化之外的没有被完全同化的集团或者群体。因此，他认为，第三世界的压迫者以及包括学生、流浪汉、无业人员、无组织的工人等在内的西方资本主义内部的"新左派"，应该成为克服当下文化异化、进行文化革命的主体。

总之，作为美国发达工业社会的见证人，马尔库塞毫不留情地批判了资本主义发达工业社会造成的文化肯定性、单向度与压抑性发展趋势，并试图通过开展高层文化革命的方法实现对现实文化的救赎。可以说，马尔库塞所提出的"新感性"使他永远站在了反抗资本主义实践斗争的最前列。

---

① 马尔库塞. 工业社会和新左派 [M]. 任立，译. 北京：商务印书馆，1982：155-156.
② 马尔库塞. 审美之维 [M]. 李小兵，译. 上海：三联书店，1989：127.

第三节　后现代马克思主义的文化理论

现代主义在西方文化领域经历了近半个世纪的风云激荡后，极大地影响与改变了西方的思维逻辑与文化氛围。然而，到了 20 世纪 50 年代后，现代主义由于内部出现了各种难以调和的矛盾而面临着解体的危机，这为马克思主义的新发展提供了契机。到了 20 世纪 60 年代初，伴随着科学技术与经济领域的高速发展，西方社会步入了后工业社会阶段。与此相适应，西方的文化领域也同样经历了一次新的裂变。因此，在内外因的共同作用下，后现代主义代替了现代主义而构成了文化发展的新流向。面对后现代主义的新情况，一大批社会批判学家从文化的角度对当代社会进行了深刻的批判与反思，其中，弗雷德里克·詹姆逊与特里·伊格尔顿就是后现代马克思主义文化理论研究的杰出代表。

一、詹姆逊后现代主义文化批判理论

弗雷德里克·詹姆逊（Fredric R. Jameson）是美国著名的马克思主义文学批评理论家，同时也是杰出的后现代主义理论家。詹姆逊的后现代主义文化批判理论是在坚守经典马克思主义的基础上，把马克思主义置于后现代的时代氛围与具体语境中，寻找马克思主义发展的突破口。在后现代批判中，詹姆逊致力于对后现代文化层面的批判，并主张马克思主义与后现代主义进行矛盾的调和。

（一）资本主义文化分期理论

詹姆逊对后现代主义文化批判理论的研究是建立在对资本主义文化分期理论基础之上的，因此，资本主义文化分期理论是我们必须首要谈及的一个问题。

在对资本主义文化进行分期时，詹姆逊首先从时间的维度对历史进行了整体把握，并用历史的观念来分析当下社会，这与现代主义对历史意识的观点是截然不同的。虽然如此，詹姆逊却很坚定他的这一历史分期，他认为，文化作为一种社会现象并非以一种孤立的方式存在的，在对文化的内容、形式、题材、主题等进行分析时，都应该进行具体的、历史的分析而不是抽象的分析。因此，詹姆逊把文化发展的不同形式看作不同社会发展轨迹的体现，认为它对后现代主义文化形态的研究，始终延续着历史发展的基本线索。

詹姆逊认为，不同的社会有着不同的生产方式，不同的生产方式决定了不同的社会形态。詹姆逊在对社会历史进行分期时，既继承发展了马克思主义理论中生产方式与上层建筑之间关系的理论，从历时性与共时性来综合考察社会历史，同时又继承发展了曼德尔在《晚期资本主义》一书中的资本主义历史发展的长波理论。曼德尔认为，资本主义在历史发展过程中呈现出一定的周期性，而这一个周期大概持续 50 年的时间，他把这样一个发展周期称为一次发展长波。在此基础上，他认为资本主义的发展经历了四次长波：从 18 世纪末到 1847 年经济危机的"工业革命本身的长波"；从 1847 年经济危机到 19 世纪 90 年代初的"第一次技术革命长波"；从 19 世纪 90 年代初到第二次世界大战的"第二次技术革命长波"；从第二次世界大战开始后的"第三次技术革命长波"。

此后，曼德尔把资本主义发展的后三次长波分别称作"自由竞争的英国式资本主义、两次世界大战之前和期间的帝国主义古典时期以及目前晚期资本主义"①，由此他便提出了资本主义发展的三阶段理论与晚期资本主义理论。

一方面詹姆逊认同曼德尔对资本主义阶段划分的理论。在詹姆逊那里，"晚期资本主义"是一个特定的历史用语，它并不是一个资本主义已经发展到了行将就木的阶段。在他看来，"资本主义的这个新动向，在美国始于 40 年代后期和 50 年代初期的战后繁荣年代，在法国则始自 1958 年第五共和国的建立。60 年代在很多方面都是个重要的过渡时期，是一个新的国际秩序（新殖民主义、绿色革命、电脑化和电子资讯）同时确定下来，并且遭到内在的矛盾和外来的反抗冲击和震荡的时期"②。很显然，詹姆逊所认为的"晚期资本主义"，指的是在资本主义发展出现新动向而导致资本主义发展跨入了一个全新阶段的基础上所形成的社会，它仍然属于资本主义社会范畴。

另一方面，詹姆逊更注重从资本发展的不同程度来看待资本主义的分期。他认为，在资本发展不同程度的各个时期，相应的文化现象也是不同的。因此，在曼德尔资本主义发展阶段划分的基础上，詹姆逊以文化的不同分期对应着社会的不同分期，把国家资本主义阶段的文化看作现实主义的，把帝国主义垄断资本主义的文化看作现代主义的，把现阶段的晚期资本主义的文化看作后现代主义的。现实主义把"理性"作为中心，是一种写实的文化；现代主义则是致力于表现主体的内心焦虑之情，并试图为人们建立一个避难所，使人们对未来满怀信心；后现代主义则是资本全面胜利的时期，它和商品原则一并不断渗透到人们社会生活的方方面面，并且还全面蔓延到文化领域，文化"抛弃了一切外在于商品的东西"，变成了纯粹赚钱的工具。

对于"后现代主义"，詹姆逊在《后现代主义与消费社会》一书中第一次详细地加以了论述。在他看来，后现代主义并不仅仅用作是描述文学作品的风格，它也代表着晚期资本主义社会的整体文化风格与文化逻辑，他断言"后现代主义"根本无法脱离晚期资本主义世界文化领域里的基本变化而独存。因此，在晚期资本主义社会中，后现代主义文化是一种居主导地位与支配地位的文化。詹姆逊认为，只有对某一阶段文化的主导形式进行深入研究，我们才能够认识到不同社会阶段文化存在的差异，最终实现对不同阶段文化的本质性认识。因此，詹姆逊力图从后现代主义出发揭露晚期资本主义社会的文化，当然，他的最终目的是要通过对文化表象的认识达到对晚期资本主义社会的认识。

在詹姆逊看来，晚期资本主义社会具有无根性，它失去了保留连续性历史记忆的能力，就如詹姆逊所言："我相信，后现代主义文化的出现，和晚期的、消费的或跨国的资本主义这个新动向息息相关。我也相信，它的形式特点在很多方面表现出那种社会系统的内在逻辑。然而，我只能就着一个重要的题旨揭示这一点：即历史感的消失。"③因此，在晚期资本主义社会，社会是无根性的社会，文化也就成为无根性的文化，社会对社会历史发展本身与文化历史发展本身不再予以关注。更甚的是，跨国公司和消费主

① 曼德尔. 晚期资本主义 [M]. 马清文，译. 哈尔滨：黑龙江人民出版社，1983：16.
② 詹姆逊. 晚期资本主义的文化逻辑 [M]. 张旭东，陈清侨，译. 北京：三联书店，1997：399.
③ 詹姆逊. 晚期资本主义的文化逻辑 [M]. 张旭东，陈清侨，译. 北京：三联书店，1997：410.

义使得文化问题被粗暴地理解为商品行为。因此，詹姆逊正是从这样的历史视角出发来说明后现代主义的文化危机，并揭露了现代资本主义社会仍然存在着各种各样的社会矛盾与人的发展问题。

（二）后现代文化的基本特征

作为后现代主义文化大师，詹姆逊比较全面地捕捉到了其发展特征，进行了深入论述。

1. 文化深度性丧失

詹姆逊认为，后现代主义文化的一个主要特点是深度感的丧失，到处泛滥着一种平面化的文化。他在《晚期资本主义的文化逻辑》一书中这样写道："一种崭新的平面而无深度的感觉，正是后现代文化的第一个，也是最明显的特征。说穿了，这种全新的表面感，也给人那样的感觉——表面、缺乏内涵、无深度。这几乎可以说是一切后现代主义文化形式最基本的特征。"[①]

在现代主义社会中，文化虽然来源于现实生活，但是它又满足于现实生活，它在文化作品中寄予深刻的意义，从而指引人们的生活。因此，现代主义文化是一种有深度的文化。在詹姆逊看来，现代主义文化表现出以下几种深度模式：其一，有关本质和现象的辩证思维模式，实际上也就是黑格尔和马克思辩证法所要追求的透过现象认识本质的认识模式；其二，弗洛伊德的心理分析模式，这是关于表层意识和潜在意识之间压抑和被压抑关系之分析；其三，存在主义关于真实性与非真实性、异化和非异化的观念；其四，索绪尔的结构主义符号系统。[②] 虽然这几种理论模式所指不同，但它们都致力于对"深度"的挖掘。后现代主义文化却颠覆了这种文化的深度性与思想性，它拒绝任何的解释，反对一切对文化作品深层内涵进行探索的思维模式。后现代主义文化呈现给人们的只是在时间上分离的阅读经验，而无法在解释的意义上进行分析，它把现代主义的深度削平了。

在后现代社会中，文化追求的不再是真理，它只是一种简单的"文本阐述"，文字或语言的表层含义取代了深层内涵，它抹平了人的个性与思想，抹杀了理想与现实之间的距离，把人们带入了日常生活的消费领域并从此万劫不复。简单地说，后现代作品只是对文字、文本、材料随意玩弄的游戏而已，文化和语言就是文化本身而没有其他的隐含意义。因此，在后现代主义社会，浅薄的、庸俗的、浮躁的、平面化的文化甚嚣尘上，文化产品中体现的对价值、理想、道德、人生等的追求统统被抛弃，各种低级的物质欲望代替了高级的精神欲望，奇装异服、花天酒地充斥着人们的生活，沉溺于沟壑难平的物质、感官、肉体的享受。

2. 文化历史感消失

文化历史感的消失其实是文化深度削平的另一个表现，这可以看作后现代文化的另一个特征。在传统哲学视域下，主体逐渐受到哲学领域以及科学文化领域的高度重视，而自我与对象世界历史发展的统一性便在自我意识的统一性那里得到了保证，因此，历

---

① 詹姆逊. 晚期资本主义的文化逻辑 [M]. 张旭东，陈清侨，译. 北京：三联书店，1997：440.

② 詹姆逊. 晚期资本主义的文化逻辑 [M]. 张旭东，陈清侨，译. 北京：三联书店，1997：289.

史是由过去、现在、未来而组成的一个相互联系的整体。但是后现代主义对待历史的态度发生了重大转折，在后现代语境下，任何试图确定历史连贯性的努力都注定了失败的结局。时间性在晚期资本主义社会被后现代的"超空间"取代，人们无法感知周围的一切，也无法从外部世界中去找到自己的位置。主体在这种变化中实现了由"主体异化"到"主体分裂"转型，正如詹姆逊深刻指出的："踏入后现代境况以后，文化病态的全面转变，可以用一句话来概括说明：主体的疏离和异化已经由主体的分裂和瓦解所取代。"① 因此，在后现代主义文化中，主体性特征消失，主体也就成为支离破碎的混合体，也只能从事着一些虽多种多样但零散的活动。随之，文化的历史感消失，以碎片化作为文化存在方式。

在詹姆逊看来，后现代主义文化主体性的丧失表现为文化主体自我的"精神分裂"。对于精神分裂者而言，他们的脑海中没有时间、语法句法的概念，只有纯粹的指符。因此，后现代时间观的"断裂感""非连续性"在这种精神分裂中表现得十分明显与具体，这导致他们的语言变得断续、离散、杂乱无章，而他们只能生活在这种片段式的生活之中。相比而言，在现代主义社会，历史所赋予人们的是一种对过往的回忆，而在"精神分裂"的后现代主义社会，人们无法产生对事物的连续性的感受，以至于他们无法感知自己的过去，对于他们而言只有当下，除了瞬间的表象外，他们一无所有。

詹姆逊在对后现代主义文化进行批判时，以后现代的"怀旧电影"为例进行了形象的分析。他认为，电影运营商为了再现历史时代风格，精心设置各种过去的形象，而删去了那些能使人联想到现代的任何事物。而从这些电影中，人能感受到的只是拼凑的画面、只是色彩鲜明的形象，除此之外，人不能感知其他任何有效信息，历史的传统与当今社会的现实性在后现代文化中断裂。正如詹姆逊说的："我们仿佛不能再体察到现在与过去之间的历史关系，不能再具体体验历史了。让我们把握历史经验的机会已经大不如前了。"② 因此在后现代社会中，文字与语言构建的只是形象，而无力再现历史与现实，人们就在这种虚幻的形象中生活并乐此不疲，形象已然成为商品物化的终极形式。人们在虚假形象所描述的世界中，看不到历史和现实，分不清过去和未来，人只是"活在当下"。

总之，后现代主义颠覆了传统的时空观，它希望把一切都完全地空间化。之所以如此，是因为他们希望通过去除掉文化中的传统思维方式、生活经验以及历史因素等，使文化最大限度地满足人们娱乐性、商品化、信息化的需求，以谋取利润。因此，后现代主义造就了一种"孤立的时空观"，不论是思维、存在的经验抑或文化，它们都以空间化而作为存在方式。詹姆逊对此进行了总结，并把空间化看作后现代主义现象最终极的、最一般的特征。因此，在詹姆逊那里，空间性、永恒性是后现代主义的时间的唯一存在方式，显然，在这种时空观下，文化历史意识的丧失也就不足为奇了。

3. 文化距离感消失

文化距离感的消失是后现代文化的第三个特征。而这里的距离感消失是一个空间上

---

① 詹姆逊. 晚期资本主义的文化逻辑 ［M］. 张旭东，陈清侨，译. 北京：三联书店，1997：447.

② 詹姆逊. 晚期资本主义的文化逻辑 ［M］. 张旭东，陈清侨，译. 北京：三联书店，1997：287.

的概念，"在后现代主义崭新的空间里，'距离'（包括'批评距离'）正是被摒弃的对象。我们浸透在后现代社会大染缸里，我们后现代的躯体也失去了空间的坐标，甚至于实际上（理论上更不消说）失去了维持距离的能力了"[①]。

文化距离感的消失并不是指文化距离在空间上的远近，而是指由于科学技术的发展，人与人之间、人与物之间真实感的丧失。在后现代主义社会，文化不再孤傲冷僻，而是出现了与其他领域相互融合的趋势，并且它的商品化企图愈来愈明显，甚至与工业实现了大合作。而在这样一个文化深度丧失、文化历史感丧失、文化逐渐商品化以及科技高度发达的资本主义社会，人与人之间的感情、现实世界的真实性、用以判别真假的价值标准等都受到了强烈的冲击，而这种冲击就表现为距离感的丧失。因此，在后现代主义文化中，拼凑取代了原创而成为备受推崇的创作方法，并且压制了一切艺术实践，随之文化不再具有独特的风格，也不再是限于特定阶层，它以一种日常消费品的方式进入大众的生活。

德国学者本雅明依据后现代的文化现实，提出了"复制"理论。他认为在资本主义发达工业社会，科学技术的发展使得复制泛滥于社会各处，文化领域也通过复制技术形成了文化工业，文化作品不再是唯一。詹姆逊对此十分赞同，他认为"'复制'是后现代主义中最基本主题"，并对此进行了深入的挖掘，提出了后现代文化距离感的消失这一特征。要言之，在后现代社会，人无法确定自己的位置，文化的风格、超越性、原创性也都统统丧失，"复制"代替了一切。

总之，后现代主义文化呈现出的这三个特征，我们都可以从后现代大量的文艺作品（如小说、诗歌、电影、音乐、建筑等）中得到印证。在后现代主义文化的包围中，个体的独立意识空间被攻占，失去了对事物的选择与判别能力。作为已经失去了灵魂而空有人的外衣的个体来说，他们在社会历史的潮流中只能随波逐流，媒体成了他们日常生活的标杆。詹姆逊认为，后现代文化作为一种文化的上层建筑，它的形成是与相应的经济基础分不开的，它是建立在后工业社会或者是消费社会的基础之上的，是一种与晚期资本主义统治相契合的意识形态。对此，詹姆逊警告说，陷入物质深渊的人们贪图于后现代文化的平面化、娱乐性、大众化等特点，而隐藏于这种文化之下的资本主义意识悄悄地潜入人们的无意识领域并牢固扎根，以全新的统治方式对人们的精神领域进行剥削与压制。与以往赤裸裸的物质剥削相比，它具有更强的隐蔽性与腐蚀性。总之，在晚期资本主义社会，虽然物质富裕、科技发达，商品经济繁荣，但文化已经彻底沦陷，人也彻底丧失了自己的精神家园。

（三）认知绘图理论

在后现代社会，人类的知识结构与生存状况发生了巨大变化，人们处在一个偌大的无法确定的系统中，空间出现了对人的压制，超空间使人连自身都无法准确定位，人也找不到自己的位置。面对后现代的这种黑暗困境，詹姆逊并没有像阿多诺一样陷入悲观主义，他试图通过构建一幅全球性的"认知绘图"，从而来正确认识后现代文化，以帮助人们正确定位自己、重拾精神家园，摆脱后现代的危机。

---

① 詹姆逊. 晚期资本主义的文化逻辑［M］. 张旭东，陈清侨，译. 北京：三联书店，1997：505.

认知绘图理论首先是詹姆逊根据后现代主义社会的"超空间"问题而提出来的一种应对策略。"认知"一词最早是由城市规划专家凯文·林奇在《城市的形象》一书中提出来的概念,"它反映了在巨大的城市空间面前,主体在空间迷失中失去了图绘城市空间的能力"①。在这里有必要解释一下"空间"的概念。在詹姆逊看来,后现代主义与现代主义的最大差别就在于后现代是关于空间的,而现代主义是关于时间的,空间问题是后现代主义文化理论的一个重要内容,同时也是新的认知图绘构建的前提。詹姆逊认为,资本主义社会发展的三个历史阶段都应该有与其生产方式相对应的特定的空间。在国家资本主义空间内,资本主义保持原有的性质不变,与此同时启蒙运动兴起;在帝国主义垄断资本主义空间内,个体由于与帝国主义殖民体系之间存在矛盾,导致个体已无法真实地捕捉世界的面目;在晚期资本主义的空间内,资本已经超越了国家,个体已经不是作为主体而存在。

因此,后现代主义所创造的空间让人无所适从,这是因为新的空间涉及对距离(本雅明所说的辉光)的压制,和对仅存的空无或空地的无情的渗透,以至于后现代身体——无论徘徊于后现代的旅馆,通过耳机而被封锁在摇滚乐的音响之中,或像迈克尔·海尔告诉我们的那样,在越战的枪林弹雨中经历无数的冲突——现在都暴露给一种感知的直接攻击,一切掩蔽的层面和介入的中介都被这种攻击摧毁了。在晚期资本主义所创造的空间内,复杂的关系、不断更新的机器、不断发明的新科技、高度发达的网络等等,这一切使人无法把握这个新的空间而倍感焦虑。面对后现代主义的狂轰滥炸,"集体无意识"就此形成。

在此基础上,詹姆逊企图通过借鉴建筑艺术上的"认知绘图",来构建一种作为整体意义上的"认知绘图"。这种认知绘图作为一种认知方式,它首先对局部进行勘测,挖掘出部分之间的相互联系性,在此基础上,构建出一张总的图纸,如此一来,人们不仅有具体的认识,同时又能有总体性的感知。由此,我们可以知道,认知绘图坚持的是一种总体性的视野,客观地认识人类历史以及准确地判断现实,是绘制认知地图的前提条件。这种认知绘图作为一种文化策略,它要反对的便是分裂的社会、分裂的文化,以这种认知地图所提供的理论视野,来形成对世界的整体认识,以一种发展的眼光来探寻当代文化的革命意蕴,进而展望文化发展的前景。詹姆逊认为,认知绘图虽然不能让人们完全掌握世界,但是至少它可以帮助人们认识社会现实的内容。

这种认知绘图不仅是一种文化策略,同时还是一种政治策略,"'认知绘图'正可提供这种一个具有教育作用的政治文化,务使个体对自身处于整个全球性世界系统中的位置有所了解,并加以警觉"②。这种政治策略上的认知绘图把个体与集体置于广泛的阶级现实与结构现实中去,从而使个体与集体能够清晰地认识到个人、集体、社会、国家之间的关系,并在此基础上重新确立个体及集体的正确位置,重新树立他们的阶级意识以及其他各种意识,最终挽回他们的奋斗能力与实践斗争改造的能力。因此,我们可以说,"不能进行社会测绘有害于政治经验,就如同不能进行空间测绘有害于城市经验

---

① 袁久红. 西方马克思主义的政治哲学 [M]. 南京:东南大学出版社,2004:219.
② 詹姆逊. 晚期资本主义的文化逻辑 [M]. 张旭东,陈清侨,译. 北京:三联书店,1997:514.

一样。不言而喻，这个意义上的认知测绘美学是任何社会主义政治规划的必要组成部分"①。总之，詹姆逊构建新的认知绘图的目的在于使人们能够透过后现代主义文化的现象看到资本主义意识形态控制的本质，从而使麻痹的人们重新拿起批判的武器来进行武器的批判。

由以上论述我们可以看出，詹姆逊的认知绘图理论实质是马克思主义总体性思想的一个具体表现，它为各种鱼龙混杂的后现代主义社会提供了一种自我认识、人与社会、国家之间、种族之间的界定。但是这种认知绘图也不是万能的，它"不可能制造一种表现方式来确凿地表现预先存在的视觉幻象，这里只有一种保证唯物主义抵制唯心主义复原的方式，即防止用形而上学的术语作解构性的阐释阅读"②。这种认识上的方法论保证，也正是詹姆逊认知绘图理论的价值所在。

二、伊格尔顿的文化危机与战争理论

特里·伊格尔顿（Terry Eagleton）是英国著名的文学与文化理论家，是后现代理论的另一杰出代表人物。后现代主义马克思主义者虽然都致力于对后现代主义的批判，但是他们在文化的批判方式上却各有特色。詹姆逊对后现代主义采取折中态度，试图通过理论建构的方式调和后现代主义与马克思主义之间的矛盾冲突，由批判主义走向建构主义；而伊格尔顿则不同，他把对文化层面的研究上升到政治研究的高度。在他那里，后现代主义与马克思主义处于紧张对立、彼此不相容的状态。因此，伊格尔顿在始终保持与后现代主义适当距离的基础上，以文化本身为线索，从中总结出了文化的特质，并揭示了后现代的文化危机与战争理论，最终试图构建一种与后现代文化截然不同的"共同文化"。

（一）对文化概念的重新界定

与詹姆逊的文化批判不同，伊格尔顿对后现代文化理论的研究首先是从文化本身的定义开始的。在漫漫的历史长河中，不同的哲学家对文化进行了不同的阐述，这些观点也都各有千秋，但是文化究竟是什么？文化的特质又是什么？伊格尔顿发出了这样的疑问。

伊格尔顿对这些问题的回答，深受他的老师威廉斯文化观的影响。在威廉斯看来，文化是一种生活方式，是"平常"。在后来，威廉斯创造性地提出了大众文化，并对文化进行了关系层面的梳理与分类，他把文化分为社会的文化、理想的文化、文献的文化。伊格尔顿认为威廉斯对文化的界定过于宽泛，他在威廉斯文化观的基础上进行了拓展，从文化的物质关系层面、文化与社会的关系层面、文化与文明的关系层面来探讨文化。

首先是文化与物质关系的层面。伊格尔顿强调对文化的理解应该摆脱唯心主义对文化的偏见，把文化置于全部的物质实践中进行界定。他对"文化"一词的词源进行了历史的考察，文化最初代表的"耕作"；到了弗兰西斯·培根那里，文化特指一种活

---

① 王逢振. 詹姆逊文集（第1卷）[M]. 北京：中国人民大学出版社，2004：302.
② 詹姆逊. 文化转向 [M]. 胡亚敏，译. 北京：中国社会科学出版社，2000：35.

动；马修·阿诺德进一步挖掘了文化，认为它表达的是一种抽象的概念。因此，在伊格尔顿看来，文化并不是一开始就代表着抽象的精神世界，它是源于物质并且与自然有着莫大的联系。而只有当"我们称之为劳动的那种与自然的不停交往"的实践活动作用于自然时，自然反过来也会对人产生影响并无形中改变着人类的内心世界与精神面貌，直至人类把它上升到文化的境界，至此，文化才得以产生。因此，物质是文化产生的基础。

其次是文化与社会的关系层面。伊格尔顿认为，文化存在于社会之中，它在某些领域表现出对社会的抗议，但同时也在其他领域表现出与社会的妥协。在后现代社会，通过文化来塑造并统治人已经成为统治阶级心照不宣的做法，而此时文化便"成为一种内在的批评或者解构，从内部占领一个守旧的社会，解除它对精神之运动的对抗"[①]。但是，在伊格尔顿看来，在人类社会的早期或者某个阶段，"仍然有可能将文化看作既是理想的批评，又是真实的社会力量"[②]。

最后是文化与文明的关系层面。在他看来，文明可以从个人层面与社会层面进行理解。文明代表着个人有礼貌，但是这种精神是通过与他人的交往才能完成的，因此，文明便实现了由个人向社会的转变。在这个过程中，由于文明是在一定社会条件下发生的，因此文明是与政治紧密连在一起的。在 18 世纪，文明与文化具有很大的差异。文明常常用作一个褒义词，表示对民族文化的肯定与赞赏。如此，它就被其他国家广泛地学习，因此国家与民族之间的差异逐渐缩小。所以我们说这个时期的文明可以缓和民族差异。而文化则不同，它具有区分性，通常代表某个国家或者民族的文化。但是，到了19 世纪，文明倾向于帝国主义立场，一些西方国家借用传播西方文明的名义进行侵略与掠夺，此时，曾经带有褒义色彩的文明便令人深恶痛绝，文化却被赋予了相反的积极意义。

在对文化进行这三个层面的历史与现实分析后，伊格尔顿总结了文化的三层含义：首先，从历史演变的角度看，文化表示物质性的过程逐步演变为比喻性地指代精神生活的东西，即得到大众广泛认可的相关艺术作品与文学作品。其次，从人类学的角度来看，文化指的是长期以来由于人们在共同的生活之中所形成的习俗、风俗、信念、规定等。最后，从政治学的角度来看，文化指的是制度上的整个社会生活方式，这时文化的任务便是从宗派主义的政治自我中蒸馏出我们共同的人性，从理性中赎回精神，从永恒中获取暂时性，从多样性中采集一致性等。从伊格尔顿对文化的重新定义来看，我们可以说他的文化界定是对艾略特、威廉斯等学者文化定义的超越，他的超越之处就在于他重新捡起了已经被人遗忘但又滋养文化生长的物质基础层面，而并不是仅仅停留在文化本身的精神价值层面。从伊格尔顿对文化的界定我们可以看出，它所倡导的文化应该是一种大众的、和谐的文化，这也就不难理解我们下文会涉及的伊格尔顿提出的一个核心概念——共同文化了。

（二）后现代社会的文化危机

伊格尔顿认为，在后现代社会中文化理论成为最具诱惑力的商品之一。在传统社会

---

① 伊格尔顿. 文化的观念［M］. 方杰，译. 南京：南京大学出版社，2003：9.
② 伊格尔顿. 文化的观念［M］. 方杰，译. 南京：南京大学出版社，2003：10.

中，文化是关于价值与道德的，但是进入 20 世纪 60 年代以后，伴随着文化在资本主义发展过程中的重要性日渐凸显并几乎与资本主义浑然一体，后现代的文化危机也越发凸显出来。因此后现代的文化理论就成为伊格尔顿眼中最具有诱惑力的商品。

在伊格尔顿看来，文化危机并不是一个新鲜事物，文化与危机始终相伴而行。在后现代主义社会中，广义文化与狭义文化在不断的矛盾运动中使文化违背了用以解决问题的初衷，成为一种对国家、民族、种族、地域的肯定，这就导致了文化本身成为一种问题与危机。此外，在后现代主义语境下，文化趋于多元化，政治的文化与美学的文化在界限区分上逐渐模糊，而高雅文化与通俗文化、一般文化与具体文化在共同的文化生活中难以实现和谐共处。文化的多元化（即使这种多元化是表象的伪多元化）使人们在空洞的普遍性与盲目的排他性之间徘徊不定、左右为难。因此，伴随着文化一体化的消解，人们的信仰开始崩溃，精神世界变得无家可归。而此时，多元文化中的强势角色越发强势，弱势文化则逐渐脱离了其原本的民族风格而被同化，但这种同化却不至于此，它披着一种"多元化"的外衣而冠冕堂皇地进行着同化并意图同化到底。因此，文化便出现了认同的危机，继而直接导致文化统治之下的社会规范秩序出现混乱。此时，文化的危机最终会导致政治危机与相应的社会危机，伊格尔顿指出这也正是自苏联解体以来世界的整体文化与政治状态。

伊格尔顿认为，比起以往时代的文化危机，当代的文化危机具有强烈的自反性，它突出地表现在一般文化与具体文化的冲突中。在这种文化冲突中，隐藏于其背后的权利关系逐渐浮出水面。

一般文化关注并极力弘扬人的普遍主体性，它是传统文化的重要组成部分，来自不同地域、不同种族的人们都能在一般文化中享受人作为主体的优越感与尊严。在一般文化中，艺术与高雅文化则汲取了这些价值观并通过书籍、电影等形式散播给大众，构成一般文化的重要形式。具体文化则肯定特殊性的存在，它代言的是国家的、民族的、种族的、阶级阶层的、性别的文化。自 20 世纪 60 年代以来，具体文化风靡全球，构成了全球文化的主流，然而与此同时，为国家、种族、民族等代言的文化也就成了冲突地带，也正是强势文化与弱势文化、西方文化与东方文化之间的冲突造成了文化的危机。一般文化与具体文化之间的斗争是社会历史发展的结果，这看起来是一个悲剧，文化变得越具体，便越难以完成文化的教化使命；而当文化变得越一般，就越远离实际，最终走向自身的反面。

伊格尔顿认为，一般文化与具体文化之间的不和并不是一种文化的不和，它们之间的矛盾根源在于"一种物质的历史——一个在空洞的普遍性与狭窄的排他性、全球市场力量的无政府状态与反抗这些力量的地方差异的时尚之间挣扎的世界"①。换句话说，一般文化与具体文化之间的冲突更是一个现实的政治问题。这两个看似不可调和的矛盾却有着共同的基础——权利，而权利的支配作用正是使一般文化与具体文化产生冲突的隐性的、决定性的因素。文化与权利的同伴同行比以往任何时候都要突出，无论是作为一般文化的艺术，还是作为具体文化的通俗文化，它们终究不过是权利固执地塑造其身

---

① 伊格尔顿. 文化的观念［M］. 方杰，译. 南京：南京大学出版社，2003：51.

份的一种手法而已。

（三）后现代社会的文化战争

随着全球化趋势的加剧与商品经济的发展，文化领域不断出现文化的分化与整合的迹象。在这个过程中，难免会出现一些不可调和的矛盾，这些矛盾便通过文化战争的形式表现出来。在伊格尔顿看来，文化战争不单是一个定义性与学术性的问题，它更是一个现实性的、全球性的斗争，是新的世纪世界政治格局的有机组成部分。伊格尔顿认为由于文化危机导致的文化战争至少有三种形式："即作为文明的文化、作为同一性的文化和作为商业的或后现代的文化之间的，还可以将这些类型更为简洁地界定为美德、民族精神和经济学。"①

在他看来，文明的文化不仅涉及美学问题，它还具有一种坚持总体性生活方式的价值，它追求的是自由与解放；同一性文化在某种程度上可以理解为具体文化，它追求的是一种特殊的生活方式，注重的是民族、国家、种族、阶级等具体的因素，比如民族主义、女权主义、本土主义等都属于同一性文化。伊格尔顿认为，这种形形色色的同一性文化构成了后现代主义社会的文化战场，正如伊格尔顿所说的："自从 20 世纪 60 年代以来，'文化'这个词一直在它的轴上旋转，表达几乎完全相反的意义。它现在的意思是对一种特殊身份——国家的、性别的、种族的、地域的——的肯定而不是超越。鉴于这些身份都自认为受到了抑制，曾经一度被构想为一致性的领域已经被转变成了一个冲突的地带。简而言之，文化已经由解决办法的组成部分一跃而成了问题的组成部分。文化不再是解决政治争端的一种途径，一个我们纯粹地作为人类同伴在其中彼此遭遇的更高级或更深层的维度，而是政治冲突辞典本身的组成部分。"② 在当代，革命的民族主义、种族斗争、女权主义等三种作为激进政治的主要形式，其实质就是把同一性文化作为政治斗争的符号与形象，并通过这样的方式来表达自我的意义、价值、身份以及群体的团结。

在后现代主义社会，文化生产俨然成为商品生产的重要组成部分。然而，伊格尔顿认为："一旦文化生产变成了总体商品生产的组成部分，就尤其难以讲出必然性的范畴在哪里结束，自由的王国又在哪里开始。"③ 在马克思主义那里，人类历史就是一个不断地从必然王国向自由王国发展的历史，自由王国是实现人类解放的最终归宿，如果人类按照文化规范的理想化来发展，那么，文化理想必将成为现实，人类也将过渡到自由王国。但是在后现代主义社会，文化成为一种不折不扣的商品，理想在文化那里已经成为空谈。然而，文化的商品化是后现代社会发展的必然趋势，于是文化便会陷入这种永无尽头的必然性之中，那么此时，人类就丧失了追求自由王国的初衷，而满足于当下的必然现实。

伊格尔顿认为，文化战争还存在第四种形式，即激进文化与社会的冲突对抗。伊格尔顿认为，它在形式上不一定是独立的，可能表现为高雅文化、同一性文化、后现代文化，也可能表现为这三种文化的置换生产。但是，不论如何，"激进文化的成败最终只

---

① 伊格尔顿. 文化的观念 ［M］. 方杰，译. 南京：南京大学出版社，2003：73-74.
② 伊格尔顿. 文化的观念 ［M］. 方杰，译. 南京：南京大学出版社，2003：44.
③ 伊格尔顿. 文化的观念 ［M］. 方杰，译. 南京：南京大学出版社，2003：42.

决定于一个事实：一场更广阔的政治运动的命运"①。

总之，文化危机与文化战争表明我们的现实生活正在被文化所重新构建，文化已经超越了其他一切手段，成为资本主义社会现实构建的最重要手段。但是，这种文化形态表现为"政治的壮观化、商品的美学化、消费的色情化和商业的符号化"，发达资本主义国家正是通过这种腐朽性手段顺利实现着对民众的统治。而当资本主义社会把文化推到统治极致的时候，也注定了文化要失去它原来的位置。因此，伊格尔顿认为："面对这种文化的繁荣局面，需要重申一个严峻的事实。我们在新千年面临的首要问题——战争、饥饿、贫穷、疾病、债务、吸毒、环境污染、人的易位——根本就不是特别'文化的'问题。它们首先不是价值、象征、语言、传统、归属或同一性的问题，而最不可能是艺术的问题。"② 伊格尔顿强调指出，我们要把文化战争看作是政治战争，但是人类所面临的重要政治问题，它首先不是文化与艺术问题，而在于政治问题本身。因此，伊格尔顿强力呼吁文化的回归，反对那种把文化扩张到一切领域的做法，主张在文化自身范围内对马克思主义文化政治学进行研究，而这对于我们今天的文化研究仍然是有深刻启示的。

（四）共同文化观的核心理念

面对盘根错杂的复杂关系，如何解决文化危机？伊格尔顿认为这不仅是一个文化上的问题，也是人类社会所急需解决的现实问题。在伊格尔顿看来，文化的发展必须走向一种共同的文化，如此才能摆脱文化危机。那么，问题出来了，什么是共同文化？共同文化何以能解决文化危机呢？

在伊格尔顿看来，真正的共同文化应该是植根于大众之中，并且在这里高雅文化与通俗文化、一般文化与具体文化都可以得到很好的统一。伊格尔顿共同文化思想的提出，来源于马克思对共产主义的设想。在马克思看来，共产主义是一种"以每个人的全面而自由的发展"为基本原则的社会形式，这种个体自由而全面发展的实现是建立在共同体的基础之上的。作为忠实的马克思主义者，伊格尔顿高度赞扬了马克思站在美德的高度关注个体发展的品质。在此基础上，伊格尔顿提出了"共同文化"。

对于共同文化，艾略特与威廉斯也曾阐述了各自的见解。艾略特的共同文化是一种不平等的文化，它是少数艺术、美学作品的文化与人类学意义上的文化的统一结合体，因此，它也可以是少数精英的文化。而威廉斯则认为，只有通过集体创出来的文化才能成为共同文化，而这种共同文化通过共同的生活资料就能实现。

伊格尔顿在把艾略特的共同文化与威廉斯的共同文化思想进行对比后，以敏锐的眼光发现了文化与政治成为敌人的原因正在于不同阶级、不同民族对文化理解的差异性。因而，他试图通过构建共同文化来使文化具有"共同"的意蕴，从而有效黏合不同阶级的矛盾缝隙。这样一来，文化、政治、社会就会成为一体。在他看来，一种真正的共同文化必须牢牢地扎根于大众生活，在这里所有的文化的具体形式，如具体文化与一般文化、高雅文化与通俗文化等都能融洽地相处，也就是说，不论何种形式的文化存在，

---

① 伊格尔顿. 文化的观念［M］. 方杰，译. 南京：南京大学出版社，2003：99.
② 伊格尔顿. 文化的观念［M］. 方杰，译. 南京：南京大学出版社，2003：151.

它只有在满足大众需求的前提下才具有价值，进而才能对其加以利用并发挥效能。因此，伊格尔顿的共同文化其实是威廉斯共同文化的翻版，不同的是，他从生活方式的角度出发赋予了文化高雅与通俗之别，使得精英文化与高雅文化褪去了原有的傲慢，恢复了文化的一般性与原始位置，同时也使人们对文化的认识得到了统一。然而，伊格尔顿期望在共同文化中精英分子与普通大众都能享受同一种模式的文化，这显然在实践中是立不住脚的。

此外，共同文化之所以能化解文化危机，另一方面是因为共同文化可以将身份、信仰与文化拉开相当的距离。不得不承认，在后现代社会中，文化与身份、信仰之间的联系尤为明显，尤其是在当代资本主义社会，文化在转化为商品的同时被意识形态所扭曲，意识形态成为文化的特质。我们可以毫不夸张地说，没有身份与信仰，文化也就不可能产生矛盾，而正是因为意识形态对其固有身份的执着才导致了文化的冲突甚至文化的战争。在伊格尔顿看来，文化可以承载一定的意识形态，但是如果只是一味地关注与沉溺于它的政治性，那么世界范围内的战争与冲突将持续存在，必将造就一个千疮百孔的世界。因此，伊格尔顿曾在《文化的观念》一书中写道："在承认其重要性的同时，让文化回归其原有的位置，现在该是这样做的时候了。"① 这样，伊格尔顿站在马克思主义的立场对共同文化进行了辩证的解释，一方面认为共同文化与大众毫无距离感，是大众可以接受的文化；另一方面，共同文化也并不是好的现象，这会使文化背后所隐藏的意识形态得以无限膨胀，因而在强调文化的重要地位时，还要把握好文化夹层中政治因素的"度"。

伊格尔顿倡导的共同文化观，既看重高雅文化，又不排斥通俗文化；既主张一般文化，又不排斥具体文化，从而使原本相互矛盾的双方能够实现和谐共存，共同服务于个体发展的需要。因此，可以说，伊格尔顿的共同文化中无时无刻不闪耀着人性的光辉。

---

① 伊格尔顿. 文化的观念 [M]. 方杰，译. 南京：南京大学出版社，2003：151.

第四章 马克思主义文化理论的中国化进程

中国共产党自 1921 年成立以来，一直致力于马克思主义中国化的伟大实践，实现了两次历史性飞跃，创立了包括毛泽东思想和中国特色社会主义理论体系在内的中国化马克思主义伟大理论成果，使我国走上了民族独立、繁荣富强的发展道路。在这百年来的发展历程中，中国共产党人坚持把马克思主义文化理论与我国文化建设实践相结合，成功地创造出了毛泽东新民主主义和社会主义文化建设理论、中国特色社会主义理论体系的文化建设思想，真正实现了马克思主义文化理论的中国化。从总体上看，毛泽东新民主主义和社会主义文化建设理论是在实现马克思主义文化理论中国化第一次历史性飞跃过程中，由毛泽东领导创立起来的；中国特色社会主义理论体系的文化建设思想是在实现马克思主义文化理论中国化第二次历史性飞跃过程中逐步形成和发展起来的，主要包括邓小平精神文明建设思想、江泽民先进文化建设思想、胡锦涛和谐文化建设思想及习近平文化强国建设思想。

第一节 毛泽东新民主主义和社会主义文化建设理论

在领导中国人民进行新民主主义革命和社会主义革命的过程中，以毛泽东为核心的中国共产党第一代领导集体在继承和发扬马克思主义基本原理的基础上，结合中国国情，开创了适合我国革命和建设要求的正确道路，实现了马克思主义中国化第一次历史性飞跃，创立了毛泽东思想。作为马克思主义中国化的第一大理论成果，作为指引新民主主义革命和社会主义革命取得胜利的科学理论，毛泽东思想包含了十分丰富的内容，涵盖了经济、政治、文化、军事等各个领域，主要包括新民主主义革命理论、社会主义革命和社会主义建设理论、革命军队建设和军事战略理论、政策和策略的理论、思想政治工作和文化工作的理论与党的建设理论等六个方面。作为这一正确思想的伟大缔造者的毛泽东，不仅是伟大的政治领袖，同时也是先进的文化领袖，他一直坚持"以新文化改造中国"的文化建设理念，在马克思主义指导下，结合中国深厚的文化传统，根据中国历史发展的实际情况，创立了新民主主义和社会主义文化建设理论，为实现中国文化的发展、繁荣和进步奠定了坚实的理论基础。可以说，毛泽东的文化思想，是一种集中国传统文化之精华、吸马克思主义文化理论之灵气、借国外优秀文化之要义而形成的一种独具特色的文化思想。正是在这种文化思想的科学指引下，新中国成立前的革命根据地文化建设及新中国早期文化建设均取得了可喜成绩，呈现出一种"百花齐放、百家争鸣"的良好发展态势。不过，由于各方面因素影响，我们党在新中国早期文化建设的探索中也曾出现过一定的失误，但这却为改革开放以来我国文化建设的伟大实践提供了极为宝贵的经验借鉴，促成了中国特色社会主义理论体系文化建设思想的形成和发展。因此，毛泽东领导创立的新民主主义和社会主义文化建设理论，谱写了中国化马克思主义文化建设理论体系发展进程中的奠基创业篇。①

一、毛泽东新民主主义文化理论

1940 年，毛泽东在陕甘宁边区文化协会第一次代表大会上作的关于《新民主主义的政治与新民主主义的文化》的演讲，于同年以《新民主主义论》为题，刊文于延安出版的《解放》创刊号上，这标志着我们党关于新民主主义文化建设理论的成熟。抗战以来，全国人民都以为中国有了出路，到处呈现出一派欣欣向荣的气象，但中国共产党内部的妥协思想，导致国民党反动派的反共声浪再一次甚嚣尘上，从而给中国大地笼罩上了一层浓厚的沉闷雾气，使中国的发展再一次陷入迷茫，尤其是在文化方面。此时，毛泽东及时提出新民主主义文化理论，在坚守意识形态的基础上，为中国的新民主主义革命指明了文化建设的前进方向，为解放战争的胜利埋下了伏笔，为新中国的成立奠定了基础。

（一）新民主主义文化理论的发展历程

1. 新民主主义文化理论的奠基阶段

毛泽东出生于新旧世纪交替的时期，同时也是中国处于半殖民地半封建社会的苦难时期和中国众多仁人志士为实现救亡图存目标而喋血的时期。因此，毛泽东在成长过程中，不可避免地受到了众多思想的影响，主要包括：封建主义思想、资产阶级民主思想和马克思主义先进思想等。

小名为石三伢子的毛泽东于 1893 年 12 月 26 日出生于韶山冲一个农民家庭。在旧中国，尤其是在浓厚封建思想的"愚民"政策的影响下，众多农民"甘愿"忍受封建统治者的剥削和压迫，过着贫苦的日子。但也有一些依靠自身努力而逐渐摆脱贫困的农民，开始用赚取来的钱财购买土地，并向封建地主阶级靠拢。这些农民大多克勤克俭、精明刚强，而毛泽东就从小受父亲这种性格的影响，加之父亲对长子的期望和刻意塑造，使毛泽东养成了山区农家子弟的本色：吃苦耐劳，勤劳朴实，不怕艰难，对农民的疾苦也深有体会。

私塾是旧中国儿童求学的唯一选择，也是旧中国儿童的家长们的唯一选择。儿时的毛泽东，出于父亲希望他识字、便于记账或打官司的目的，被送到私塾读书，开始接触和学习《三字经》《增广贤文》《幼学琼林》等普及读物，接触和感受旧中国儿童从小就注定要接受的儒家传统文化思想。随着年龄的增长，毛泽东又开始接受注定要学习的"四书""五经"等经典，在"之乎者也"文化的长期熏陶下，少年时期的毛泽东如同天下学子一样，十分推崇孔孟之道。在私塾读书期间，由于过人的记忆力和理解力，经书里面那些枯燥难懂的拗口的知识，在毛泽东面前就显得十分的浅显易懂，在私塾中接受的六年"孔夫子"教育，为毛泽东打下了深深的传统文化的烙印，使他潜意识里和血液之中无时无刻不体现着传统文化思想的内涵。而后，他通过将书中的人物或事件同

① 宁德业. 中国化马克思主义文化建设理论发展进程研究［J］. 成都大学学报，2013（4）：2.

现实比较和分析，逐渐形成了"鉴古知今""古为今用"的思想。

外界社会的动乱，直接或间接地打破了韶山的宁静，为闭塞的韶山，甚至是为毛泽东闭塞的思想撕开了一道微小的口子。随着口子的扩大和一些凌乱、复杂的信息的涌入，毛泽东的思想产生了潜移默化的变化。毛泽东通过这些信息了解到：《水浒传》《西游记》《三国演义》等"闲书"和"杂书"中的一些故事情节，在现实中得到了复演，而此类信息的获取，真正为毛泽东开启了一扇永远无法关闭的窗口。在忐忑和害怕心理的作用下，毛泽东在韶山这个地方安静地等待着一些"开明之士"携带的有用而陌生的外界信息。在维新派教师李漱清的影响下，毛泽东通过阅读郑观应的《盛世危言》一书开始接触外界，开始感受外界文人的思想，开始知道一些发生在山外的当时中国的大事，同时也认识到中国不能守着老样子不变，自己也不能继续守着老样子不变。于是，在毛泽东的强烈要求和亲戚长辈们的极力劝说下，父亲毛顺生觉得儿子进洋学堂读书也许能够更好地帮助自家的生意，就同意毛泽东去表哥文咏昌推荐的湘乡东山小学堂接受新学教育，学习新学思想。此次事件，使十七岁的毛泽东走出了闭塞的韶山冲，走向外面广阔的世界。临行前，他给父亲留下了一首诗："孩儿立志出乡关，学不成名誓不还。埋骨何须桑梓地，人生无处不青山。"由此可见，毛泽东此时就已许下了豪迈的人生誓言。而这次离乡求学，也成为他人生历程中的第一个重要转折点。

正是由于有了孩提时代和学生时期的特殊经历，毛泽东才能在后来的革命实践过程中正确接受和运用马克思主义，从而为创建新民主主义文化理论奠定坚实的思想基础。

2. 新民主主义文化理论的萌芽阶段

当毛泽东正在受各种思想影响而踌躇不前的时候，受俄国十月革命胜利和五四运动的影响，马克思列宁主义传入中国并获得了广泛传播。在对中国革命具体情况进行了深入分析的基础上，毛泽东的文化思想出现了明确的转折，逐步向马克思主义靠拢，他主动开始研究"虽派系甚多，而潮流则不可遏抑"的社会主义思想，并主动承认自己"在理论上和某种程度的行动上，变成马克思主义者"，同时也明确说出了用共产主义思想来解救人民和改造中国的话语。

在对马克思主义进行深入研究的过程中，毛泽东确定了自己的世界观和人生观。马克思主义先进思想的整体性思维特点和毛泽东的早期文化思想的形成有着极大的耦合性，这非常符合毛泽东探寻世界宇宙的本源和人类发展历史的公理和公例的性格，为他认识世界和改造世界提供了系统而坚实的理论支撑。马克思一生中的两大发现，即唯物史观和剩余价值学说，一直深受毛泽东的钟爱。毛泽东认为唯物史观是中国共产党哲学的基础，是中国共产党人制定和实施革命策略不偏离正确轨道的清醒剂和航标灯。在深入系统地学习马克思主义基本原理和基本方法的情况下，毛泽东通过有意识地吸收和借鉴，使其零碎的文化思想能够得以有效衔接，而后通过"大量马克思主义（以及列宁主义）基本原理、基本概念、基本术语和基本范畴的使用，也逐渐改变了他的话语体系"[1]，从而为毛泽东新民主主义文化理论的形成提供了必要的理论基础和专业的语言表述方式。

① 朱瑛，李运祥. 毛泽东文化思想探析［M］. 南京：东南大学出版社，2008：66.

1921年，中国共产党成立以后，毛泽东就始终坚持将马克思主义作为党的指导思想，矢志不渝地贯彻马克思主义基本原理和基本方法，从而成功开辟了一条"农村包围城市，武装夺取政权"的中国革命道路。在农村革命根据地开展的各项革命实践，也可以说在一定程度上是毛泽东新民主主义文化思想的具体化表现。这些在实践中积累起来的和通过实践检验的建设经验，对其文化思想的形成有着不可忽视的作用。在新民主主义革命斗争中，毛泽东十分重视根据地的文化建设，例如：主张通过列宁小学、夜校、识字班和俱乐部（包括体育、晚会和墙报等）等一系列接地气的文化建设措施，将马克思主义意识形态灌输给广大人民群众，帮助他们汲取马克思主义的营养、剔除封建主义文化思想的腐肉，在精神层面接受马克思主义思想的洗礼和熏陶。同时，毛泽东也清醒地认识到，在根据地开展文化建设的手段也是必须着重抓好的环节。他在《时事简报》中提出，宣传材料既要有鼓动性又要有真实性，同时也要注意语言文字的大众化问题，使各项思想政策简单明了、通俗易懂；文化宣传的方法可以根据具体情况采取不同的方式，但宣传的主旨不能偏离重心。这种在农村革命根据地建设中开展的文化实践，促成了毛泽东新民主主义文化理论的最终形成。

3. 新民主主义文化理论的成熟阶段

1931年"九一八事变"爆发后，面对强大的日本帝国主义的疯狂侵略，中国众多爱国勇士不畏艰险、不怕牺牲，用坚强的身躯和坚韧不拔的思想灵魂来誓死捍卫军人的信念、国家山河的完整和中华民族的尊严。在血与泪的抗日斗争中，广大中华儿女不惜用生命的代价抵御日本帝国主义的侵略，所幸的是在经过七年奋战后，最终抵挡住了日本帝国主义的疯狂进攻，于1938年10月以武汉失守为代价进入了战略相持阶段，这就给毛泽东提供了充足的时间来研究马列著作和总结实践经验教训。1940年《新民主主义论》的发表，标志着我们党关于新民主主义文化建设理论的成熟。毛泽东在明确而系统地阐述了马克思主义文化观的基本内容后，分析和研究了中国文化的历史和现状，确立了新民主主义文化建设的目标和内容体系，并为新民主主义文化建设指明了方向。

"一定的文化是一定社会的政治和经济在观念形态上的反映。"① 在中国，传统文化、无产阶级文化、民族资产阶级文化和帝国主义文化等多种文化交相融合，相互交错，相互碰撞。毛泽东正是在这种纷繁复杂的文化之林中，通过辨别和思想斗争，逐渐摸索并探寻出独具风格的新民主主义文化的新文化领域，这不仅丰富了中国的文化思想内容，而且也为新民主主义文化的丰富和发展提供了开端。

毛泽东指出：新文化是在观念形态上反映新政治和新经济的东西，是为新政治和新经济服务的。这里提倡的新文化同五四以前的新文化运动中提倡的文化又有所不同，它属于新民主主义范畴，是坚持以马克思主义为指导思想的中国共产党领导的新民主主义革命范畴的新文化，是具有新民主主义性质的文化，属于世界无产阶级的社会主义文化革命的一部分。这种文化熏陶下的生力军，以新的武器、新的装备和新的组织，联合一切可联合的同盟者，做好统一战线的进攻和防御，拉开架势，摆开阵势，同帝国主义文化和封建主义文化展开生死之战，在强大的文化反动同盟面前，将战役扩展到政治、文

---

① 毛泽东. 毛泽东选集（第2卷）［M］. 北京：人民出版社，1991：694.

学、历史和军事等各个可交战的领域。经过二十多年的激战，它以浩大的声势、猛烈的威力和严格的纪律，以所向无敌的力量迅速"冲撞"各个领域，将新民主主义文化思想洒向神州大地。在新文化建设中，中国共产党始终掌握文化建设的领导权，领导人民将文化与政治、经济紧密结合，保证了新民主主义文化发展的正确方向。事实证明：这种新文化建设的成效十分明显，得到了广大人民群众的支持，从而为新民主主义革命任务的顺利完成提供了强大的精神动力。

（二）新民主主义文化理论的主要内容

毛泽东在《新民主主义论》中提出："民族的科学的大众的文化，就是人民大众反帝反封建的文化，就是新民主主义的文化，就是中华民族的新文化。"[1] 这段话为我们全面把握、准确理解毛泽东新民主主义文化理论的主要内容起到了重要作用。

1. 新民主主义文化是民族的文化

民族性是新民主主义文化的基本要求和基本准则。毛泽东指出："这种新民主主义的文化是民族的。它是反对帝国主义压迫，主张中华民族的尊严和独立的。它是我们这个民族的，带有我们民族的特性。"[2] 提出文化的民族性，首先就是凸显中华民族的民族特性，使中国的新民主主义文化彰显中国精神、中国传统和中国特色，在中国几千年的优秀传统文化的基础上，构建更具有中国特色的、带有马克思主义思想内涵的新民主主义文化体系。中国是世界的一部分，世界离不开中国，而中国更离不开世界。中国的新文化建设，不应独立于世界，而是应同世界上其他国家的民主主义文化和社会主义文化相结合，建立起文化命运共同体，使之相互吸收、相互发展，共同形成世界的新文化。但是这种文化联合关系的建立，不是说同一切国家的文化联合，而是有选择性地建立文化融合关系，主要是同具有相同文化特色的国家加强文化联系，以保持我们社会主义国家革命性的民族文化特色。

在我国新民主主义时期的文化领域内，始终存在着"全盘西化"或民族文化虚无主义的影响，这为中国的新民主主义文化建设设置了难以逾越的障碍。五四新文化运动前期对待外来文化的态度，给后世带来了严重影响，尤其是全盘吸收外来文化思想的盛行，导致西方唯心主义思想开始进入中国，并逐渐扎根于华夏大地，犹如杂草一样，除之不尽。这样一种形式主义的生吞活剥外来文化的做法，给中国革命造成了严重的后果。因此，毛泽东强调，中国共产党领导的文化建设，应该将马克思主义思想同中国的具体实际结合起来，也就是和中国的民族特点结合起来，辩证地看待外来文化，并通过一定的民族形式表现出来，而不是教条式地主观运用；中国文化应有中华民族自己的特色，有自己的气质，强调"中西结合、洋为中用"的文化建设方针，在中国传统文化这一主干之上，辅之以西方文化作为枝叶，从而建设好具有中国作风、中国气派、中国特色的新文化。

2. 新民主主义文化是科学的文化

科学的内容是新民主主义文化的实质所在，"它是反对一切封建思想和迷信思想，

① 毛泽东. 毛泽东选集（第2卷）[M]. 北京：人民出版社，1991：708-709.
② 毛泽东. 毛泽东选集（第2卷）[M]. 北京：人民出版社，1991：706.

主张实事求是，主张客观真理，主张理论与实际一致的"① 文化。中国几千年封建文明中沉淀着具有中华民族特性的传统文化底蕴，其中众多优秀的并具有现实操作意义的传统文化思想值得人们学习和借鉴。然而，在这些光辉灿烂的、令世界其他文明都叹为观止的中国古代文化中，既有精华，也有糟粕，这就要求我们科学对待中国古代传统文化，"清理古代文化的发展过程，剔除其封建性的糟粕，吸收其民主性的精华，是发展民族新文化、提高民族自信心的必要条件，但是决不能无批判地兼收并蓄，必须将古代封建统治阶级的一切腐朽的东西和古代优秀的人民文化即多少带有民主性和革命性的东西区别开来。中国现时的新政治新经济是从古代的旧政治旧经济发展而来的，中国现时的新文化也是从古代的旧文化发展而来，因此，我们必须尊重自己的历史，决不能割断历史。但是这种尊重，是给历史以一定的科学的地位，是尊重历史的辩证法的发展，而不是颂古非今，不是赞扬任何封建的毒素。对于人民群众和青年学生，主要地不是要引导他们向后看，而是要引导他们向前看"②。

新民主主义文化的科学性主要体现在两个方面。一方面是反对封建思想和宗教迷信等唯心主义思想，提倡实事求是，追求客观真理。儒家文化在中国传统文化中始终独占鳌头，墨家、法家、道家等紧随其后，使我国的思想文化领域出现了各种思想流派相互碰撞的局面。随着时代的发展，国外资本主义思想以及各种教派的宗教教义也通过各种途径传入中国，进一步加剧了中国思想文化领域的竞争态势。中国当时的新经济、新政治、新文化是在古时的旧经济、旧政治、旧文化的基础上建立起来的，带有一些落后腐朽的东西，这就需要文化建设者运用专业的眼光，结合时代发展的要求，辩证地看待新文化，去探寻和剔除不应该存在的、封建的和具有唯心主义色彩的文化内容，保留传统文化的精华和实事求是的精神实质。另一方面是探寻事物发展的本质规律，使主观符合客观，始终代表历史的发展方向，真正做到与时俱进。人类历史发展具有前后相继、依次更迭的特征，现时的新文化必然是在以前的旧文化的基础上形成的，这要求我们必须尊重自己的历史，绝不能割断历史，谨防"历史虚无主义"的影响。正是由于新民主主义文化具有这样的科学性，因此，在新民主主义革命阶段，大力发展新民主主义文化是完全正确的选择，符合历史发展规律的根本要求，具有极为重要的时代意义。

3. 新民主主义文化是大众的文化

将文化归为大众的，是新民主主义文化理论的最终归宿。毛泽东曾经指出："这种新民主主义的文化是大众的，因而即是民主的。它应为全民族中百分之九十以上的工农劳苦民众服务，并逐渐成为他们的文化。"③ 人民群众是历史的创造者，同时也是文化的创造者，文化始于人民大众，也应该归之于人民大众，服务于人民大众。在新民主主义革命的特殊时期，革命因素始终伴随左右，革命的理论、革命的人群和革命的思想，都是首要考虑的因素，也是不得不慎重对待的东西。毛泽东认为："要把教育革命干部的知识和教育革命大众的知识在程度上互相区别又互相联结起来，把提高和普及互相区

① 毛泽东. 毛泽东选集（第2卷）［M］. 北京：人民出版社，1991：707.
② 毛泽东. 毛泽东选集（第2卷）［M］. 北京：人民出版社，1991：707-708.
③ 毛泽东. 毛泽东选集（第2卷）［M］. 北京：人民出版社，1991：708.

别又互相联结起来。革命文化对于人民大众，是革命的有力武器。革命文化在革命前，是革命的思想准备；在革命中是革命总战线中的一条必要和重要的战线。而革命的文化工作者，就是这个文化战线上的各级指挥员。"① 由于人民大众接受教育的程度不同、思想的境界不同和所处的环境也有所不同，所以革命的文化，尤其是大众的文化，对于人民大众来说，就是革命最好的武器，同时也是建成不同阶层之间的统一战线的最好推动因素。为了加强文化的提炼和宣传，做好文化工作者队伍的建设是首要环节。作为文化战线上指战员的文化工作者，必须依靠人民大众这个最坚实的力量，筹建自己的文化军队，而这个军队的成员就是人民大众。没有人民大众支持的革命军队，就只是"光头司令"，即使有了再好的作战策略却没有人来实施，也就不能打击到真正的敌人。所以文化工作者，必须首先得到人民大众的支持，然后才能更好地施展文化作战策略。

"没有革命的理论，就不会有革命的运动。"② 这充分说明，一个正确而成熟的理论，对于革命实践活动具有非常重要的作用。文化在理论中扮演着凝结点的角色，它可以将各种不同性质的东西联结在一起，加强整体观念，发挥单个部分所不能发挥的整体力量，凸显文化的最大合力。而文字又是所属文化中最好的表达方式，为了达到整合的目的，在不同时期，文字必须在一定条件下加以改革，言语方式必须加以创造，必须更加接近人民大众，将神圣殿堂上的经典，通过通俗易懂的文字传入人民大众的精神之中，融入人民大众的血脉之中。只有这样，革命理论才能充分发挥出对实践的指导作用。

二、毛泽东社会主义文化建设理论

中华人民共和国成立后，在进行社会主义革命和建设的过程中，毛泽东曾于《论十大关系》和《关于正确处理人民内部矛盾的问题》等重要著作和讲话中，系统阐述了社会主义文化建设的目标任务、基本原则、根本要求和基本方针等，逐渐形成了正确反映人民意志的社会主义文化建设理论。这一继新民主主义文化理论之后提出的社会主义文化建设理论，是时代变化发展的必然结果，是马克思主义基本原理与中国具体实际"第二次结合"的结晶，是对马克思主义文化理论的继承和发展，是毛泽东思想的重要组成部分，同时也为日后中国特色社会主义文化发展和改革开放的伟大实践提供了重要的理论指导。

（一）社会主义文化建设的根本要求

从中华人民共和国成立到社会主义改造基本完成，是我国历史上实现由新民主主义向社会主义转变的过渡时期。为了改变建国初期贫穷落后的状况，为了消灭生产资料私有制、完成社会主义革命任务，毛泽东适时提出了实现马克思主义基本原理与我国具体实际进行"第二次结合"的号召，确立了我们党在过渡时期"一化三改"的总路线，成功找到了一条适合我国国情、具有中国特色的社会主义改造道路。到1956年底，随着对农业、手工业和资本主义工商业进行生产资料私有制社会主义改造任务的基本完

---

① 毛泽东. 毛泽东选集（第2卷）[M]. 北京：人民出版社，1991：708.
② 列宁. 列宁全集（第2卷）[M]. 北京：人民出版社，1984：443.

成，社会主义制度在我国正式建立起来，我国开始真正走上了社会主义发展道路。从此，中国共产党领导的人民民主专政的社会主义基本政治制度确立了起来，社会主义经济成分占据绝对优势，公有制经济形式成为我国社会的经济基础，阶级关系发生了根本改变。社会主义制度和人民当家做主的国家政权的建立，使我国的国家性质、社会主要矛盾、国家的工作重心发生了根本改变，也使人民群众的思想观念出现了相应的变化。这些变化的出现，决定了我国的文化建设工作也应该做出相应的调整，必须紧跟时代发展的步伐，按照社会主义文化发展客观规律的要求，自觉遵循社会主义文化建设的相关原则，大力发展社会主义文化，更好地满足广大人民群众的精神文化需要。

1. 坚持以马克思主义为指导

一个国家的主流的文化，体现着这个国家执政党的性质，反映着这个社会占统治地位的指导思想。因此，占统治地位的政党的性质与占统治地位的指导思想之间，应该而且必须保持内在的统一性和相融性，二者相互支撑、相互依存，在社会发展历程中，分别发挥应有的作用，扮演好应有的角色。

不过，正确的指导思想必须首先得以确立起来。从国家层面来看，正确指导思想的首先确立，有利于在精神层面上为国家政策的制定和战略的实施统一思想、统一行动、统一方向；能够使国家各个行政部门在统一的思想文化的引领下，统一步伐，团结一致，加快节奏，提高行政办事效率。从社会层面来看，正确指导思想的首先确立，有利于人民思想的统一和行动的统一，有利于他们更直观地了解社会主义社会的前进方向，支持和拥护党的重大决策，充分调动起自身的主动性、积极性，推动社会迅速向前发展。从个人层面来看，正确指导思想的首先确立，有利于规范个人行为，引领个人自觉投身于党和国家各项建设事业当中去，更好地实现个人价值和社会价值。

在毛泽东看来，这种必须首先确立起来的正确指导思想，就是马克思主义。他强调指出："指导我们思想的理论基础是马克思列宁主义。"[①] "我们的党从它一开始，就是一个以马克思列宁主义的理论为基础的党，这是因为这个主义是全世界无产阶级的最正确最革命的科学思想的结晶。马克思列宁主义的普遍真理一经和中国革命的具体实践相结合，就使中国革命的面目为之一新。"[②] 事实胜于雄辩，我们党自成立的那一天起，就矢志不渝地坚持以马克思主义为指导，领导中国人民取得了新民主主义革命、社会主义革命的胜利，取得了早期社会主义建设的巨大成就；中国革命之所以能取得胜利、社会主义改造之所以能顺利进行，离不开中国共产党的正确领导，离不开广大人民群众的鼎力支持，最重要的是离不开马克思主义正确思想的指导；作为我们立党立国的根本指导思想，马克思主义是社会主义意识形态的旗帜和灵魂；坚持和巩固马克思主义在我国意识形态领域的指导地位，是党和人民团结一致、始终沿着正确方向前进的根本思想保证。正因为如此，毛泽东才特别强调要以马克思列宁主义作为我们党和国家各项事业的根本指导思想。这样，毛泽东认为搞社会主义文化建设必须矢志不渝地坚持以马克思主义为指导，也就成了顺理成章的事情。

---

① 毛泽东. 毛泽东文集（第6卷）[M]. 北京：人民出版社，1999：350.
② 毛泽东. 毛泽东选集（第3卷）[M]. 北京：人民出版社，1991：1093.

2. 坚持中国共产党的领导

在强调坚持以马克思主义作为指导社会主义文化建设的正确思想的同时，毛泽东也特别强调要坚持党对社会主义文化建设的领导。因为在他看来："领导我们事业的核心力量是中国共产党。"① 毛泽东为什么如此重视坚持中国共产党的领导呢？

中国革命斗争实践和早期社会主义建设实践的经验证明：只有坚持中国共产党的领导，才能完成反帝反封建的新民主主义革命任务，推翻帝国主义、封建主义和官僚资本主义这"三座大山"的反动统治；只有坚持中国共产党的领导，才能带领广大人民群众走上社会主义道路，保证人民当家做主的地位；只有坚持中国共产党的领导，才能更好地协调社会矛盾，促进社会关系的和谐。

同时，中国共产党坚持以为人民服务为宗旨，以实现共产主义作为自己的远大理想和奋斗目标，始终将人民的利益放在首位，这也就决定了她在中国社会主义建设事业中的核心地位，也就确定了她在社会主义文化建设中的领导地位。而且，脱胎于半殖民地、半封建社会的新中国，经济基础薄弱，人民群众思想文化素质普遍不高，在这种情况下搞社会主义文化建设，其艰巨性、复杂性、长期性、曲折性和敏感性是可想而知的，这就要求领导者必须具备坚强的心理意识和开拓创新的探索意识，能够不畏艰难险阻，持之以恒地坚守在第一线，始终站在人民的前列，发挥好表率作用。而这种领导者的角色，也只有中国共产党才能够担当和胜任。此外，社会主义文化建设的核心任务是进行共产主义思想教育，通过发展文化教育事业来促进经济发展、提高人民的文化水平，从而彻底"扫除旧中国所留下来的贫困和愚昧，逐步改善人民的物质生活和提高人民的文化生活"②。这种任务，也只有坚持以马克思主义作为行动指南的中国共产党来领导，才能很好地完成。

3. 坚持理论与实践的有机结合

对于中国人民来说，由马克思、恩格斯创立的马克思主义，无疑也属于外来文化思潮的一部分，也是一种"舶来品"。那么，它在传入中国社会的初期，就必然会同中国本土文化发生碰撞、交锋。在一定条件下，这种思想文化的碰撞和交锋，可能会实现相互融合、相互联系，形成一种新的、带有本土特色的文化思想，去影响中国人民的精神世界，从而推动中国革命和文化建设的顺利进行。反之，也可能会阻碍中国革命、阻滞中国思想文化建设进程。那么，在这一过程中，文化的选择就成为关键。

文化的选择性，一方面体现在同一时代、同一种类型的文化中的文化创新和文化传承，另一方面体现在不同文化交流中的文化模仿和文化学习。这两个方面的选择机制的交互作用，形成了文化汇总的共同性、普遍性、创新性和进步性的特征。任何一种文化的形成，都会表现出某种稳定性和历史继承性，都是世世代代积累的产物，在接受外来文化的过程中，人们会不自觉地从本土特色的角度去思考外来文化，会根据具体社会发展状况去接受外来文化。在社会动乱时期，可能会比较容易接受外来文化，因为这些文化的接受者希望借外来文化，去维护和实现自身的利益和意志；在和平时期，人民对外

---

① 毛泽东. 毛泽东文集（第 6 卷）[M]. 北京：人民出版社，1999：350.
② 毛泽东. 毛泽东文集（第 5 卷）[M]. 北京：人民出版社，1996：350.

来文化的接受心理就不会有社会动乱时期那么强烈，接受外来文化的频率和范围可能会有所降低和缩减。

外来文化的进入，必须要紧密结合本土特色，根据当时当地具体的发展情况、发展特色与发展趋势，在原有的基础上创造出新的文化表现形式，才能更好地被社会认可、被人民接受。只有通过借鉴和吸收外来文化的精华，形成一种具有本土特色、代表先进阶级意志的新文化，才能从思想上指引人们正确地分析新情况、解决新问题和破解新矛盾，从而顺利地推动社会不断地向前发展。马克思曾经指出："《宣言》中所阐述的一般原理整个说来直到现在还是完全正确的，但是，这些原理的实际运用，正如《宣言》中所说的，随时随地都要以当时的历史条件为转移。"① 这使我们认识到了马克思对待自己创立起来的理论的科学态度。同时，马克思还认为："理论在一个国家实现的程度，总是取决于理论满足这个国家的需要的程度。"② 因此，只有从当时当地的具体实际情况出发，实现理论与实践的有机结合，外来文化才会呈现出它强大的生命力，才能指引广大人民群众站在应有的理论高度去认识问题、思考问题，才能更容易地解决好实际问题。

随着中国革命任务的完成，全体人民在中国共产党的正确领导下，社会主义建设热情空前高涨。但是，在建国初期那种贫穷落后的基础上搞社会主义建设，除了苏联经验可以学习以外，没有其他现成经验可以照搬照抄，必须要靠我们自己去摸索，尤其是当时苏联社会主义建设的弊端已经逐步显露出来，苏联经验明显地与我国实际不相符合。正是在这种情况下，毛泽东适时地提出了"以苏为鉴"的要求："特别值得注意的是，最近苏联方面暴露了他们在建设社会主义过程中的一些缺点和错误，他们走过的弯路，你还想走？过去我们就是鉴于他们的经验教训，少走了一些弯路，现在当然更要引以为戒。"③ 正是在这种情况下，毛泽东领导中国人民开始进行社会主义建设道路的初步探索。在这一艰难的探索过程中，我们党自觉地将马克思主义基本原理同我国社会主义建设的具体实际相结合，坚持运用马克思主义的立场、观点、方法来观察和分析世界发展的总趋势，来分析中国社会的实际状况和中国人民的根本要求，通过借鉴、吸收世界优秀文明成果，成功实现了社会主义工业化。这种探索社会主义建设道路的成功经验表明：搞社会主义文化建设，也必须坚持理论与实践相结合原则，这样才能创造出更多为老百姓所喜闻乐见的、具有中国特色、中国气派和中国风格的社会主义文化。

（二）社会主义文化建设的基本方针

正是在认识到了建国初期我国社会主义革命和建设事业面临极为严峻局面的基础上，毛泽东按照我国"需要迅速发展经济和文化的迫切要求"④，强调我们要"准备在几个五年计划之内，将我们现在这样一个经济上文化上落后的国家，建设成为一个工业化的具有高度现代文化程度的伟大的国家"⑤，要"将我国建设成为一个具有现代工业、

① 马克思，恩格斯. 马克思恩格斯文集（第2卷）[M]. 北京：人民出版社，2009：5.
② 马克思，恩格斯. 马克思恩格斯文集（第1卷）[M]. 北京：人民出版社，2009：12.
③ 毛泽东. 毛泽东文集（第7卷）[M]. 北京：人民出版社，1999：23.
④ 毛泽东. 毛泽东文集（第7卷）[M]. 北京：人民出版社，1999：229.
⑤ 毛泽东. 毛泽东文集（第6卷）[M]. 北京：人民出版社，1999：350.

现代农业和现代科学文化的社会主义国家"①。为了完成好自己多次强调提出的建设具有"现代科学文化的社会主义国家"的目标任务，毛泽东在吸收和借鉴新民主主义文化建设、苏联社会主义文化建设有益经验的基础上，针对我国文化领域的发展程度，适时提出了"百花齐放，百家争鸣"和"古为今用，洋为中用"的社会主义文化建设基本方针，进一步丰富、完善和发展了马克思主义文化理论。

1. 坚持"百花齐放，百家争鸣"的基本方针

到1956年底，随着历史遗留任务的完成和生产资料私有制社会主义改造的基本完成，我国取得了社会主义革命的胜利，建立起社会主义制度，国内经济成分发生了很大变化，经济结构得到了重新调整，社会主义经济在国民经济结构中，已经占据绝对优势。与这种经济结构调整相适应，我国的阶级状况也发生了显著改变，尤其是昔日的民族资产阶级已经改造成为自食其力的劳动者，从而使我国社会的主要矛盾开始转变为落后的社会生产力与人民群众日益增长的物质文化需要之间的矛盾。要解决好当时我国社会的主要矛盾，就必须适应生产力快速发展的要求，积极建设好社会主义政治，迅速发展社会主义经济，同时还要大力发展社会主义文化。

在正确认识到我国社会主义文化建设具有特殊性、复杂性和艰巨性等特点的基础上，毛泽东适时地提出了"百花齐放，百家争鸣"的方针（简称"双百"方针）。在1957年2月发表的《关于正确处理人民内部矛盾的问题》的重要讲话中，毛泽东强调指出："百花齐放，百家争鸣的方针，是促进艺术发展和科学进步的方针，是促进我国的社会主义文化繁荣的方针。艺术上不同的形式和风格可以自由发展，科学上不同的学派可以自由争论。利用行政力量，强制推行一种风格，一种学派，禁止另一种风格，另一种学派，我们认为会有害于艺术和科学的发展。"②

将"双百"方针确定为社会主义文化建设的基本方针，体现了毛泽东一贯倡导的三层文化思想。③ 首先，毛泽东认为，社会主义文化必须体现无产阶级的意志，必须坚持"为人民服务，为社会主义服务"的方向，在这一文化发展的路线问题上，不能有丝毫动摇；但作为文化领域中的学术问题，不能与政治画等号，不能搞行政干预和政治划线，不能强求唯一，而应树立"海纳百川，有容乃大"的正确思想认识。其次，毛泽东一贯反对教条主义错误路线，尤其反对思想文化领域的单一化、教条化等保守主义倾向，他提出："马克思这些老祖宗的书，必须读，他们的基本原理必须遵守，这是第一。但是，任何国家的共产党，任何国家的思想界，都要创造新的理论，写出新的著作，产生自己的理论家，来为当前的政治服务，单靠老祖宗是不行的。"④ 因此，毛泽东提出了文化应该随着社会发展进步而"不断发展，不断创新"的正确思想认识。最后，毛泽东认为，文化作为上层建筑领域一定阶级观念形态的反映，是十分敏感而又复杂的问题，有时候会出现鱼龙混杂的现象，必然会出现一些矛盾和是非，因此，他提出了要在文化领域"正确对待矛盾与是非"的正确思想认识，"艺术和科学中的是非问

---

① 毛泽东. 毛泽东文集（第7卷）[M]. 北京：人民出版社，1999：207.
② 毛泽东. 毛泽东文集（第7卷）[M]. 北京：人民出版社，1999：229.
③ 朱瑛，李运祥. 毛泽东文化思想探析 [M]. 南京：东南大学出版社，2008：130-132.
④ 毛泽东. 毛泽东文集（第8卷）[M]. 北京：人民出版社，1999：109.

题，应当通过艺术界科学界的自由讨论去解决，通过艺术和科学的实践去解决，而不应当采取简单的方法去解决"①。

毛泽东关于社会主义文化建设"双百"方针的提出，充分体现出中国共产党的宽阔胸襟和开放包容的态度，也充分体现出了我们党搞好社会主义文化建设、更好地服务于全体人民的信心和决心。这一方针的提出，得到了我国广大知识分子的信赖和支持，使他们积极投身于社会主义文化建设之中，推动我国科学技术、文化艺术等领域快速发展。

2. 坚持"古为今用，洋为中用"的基本方针

世界离不开中国，中国也离不开世界。中国五千年光辉灿烂的文明发展史，涌现出了众多哲学家、思想家和军事家，他们的核心思想汇入了中国的历史大河之中，融入了中华民族的血脉之中。经历了史前史、中世纪史和近现代史等发展时期的世界各国，同样沉淀了具有本民族特色的思想文化，与中国文化一道，共同丰富和发展了人类文明。马克思曾经说过："历史不外是各个世代的依次更替。每一代都利用以前各代遗留下来的材料、资金和生产力；由于这个缘故，每一代一方面在完全改变了的环境下继续从事所继承的活动，另一方面又通过完全改变了的活动来变更旧的环境。"② 文化同样也不例外，也需要继承和超越。任何文化的发展，都是在继承前人文化的基础上，去开展新的文化创造，但这并不是随心所欲地任意创造，而是根据文化发展的历史条件，立足现实，协调文化差异，吸收和借鉴世界其他民族文化，按照一定原则和要求来实现的文化创新。

毛泽东很好地坚持了马克思主义唯物辩证法思想，坚持做到从中国文化发展的历史逻辑出发，提出了通过"继承和发扬中华民族优秀文化传统、吸收和借鉴世界其他优秀文明成果"来建设社会主义文化的重要方针，即"古为今用，洋为中用"的基本方针。此方针的提出，为我国广大人民群众科学对待传统文化和外来文化提供了正确的思想指引和方法指导，有利于帮助人们避免犯教条主义、本本主义、闭关自守、夜郎自大抑或崇洋媚外等错误，有利于帮助人们明辨是非曲直、提升民族文化自信心、提高参与社会主义文化建设的积极性。

"古为今用"主要指我们必须以一种科学的态度来对待中华传统文化。毛泽东认为："我们这个民族有数千年的历史，有它的特点，有它的许多珍贵品。对于这些，我们还是小学生。"③ 同时，毛泽东还强调："中国的长期封建社会中，创造了灿烂的古代文化。清理古代文化的发展过程，剔除其封建性的糟粕，吸收其民主性的精华，是发展民族新文化、提高民族自信心的必要条件，但是决不能无批判地兼收并蓄，必须将古代封建统治阶级的一切腐朽的东西和古代优秀的人民文化即多少带有民主性和革命性的东西区别开来。中国现时的新政治新经济是从古代的旧政治旧经济发展而来的，中国现时的新文化也是从古代的旧文化发展而来，因此，我们必须尊重自己的历史，决不能割断

① 毛泽东. 毛泽东文集（第7卷）［M］. 北京：人民出版社，1999：229.
② 马克思，恩格斯. 马克思恩格斯文集（第1卷）［M］. 北京：人民出版社，2009：540.
③ 毛泽东. 毛泽东选集（第2卷）［M］. 北京：人民出版社，1991：533-534.

历史。但是这种尊重，是给历史以一定的科学的地位，是尊重历史的辩证法的发展，而不是颂古非今，不是赞扬任何封建的毒素。对于人民群众和青年学生，主要地不是要引导他们向后看，而是要引导他们向前看。"① 由此可见，毛泽东要求我们正视中国传统文化，既要求我们看到其中那些值得充分肯定的优秀文化成果，决不能完全否定传统文化，决不能采取历史虚无主义的错误做法去割断中华文化的历史联系，又要求我们能够自觉坚持运用马克思主义的批判方法，在"批判地吸收其中一切有益的东西"的同时，自觉剔除其中的封建糟粕性东西，真正做到"去伪存真，去粗取精"，从而有力地推动社会主义文化建设进程。

"洋为中用"主要指我们必须以一种科学的态度来对待世界上其他人类文明成果。毛泽东指出："我们的方针是，一切民族、一切国家的长处都要学，政治、经济、科学、技术、文学、艺术的一切真正好的东西都要学。"② "世界上所有国家的有益的东西，我们都要学。"③ 这是因为，不管是什么类型的国家制度、什么样肤色的民族，他们的文化都有一定的长处，对待他们的文化，必须坚持用一分为二的观点去加以看待和分析，不可"一竿子打死"。因此，毛泽东强调："对于外国文化，排外主义的方针是错误的，应当尽量吸收进步的外国文化，以为发展中国新文化的借镜；盲目搬用的方针也是错误的，应当以中国人民的实际需要为基础，批判地吸收外国文化。苏联所创造的新文化，应当成为我们建设人民文化的范例。"④ 由此可见，在正确对待外国文化的问题上，毛泽东既坚决反对不加鉴别、全盘照抄、照单全收等全盘西化的错误做法，又坚决反对全盘否定、夜郎自大、盲目排外、闭关自守的错误做法。这正如他自己着重强调的那样："接受外来思想，并不意味着无条件地照搬，而必须根据具体条件加以采用，使之适合中国的实际。我们的态度是批判地接受我们自己的历史遗产和外国的思想，我们既反对盲目接受任何思想，也反对盲目抵制任何思想。我们中国人必须用我们自己的头脑进行思考，并决定什么东西能在我们自己的土壤里生长起来。"⑤ 这就要求我们在引进外来文化之前，首先应该确定好我国社会主义文化的发展方向和建设重心，然后再有针对性地运用自己的头脑去思考和鉴别，慎重选择那些能够适合我国条件并最终在我国社会主义文化建设土壤中生根发芽的人类优秀文明成果。

第二节　中国特色社会主义理论体系的文化建设思想

十一届三中全会以来，改革开放总设计师邓小平强调把我们党的工作重心从过去的"以阶级斗争为纲"转移到"以经济建设为中心"的轨道上来，坚持把马克思主义基本原理与我国改革开放和社会主义现代化建设的具体实际相结合，开启了马克思主义中国化第二次历史性飞跃的伟大进程，创立了邓小平理论。在邓小平之后，江泽民、胡锦

---

① 毛泽东. 毛泽东选集（第2卷）[M]. 北京：人民出版社，1991：707-708.
② 毛泽东. 毛泽东文集（第7卷）[M]. 北京：人民出版社，1999：41.
③ 毛泽东. 毛泽东文集（第7卷）[M]. 北京：人民出版社，1999：192.
④ 毛泽东. 毛泽东选集（第3卷）[M]. 北京：人民出版社，1991：1083.
⑤ 毛泽东. 毛泽东文集（第3卷）[M]. 北京：人民出版社，1996：192.

涛、习近平等党和国家领导人，在领导中国人民继续推进马克思主义中国化第二次历史性飞跃的过程中，相继提出了"三个代表"重要思想、科学发展观和习近平新时代中国特色社会主义思想。毫无疑问，这些在改革开放和社会主义现代化建设进程中产生的马克思主义中国化重要理论成果，都包含有非常丰富的文化建设思想，在推进马克思主义文化理论中国化的历史进程中，都起到了非常重要的作用。

一、邓小平精神文明建设思想

作为我党第二代领导集体的核心，邓小平在领导我国人民通过解放思想实行改革开放的伟大实践中，逐步认识到：精神文明是社会主义社会的重要特征，是现代化建设的重要目标和重要保证；社会主义社会的优越性不仅表现在物质文明上，而且也表现在精神文明上。根据这种思想认识的要求，我们党带领人民在社会主义现代化建设实践中，明确提出了建设高度发达的社会主义精神文明的任务，从而促进了邓小平精神文明建设思想的形成，为创立中国特色社会主义文化观、发展马克思主义文化理论，做出了巨大贡献。正是在邓小平社会主义精神文明建设思想的正确指引下，我国这艘社会主义艨艟巨舰在驶入改革开放的航程后，虽然历经波澜，却仍然保持了正确航向；中国特色社会主义文化建设伟大征程的开启，虽然面临社会转型初期的诸多严峻考验，却初步显示出了其无穷魅力和灿烂前景。因此，邓小平一贯强调的精神文明建设思想，谱写了中国化马克思主义文化建设理论体系发展进程中的转型开局篇。①

（一）精神文明建设思想的形成背景

随着"四人帮"垮台和"文化大革命"结束，我国经济建设面临非常繁重的整顿和恢复任务，思想文化领域迫切要求人们破除对知识分子的主观偏见，急需在全社会形成"尊重知识，尊重人才"的新风尚。但那个时候，"文革"遗风尚浓，"两个凡是"禁锢了人们的思想认识，就像锁链捆住了人们的手脚，导致我国社会主义建设事业出现了徘徊不前的局面。在这种情况下，邓小平以极大的理论勇气和政治魄力，通过发动"实践是检验真理的唯一标准"的大讨论，极大地促进了人们的思想解放。

到 1978 年党的十一届三中全会，以邓小平为核心的党的第二代中央领导集体做出英明决策，果断地停止了"以阶级斗争为纲"的错误路线，重新确立起了党的实事求是的思想路线，实现了党在思想上、政治上和组织上的拨乱反正，使党和国家的工作重心重新回到了"以经济建设为中心"的正确轨道上来。这次全会深刻总结了中华人民共和国成立以来我国社会主义革命和建设的经验教训，在科学分析国际国内发展大势、准确把握和平与发展的时代主题及广大人民群众主观愿望的基础上，确定了把党和国家的工作重心转移到经济建设上来的正确路线，做出了实行改革开放的重大历史性决策，开启了我国改革开放的历史新时期，从而开创了"把马克思主义的普遍真理同我国的具体实际结合起来，走自己的道路，建设有中国特色的社会主义"②的崭新发展道路。

正是由于实行改革开放，坚持走中国特色社会主义发展道路，我国的面貌从此焕然

---

① 宁德业. 中国化马克思主义文化建设理论发展进程研究［J］. 成都大学学报，2013（4）：3.
② 邓小平. 邓小平文选（第 3 卷）［M］. 北京：人民出版社，1993：3.

一新，发生了翻天覆地的变化。从十一届三中全会开始实行改革开放的时候起，党领导全国各族人民以一往无前的进取精神和波澜壮阔的创新实践，谱写了一首崭新的中华民族自强不息、顽强奋进的壮丽史诗。在全国各地，从农村到城市、从经济领域到其他各个领域，全面改革的进程势不可当地展开了；从沿海到沿江、沿边，从东部到中西部，对外开放的大门毅然决然地打开了。这场历史上从未有过的大改革、大开放，极大地调动了亿万人民的积极性和创造性，使中国人民的面貌、社会主义中国的面貌、中国共产党的面貌发生了历史性变化。实践证明，改革开放无疑是决定当代中国命运的关键一招。这正如邓小平所说："改革开放政策稳定，中国大有希望。"① 但是，"不坚持社会主义，不改革开放，不发展经济，不改善人民生活，只能是死路一条"②。

当然，我国在实行改革开放的过程中，也曾经遇到过极大的阻力，尤其是在关于经济特区姓"社"还是姓"资"、社会主义能否搞市场经济等重大问题上，曾经出现过激烈的争论。正因为实行改革会面临这么巨大的阻力，所以邓小平认为"改革是中国的第二次革命"。而改革过程中所遇到的巨大阻力，主要是由那些陈旧的思想观念所导致的，特别是在千百年封建社会中形成的那些糟粕思想，严重阻碍了我国社会的发展进步和人民群众的思想解放。因此，要顺利推进我国改革开放的进程，就必须破除掉这些陈旧的思想观念，树立开拓创新的改革发展理念；必须打破"闭关锁国""坐井观天""天朝上国"的闭塞思想，树立胸怀天下、放眼全球的全面开放理念。这就要求我们大力加强社会主义精神文明建设，努力发展社会主义文化教育事业，通过进一步提高人们的思想道德素质和科学文化素质来更好地实现思想解放，从而为我国改革开放大业的顺利推进，提供强大的精神动力和思想保证。

同时，改革开放在极大地促进了我国社会生产力迅速发展的同时，也带来了一些消极的、负面的影响，这也正是改革开放所具有的"双刃剑"作用的体现。尤其是在我国打开国门、实行全面对外开放的过程中，西方资本主义国家的腐朽生活方式和价值理念犹如洪水猛兽般地乘机传入我国，造成了对我国人民心灵的侵蚀和毒害，加上我国在由原来的计划经济体制向社会主义市场经济体制转轨的过程中，由于各方面的体制机制都不够完善，短时期内无法有效克服市场经济本身所具有的缺陷和弊端，这就导致我国社会一度出现了比较严重的拜金主义、个人主义、享乐主义现象，一些人（尤其是有些年轻人）出现了理想信念丧失、思想道德滑坡等严重问题，有些党员领导干部的思想道德防线也没有能够抵挡住权力、金钱和美色的诱惑，出现了令人民群众深恶痛绝的腐化堕落、贪污腐败的现象。要有效应对实行对外开放、发展市场经济所带来的这种负面影响，杜绝丑恶社会现象的发生，除了需要加强社会主义法制建设来予以惩治之外，还要求我们大力加强社会主义精神文明建设，通过提高人民群众的思想道德素质来筑牢拒腐防变的思想阵地。

正是在这样的历史背景下，邓小平明确提出了坚持"两手抓、两手都要硬"的重要思想，强调我们要在建设高度的物质文明的同时，努力建设高度的社会主义精神文

---

① 邓小平. 邓小平文选（第3卷）［M］. 北京：人民出版社，1993：321.

② 邓小平. 邓小平文选（第3卷）［M］. 北京：人民出版社，1993：370.

明。这样，邓小平精神文明建设思想就逐步形成和发展起来。

（二）精神文明建设思想的基本内容

在党的十五大报告中，江泽民指出："实践证明，作为毛泽东思想的继承和发展的邓小平理论，是指导中国人民在改革开放中胜利实现社会主义现代化的正确理论。在当代中国，只有把马克思主义同当代中国实践和时代特征结合起来的邓小平理论，而没有别的理论能够解决社会主义的前途和命运问题。邓小平理论是当代中国的马克思主义，是马克思主义在中国发展的新阶段。"[1] 在当代中国，作为继毛泽东思想之后对马克思主义做出了重大发展的邓小平理论，其中包含着极其丰富的关于社会主义精神文明建设的思想，它对于我国改革开放和建设有中国特色的社会主义事业，尤其是对于中国特色社会主义文化建设来说，起到了重大的理论指导作用。因此，我们学习和掌握邓小平精神文明建设思想的主要内容，有利于我们完整、准确地理解中国特色社会主义理论体系的文化建设思想，对于顺利推进中国特色社会主义文化建设来说，具有十分重要的意义。

1. 强调要两个文明一起抓

邓小平始终坚持认为，高度发达的社会主义精神文明是社会主义社会的重要特征，是社会主义制度优越性的重要体现，是建设中国特色社会主义伟大事业的重要保证。他强调指出："我们要建设的社会主义国家，不但要有高度的物质文明，而且要有高度的精神文明。……没有这种精神文明，没有共产主义思想，没有共产主义道德，怎么能建设社会主义？"[2] "精神文明建设是实现四个现代化的重要保证。"[3]

同时，在邓小平看来，社会主义是全面发展的社会，不仅要创造比资本主义更高的劳动生产率，而且要在社会精神生产、精神生活方面，要在教育、科学、文化的发展和人们思想、政治、道德水平的提高方面，取得更为显著的成果。社会主义制度优越性的根本体现，就是它能够允许社会生产力以旧社会所没有的速度迅速发展，使人民不断增长的物质文化生活需要能够逐步得到满足，也就是既要使人民的物质生活好一些，又要使人民的文化生活、精神面貌好一些。单纯地发展生产力，使人民的物质生活好起来，这仅仅是社会主义的一个重要任务，还必须在搞好物质文明建设的同时，搞好精神文明建设，使人民的文化生活、精神面貌也好起来，这才是社会主义区别于资本主义的最显著特征。社会主义优越于资本主义，不仅体现在生产力发展水平方面，而且还体现在文化、教育和科学技术水平方面，也就是说，不仅应该具有高度的物质文明，而且应该具有高度的精神文明。所以，邓小平强调要两个文明一起抓："我们现在搞两个文明建设，一是物质文明，一是精神文明。"[4] "两个文明建设都要超过他们，这才是有中国特色的社会主义。……坚持两手抓，社会主义精神文明建设就可以搞上去。"[5]

邓小平之所以强调要两个文明一起抓，主要还因为他一贯坚持用唯物辩证法的联系

---

① 江泽民. 江泽民文选（第2卷）[M]. 北京：人民出版社，2006：9.

② 邓小平. 邓小平文选（第2卷）[M]. 北京：人民出版社，1994：367.

③ 邓小平. 邓小平年谱（1975—1997）（下）[M]. 北京：中央文献出版社，2004：838.

④ 邓小平. 邓小平文选（第3卷）[M]. 北京：人民出版社，1993：156.

⑤ 邓小平. 邓小平文选（第3卷）[M]. 北京：人民出版社，1993：378-379.

的观点看问题。在邓小平看来，两个文明建设互为条件、相辅相成：物质文明建设为精神文明建设提供物质条件、经济基础；精神文明建设为物质文明建设提供精神动力和智力支持。二者之间的这种密切关系，要求我们在实际工作中不能将二者分割开来、对立起来，否则，整个社会主义建设事业就会遭受挫折。尤其是在我国通过实行改革开放、促进经济快速发展的条件下，更应该加强社会主义精神文明建设，否则就会出现"抓经济建设这只手硬、抓精神文明建设这只手软"的现象，这样就不利于在全国范围内形成共同的社会理想、共同的价值观念、共同的行为准则，就会导致违法犯罪等社会丑恶现象沉渣泛起，从而阻碍社会的全面协调发展，最终也会导致物质文明建设的成果丧失殆尽。所以，邓小平特别强调："不加强精神文明的建设，物质文明的建设也要受破坏，走弯路。光靠物质条件，我们的革命和建设都不可能胜利。"①

2. 精神文明建设的主要任务是发展文化教育事业和加强思想道德建设

邓小平曾经指出："所谓精神文明，不但是指教育、科学、文化（这是完全必要的），而且是指共产主义的思想、理想、信念、道德、纪律，革命的立场和原则，人与人的同志式关系，等等。"② 由此可见，邓小平所强调的精神文明建设，既包括教育、科学、文化，即广义的文化教育事业，还包括共产主义理想、信念、道德、纪律等，即思想道德建设。同时，邓小平还指出："我们最近十年的发展是很好的。我们最大的失误是在教育方面，思想政治工作薄弱了，教育发展不够。"③ 所以，邓小平特别重视通过加强社会主义精神文明建设来大力发展文化教育事业，努力提高人们的思想道德素质。

作为一种培养人的实践活动，现代教育成为现代科学技术转化为现实生产力的桥梁和纽带，而科学又是人类社会实践经验的结晶，科学技术是第一生产力。因此，邓小平特别强调："不抓科学、教育，四个现代化就没有希望，就成为一句空话。"④ "四个现代化，关键是科学技术的现代化。没有现代科学技术，就不可能建设现代农业、现代工业、现代国防。没有科学技术的高速度发展，也就不可能有国民经济的高速度发展。"⑤文化事业的繁荣和发展，能够很好地满足人民不断增长的精神文化生活的需求，并且影响人的素质，在社会主义现代化建设中也起着重要作用。"思想文化教育卫生部门，都要以社会效益为一切活动的唯一准则，它们所属的企业也要以社会效益为最高准则。思想文化界要多出好的精神产品，要坚决制止坏产品的生产、进口和流传。"⑥ 这充分体现出了邓小平对发展文化教育事业的高度重视。

对于精神文明建设中的思想道德建设，邓小平特别重视爱国主义、社会主义和共产主义思想教育。他指出："建设社会主义的精神文明，最根本的是要使广大人民有共产

---

① 邓小平. 邓小平文选（第 3 卷）[M]. 北京：人民出版社，1993：144.
② 邓小平. 邓小平文选（第 2 卷）[M]. 北京：人民出版社，1994：367.
③ 邓小平. 邓小平文选（第 3 卷）[M]. 北京：人民出版社，1993：290.
④ 邓小平. 邓小平文选（第 2 卷）[M]. 北京：人民出版社，1994：68.
⑤ 邓小平. 邓小平文选（第 2 卷）[M]. 北京：人民出版社，1994：86.
⑥ 邓小平. 邓小平文选（第 3 卷）[M]. 北京：人民出版社，1993：145.

主义的理想，有道德，有文化，守纪律。国际主义、爱国主义都属于精神文明的范畴。"① 在邓小平看来，共产党人过去几十年艰苦奋斗，就是靠坚定的信念把人民团结起来，为人民的利益而奋斗的；没有这样的信念，就没有凝聚力；有了坚定的信念，才会有为信念去革命和拼命的精神，才会有严守纪律和自我牺牲的精神，才会有大公无私和先人后己的精神，才会有压倒一切敌人、压倒一切困难的精神，才会有坚持革命乐观主义、排除万难去争取胜利的精神；在长期的革命战争中，靠这些精神，我们取得了一个又一个伟大胜利，搞社会主义建设、实现四个现代化，同样应该发扬这些精神，"如果一个共产党员没有这些精神，就决不能算是一个合格的共产党员。不但如此，我们还要大声疾呼和以身作则地把这些精神推广到全体人民、全体青少年中间去，使之成为中华人民共和国精神文明的主要支柱，为世界上一切要求革命、要求进步的人们所相信，也为世界上许多精神空虚、思想苦闷的人们所羡慕"②。而各级干部，首先是领导干部，在繁忙的工作中，仍然有一定的时间学习，必须通过学习来熟悉马克思主义的基本原理，从而加强工作中的原则性、系统性、预见性和创造性。只有这样，我们才能坚持走社会主义发展道路，才能更好地建设有中国特色的社会主义。

3. 精神文明建设的根本目标是培育"四有新人"

针对改革开放和发展市场经济过程中有些人因世界观、人生观、价值观发生改变而出现价值取向扭曲、理想信念丧失、马克思主义信仰动摇等问题，邓小平采取了绝不回避的态度，强调要辩证地、历史地、全面地分析和看待这些现象和问题。

邓小平认为，我国是一个封建社会历史很长的国家，在私有制条件下形成的个人主义、拜金主义，不可能随着社会主义制度的建立而立即消失；我国还处在生产力水平不高而又发展不平衡的社会主义初级阶段，以补充形式存在的多种经济形式和多种分配方式，为个人主义、拜金主义提供了赖以生存的条件；我国的经济体制由计划经济体制向社会主义市场经济体制转变，资源配置方式从计划配置向市场配置转变，商品、货币这些价值规律的外在表现物在经济流通中的作用凸现出来，一些人被这"凸现的表面作用"所迷惑，误入了拜金主义的歧途。在认识到这几方面形成原因的基础上，邓小平提出，要通过加强社会主义精神文明建设，努力在全社会形成有利于改革开放、发展市场经济和搞好现代化建设的道德规范，有效地防止拜金主义、享乐主义和极端个人主义的滋长蔓延。他反复强调要加强思想政治教育，使广大人民群众树立正确的世界观、人生观和价值观，从大局出发，处理好个人利益、集体利益和国家利益的关系，尤其是要使党员领导干部身体力行、率先垂范，坚持全心全意为人民服务，在人民群众中真正起到表率作用、带头作用。

同时，邓小平还指出，我们党有着艰苦奋斗、勤俭创业的优良传统，在物质条件极为恶劣的情况下，我们靠井冈山精神、长征精神、延安精神、鞍钢精神、大庆精神、雷锋精神、焦裕禄精神，战胜了一个又一个困难；在改革开放和现代化建设的新时期，我们还应该继承和发扬党的这些优良传统，自觉抵制享乐主义、拜金主义等腐朽思想的侵

① 邓小平. 邓小平文选（第3卷）[M]. 北京：人民出版社，1993：28.
② 邓小平. 邓小平文选（第2卷）[M]. 北京：人民出版社，1994：368.

蚀，在全社会树立起良好的道德风尚。而要继承和发扬好我们党的这些优良传统，在邓小平看来，最为重要的是通过加强社会主义精神文明建设，培育出一大批德才兼备、年轻有为的"四有"新人。因为青年是祖国的未来和希望，人才是社会主义现代化建设的强大力量。邓小平早就认识到了这一点，他指出："现在我们国家面临的一个严重问题，不是四个现代化的路线、方针对不对，而是缺少一大批实现这个路线、方针的人才。道理很简单，任何事情都是人干的，没有大批的人才，我们的事业就不能成功。所以，现在我们搞四个现代化，急需培养、选拔一大批合格的人才。这是一个新课题，也是对老同志和高级干部提出的一个责任，就是要认真选好接班人。"① 对于青年人才，邓小平特别强调"四有"标准，即"有理想、有道德、有文化、有纪律"。他指出："现在我们国内形势很好。有一点要提醒大家，就是我们在建设具有中国特色的社会主义社会时，一定要坚持发展物质文明和精神文明，坚持五讲四美三热爱，教育全国人民做到有理想、有道德、有文化、有纪律。这四条里面，理想和纪律特别重要。我们一定要经常教育我们的人民，尤其是我们的青年，要有理想。"② 唯有如此，我们党艰苦奋斗的优良传统才能进一步发扬光大，中华民族的浩然正气才能永世长存，中国特色社会主义建设事业才能万古长青。

4. 要实现精神文明建设和法制建设的有机结合

在我国实行改革开放和建立市场经济体制的过程中，社会上出现了一些消极腐败现象。对此，有不少人产生疑虑：以社会主义市场经济为取向的改革开放能够同社会主义精神文明相统一吗？美国《时代》公司原总编辑格隆瓦尔德曾经问邓小平："中国共产党一直教育人民要大公无私，为人民服务。现在经济改革，你们教育人民要致富，出现了少数贪污腐化和滥用权力的现象，你们准备采取什么办法解决这些问题？……这种现象是否反映了一个潜在的、很难解决的矛盾，即市场经济和社会主义制度之间的矛盾？"邓小平回答说："我们主要通过两个手段来解决，一个是教育，一个是法律。这些问题不可能在一夜之间解决，也不可能靠几个人讲几句话就见效。但是我们有信心，我们的党、我们的国家有能力逐步克服并最终消除这些消极现象。……社会主义和市场经济之间不存在根本矛盾。……我相信，随着经济的发展，随着科学文化和教育水平的提高，随着民主和法律建设的加强，目前社会上那些消极现象也必然会逐步减少并最终消除。"③ 邓小平这番讲话告诉我们，在发展社会主义市场经济条件下，要克服社会上的消极腐败现象，纠正不良社会风气，除了必须通过发展教育来建设高度的精神文明之外，还必须加强法制建设，必须把教育和法制有机统一起来。

良好的社会风气是建立在人们良好的道德素质之上的，道德素质的提高，自律能力的培养，当然主要靠教育。但是，教育本身只能起规劝作用，并不具备强制性的约束作用。当社会提倡的道德原则还没有成为人们自觉的意识和自觉的行动时，仅靠教育是不行的。就是大多数人形成了道德习惯，也还会有极少数人不遵守社会公德，为了追逐私

---

① 邓小平. 邓小平文选（第2卷）［M］. 北京：人民出版社，1994：220-221.

② 邓小平. 邓小平文选（第3卷）［M］. 北京：人民出版社，1993：110.

③ 邓小平. 邓小平文选（第3卷）［M］. 北京：人民出版社，1993：148-149.

利明知故犯。这就需要用法制手段，把道德的要求上升为惩戒性的法律约束。加强法律约束，既能保护大多数社会成员免受不道德行为的侵害，还可以通过强制性的惩戒，使那些不具备自律能力、不能自觉遵守道德规范的人改变其不道德的行为。所以，邓小平曾明确指出："从全局来说，是加强法制。我们国家缺少执法和守法的传统，从党的十一届三中全会以后就开始抓法制，没有法制不行。法制观念与人们的文化素质有关。现在这么多青年人犯罪，无法无天，没有顾忌，一个原因是文化素质太低。所以，加强法制重要的是要进行教育，根本问题是教育人。法制教育要从娃娃开始，小学、中学都要进行这个教育，社会上也要进行这个教育。纠正不正之风中属于法律范围、社会范围的问题，应当靠加强法制和社会教育来解决。"①

二、江泽民先进文化建设思想

"坚持什么样的文化方向，推动建设什么样的文化，是一个政党在思想上精神上的一面旗帜。"② 因此，始终代表中国先进文化的前进方向，这也是我们党始终站在时代前列，保持先进性的根本体现和要求。自1989年党的十三届四中全会以后，以江泽民为核心的党的第三代领导集体沉着应对错综复杂、风云变幻的国际国内局势，在推进中国特色社会主义建设过程中，对中国特色社会主义文化建设也予以了高度重视，提出了许多重要的思想观点，尤其是"我们党要始终代表中国先进文化的前进方向"这一重要思想，对于建设中国特色社会主义文化、推进马克思主义文化理论进一步中国化，也起到了重要作用。

（一）先进文化建设思想的形成背景

从国际形势看，自东欧剧变、苏联解体以来，国际共产主义运动处于低潮，但资本主义仍然表现出强大的生命力。苏联的最终解体，标志着美、苏两国争夺世界霸权的两极格局走向了终结，世界开始进入了多极格局时代。美国作为唯一的超级大国，企图通过各种方式来建立其世界霸主地位，总是不遗余力地在世界范围内宣扬其思想价值观念，对社会主义国家尤其是我国进行文化渗透、思想压制。与此同时，经济全球化的蓬勃发展，网络化、信息化时代的迅速到来，对世界各国的经济文化发展都产生了极为重要的影响。无论是发达国家，还是发展中国家，都想要利用科学技术、先进文化来振兴本国经济、增强自己国家的综合国力，从而导致各国之间的科技、人才竞争呈现出前所未有的激烈态势。在这样一种国际局势错综复杂的时代条件下，如何加强中国先进文化建设，团结全国各族人民，坚定社会主义必胜的信念、信心和决心，增强中华民族的生命力、创造力和凝聚力，也就显得尤为重要了。

从国内形势看，在改革开放取得巨大成就的同时，我国的经济社会发展也遇到了许多新情况、新问题。特别是随着改革的深化、向社会主义市场经济的转型，我国人民的社会生活方式、经济生产方式也随之发生了深刻变化，出现了社会经济成分、就业方式、利益分配格局的多样化。这种经济生产、社会生活方式的多样化，使人们在价值观

① 邓小平.邓小平文选（第3卷）[M].北京：人民出版社，1993：163.
② 江泽民.江泽民文选（第3卷）[M].北京：人民出版社，2006：277.

念、思维方式、行为准则等方面的分化也进一步加剧，带来了人们思想认识、价值取向、文化生活上的多样性，使人们思想活动的独立性、选择性、多变性、差异性明显增加。这对于发挥人的主观能动性和创造精神、增强社会活力、推动社会进步来说，具有重要作用。但多样化的社会思想里面也掺杂、裹挟着一些消极腐朽因素，造成了整个社会深层次思想认识问题的凸显。

由此可见，世纪之交的中国，正处于一个承前启后、继往开来的重大历史关头，错综复杂的国际国内局势使我国文化建设既面临难得的发展机遇，也面临极为严峻的挑战。为了更好地抓住机遇、应对挑战，加快发展中国特色社会主义文化，江泽民2000年2月在广东考察"三讲教育"工作时，第一次明确提出了"代表中国先进文化的前进方向"的论断，"我们党所以赢得人民的拥护，是因为我们党在革命、建设、改革的各个历史时期，总是代表着中国先进生产力的发展要求，代表着中国先进文化的前进方向，代表着中国最广大人民的根本利益，并通过制定正确的路线方针政策，为实现国家和人民的根本利益而不懈奋斗"①。自此，江泽民先进文化建设思想就应运而生了。

（二）先进文化建设思想的主要内容

江泽民先进文化建设思想的内容主要包括三个方面：先进文化建设的战略地位、先进文化的丰富内涵和基本特征、加强先进文化建设的重要举措。

1. 先进文化建设的战略地位

国家的发展、民族的独立、人民的幸福都离不开强大文化力量的支撑。江泽民指出："全面建设小康社会，必须大力发展社会主义文化，建设社会主义精神文明。当今世界，文化与经济和政治相互交融，在综合国力竞争中的地位和作用越来越突出。文化的力量，深深熔铸在民族的生命力、创造力和凝聚力之中。全党同志要深刻认识文化建设的战略意义，推动社会主义文化的发展繁荣。"② 这充分体现出了江泽民对社会主义先进文化建设重要战略地位的高度重视。

任何一个国家、一个民族，如果没有自己的先进文化，就如同一副没有灵魂的躯壳，"一个民族，没有振奋的精神和高尚的品格，不可能自立于世界民族之林③。所以，江泽民特别强调："中华民族的精神，最突出的就是团结统一、独立自主、爱好和平、自强不息的精神。中国人民正是依靠这个民族精神，在祖国广阔的土地上创造了一个又一个人间奇迹，缔造了为世人所惊叹的灿烂的中华文明。这个民族精神，是中华民族五千年来生生不息、发展壮大的强大精神动力，也是中国人民在未来岁月里薪火相传、继往开来的强大精神动力。"④ 而社会主义先进文化，正是中华民族精神和中国革命传统相结合的当代体现，为增强中华民族凝聚力、顺利推进我国社会主义建设事业，提供了一种强大的精神动力。

一个国家的健康有序发展，离不开经济、政治、文化等方面的协调发展。在党的十五大报告中，江泽民谈道："只有经济、政治、文化协调发展，只有两个文明都搞好，

---

① 江泽民. 江泽民文选（第3卷）[M]. 北京：人民出版社，2006：2.

② 江泽民. 江泽民文选（第3卷）[M]. 北京：人民出版社，2006：558-559.

③ 江泽民. 江泽民文选（第3卷）[M]. 北京：人民出版社，2006：559.

④ 江泽民. 江泽民文选（第3卷）[M]. 北京：人民出版社，2006：400-401.

才是中国特色社会主义。"① 因此，江泽民非常注重经济、政治、文化的协调发展，他提出的"三个代表"重要思想，就明确地将"代表中国先进文化的前进方向"和"代表中国先进生产力的发展要求""代表中国最广大人民的根本利益"统一起来，表明了他对经济、政治、文化"三位一体"战略布局的高度重视，突出了社会主义先进文化在其中的重要战略地位。

江泽民认为，先进文化是衡量综合国力的一个重要尺度。所谓综合国力，从字面意思上去理解的话，指的是一种综合性的、整体性的实力，是一个主权国家赖以生存和发展的全部实力，囊括了经济、资源、军事、科技等方面体现出来的硬实力，还包括文化软实力。然而从当今世界发展形势来看，各国之间的竞争不只是局限在经济方面，更多的是科技和人才的竞争。国力的内在核心可以说是国民素质，增强综合国力的关键在于提升国民素质，而这就需要以发展先进文化作为支撑。江泽民在全国抗洪抢险总结表彰大会上讲，民族精神、国民素质是衡量综合国力的重要尺度，物质力量是增强综合国力的基础，但离不开民族精神的作用，因为精神力量也是综合国力的重要组成部分。

所以，我们应该清醒地认识到，随着经济全球化、政治多极化、文化多元化的发展，各国之间的文化发生大碰撞、大交融，这不仅为我国传统文化走向世界带来了新的机遇，也为我国学习借鉴外来文化带来了新的契机。但与此同时，资本主义文化、拜金主义、享乐主义、极端个人主义等思想意识乘虚而入，对我国广大人民群众造成思想侵蚀和精神污染，严重威胁到了我国主流意识形态安全和文化安全。这就要求我们高举中国特色社会主义伟大旗帜，在加强经济建设的同时，自觉加强社会主义先进文化建设，迅速树立自身的文化优势，从而使中华民族在世界民族之林站稳脚跟。这正如江泽民所指出的那样："面对科学技术迅猛发展和综合国力激烈竞争，面对世界范围各种思想文化相互激荡，面对小康社会人民群众日益增长的文化需求，全党必须从社会主义事业兴旺发达和民族振兴的高度，充分认识文化建设的重要性和紧迫性。"②

2. 先进文化的丰富内涵和基本特征

江泽民在庆祝建党 80 周年大会上，对当代中国先进文化的内涵和特征进行了深入论述："我们党要始终代表中国先进文化的前进方向，就是党的理论、路线、纲领、方针、政策和各项工作，必须努力体现发展面向现代化、面向世界、面向未来的，民族的、科学的、大众的社会主义文化的要求，促进全民族思想道德素质和科学文化素质的不断提高，为我国经济发展和社会进步提供精神动力和智力支持。"③ 在党的十六大报告中，江泽民更加明确地指出："在当代中国，发展先进文化，就是发展面向现代化、面向世界、面向未来的，民族的科学的大众的社会主义文化，以不断丰富人们的精神世界，增强人们的精神力量。"④ 由此，我们可以准确、全面地把握当代中国先进文化的丰富内涵和基本特征。

其一，当代中国先进文化即中国特色社会主义文化，是社会主义性质的文化。这是

---

① 江泽民. 江泽民文选（第2卷）[M]. 北京：人民出版社，2006：33.
② 江泽民. 江泽民文选（第2卷）[M]. 北京：人民出版社，2006：33.
③ 江泽民. 江泽民文选（第3卷）[M]. 北京：人民出版社，2006：276.
④ 江泽民. 江泽民文选（第3卷）[M]. 北京：人民出版社，2006：559.

由我们党和国家的性质决定的。我们党是以马克思主义作为行动指南的中国工人阶级的
先锋队和中华民族的先锋队，我们国家是坚持以马克思主义作为指导思想的伟大社会主
义国家。这就决定了我国的文化必然也是坚持以马克思主义作为指导思想的文化，从而
也就决定了我国先进文化的社会主义性质和发展方向。

其二，当代中国先进文化是面向现代化、面向世界、面向未来的文化，这充分体现
了我国先进文化的时代性、包容性、前瞻性的特点。"面向现代化"说明了当代中国先
进文化建设与党在社会主义初级阶段基本路线的内在关系，是从社会主义初级阶段的时
代条件出发、把我国建设成为伟大的现代化国家的基本要求；"面向世界"指明了当代
中国先进文化建设应有的视野和胸怀，赋予了我国先进文化以"海纳百川，有容乃大"
的强大包容性特征；"面向未来"，是强调当代中国先进文化建设要具有前瞻性，就是
把社会主义的前途与希望同人类文明、时代潮流和世界未来紧密结合在一起，敢于超越
过去和现在，准确把握时代的脉搏，认清事物发展的客观趋势，善于出新，在文化建设
的功能上由斗争性转向创新性。[①]

其三，当代中国先进文化是"民族的、科学的、大众的文化"，具有民族性、科学
性、大众性。江泽民 2001 年 12 月 18 日在中国文学艺术界联合会第七次全国代表大会、
中国作家协会第六次全国代表大会的讲话中指出："发展和繁荣先进文化的一个极为重
要的任务，就是要使我们的民族和人民在建设中国特色社会主义事业的征程上，始终保
持奋发有为、昂扬向上的精神状态。"[②] 这显示出了江泽民对我国先进文化的民族个性
的重视。同时，江泽民也很重视我国先进文化的科学性，强调要用唯物史观和科学思想
武装全党，在广大群众中普及科学知识，要"加强科学知识、科学方法、科学思想、科
学精神的宣传教育"[③]。在对当代中国先进文化大众性的认识问题上，江泽民强调只有
依靠人民群众，社会主义先进文化才会富有生机和活力，"脱离人民、脱离生活的艺术，
矫揉造作、无病呻吟的作品，不可能有感召力，也不可能有生命力"[④]。

3. 加强先进文化建设的重要举措

江泽民认为，中国先进文化建设是一项艰巨而又复杂的系统工程，必须从全局的高
度出发，稳步加以推进。在领导推进文化体制改革的实践中，在发展和创新马克思主义
文化理论的基础上，江泽民探索并提出了一系列加强我国先进文化建设的重大举措。

首先，强调实现政治、经济和文化的协调发展。从"三个代表"重要思想来看，
江泽民将先进文化、先进生产力、最广大人民根本利益置于并列位置加以提出，显示出
他对实现政治、经济和文化协调发展的高度重视。在阐述"三个代表"重要思想时，
江泽民指出："推进人的全面发展，同推进经济、文化的发展和改善人民物质文化生活，
是互为前提和基础的。人越全面发展，社会的物质文化财富就会创造得越多，人民的生
活就越能得到改善，而物质文化条件越充分，又越能推进人的全面发展。社会生产力和
经济文化的发展水平是逐步提高、永无止境的历史过程，人的全面发展程度也是逐步提

①　本书课题组. 中国特色社会主义文化发展道路［M］. 北京：中央文献出版社，2013：174-176.
②　江泽民. 江泽民文选（第 3 卷）［M］. 北京：人民出版社，2006：400.
③　江泽民. 江泽民文选（第 3 卷）［M］. 北京：人民出版社，2006：277.
④　江泽民. 江泽民文选（第 3 卷）［M］. 北京：人民出版社，2006：403.

高、永无止境的历史过程。这两个历史过程应相互结合、相互促进地向前发展。"① 由此可见，江泽民"三个代表"重要思想坚持"以人为本"为主线，从广大人民群众的根本利益出发，强调生产力的发展和先进文化的建设，其最终目的和归宿都是更好地代表广大人民的根本利益；只有通过促进经济、政治、文化"三位一体"式地协调发展，才能更好地实现人的全面发展。

其次，切实加强思想政治教育工作。由于马克思主义是我们认识世界、改造世界的强大思想武器，我们党始终高举马克思主义伟大旗帜，因此，江泽民强调要坚定不移地用马克思主义、毛泽东思想、邓小平理论、"三个代表"重要思想牢牢占领思想文化阵地，这是搞好思想政治教育工作的重中之重，当然也是我国先进文化建设的题中之义。同时，他也强调要坚定共产主义的理想和信念。在庆祝中国共产党成立 80 周年大会上，江泽民谈及："全党同志既要树立共产主义的远大理想，坚定信念，以高尚的思想道德要求和鞭策自己，更要脚踏实地地为实现党在现阶段的基本纲领而不懈努力，扎扎实实地做好现阶段的每一项工作。忘记远大理想而只顾眼前，就会失去前进方向；离开现实工作而空谈远大理想，就会脱离实际。"② 由此可见，江泽民强调思想政治教育工作要坚持从开展现实工作的需要出发，通过加强共产主义理想信念教育，来切实加强当代中国先进文化建设，从而为实现中华民族伟大复兴树立共同理想和共同的思想基础。江泽民还谈及，我们党员干部要经得起考验，一个重要办法，就是提倡学习、加强修养，引导大家树立正确的世界观、人生观、价值观，真正为人民服务。因此，江泽民也非常重视通过加强思想政治教育工作来引导人们树立科学的世界观、人生观、价值观，也非常重视开展爱国主义、集体主义、社会主义教育和加强艰苦奋斗精神教育。这些都是江泽民强调的通过搞好思想政治教育工作来加强我国先进文化建设所要采取的重要举措。

最后，深化文化体制改革。江泽民认为，制度是加强先进文化建设的重要保证；改革是发展的动力，要通过深化文化体制改革来更好地促进先进文化的发展。江泽民在十六大报告中指出："根据社会主义精神文明建设的特点和规律，适应社会主义市场经济发展的要求，推进文化体制改革。抓紧制定文化体制改革的总体方案。把深化改革同调整结构和促进发展结合起来，理顺政府和文化企事业单位的关系，加强文化法制建设，加强宏观管理，深化文化企事业单位内部改革，逐步建立有利于调动文化工作者积极性，推动文化创新，多出精品、多出人才的文化管理体制和运行机制。按照一手抓繁荣、一手抓管理的方针，健全文化市场体系，完善文化市场管理机制，为繁荣社会主义文化创造良好的社会环境。"③ 这说明江泽民十分重视通过继续深化文化体制改革来促进当代中国先进文化的发展和繁荣。

除此之外，江泽民还专门阐述了坚持中国共产党的领导、把握先进文化的发展规律、坚持弘扬和培育中华民族精神、切实加强社会主义思想道德建设、大力发展教育和科学文化事业、积极发展文化产业、加强党风廉政建设、培养树立良好社会风尚、建设

① 江泽民. 江泽民文选（第3卷）[M]. 北京：人民出版社，2006：295.
② 江泽民. 江泽民文选（第3卷）[M]. 北京：人民出版社，2006：293.
③ 江泽民. 江泽民文选（第3卷）[M]. 北京：人民出版社，2006：561-562.

生态文化等重大问题。所有这些，一起构成了江泽民先进文化建设思想的主要内容，从而使中国特色社会主义文化观在世纪之交走向了成熟，这是我们党第三代领导集体坚持做到与时俱进的结果。因此，正是江泽民提出的先进文化建设思想，谱写了中国化马克思主义文化建设理论体系发展进程中的与时俱进篇。[①]

三、胡锦涛和谐文化建设思想

从党的十六大到十八大，我国改革开放和现代化建设事业推进到了新世纪头十年全面建设小康社会的新阶段。在这样一个新世纪新阶段上，虽然我们面临的时代主题、我国社会的主要矛盾和主要任务没有发生根本改变，但随着我国经济体制的深刻变革、社会结构的深刻变动、利益格局的深刻调整、思想观念的深刻变化，我国社会发展中隐藏的一些深层次矛盾和问题也日益凸显，出现了经济、政治、文化、社会发展不相协调的问题。在此情况下，胡锦涛强调要贯彻落实科学发展观，并明确地把邓小平理论、"三个代表"重要思想和科学发展观统称为中国特色社会主义理论体系，这是以胡锦涛为总书记的党中央在继续推进马克思主义中国化第二次历史性飞跃进程中勇于创新的结果。因此，胡锦涛提出的和谐文化建设思想，是在立足于当前我国社会实践出现新情况、新问题的基础上，在坚持贯彻落实科学发展观的过程中，党和人民取得的又一项发展中国特色社会主义文化观的伟大成果，谱写了中国化马克思主义文化建设理论体系发展进程中的创新繁荣篇。[②]

（一）和谐文化建设思想的形成背景

从国际大背景来看，在新世纪新阶段，世界政治经济格局发生了一些新变化，少数国家政治局面多变，西亚北非的政治和社会发生动荡；各地区之间的矛盾冲突此起彼伏；气候变化、核不扩散、能源资源安全、重大自然灾害等全球性问题也日益突出。就如林忠耿所说："当今世界的文化和经济、政治从没像现在这般聚合得如此有力量，以文化新形态影响着国际文化秩序的变动和文化格局的演变影响着世界各国的文化政策、文化运动和文化发展走向。"[③] 在这样一种复杂多变的国际经济、政治浪潮的拍打下，我国社会主义精神文明建设受到巨大冲击是难免的。尤其是在世界多元文化思潮影响之下，涌现出了"文明冲突论""历史终结论"和历史虚无主义，这无疑对我国主流意识形态构成了严重威胁。就国内形势来看，我国当时正处于社会转型的关键时期，经济体制、社会结构、利益格局、思想观念都在发生深刻变化，在推动我国社会向前进步的同时，也出现了一些矛盾和不和谐因素，比如社会贫富分化、城乡失衡现象、教育公平、社会保障、环境污染、生态恶化等问题。在这样一种更趋复杂的国际国内形势下，倡导建设社会主义和谐文化，也就成为我国加强文化建设、构建社会主义和谐社会的迫切要求。

正是在这种时代背景下，为了实现经济、政治、文化与社会等各方面建设的全面协调可持续发展，2004 年 9 月，十六届四中全会把"构建社会主义和谐社会"作为加强

---

① 宁德业. 中国化马克思主义文化建设理论发展进程研究 [J]. 成都大学学报，2013（4）：4.
② 宁德业. 中国化马克思主义文化建设理论发展进程研究 [J]. 成都大学学报，2013（4）：4-5.
③ 林忠耿. 论全球化背景下的中国特色社会主义文化建设 [J]. 乐山市委党校学报，2001（4）：14.

党的执政能力建设的一项重大任务提了出来。2006 年 5 月 11～15 日，胡锦涛在云南考察工作时提出要"促进和谐文化建设"。2006 年 10 月 8～11 日召开的党的十六届六中全会明确提出："建设和谐文化，是构建社会主义和谐社会的重要任务。"① 根据其精神，刘云山强调指出："和谐文化以崇尚和谐、追求和谐为价值取向，融思想观念、思维方式、行为规范、社会风尚为一体，反映着人们对和谐社会的总体认识、基本理念和理想追求，是中国特色社会主义文化的重要组成部分。"② 2006 年 11 月 10 日在中国文学艺术界联合会第八次全国代表大会、中国作家协会第七次全国代表大会的讲话中，胡锦涛指出："和谐文化是和谐社会的重要特征，也是实现社会和谐的精神动力。建设和谐文化，是构建社会主义和谐社会的重要任务，也是构建社会主义和谐社会的重要条件。……繁荣社会主义先进文化，建设和谐文化，为构建社会主义和谐社会做出贡献，是现阶段我国文化工作的主题。"③ 2007 年 10 月 15—21 日召开的党的十七大把"建设和谐文化"列为"推动社会主义文化大发展大繁荣"的重要任务，强调"和谐文化是全体人民团结进步的重要精神支撑"④。这标志着胡锦涛和谐文化建设思想的正式形成。

2011 年 10 月 15—18 日，党的十七届六中全会审议并通过了《中共中央关于深化文化体制改革推动社会主义文化大发展大繁荣若干重大问题的决定》（以下简称《决定》）。该《决定》提出了"努力建设社会主义文化强国"的宏伟目标，对未来 10 年我国文化发展做出了全面部署，并指出了文化繁荣发展的前进方向、根本任务、出发点和落脚点、发展动力以及发展路径，标志着中国共产党 90 年来第一次系统谋划我国文化发展战略。这也充分表明胡锦涛所提出的一系列关于文化建设的重大战略思想，尤其是"和谐文化建设"思想，是新形势下中国共产党所做出的重大理论创新，适应了我国推进改革开放和现代化建设的时代要求，为构建社会主义和谐社会提供了强大的精神动力和智力支持。因此说，胡锦涛吹响了"建设和谐文化"的嘹亮号角，并以高瞻远瞩的战略谋划，带领全党全国人民实现了"十二五"的良好开局，为继续实施"十二五"规划、实现全面建设小康社会宏伟目标奠定了坚实基础。

（二）和谐文化建设思想的主要内容

"和谐、和合是中华民族人文精神的基本理念和首要价值之一，是中华传统文化思想的精髓和生命智慧，它以其悠久、博大、精深的内涵，具有持久的民族凝聚力、向心力、亲和力，唤起民族的认同感、归属感、安顿感。"⑤可以说，和谐文化是一种面向世界、面向未来的先进文化，是一种注重科学与大众的人本文化。从党的十六大到十八大，以胡锦涛为总书记的党中央强调贯彻落实科学发展观，通过全面继承和发展马克思主义文化理论及我们党和国家前三代领导人的文化建设思想，树立起了社会主义和谐文化观，进一步完善和发展了中国特色社会主义理论体系的文化建设思想。

---

① 胡锦涛. 中共中央关于构建社会主义和谐社会若干重大问题的决定［N］. 人民日报，2006-10-19（01）.
② 刘云山. 建设和谐文化巩固社会和谐的思想道德基础［N］. 人民日报，2006-10-24（01）.
③ 胡锦涛. 胡锦涛文选（第 2 卷）［M］. 北京：人民出版社，2016：539-540.
④ 胡锦涛. 胡锦涛文选（第 2 卷）［M］. 北京：人民出版社，2016：640.
⑤ 杨荣翰. 中国和谐文化建设理论与实践［M］. 北京：中国书籍出版社，2013：1.

1. 社会主义和谐文化建设的战略地位

文化建设在当今社会发展中，有着非常重要的作用。党的十六大明确提出了我国要实现全面建设小康社会的宏伟目标，同时也强调了社会主义文化建设的重要性："我们要在本世纪头二十年，集中力量，全面建设惠及十几亿人口的更高水平的小康社会，使经济更加发展、民主更加健全、科教更加进步、文化更加繁荣、社会更加和谐、人民生活更加殷实。"① 2005 年，在省部级主要领导干部提高构建和谐社会能力研讨班上，胡锦涛首次提到"四位一体"总布局，明确指出："随着我国经济社会不断提高，中国特色社会主义事业的总体布局更加明确地由社会主义经济建设、政治建设、文化建设三位一体发展为社会主义经济建设、政治建设、文化建设、社会建设四位一体。"② 同年，在纪念抗日战争胜利 60 周年大会上，胡锦涛又提道："促进社会主义经济建设、政治建设、文化建设与和谐社会建设全面发展，不断增强我国的经济实力、科技实力、国防实力、民族凝聚力，不断促进人民日益增长的物质文化需要，继续开创中国特色社会主义伟大事业新局面。"③ 这标志着党对社会主义发展规律的认识达到了一个新的高度，标志着经济、政治、文化与社会建设"四位一体"总布局初步形成。因此说，文化建设与经济、政治、社会各方面的建设是紧密相关的，能够为经济、政治和社会建设提供强大的精神动力和思想保障。

之后，在党的十六届四中全会上，为了更好地协调经济、政治、文化、社会建设的可持续发展，胡锦涛又把建设社会主义先进文化作为党的执政能力的重要内容提了出来，并强调要不断地提高建设社会主义先进文化的能力。紧接着，党的十六届六中全会明确提出，建设和谐文化，是构建社会主义和谐社会的重要任务。这一论断的提出，表明了和谐文化建设在构建社会主义和谐社会中占有重要地位，这也是中国共产党在进行社会主义先进文化建设的实践和探索中实现的新突破、新创造。在十七大报告中，胡锦涛强调要通过建设社会主义核心价值体系、建设和谐文化、弘扬中华文化、推进文化创新，来切实提高国家文化软实力，并明确指出："和谐文化是全体人民团结进步的重要精神支撑。"④ 以上论述说明，胡锦涛文化建设思想是与时俱进、不断创新发展的，也使我们认识到和谐文化建设在整个中国特色社会主义建设事业总布局中的重要战略地位。

2. 建设社会主义核心价值体系

胡锦涛高度重视社会主义核心价值体系建设。2006 年，党的十六届六中全会通过的《中共中央关于构建社会主义和谐社会若干重大问题的决定》中，首次提到了"社会主义核心价值体系"这一概念，指出："建设社会主义核心价值体系，是建设和谐文化的根本。必须坚持马克思主义在意识形态领域的指导地位，牢牢把握社会主义先进文化的前进方向，弘扬民族优秀文化传统，借鉴人类有益文明成果，倡导和谐理念，培育

---

① 江泽民. 江泽民文选（第 3 卷）［M］. 北京：人民出版社，2006：543.
② 胡锦涛. 胡锦涛文选（第 2 卷）［M］. 北京：人民出版社，2016：274.
③ 胡锦涛. 胡锦涛文选（第 2 卷）［M］. 北京：人民出版社，2016：341.
④ 胡锦涛. 胡锦涛文选（第 2 卷）［M］. 北京：人民出版社，2016：640.

和谐精神，进一步形成全社会共同的理想信念和道德规范，打牢全党全国各族人民团结奋斗的思想道德基础。"① 这充分表明建设社会主义核心价值体系是推进中国特色社会主义文化建设的重要举措，是建设和谐文化的根本，也是实现社会和谐的灵魂。

同时，胡锦涛对于"什么是社会主义核心价值体系"也进行了科学的阐述。从胡锦涛的重要讲话及其精神中，我们可以认识到，社会主义核心价值体系包括四个方面的基本内容，即马克思主义指导思想、中国特色社会主义共同理想、以爱国主义为核心的民族精神和以改革创新为核心的时代精神、以"八荣八耻"为主要内容的社会主义荣辱观。这四个方面的基本内容相互联系、相互贯通、有机统一，共同构成社会主义核心价值体系。在党的十七大报告中，胡锦涛提出要"建设社会主义核心价值体系，增强社会主义意识形态的吸引力和凝聚力"②。这使我们认识到，在思想文化、价值观念多元化发展的现实情况下，加强社会主义主流意识形态建设、培育和践行社会主义核心价值观也就显得尤为重要了。

那么如何利用社会主义核心价值体系来引领社会主义和谐社会建设呢？2008年，胡锦涛在全国宣传思想工作会议的讲话中提道："必须在中国特色社会主义理论体系指引下，把建设社会主义核心价值体系作为长期的战略任务和现实的紧迫工作切实抓紧抓好。要深入持久地开展社会主义核心价值体系宣传教育，把社会主义核心价值体系融入国民教育和精神文明建设全过程，把社会主义核心价值体系的要求贯穿到媒体传播之中，落实到精神文化产品创作生产之中，融汇到日常工作生活之中，体现到政策法规制定和社会管理之中，使之转化为人民的自觉追求。"③ 在这里，胡锦涛着重从指导思想、宣传教育等方面就如何建设社会主义核心价值体系的问题提出了独到见解。

胡锦涛还认为，社会主义核心价值体系在整个社会主义文化建设布局中处于统筹地位，要实现社会主义文化的大发展、大繁荣，建设社会主义文化强国，就必须牢牢把握社会主义核心价值体系建设的主导地位，发挥社会主义核心价值体系的感召力、凝聚力、影响力，引领社会风尚，为和谐文化建设指引方向。

3. 践行科学发展观

2003年7月28日，胡锦涛提出坚持以人为本，树立全面、协调、可持续的发展观，促进经济社会和人的全面发展，按照"五个统筹"（统筹城乡发展、统筹区域发展、统筹经济社会发展、统筹人与自然和谐发展、统筹国内发展和对外开放）的要求，推进各项事业的改革和发展。

党的十七大，科学发展观作为我们党的重要指导思想被写入了党章。从科学发展观的内涵来看，它提出了"以人为本"，指出发展的落脚点在于广大人民群众的利益，凸显了人在社会发展中的重要作用；"全面协调可持续"和"统筹兼顾"的要求，也是在深刻总结以往经济、政治、文化建设经验的基础上，作出的正确决策，是对马克思主义发展观的创新发展。同时，十七大报告还指出："科学发展和社会和谐是内在统一的。

---

① 胡锦涛. 中共中央关于构建社会主义和谐社会若干重大问题的决定 [N]. 人民日报, 2006-10-19 (01).
② 胡锦涛. 胡锦涛文选（第2卷）[M]. 北京：人民出版社, 2016：639.
③ 胡锦涛. 胡锦涛文选（第3卷）[M]. 北京：人民出版社, 2016：62.

没有科学发展就没有社会和谐，没有社会和谐也难以实现科学发展。"① 这表明科学发展与社会和谐是内在统一的。因此，周向军在《科学发展观文化建设论》一书中指出："贯彻落实科学发展观必定要重视文化的科学发展。……这种发展是包含文化在内的，是把文化发展协调于内的，是需要文化的科学发展的。"② 这也就意味着和谐文化与科学发展在本质上是一致的。作为一种文化形态的和谐文化，并不只是为了化解矛盾和一些不和谐因素，更重要的是为了促进经济、政治、文化和社会的协调发展，最终实现人的全面发展。

和谐文化建设是伴随着构建社会主义和谐社会的伟大实践进行的，是我国发展任务中的重要内容。在进行和谐文化建设过程中，胡锦涛不断推进文化体制改革，发展文化产业；大力倡导发展中国特色网络文化，强化新闻舆论阵地意识；倡导弘扬中华文化，建构公民思想道德体系；加强公共文化服务体系和文化人才队伍建设等，其目的就是帮助人们牢固树立科学发展观，培育经济、政治、文化和社会建设协调发展、均衡发展、科学发展的思想意识，使人们在加强经济建设的同时，更加注重社会的发展，从而推动社会发展朝着更加和谐稳定的方向前进。这就说明，社会和谐是要在科学发展的基础上才能实现的。因此可以说，胡锦涛所提出的科学发展战略是与其和谐文化建设思想相一致的，二者是相互制约、相互促进的关系。

4. 提高国家文化软实力

胡锦涛在十七大报告中提出："当今时代，文化越来越成为民族凝聚力和创造力的重要源泉、越来越成为综合国力竞争的重要因素，丰富精神文化生活越来越成为我国人民的热切愿望。要坚持社会主义先进文化前进方向，兴起社会主义文化建设新高潮，激发全民族文化创造活力，提高国家文化软实力。"③在党的十七届六中全会所做的报告中，胡锦涛又一次强调："当今世界正处在大发展大变革大调整时期，世界多极化、经济全球化深入发展，科学技术日新月异，各种思想文化交流交融交锋更加频繁，文化在综合国力竞争中的地位和作用更加凸显，维护国家文化安全任务更加艰巨，增强国家文化软实力、中华文化国际影响力要求更加紧迫。"④ 在十八大报告中，胡锦涛再次强调："文化是民族的血脉，是人民的精神家园。全面建成小康社会，实现中华民族伟大复兴，必须推动社会主义文化大发展大繁荣，兴起社会主义文化建设新高潮，提高国家文化软实力，发挥文化引领风尚、教育人民、服务社会、推动发展的作用。"⑤ 由此可见，胡锦涛多次强调要通过搞好中国特色社会主义文化建设、发展社会主义和谐文化，来大力提高我国文化软实力，以真正实现社会主义文化的大发展、大繁荣。

同时，为了提高国家文化软实力，胡锦涛还要求我们坚定不移地推进社会主义核心价值体系建设，努力巩固全党全国各族人民团结奋斗的共同思想道德基础；全面贯彻

① 胡锦涛. 胡锦涛文选（第2卷）［M］. 北京：人民出版社，2016：625.
② 周向军，李春明等. 科学发展观文化建设论［M］. 济南：山东人民出版社，2008：153.
③ 胡锦涛. 胡锦涛文选（第2卷）［M］. 北京：人民出版社，2016：639.
④ 胡锦涛. 中共中央关于深化文化体制改革推动社会主义文化大发展大繁荣若干重大问题的决定［N］. 人民日报，2011-10-26（01）.
⑤ 胡锦涛. 胡锦涛文选（第3卷）［M］. 北京：人民出版社，2016：637.

"二为"方向和"双百"方针，努力为人民群众提供更好更多的精神食粮；大力发展公益性文化事业，保障人民的基本文化权益；加快发展文化产业，推动文化产业成为国民经济支柱性产业；进一步深化改革开放，加快构建有利于文化繁荣发展的体制机制；建设宏大的文化人才队伍，为社会主义文化大发展大繁荣提供有力的人才支撑；加强和改进党对文化工作的领导，提高推进文化改革发展的科学化水平。

四、习近平文化强国建设思想

恩格斯曾经说过："每一时代的理论思维，从而我们时代的理论思维，都是一种历史的产物。在不同的时代具有非常不同的形式，并因而具有非常不同的内容。"[①] 这使我们认识到，任何一种思想理论，都是时代的产物，都具有鲜明的时代特征。在中国特色社会主义进入新时代的条件下，文化软实力在综合国力中的作用越来越突出。正是在准确把握住新时代这一新的历史方位的基础上，自党的十八大以来，以习近平同志为核心的新一代中央领导集体也高度重视中国特色社会主义文化建设，在继续深入推进马克思主义文化理论中国化的进程中，进一步完善了中国特色社会主义文化观和社会主义文化强国建设思想，强调要通过培育和践行社会主义核心价值观、大力弘扬中华优秀传统文化等途径，来进一步提升我国文化软实力，从而为实现中华民族伟大复兴的"中国梦"提供更为强大的精神动力。因此，可以说，习近平文化强国建设思想，谱写了中国化马克思主义文化建设理论体系发展进程中的复兴圆梦篇。

（一）文化强国建设思想的形成背景

习近平文化强国建设思想是在对全球文化发展新态势做出科学判断和全面认识的基础上，在我国全面深化改革进程中进一步对实现科学发展新要求加以正确分析和准确把握的基础上，逐步形成和发展起来的。

自 2008 年美国发生次贷危机引发全球性金融危机以来，国际的竞争更加激烈，竞争范围越来越广泛，极端主义、恐怖主义影响急剧上升，各大国之间的矛盾与竞争、地区之间的冲突也明显增多，世界经济呈现发展趋势"分化"、复苏"不均衡"的特征。在这种国际形势总体平稳但局部地区冲突不断发展的态势下，世界文化发展也显现出日益复杂的形势。尤其是网络信息化时代的到来，打破了文化交流的时空限制，促进了各国文化的交流与融合。但这种往纵深方向发展的全球化趋势，也严重冲击了本土的传统价值观和民族认同，导致不同民族、不同文化、不同宗教之间摩擦不断，文化的冲突、文化侵略与反侵略、文化渗透与反渗透的现象也更为明显，民族矛盾和地区冲突频繁发生，国家文化安全问题也应运而生。比如西方推行的文化霸权主义，就是西方发达资本主义国家对其他国家进行的文化扩张和意识形态渗透，试图通过掌控意识形态的领导权来控制其他国家。

回顾过去，中国在改革开放过程中，历代党和国家领导人都高度关注精神文明建设和意识形态工作，强调要"占领意识形态"的主阵地，要牢牢把握意识形态工作的领

---

① 马克思，恩格斯. 马克思恩格斯全集（第 20 卷）［M］. 北京：人民出版社，1971：382.

导权和话语权。习近平也强调："意识形态工作是党的一项极端重要的工作。"① 意识形态工作事关党的前途，事关国家长治久安，事关民族凝聚力和向心力。这正是习近平对西方意识形态渗透保持高度警惕的体现。同时，当今世界正处在大发展、大变革、大调整时期，全球思想文化不断交流、交融、交锋。在这种条件下，各国文化软实力在综合国力较量中的地位和作用越来越突出，显然已成为综合国力竞争的核心力量和提高国际竞争力的战略重心。在中央政治局第十二次集体学习时，习近平谈道："提高国家文化软实力，关系'两个一百年'奋斗目标和中华民族伟大复兴'中国梦'的实现。"② 因此，习近平强调要通过加强社会主义文化强国建设，来自觉抵制西方敌对势力的意识形态渗透，大力提升我国文化软实力。

而且，当前我国正处在全面深化改革的关键时期，虽然经济建设取得了巨大成就，综合国力迈上了新的台阶，中国特色社会主义进入了新时代，但我国社会思想意识日益多元、多样、多变，我们党正面临着"四大考验"（长期执政的考验、改革开放的考验、市场经济的考验、外部环境的考验）、"四大危险"（精神懈怠危险、能力不足危险、脱离群众危险、消极腐败危险）和"八大斗争"（争夺资源、货币战争、争夺市场、意识形态斗争、领土争端、反腐败斗争、网络斗争、反民族分裂主义斗争）③。因此，在我国经济发展繁荣的背后，也隐藏着日益严重的精神危机。正如浙江大学安伦所言："改革开放 30 多年成果斐然，经济腾飞、国势崛起，中华民族已步入辉煌盛世。然而歌舞升平的经济繁荣背后，中国社会也面对着信仰缺失危机。社会出现了向物质追求单边倾斜、精神文明荒废、拜金主义严重、道德衰落、腐败猖獗等问题。如果忽视这些深层次的社会问题，不采取积极措施予以化解，有可能引发严重的社会危机。"④ 所有这些，都对我们做好新时期意识形态工作提出了新的更高要求。正是在这种复杂的国内环境条件下，习近平一再强调要搞好文化强国建设，增强"文化自信"。

（二）文化强国建设思想的主要内容

习近平文化强国建设思想有着十分丰富的内容，主要体现在他所发表的一系列重要讲话的精神当中，尤其是在十九大报告中，习近平总书记特别强调："文化是一个国家、一个民族的灵魂。文化兴国运兴，文化强民族强。没有高度的文化自信，没有文化的繁荣兴盛，就没有中华民族伟大复兴。要坚持中国特色社会主义文化发展道路，激发全民族文化创新创造活力，建设社会主义文化强国。"为此，习近平总书记在报告中要求全党同志着重从"牢牢掌握意识形态工作领导权""培育和践行社会主义核心价值观""加强思想道德建设""繁荣发展社会主义文艺""推动文化事业和文化产业发展"等五个方面着力抓好社会主义文化强国建设，切实提高国家文化软实力，"担负起新的文化使命，在实践创造中进行文化创造，在历史进步中实现文化进步！"⑤ 对其进行概括，

---

① 习近平. 习近平谈治国理政［M］. 北京：外文出版社，2014：153.

② 习近平. 习近平谈治国理政［M］. 北京：外文出版社，2014：160.

③ 韩庆祥. 党面临"四大考验""四大危险"和"八大斗争"［N］. 人民日报，2014-07-23（07）.

④ 安伦. 化解信仰缺失危机的积极对策［J］. 世界宗教研究，2010（5）：1.

⑤ 习近平. 决胜全面建成小康社会夺取新时代中国特色社会主义伟大胜利［M］. 北京：人民出版社，2017：40-44.

我们将习近平文化强国建设思想主要划分为四个方面。

1. 培育和践行社会主义核心价值观

2014 年 2 月，习近平在中央政治局第十三次集体学习时指出："把培育和弘扬社会主义核心价值观作为凝魂聚气、强基固本的基础工程，继承和发扬中华优秀传统文化和传统美德，广泛开展社会主义核心价值观宣传教育，积极引导人们讲道德、尊道德、守道德，追求高尚的道德理想，不断夯实中国特色社会主义的思想道德基础。核心价值观是文化软实力的灵魂、文化软实力建设的重点。这是决定文化性质和方向的最深层次要素。一个国家的文化软实力，从根本上说，取决于其核心价值观的生命力、凝聚力、感召力。培育和弘扬核心价值观，有效整合社会意识，是社会系统得以正常运转、社会秩序得以有效维护的重要途径，也是国家治理体系和治理能力的重要方面。历史和现实都表明，构建具有强大感召力的核心价值观，关系社会和谐稳定，关系国家长治久安。"① 在之后的 5 月 4 日，习近平在同北京大学师生座谈时又谈道："人类社会发展的历史表明，对一个民族、一个国家来说，最持久、最深层的力量是全社会共同认可的核心价值观。核心价值观，承载着一个民族、一个国家的精神追求，体现着一个社会评判是非曲直的价值标准。"② 由此可见，习近平把培育和弘扬社会主义核心价值观，置于十分重要的位置，予以了高度重视。习近平还谈道："核心价值观，其实就是一种德，既是个人的德，也是一种大德，就是国家的德、社会的德。国无德不兴、人无德不立。"③ 这实际上就是说，践行社会主义核心价值观要做到"明大德、守公德、严私德"。

而且，在关于如何培育和践行社会主义核心价值观的问题上，习近平从"知、信、行、成"四个方面提出了新的见解。"知"是要知其所以然，就是要从其内涵着手，能够认真地理解和把握 24 字社会主义核心价值观；"信"是必须坚信，就是能够增强理论自信，做到自觉认同和坚守社会主义核心价值观；"行"即是"知"与"信"的实践和践行，就是"要把社会主义核心价值观与人们日常生活紧密联系起来，在落细、落小、落实上下功夫"④，也就是要求我们全方位、全过程地融入社会主义核心价值观，使其成为日常工作生活的基本遵循；"成"是最终的落脚和归属，也就是要促使社会主义核心价值观的落实，就是要实现社会主义核心价值观落地生根、开花结果。

2. 宣传思想工作要积极弘扬文化传播主旋律

习近平谈道，宣传思想工作对党的其他工作的开展和进行有着重要的作用；宣传思想工作一定要把围绕中心、服务大局作为基本职责，胸怀大局、把握大势、着眼大事，找准工作切入点和着力点，做到因势而谋、应势而动、顺势而为，把宣传思想工作做得更好；搞好宣传思想工作的一个重要途径就是抓好新闻舆论的宣传报道工作。在全面建成小康社会进入决胜阶段之际，2016 年 2 月 19 日中央召开了党的新闻舆论工作座谈会，习近平在会上强调，做好党的新闻舆论工作，事关旗帜和道路，事关贯彻落实党的理论和路线方针

① 习近平. 习近平谈治国理政 ［M］. 北京：外文出版社，2014：163.
② 习近平. 习近平谈治国理政 ［M］. 北京：外文出版社，2014：168.
③ 习近平. 习近平谈治国理政 ［M］. 北京：外文出版社，2014：168.
④ 习近平. 习近平谈治国理政 ［M］. 北京：外文出版社，2014：165.

政策，事关顺利推进党和国家各项事业，事关全党全国各族人民凝聚力和向心力，事关党和国家前途命运；党的新闻舆论工作是党的一项重要工作，也是治国理政、定国安邦的大事；做好新闻舆论工作需要适应国内外发展形势，从党的工作全局出发，坚持党的领导，坚持正确政治方向，坚持以人民为中心的工作导向，尊重新闻传播规律，创新方法手段，切实提高党的新闻舆论传播力、引导力、影响力、公信力。

因此，在新时代条件下，唱响主旋律，传播正能量，就必须从党的工作全局来做好党的新闻舆论工作，在思想上高度重视、在工作上精准有力。首先，从思想上来说，就是需要我们坚持"阵地意识"，必须坚守好舆论阵地，增强政治意识、大局意识、核心意识、看齐意识，努力做到守土有责、守土负责、守土尽责。其次，从方向上来说，就是要坚持"引领意识"，以正确的舆论来引导人，做好正面宣传，增强舆论的吸引力和感染力。最后，从方法上来说，就是要坚持"创新意识"，即随着形势发展，党的新闻舆论工作必须创新理念、内容、体裁、形式、方法、手段、业态、体制、机制，增强针对性和实效性。

3. 要大力继承和弘扬中华优秀传统文化

习近平在 2013 年 3 月 17 日十二届全国人大一次会议闭幕会上，谈到了关于中华优秀传统文化在我国经济社会与人类文明发展中的重要地位，他指出："中华民族具有5000 多年连绵不断的文明历史，创造了博大精深的中华文化，为人类文明进步作出了不可磨灭的贡献。……实现中国梦必须弘扬中国精神。这就是以爱国主义为核心的民族精神，以改革创新为核心的时代精神。这种精神是凝心聚力的兴国之魂、强国之魂。"[①]2014 年 3 月 27 日，习近平在联合国教科文组织总部巴黎，就中华文化与"中国梦"、文明交流与世界和平的关系问题，发表了重要讲话，强调指出："文明因交流而多彩，文明因互鉴而丰富。文明交流互鉴，是推动人类文明进步和世界和平发展的重要动力。……历史告诉我们，只有交流互鉴，一种文明才能充满生命力。"[②] 因此，没有文明的继承和发展，没有文化的弘扬和繁荣，就没有"中国梦"的实现。这就使我们认识到，继承和弘扬中华优秀传统文化，对于促进人类文明发展、实现"中国梦"来说，都具有非常重要的意义。

2014 年五四青年节之际，习近平在与北大师生座谈的讲话中，列举了中华文化中的优秀思想和理念，如"民为邦本""天人合一""和而不同""天行健，君子以自强不息""大道之行也，天下为公"等。在 2014 年 5 月 15 日中国国际友好大会暨中国人民对外友好协会成立 60 周年纪念活动上，习近平第一次提出了"四观"，他谈道，中华文化崇尚和谐，中国"和"文化源远流长，蕴含着天人合一的宇宙观、协和万邦的国际观、和而不同的社会观、人心和善的道德观。通过习近平发表的这些重要讲话，我们对中华传统文化的丰富内涵有了更为深刻的认识。

正是因为中华传统文化博大精深，这就需要我们每一个人去自觉加以继承和发扬。至于如何更好地继承和弘扬中华优秀传统文化，习近平也曾在多次讲话中做出了科学指

---

① 习近平. 习近平谈治国理政 [M]. 北京：外文出版社，2014：39-40.
② 习近平. 习近平谈治国理政 [M]. 北京：外文出版社，2014：258-259.

示。在 2013 年 3 月 4 日中央党校建校 80 周年庆祝大会暨 2013 年春季学期开学典礼的讲话中，习近平指出，我们不仅要了解中国的历史文化，还要睁眼看世界，了解世界上不同民族的历史文化，去其糟粕，取其精华，从中获得启发，为我所用。2013 年 11 月 24 日至 28 日，习近平在山东考察工作时讲，对历史文化特别是先人传承下来的道德规范，要坚持古为今用、推陈出新，有鉴别地加以对待，有扬弃地予以继承。此外，习近平还提到要继承和发扬中华优秀传统文化和传统美德，广泛开展社会主义核心价值观宣传教育，积极引导人们讲道德、尊道德、守道德，追求高尚的道德理想，从而不断地去夯实中国特色社会主义的思想道德基础，增强自己的文化自信。

4. 要有效掌控意识形态领域的话语权

2013 年 8 月 19 日，习近平在全国宣传思想工作会议上强调指出："意识形态工作是党的一项极端重要的工作。"[①] 做好意识形态工作，事关党的前途命运，事关国家长治久安，事关民族凝聚力和向心力。因此，习近平特别要求我们必须把意识形态工作的领导权、管理权、话语权牢牢掌握在手中，任何时候都不能旁落，否则就要犯无可挽回的历史性错误。充分说明了意识形态工作的重要性和掌握意识形态工作领导权、管理权、话语权的现实必要性，也适时提出了当前如何主动创新、加强意识形态工作的实践指向性。

对于意识形态工作领导权的把握，不能只是要求宣传战线、领导班子和宣传队伍做好意识形态领导工作，从根本上说，其核心还是要站在"道义"的制高点上来强化领导。"道义"的内涵很丰富，在现代，我们的理解应包括"规律、道德、正义、主义"等含义，从这四个方面占领"道义"制高点，对于把握意识形态工作领导权极为重要。

掌握意识形态工作管理权，主要是加强对报纸、刊物、电台、电视台等构成的传统主流媒体的管理，对博客、微博等网络媒体以及短信、微信等现代信息传播媒体的管理，对讲坛、论坛、讲台、课堂等构成的大众传播的管理。

话语权是影响意识形态工作重要因素，是领导权、管理权的实践旨归。面对纷乱嘈杂的舆论阵地，必须以主流信息占领舆论制高点，牢牢掌握话语权。掌握意识形态工作话语权，就是要通过主动发声，来影响社会思想舆论，掌控意识形态的走向，在多元中立主导，在多样中谋共识，着力巩固马克思主义在意识形态领域的指导地位，着力巩固全党全国各族人民团结奋斗的共同思想基础。

---

① 习近平. 习近平谈治国理政［M］. 北京：外文出版社，2014：153.

第五章　提升中国文化软实力的迫切要求

近年来，中国在国际舞台上越来越活跃，展现出了一个文明大国、东方大国、负责任大国、社会主义大国的良好形象。这说明我国的综合国力在稳步提升。一个国家的综合国力，不仅包括"硬实力"，还包括"软实力"。随着时代的发展，文化软实力在世界各国之间的综合国力竞争和较量中的重要性日益凸显。因此，我们党的十七大、十八大和十九大都强调要"提高国家文化软实力"，尤其是习近平总书记在十八届中央政治局第十二次集体学习时特别强调指出："提高国家文化软实力，关系'两个一百年'奋斗目标和中华民族伟大复兴'中国梦'的实现。"① 这充分体现了我们党对提高国家文化软实力的高度重视。不过，虽然求和平、谋发展、促合作已经成为当今世界不可阻挡的潮流，全球和区域合作不断涌现，国与国之间相互依存日益紧密，新一轮科技革命也给各国人民带来了千载难逢的大好发展机遇，但是，各国之间的综合国力较量从未停歇，南北差距拉大导致世界经济失衡加剧，霸权主义和强权政治严重威胁着世界和平，国际热点问题和局部地区冲突不断，世界和平与发展依然面临诸多难题和挑战。尤其是受经济全球化、世界多极化往纵深方向发展的影响，各国文化发展出现了严重不平衡现象，以美国为首的西方发达国家凭借其资金、技术和人才优势，在文化领域大肆进行对外扩张，竭力推行"文化霸权"，谋求建立世界文化霸主地位。这种文化帝国主义政策的推行，严重威胁到了广大发展中国家（尤其是包括我国在内的社会主义国家）的意识形态安全和文化主权独立，严重影响着我国文化软实力的提升。因此，为了顺利推进实现中华民族伟大复兴的"中国梦"，为了更好地向世界人民展示良好的中国形象，我们必须勇敢地应对这些挑战，适时抓住机遇发展自己，自觉加强中国特色社会主义文化建设，不断打造中国优秀文化品牌，切实增强中华文化的国际影响力，从而真正实现我国文化软实力的明显提升和我国综合国力的显著增强。

第一节　我国文化软实力发展面临严峻的国内外挑战

哈佛大学教授约瑟夫·奈于1990年在《外交政策》杂志上发表了《软实力》一文，首次将国家实力分为"硬实力"和"软实力"，从而率先提出了"软实力"的概念。2004年，他在《软力量：世界政坛成功之道》一书中对"软实力"下了一个简明的定义："软力量是通过吸引力而非强迫或收买的手段来达己所愿的能力。它源于一个

---

① 习近平. 习近平谈治国理政 [M]. 北京：外文出版社，2014：160.

国家的文化、政治观念和政策的吸引力。"① 可见，约瑟夫·奈所强调的"软实力"，主要指的是一种文化的吸引力。随后不久，"软实力"这个概念被引入我国。但我国学者对此概念颇有争议，主要分成两派：一派认为约瑟夫·奈有深厚的美国政治背景，是在资本主义社会前提下提出"软实力"概念的，不主张使用；另一派认为这只是个学术概念，只要坚持"以我为主，为我所用"也无妨。但两派学者都比较赞同"软实力"指的是一种复合能力，主要是指国家创造文化价值观和增进文化认同的综合能力等。虽然这个概念引入中国的时间不长，但中国政府和人民却很清楚地认识到了文化软实力的重要性。自引入开始，中国很多学者对文化软实力做了深入的理论研究，取得了丰硕成果，并在实践中不断地检验理论、发展理论。通过深入研究，人们逐渐认识到我国文化软实力发展正面临诸多挑战，主要是自 20 世纪 90 年代以来，世界政治经济格局发生了巨大变化，世界各国相互依存度增加，各国之间的利益关系越来越密切，合作与发展成为时代主流，但国际利益的争夺也变得更加激烈，在这种复杂的国际政治经济环境下，迅速崛起的中国无疑给国际竞争增添了无穷变数。一方面，在国际舞台上，中国担任的角色逐渐增多，很多国际事务都离不开中国的参与，而西方资本主义国家却一直敌视中国，总是试图遏制中国成长、诋毁中国形象、打压中国发展，对中国心存芥蒂、疑惧重重；另一方面，中国自身经济社会快速发展的同时，文化建设也出现了一些问题，从而使我国文化软实力的发展面临着严峻的内外部双重挑战。

一、内部挑战

中国文化软实力发展面临的内部挑战已经十分突出。党的十七届六中全会通过的《中共中央关于深化文化体制改革推动社会主义文化大发展大繁荣若干重大问题的决定》，比较详细地指出了我国文化建设领域存在的突出矛盾和问题："一些地方和单位对文化建设的重要性、必要性、紧迫性认识不够，文化在推动全民族文明素质提高中的作用亟待加强；一些领域道德失范、诚信缺失，一些社会成员人生观、价值观扭曲，用社会主义核心价值体系引领社会思潮更为紧迫，巩固全党全国各族人民团结奋斗的共同思想道德基础任务繁重；舆论引导能力需要提高，网络建设和管理亟待加强和改进；有影响力的精品力作还不够多，文化产品创作生产引导力度需要加大；公共文化服务体系不健全，城乡、区域文化发展不平衡；文化产业规模不大、结构不合理，束缚文化生产力发展的体制机制问题尚未根本解决；文化走出去较为薄弱，中华文化国际影响力需要进一步加强；文化人才队伍建设急需加强。推进文化改革和发展必须抓紧解决这些矛盾和问题。"② 所有这些现实存在的突出矛盾和问题，都构成了我国文化软实力发展的内部挑战。

（一）文化体制改革相对滞后

改革开放以来，虽然我国文化体制改革问题一直受到中央的高度重视，但在政治、

---

① 奈. 软力量：世界政坛成功之道［M］. 吴晓辉，钱程，译. 北京：东方出版社，2005：（前言）2.

② 胡锦涛. 中共中央关于深化文化体制改革推动社会主义文化大发展大繁荣若干重大问题的决定［N］. 人民日报，2011-10-26（01）.

经济、文化三大领域内，"以经济建设为中心"一直是我国所倡导的发展格局，政治经济领域的改革没有及时带动文化领域的改革，从而导致了文化体制改革的相对滞后。

1. 文化体制中仍包含与时代要求和社会发展不相符合的部分

一方面，我国现在很多地方仍然存在政企不分、权责不明等现象。一些文化主管部门的管理人员，思想认识跟不上时代发展步伐，依然只是习惯于用以往管理经济的手段去管理文化，致使文化制度改革无法真正深入地落实到位。更有甚者，有些领导干部在管理实践中往往超越管理权限范围，为了经济利益，滥用职权，滋生了行业不正之风和腐败现象，严重扰乱了文化市场秩序，阻碍了文化体制改革的顺利进行，从而也危害到文化市场的健康发展。

另一方面，我国公共文化服务的投入不平衡。一些政府官员割裂经济建设与文化建设的关系，认为社会进步仅取决于经济建设，经济发展指标是衡量一切工作的标准，只单纯地追求经济利益。这样的错误认识，妨碍了政府对公共文化服务的投入，不利于公益性文化事业的发展，更无法有效满足人民群众日益增长的精神文化需要。

2. 相关政府部门对文化管理缺乏有效的组织分工和密切的协调合作

文化管理体制健全和完善，直接关系到文化软实力的提升。如果在文化管理体制上出现问题，导致政府部门分工、协作不到位而严重影响文化的建设和发展，就势必会成为阻碍文化软实力提升的一道难以逾越的壁垒。

近些年来，尽管我国政府部门正在努力转变文化产业发展方式，但由于原有政治经济体制根深蒂固的影响，我国一些地方政府部门依然还像以前一样统管各项文化产业、文化企业、文化事业等，这样就导致政府管理不到位，甚至还出现了过分干预文化企业、文化事业单位运行的情况，对于文化的管理权、经营权都用行政办法去干预，使文化企业、文化事业得不到自我发展，出现了文化企业的目标任务、人员编制、活动经费、岗位设置、人事任免均由上级行政部门负责的奇怪现象。比如，万达影院即将成为全球第五大影院，作为私有企业，它的市场份额已经远远地超过了国有企业，但它仍然无法像国有影院一样获取外国影片上映的资源。

这就说明，我国现有文化管理体制极大地限制了文化产业的自由发展。这是因为现在我国对文化建设的管理，主要实行的是从中央到地方一级一块的分割管理体制。而要改变这种体制，实现文化管理一体化，又是相对比较困难的。因为一些文化管理部门缺乏有效的组织分工和密切的协调合作能力，存在认识不到位、执行力不强、措施不具体等问题，使得相关政府部门略显"被动"。甚至在某些情况下，我们的文化资源只有在被别人抢走贴上异国标签时，才会激发政府主管部门协调合作保护文化资源的主动性，去积极落实中央的相关文化政策。

面对这些情况，我们要优化文化管理模式，加强部门联系，增强服务功能，通过工作会、座谈会以及项目合作等多种形式，加强科技、旅游、体育等有关部门之间的联系，加强各部门之间的友谊，密切各部门之间的合作，积极争取得到各个部门对文化管理工作的理解和支持，建立更加高效的信息交流与共享机制，进一步增强为文化企事业单位服务的意识，努力创造多赢的工作局面。

3. 封建思想的残余影响了我国文化体制改革的深化

中国共产党自成立以来，一直强调解放思想、实事求是、与时俱进、求真务实、务求实效。然而，我国广大人民群众中，却依然保存有许多封建社会遗留下来的腐朽、落后思想，尤其是在一些偏远落后的农村地区，这种封建思想的残余给我国文化体制改革带来了巨大的阻力。

我国原有的封建思想主要表现为等级观念和特权思想：将人分为不同的等级，将权力分给少数人，用少数人去压制、管理多数人。在我国现在某些欠发达的乡镇地带的一些政府部门和企事业单位里面，欠缺符合新时代发展要求的进步思想文化，某些领导干部追求皇帝般的权力感，有着严重的等级观念，等级越高，架子越大，脾气越大；行事没有准则，不按中央的指示和相关规章制度办事，人治高于法治；片面地认为在决策上领导永远是正确的，总是搞家长专制，缺乏民主作风，不愿意接受群众意见，刚愎自用，独断专行；大众都缺乏公众意识，专营于自己的个人生活，不关心社会的公平正义、发展与进步。这种状况自然不利于文化体制改革的顺利推进。

因此，我们必须彻底扫除封建社会残余思想，必须彻底改变落后地区的思想贫困状况，必须使先进文化教育覆盖到中国的各个角落，让先进的思想、新时代的主流文化在中国大地上蔓延。只有这样，我国的文化软实力才能切实得以增强，中华民族伟大复兴的"中国梦"也才能早日成为现实。

（二）文化创新能力总体不足

江泽民在1995年全国科学技术大会上指出："创新是一个民族进步的灵魂，是国家兴旺发达的不竭动力。如果自主创新能力上不去，一味靠技术引进就永远难以摆脱技术落后的局面。一个没有创新能力的民族，难以屹立于世界先进民族之林。"[①] 创新是人类进步的基本环节和根本动力，更是当代国际竞争中立于不败之地的根本保证，而创新主要包括理论、制度、科技、文化等多方面的创新。其中，理论创新是基础和先导，制度创新是保证，科技和文化创新是动力。现如今，在综合国力竞争日趋激烈的时代条件下，科技创新和文化创新对经济和社会发展的重要作用日益凸显。在这种情况下，要评价和衡量一个国家的文化软实力，主要指标是看这个国家的文化创造水平、文化创新能力。可以说，文化发展的本质就在于文化创新，文化创新是使文化保持旺盛而持久生命力的源泉。近年来，随着我们党对文化建设重视程度的增加，我国的文化创新能力明显增强，文化创造水平也有所提高，但我国的文化创新工作依然存在不少问题，总体来看还处于比较尴尬的境地。

1. 自主创新能力不强

在21世纪，对于提升一个国家的综合国力来说，高科技发挥着至关重要的作用。因此，世界各国纷纷抢占高科技发展的制高点，某个国家最先抢占到这个制高点，在未来的发展中，其综合国力就能处于绝对优势地位。为了抢占这一制高点，各国政府都纷纷把增强科技创新能力作为自己国家的一项重要发展战略，给予高度重视。但是，仅有较强的科技创新能力还不够，还需要将科研成果及时转化为现实生产力，做到科技创新

---

① 江泽民. 江泽民文选（第1卷）[M]. 北京：人民出版社，2006：432.

与经济发展真正结合，这样才能使科学研究工作更好地服务社会，才能使科技创新始终保持强大动力，才能真正提高人民的生活水平，也才能更好地满足人民丰富多样的精神文化需求。

长期以来，我国的科研体制与市场经济体制是分离的，科研体制游离在市场经济体制之外，导致我国科研能力无法完全展现出来，科研成果转化程度较低。据有关资料显示，最后只有百分之五的科技成果会走向市场，形成产业。这种较低的科技成果转化率，导致大量的科研作品被摆在橱窗中变成了供人欣赏的展品，无法促进我国社会生产力的发展。

同时，虽然我国现有的发明专利不少，在一些高科技领域也已经占有了一席之地，但总的来看，我国目前的科技自主创新基础相对薄弱，科研自主创新能力不强，具有自主知识产权的核心技术缺乏，仍然有一些尖端科技产品严重依赖进口。由此可见，自主创新能力不强，已经成为提升我国文化软实力的制约瓶颈。

正是为了有效打破这种制约瓶颈，我国提出了到 2020 年建成创新型国家的科教发展目标，强调要从过去对外开放"拿进来"到"学会"，再到"自主创新"，全面增强自主创新能力，以自主创新提升产业技术水平，实现由"中国制造"向"中国创造"的跨越。这显示出我们党对于提升自主创新能力的高度重视。

2. 文化创新型人才匮乏

在一定程度上，创新型人才决定了一个国家的自主创新能力和自主创造水平，是推动文化大发展大繁荣的首要因素。因此，要建设社会主义文化强国，提高我国文化软实力，就要着力培养和造就一大批文化创新型人才，大力发展文化创意型产业，实现文化创意精神与经济功能的有效结合。

目前，我国拥有一定数量的文化人才，但文化创新型人才在总量上还是显得比较匮乏，尤其是在对外文化交流活动中，我国欠缺专业的文化交流人才。由于专业人才的缺乏，我国的文化创新总是无法与世界文化创新同步。虽然我国具有丰富的文化软实力资源，但由于缺乏专业文化人才，我国对海外文化受众的要求、国际文化创新的市场需求等方面都不是很了解，更不善于借鉴运用国际经验来传播我国正确的文化内涵。

但海外文化市场运作也是实现我国文化创新的重要动力，我们不但需要创造一批世界一流的文化产品，还需要有更多的了解中华文化、熟悉世界文化市场规则、擅长文化市场策划和运作的国际文化经纪人。创造世界一流文化产品的创新型人才可谓是实现文化创新的"千里马"，而国际文化市场运作人则相当于实现文化创新的"伯乐"，我们既需要有能实现文化创新的"千里马"，更需要有大量的能发现这些"千里马"并将其推向国际文化市场的"伯乐"。否则，我们创新的文化产品就不会被世界文化市场所青睐。所以，我们要大力加强文化创新型人才的培养力度，彻底清除制约我国创新型文化产品走向国际文化市场的障碍。

3. 文化产业创新水平不高

文化产业的发展是推动经济增长的新动力，是满足人们精神文化需求的重要方式，也是国家文化软实力的重要组成部分；一个国家文化产业竞争力的大小，更是其文化软实力强弱的重要体现。然而，严酷的现实是，我国文化产业在国际文化市场竞争中处于弱势地位，主要原因是我国文化产业的创新水平偏低，我国的文化产业发展相对滞后。

比如，中国的动漫产业一直落后于世界先进水平，唯一可以数得上的只有 20 世纪 60 年代拍摄的一部《大闹天宫》，一些明显模仿外国动漫的创意动画的大红大紫，恰恰说明了中国动漫产业的创新匮乏。中国有 5400 多家动漫企业，可动漫生产能力一年能超过 2000 分钟的只有 11 家。在网游产业方面，各个公司互相抄袭，缺乏自主创新，导致网游类型单一，模式老套，理念陈旧，这不仅会导致中国游戏产业的发展迟缓，还会导致外国公司的强势入侵。从国内文化产业发展的各项数据看，2007 年，中国文化产品和服务进出口贸易总额为 166.4 亿美元，其中核心文化产品进出口贸易总额 129.2 亿美元，比 2006 年增长 26.6%，是 2001 年的 3.7 倍；文化服务进出口贸易总额 37.2 亿美元，比 2006 年增长 39.9%，是 2001 年的 6.1 倍。从 21 世纪开始，文化产业的发展虽然出现上升趋势，但是我国的文化产业在文化产品的生产内容、生产渠道以及文化体制上缺少创新、创意和创造，文化产品在国际上缺少竞争力，甚至在国内也难以有效满足人们日益增长的、日新月异的文化需求。资料显示，在国际文化贸易中，我国对美国等西方国家的逆差是以 5~10 倍的数字来呈现的，中国书刊版权贸易上的逆差更高达 10~15 倍。文化创新匮乏导致的文化传播劣势还会给一个国家的长治久安带来安全上的隐患。与美国的全球文化扩张相反，中国作为一个拥有 5000 多年文明史的文化发源地，却成了一个廉价的"硬件加工厂"——只出口电视机、VCD，不出口播放的内容，不出口中国人的思想观念。在当今一个国家对另一个国家的控制已经从"硬实力"——军事、武力——转移到"软实力"——价值观、文化的情况下，如果一个国家缺乏创新的有竞争力的文化，也就意味着它无力抵挡"文化帝国主义"的侵略和掠夺。

在当前的全球竞争已经从资源、资本、技术、人才和信息的竞争转入激烈的文化竞争的时代条件下，我们必须从维护国家安全战略高度来认识文化创新的重要性和紧迫性，我们的文化产业也只有不断实现创新和创造，才能不断发展壮大，才能迎接全球竞争的挑战。因此，我国进行文化产业创新已经刻不容缓。

（三）软硬实力发展不够协调

国家的硬实力和软实力，就好比是一个人用来步行的两条腿。如果说左腿代表硬实力，那么右腿就代表软实力。人要实现平稳地行走，需要左腿和右腿协调合作；国家发展想要平稳地进行，就必须实现硬实力和软实力的协调发展。何谓硬实力和软实力呢？根据约瑟夫·奈的理解，"软实力"就是"通过吸引力而非强迫或收买的手段来达己所愿的能力"[1]，主要指的是一个国家的文化软实力；硬实力则是指通过强迫或武力等强制性手段来达到目的一种支配性实力，主要指一国的经济力量、军事力量和科技力量，可以说是一种看得见、摸得着的物质力量，一般包括基本资源（如土地面积、人口、自然资源）、军事力量、经济力量和科技力量等。

在我们看来，软实力概念中"软"指的是一种依附性，它同时依附于目标、目标作用的对象和硬实力，软实力的体现需要硬实力的支撑、目标、他者认同三个条件。没有必要的或强大的硬实力支撑，软实力失去了根基；离开目标，软实力无从体现也无法

---

① 奈. 软力量：世界政坛成功之道［M］. 吴晓辉，钱程，译. 北京：东方出版社，2005：（前言）2.

衡量，凝聚力、吸引力、影响力、创新力、亲和力其实都只是潜在的软实力，必须在某一目标的统领或引领下，才可转化为现实的软实力；软实力必须借助他者（目标作用的对象）的行动才能体现，他者认同是软实力实现目标的前提条件。沿此思路深入下去，不难发现，他者认同是同化力的结果与体现；方向是目标的内在属性，方向引领力是目标的潜在功能，同化力和方向引领力是软实力的内核。同时，需要是力量的源泉，同化和引领都必须以国民的生存生活需要为出发点和归宿。人是文化的产物，其生存生活需要是在文化的濡化中和引导下形成的或改变的，通过人的生活目标、价值观念和生活方式体现的。离开文化，无法理解与把握人的生活需要尤其是高级需要，同化和引领也失去了方向和目标，软实力更无从实现，因此，文化力是软实力的核心。综上所述，我们认为，文化软实力就是一个国家借助文化媒介同化与引领其受众的价值观念及生活方式以实现共同目标（利益）的能力。换言之，文化软实力就是一国文化对其受众价值观念及生活方式所具有的同化力和引领力。①

因此，从其实质性上看，文化软实力是对力的方向的属性规定，而不是独立的"力"，须依附于必要的硬实力而得以凸现。在和平时代，国家之间竞争与共同利益并存。在参与国际竞争和国际事务时，硬实力强大者更容易赢得主导权、话语权，左右事态或时局的发展方向与轨迹，体现并提升其国家文化软实力。此外，文化传播是文化软实力发展的基本环节，在现代化的信息传播条件下，源自技术的硬实力支撑是文化传播的必要条件。总之，国家文化软实力发展必须依赖硬实力的支撑。改革开放40余年来，我国经济发展迅猛，硬实力得到了极大提升。但与西方发达国家相比，我国的硬实力仍存在较大差距，在参与国际事务和国际竞争时，硬实力的支撑力量仍显得相对薄弱，难以赢得主导权、话语权，制约了我国文化软实力的发展与提升，从而导致我国软硬实力发展出现了不相协调的局面。

首先，从总体上看，伴随着我国硬实力的迅速提升，我国的文化软实力发展水平还存在着与之不相适应的状况。目前，中国是世界上最大的发展中国家，硬实力的迅速提升，受到了世界各国的关注，中国已经成为世界上最具发展潜力的经济大国之一。自改革开放以来，中国始终坚持解放和发展生产力，致力于消灭剥削、消除两极分化、最终实现共同富裕。功夫不负有心人，我国的生产力发展取得了巨大成效，我国的综合国力快速提升，人民的生活水平明显提高，生活方式发生了翻天覆地的变化，实现了由温饱到总体达到小康的历史性转变。我国社会整体发展水平的提高，也促进了周边国家和地区的经济发展，中国经济的利益辐射范围逐步扩大，尤其是随着"一带一路"倡议的提出，中国硬实力迅速崛起的外溢效应进一步得以显现。不过，虽然中国已经成为世界经济增长的重要引擎，中国社会整体发展水平已处于世界中上等程度，但我国的文化支出在国家财政支出中占比偏低，导致了人民的文化消费水平也处于一种偏低的状况。据中国新闻网的可靠统计，2014年我国的财政总支出为15.17万亿元人民币，其中文化体育与传媒支出为2683亿元，在全国财政支出中仅占1.77%，全国人均文化体育与传媒支出仅为206元；2013年在中国2712个县级公共图书馆中，无购书经费支出的有580

---

① 宁德业. 当前我国文化软实力发展面临的挑战及其应对 [J]. 江西社会科学, 2010 (4)：191.

个，占到县级公共图书馆的 21.4%。在我们这样一个经济发展如此快速的大国，财政支出与文化支出却相差如此悬殊，充分说明我国文化软实力发展明显滞后于硬实力的发展。

其次，在我国经济蓬勃发展过程中，文化贸易逆差现象广泛存在。近些年来，我国政府大力倡导"走出去"文化战略，尤其是随着全球首家孔子学院 2004 年在韩国首尔正式设立，截至 2015 年 12 月 6 日，中国已在 134 个国家和地区建立了 500 所孔子学院和 1000 个孔子课堂，学员总数达 190 万人，这对于促进中华文化走向世界起到了重要作用。但是，近年来我国的文化贸易逆差现象依然存在。在演出方面，中国到外国演出的场次明显地少于外国到中国演出的场次，据北京市文化局统计，以 2007 年为例，当年市属 11 个院团国外演出 404 场次，外国艺术团体在京演出 394 场次，虽然市属院团在场次上稍占优势，但从收入效益上看，却明显呈现逆差，中外演出收益之比为 1：10；在动漫方面，全国动画节目需求量早在 2006 年就达 100 万分钟，而目前国内动漫生产能力却只有 13 万分钟，严重的供需不足导致中国成为国外动画产品出口的主要目标市场，调查显示，北京市有 68% 的用户经常收看进口动画产品，国产动画用户只有 32%；在出版方面，据新闻出版部门统计，2005 年全国图书、报纸、期刊累计出口 730 余万册（份）3200 多万美元，进口 1400 余万册（份）1.6 亿美元，逆差现象严重；在音像制品方面，贸易流通也存在着不平衡，据国家新闻出版总署发布的全国音像制品进出口统计数据显示，我国音像制品进口额一直远远超过出口额，2006 年差距更是达到了 10：1。以上数据使我们认识到，中国文化软实力发展总体上堪忧。撒切尔夫人曾经讲过这样一句话：中国不会成为超级大国，因为中国出口的是电视机而不是思想观念。因此，一方面中国文化博大精深，有着五千年悠久历史，中国文化有优势。另一方面却让我们不得不思考：如何扭转文化贸易逆差？如何让中国的传统文化、优秀文化走向世界舞台？这是增强我国文化软实力所面临的一大严峻挑战，也是我们亟须研究解决的现实难题。

二、外部挑战

中国是伟大的社会主义国家，是礼仪之邦。自 20 世纪 90 年代开始，中国迅速崛起，这种崛起无疑给世界发展增加了变数。一方面，中国经济的快速发展和综合国力的显著提升，给许多志同道合的国家带来了前进的动力。另一方面，与社会主义始终对立的西方发达资本主义国家却试图歪曲解读、打压、遏制中国的发展，这样就给我国文化软实力发展在带来了大好发展机遇的同时，也带来了严峻的外部挑战。

（一）西方国家对我国发展的误读

中国各方面的快速发展、综合国力的迅速提升，使西方发达资本主义国家既羡慕又嫉妒，他们一度怀有打压、摧毁中国的企图。但是，国际上诸多事务和活动又离不开中国的参与，西方发达国家不得不开始对中国进行更多的关注，于是中国的发展变成西方社会常规性议论话题。而西方国家对中国情况的了解，尚包含着明显的文化误读。为了博取眼球，其论点总是不断变化，但始终保持不变的态度是恶意中伤。比如，20 世纪初的"黄祸论"、20 世纪 50 到 80 年代的"中国崩溃论"、20 世纪 90 年代的"中国威胁论"、21 世纪的"中国崛起论"等。尤其是"中国崩溃论""中国威胁论"和"中国崛起论"等唱衰中国的论调，更是成为西方发达资本主义国家对中国崛起的典型误读。

1. "中国崩溃论"

对于"中国崩溃论"这种唱衰中国的论调，我们中国人早已习惯，但并不代表我们就此默认，我们总会用自身的行动向西方发达资本主义国家证明中国是个经得起考验的社会主义大国。每当我国在政治、经济等领域要做出巨大调整改革时，西方发达资本主义国家唱衰中国的"中国崩溃论"就会出现。

最初出现"中国崩溃论"是在朝鲜战争时期。中华人民共和国刚成立不到一年，欧洲、美国等西方发达国家在报纸上鼓吹唱衰中国的论调，主要包括：中国新政权是会失败的，战争会使新中国的经济崩溃；对抗经验丰富、装备先进的联合国军队会使新中国的军事力量减弱到零，这种对抗完全属于鸡蛋碰石头；中国新政府的红色政权是不可能存活的，等等。但最后中国却获得了抗美援朝的胜利，国家政权更加巩固，经济更加发展，有力地粉碎了这种唱衰论调。

在中苏决裂、"文化大革命"、中国实行市场化改革这几段时期，西方主流媒体、经济学家、政客等，也都纷纷预测中国经济崩溃、社会崩溃，好像比中国人还要了解中国一样，总是抢先对世界宣布中国的改革开放是一种错误选择，中国的道路是无法走通的，社会主义制度是无法引领中国向前发展的。然而，中国却总是以稳健的发展步伐击碎了这种论调，中国每击碎一次这种论调，在国际舞台上，就增加了一分声望。

2. "中国威胁论"

中国在"中国崩溃论"叫嚣中不但没有崩溃，反而成长壮大，经济实力快速增强，让西方发达国家分外眼红。20 世纪 90 年代，日本的防卫大学副教授村井友秀就发表过一篇《论中国这个潜在的威胁》的文章，从国力的角度把中国视为一个潜在的敌人，这可谓"中国威胁论"的最早提出者。[①] 接着，美国在传统基金会上又污蔑中国，说中国走社会主义道路，发展资本主义经济，商业上奉行重商主义，军事上实行扩张主义，称崛起的中国是美国在亚洲地区的安全挑战、中国是世界上军事力量正在迅速扩大的唯一国家。2002 年，布鲁克斯离开白宫，进入美国传统基金会并任亚洲研究中心主任一职，他在职期间发表过二十多篇评论中国的文章，涉及的范围非常广，从中国的军事到中国与非洲地区国家的合作，但这些评论中国的文章都有一个相同点：提醒美国政府，警惕中国的威胁。随之，一系列有关"中国威胁论"的报道在美国发表，并煽动亚洲地区的国家绝不能对中国这种"不良发展"姑息迁就。这些煽动就如顺风点火，使"中国威胁论"成为西方资本主义国家乐此不疲谈论的话题，并伴随出现了"中国经济威胁论""中国政治威胁论""中国军事威胁论"等一系列的"威胁论"。2007 年是"中国威胁论"叫嚣得最为厉害的一年，以美国为首的西方国家极力炒作中国经济发展会对世界产生不利影响。

那到底中国的发展有没有带给西方发达国家威胁呢？纵观 20 世纪 90 年代到现在，中国的经济发展不仅没有威胁到西方发达资本主义国家，反而还促进了世界很多国家的

---

① 王丽娟. 浅论"中国威胁论"及其实质 [J]. 河北师范大学学报（哲学社会科学版），1999（2）：36.

发展。数据资料显示，进入新世纪特别是 2004 年以来，在经济持续快速增长、综合国力不断增强的基础上，中国对外援助资金保持快速增长，2004 年至 2009 年平均年增长率为 29.4%。中国除通过传统双边渠道商定援助项目外，还在国际和地区层面加强与受援国的集体磋商。中国政府在联合国发展筹资高级别会议、联合国千年发展目标高级别会议，以及中非合作论坛、上海合作组织、中国-东盟领导人会议、中国-加勒比经贸合作论坛、中国-太平洋岛国经济发展合作论坛、中国-葡语国家经贸合作论坛等区域合作机制会议上，多次宣布一揽子有针对性的对外援助政策措施，加强在农业、基础设施、教育、医疗卫生、人力资源开发合作、清洁能源等领域的援助力度。因此，中国经济的快速发展带动了世界经济的增长。

3. "中国崛起论"

中国的"威胁"不但不是威胁，反而是一种国际的友好交流、互帮互助、共同发展。中国的崛起，也是为了更好地发展自己的经济，然后有更大的能力去帮助落后的、不发达的国家。而美国、日本、东南亚的某些国家却大肆宣扬中国崛起将威胁世界的所谓"中国崛起论"，强调要对中国严加防范，或是采取遏制的策略。

自 2008 年国际金融危机以来，以美国为首的发达资本主义国家又借口中国崛起来忽悠世界，提出了所谓"中国经济责任论"，认为世界经济中的任何问题都是因为中国崛起所导致的，要求中国承担世界经济失衡和"拯救全球经济的责任"，同时还把中国经济快速增长视为全球经济失衡的重要原因，进一步衍生出中国"独秀论""救市论"，提出让中国履行与我国能力不相符的责任。此外，还有一连串对中国崛起的负面看法，比如中国经济的发展将使其有足够的实力发展军事力量，从而对周边及西方世界构成军事威胁；中国国内政治稳定，经济发展迅速，与周边地区经济的相互依存程度越来越深，中国总体实力进一步增强，将会导致"大中华经济圈"的形成，会对东亚和世界的经济发展造成负面影响，阻碍东亚和世界经济的发展；等等。这些观点都是不利于中国健康快速向前发展的，不利于中国文化的传播，不利于中国形象的塑造。

从西方发达资本主义国家对中国文化的一系列的"误读"，可以明显地看到：一方面，以美国为首的西方发达资本主义国家，总是用社会主义与资本主义相对立的观点来看待中国的文化、中国的发展；另一方面，西方发达资本主义国家用负责任的框架压制中国，强迫我国担负起与其能力不相符的责任。总而言之，西方发达资本主义国家对我国文化的"误读"，绝不是简单的历史性惯性思维，而是对中国真正崛起的一种打压。所以，我们更要加强社会主义政治、经济、文化建设，促进中国健康快速发展，提升中国文化软实力，提高中国综合国力，获得更多在国际舞台上发言的话语权。

（二）国外社会思潮对我国的侵袭

自苏联解体和东欧剧变以来，意识形态领域的斗争在国际舞台上从未间断。西方发达资本主义国家极力向全球推行维护其资本主义大国地位的各种文化社会思潮。这种思想也渗透到我国的文化领域，试图消解我国的主流意识形态，这就导致我国原有的传统价值渐渐淡出了人们的视野，随之充斥人们脑海的是利己主义、拜金主义、功利主义等。这些不符合中国特色社会主义发展要求的社会价值观，严重影响了我国人民的思维方式和行为选择，影响了人们正常的价值判断和价值选择，导致人与人之间的关系越来越淡漠和各种心理问题层出不穷。长期以来，以新自由主义思潮、民主社会主义思潮和实用主义思潮为主的西方社会思潮，严重影响了我国社会主义核心价值体系的建设，构成了对我国文化软实力提升的严峻挑战。

1. 新自由主义思潮

西方发达国家的新自由主义肆无忌惮地宣扬其虚伪的自由和民主的主张，总是想方设法通过各种渠道向我国意识形态领域渗透，并企图影响和左右我国的舆论导向，动摇马克思主义在我国意识形态领域中的指导地位。一些西方敌对势力在我国文化领域肆意宣扬新自由主义，并声称具有"普世价值"，企图达到侵蚀我国文化发展根基的目的。他们总是污蔑马克思和马克思主义，要求取消马克思主义在中国的指导地位。他们宣扬西方政治制度的优越性，攻击我国的人民民主专政，反对社会主义文化。

新自由主义还大力强调以个人私欲为核心的个人主义，反对一切集体的制度和思想。在新自由主义看来，社会主义、封建主义、法西斯主义都是"集权主义"，这种集权主义表面上把理性推到了制高点，由于没有理解理性成长必经过程，实际上最终只会毁灭理性。现在我国青少年群体中出现的极端个人主义、享乐主义、拜金主义的现象，与新自由主义鼓吹的"个人自由"就具有莫大的关系。

因此，我们必须时刻警惕这种反马克思主义、反社会主义的错误思潮，使人们切实增强对马克思主义的认同，自觉践行社会主义核心价值观，维护我国现行的政治制度。

2. 民主社会主义思潮

在一些人看来，民主社会主义思潮是民主和社会主义的简单相加，正是这种似是而非的理解，为民主社会主义思潮在中国传播带来了先天性的"隐身"作用。然而，从根本上看，民主社会主义是一种反对马克思主义、维护资产阶级利益、排斥科学社会主义的资产阶级改良主义思潮，它具有三大特征：一是要求指导思想多元化，不接受马克思主义基本原理，排斥马克思主义的指导地位；二是主张以私有制为基础的所谓"混合所有制"；三是主张在资产阶级国体条件下多党轮流执政。

自党的十八大以来，中央高度重视社会主义核心价值观的培育和践行，倡导自由、平等、公正、法治等方面的建设。然而，在我国推进社会主义民主法制建设的进程中，却遇到了各种各样的困难和问题，尤其是当今世界思潮文化复杂多样，给我们推行社会主义民主法制建设带来了巨大挑战。在这种复杂多样的社会思潮文化环境中，民主社会主义思潮对我国的影响，不断升温，持续发酵。一些民主社会主义者鼓吹资产阶级的优越性、先进性，提倡建设西方资本主义国家一样的自由、民主、国家福利等。不顾中国国情，盲目地照搬西方资本主义国家模式，认为西方资本主义国家在建设中所犯的错误是可以理解的，而中国共产党在社会主义建设方面的失误是不容原谅的，极力否定中国走的社会主义道路，想方设法地动摇马克思主义在中国意识形态领域的指导地位，针对中国现在社会多样化的发展状态，要求撤销马克思主义的一元化指导思想，竭力鼓吹指导思想的多元化。针对这种情况，作为一名中国人，我们一定要有坚定的政治立场和清醒的政治头脑，对这种反党反社会主义、反马克思主义的民主社会主义思潮，始终保持高度警惕。

3. 实用主义思潮

虽说实用主义是产生于 19 世纪 70 年代的现代哲学派别，在 20 世纪的美国却成为一种主流思潮，成为美国和西欧的"时髦"话题。后来，这种主观唯心主义的哲学流派也传入中国。随着中国政治、经济、文化的发展，实用主义开始挑战马克思主义的指导地位，对我们现在的影响越来越大、不容小觑。

实用主义又被称为"实践哲学"，顾名思义，强调实用，推崇效用原则，鼓吹有用即真理，一切以是否有用来衡量，以人的利益为中心，注重实用和效果，是美国社会盛行的一种急功近利的精神文化。实用主义提出了人与现实普遍关系的任务，试图把哲学变成解决"人的问题"的方法。这一点十分具有蒙蔽性。有部分人由于知识水平、实践经验、思维能力不足，难以对事物做出正确的价值判断和价值选择，受实用主义思潮的影响比较大，夸大实用主义的作用，崇尚实用主义，导致实用主义思潮泛滥。

实用主义思潮对人的影响主要表现在价值取向方面，判断一切的标准都是以利益为中心，形成唯利是图的价值观。实用主义在功利作用的强化下，使一些人放弃对社会、对家庭、对他人的责任，放弃道德原则、真诚原则，人的行为表现是极端自私的。在现实生活中，一部分人陷入理论指导上的迷茫和生活竞争压力大的困境，在利益诱惑下，坚持不了自己的原则，理想信念开始动摇，道德观念出现滑坡，追求享乐生活。更有甚者，为了追求个人利益不择手段，放弃个人尊严，损害国家集体利益。这是一种自私自利的资产阶级的价值观念，不利于社会主义核心价值观的培育和践行。因此，对于实用主义思潮的入侵，我们也必须始终保持高度警惕，自觉采取坚决抵制的态度。

（三）利用各种手段侵蚀我国文化

全球化把每一个国家、民族都投入到了全球空间之中，特别是经济全球化所内含的信息全球化、媒介全球化，绝不仅仅具有经济意义，它所带来的政治、文化方面的影响也不可忽视。尤其是以美国为首的西方发达国家凭借其强大的硬实力支撑，在全球化进程中掌控着强大的话语权，总是企图通过各种手段加紧对我国进行文化和意识形态领域的渗透，以实现其侵蚀和瓦解我国文化软实力的目的，从而构成了对我国文化软实力发展的严峻挑战。

1. 利用现代传媒手段对我国进行文化渗透

"传播媒介绝不是完全中立的，媒介无非是文化的中介或物质载体，离开了文化内容，传媒只不过是一堆机械设备和从业人员，工具性的传媒只有在它和特定的文化、政策、意识形态结合在一起时才具有意义。现代文化传播是建立在电子、卫星、网络等技术手段基础之上的，这些技术构建了现代化的传媒系统，缺乏这些技术基础就无法形成真正的现代文化传播。西方发达国家具有长期工业化和现代化的历史积累，它们形成了现代文化传播方面的技术垄断，文化传播媒介方面的这种绝对优势和霸权地位，为它们实施文化冲击提供了技术上的可能性。相反，绝大多数发展中国家现在还不能拥有自己的卫星传播技术，他们在传播各种文化内容的时候往往不得不依赖发达国家的传媒技术。"① 正是由于西方发达国家掌握了传媒上的控制权，西方文化在走向文化殖民的过

---

① 金民卿. 西方文化渗透的程式与路径 ［J］. 马克思主义研究，2008（8）：105-106.

程中，形成了对其他国家的文化话语控制，这种所谓的"媒介帝国主义"问题，不能不引起我们的高度重视。

在网络技术上，西方发达国家一直掌握着核心技术和控制权，可以很轻松地对不发达国家和网络信息技术落后国家进行信息输入操作，来控制他国的信息。尤其是美国，本来就有称霸世界的野心，霸权主义是其一心所向往的，因而总是利用网络技术来实施文化霸权行为。有统计数据表明："现在全球的互联网业务中有百分之九十在美国发起和通过；互联网的全部网页81%是英语，其他语种加起来不到20%；互联网上访问量最大的100个网络站点中，有94个在美国境内；全球互联网管理中所有的重大决定仍由美国主导做出；负责全球域名管理13个服务器，有10个在美国。"① 正是这种网络信息技术方面占有的显著优势，为以美国为首的西方意识形态和价值观入侵中国提供了有效便捷的手段。

西方国家除了以互联网作为文化殖民扩张的主要手段之外，还利用电台、电视等传媒手段作为载体，来传播反社会主义的意识形态和价值观等，试图动摇和摧毁马克思主义在我国意识形态领域的指导地位、拆除我国优秀传统文化的根基，使我国民众信仰缺失甚至陷入信仰危机。最出名的电台有"美国之音"，它是美国官方专门设置的对外进行文化渗透的影响范围非常之广的电台。"目前，美国之音用53种语言在世界各地进行广播，英语、法语、西班牙语、汉语、阿拉伯语等为主要播音语言，每周播音达1300多小时，在全世界估计有1.2亿听众之多。"② 根据这些数字，我们可以清晰地看到美国对外进行文化渗透的广度与力度，也足以发现其"文化帝国主义"对我国文化影响的程度。

2. 利用文化交流手段侵袭我国文化精英群体

以美国为首的西方发达资本主义国家，除了利用现代传媒手段对我国进行文化渗透外，还总是以"加强国际文化交流，实现跨国知识共享"为幌子，加紧对我国文化精英群体进行文化渗透，企图侵袭他们的思想认识，通过在我国大量培植他们的代理人，来实现其从堡垒内部颠覆我国社会主义国家政权的目的。

我国的文化精英群体是社会群体中最耀眼的群体，既有智慧思想，又有影响力，所以他们便成为西方国家对我国进行文化渗透的主要目标群体。"精英文化领域中的文化渗透，就是文化强势国家在国际文化交流的过程中，通过学术讲座、国际会议、学术赞助、教育文化交流等精英文化交流的途径，把自己的政治理论、意识形态输入对象国，影响该国的知识分子，使这些国家的知识精英接受和传播西方的文化精神，改变对象国的知识传统，最终实现文化渗透和文化冲击的目的。20世纪80年代中后期，我国理论界一些文化激进主义者倡导'全盘西化'理论，试图用西方的意识形态、政治制度来改变我国的经济和政治制度，以至于造成了巨大的社会动荡。实际上，这就是西方国家通过学术文化途径进行意识形态渗透、文化冲击的一个典型体现。"③

---

① 崔春，袁峰. 全球化进程中的中国文化主权［J］. 法制与社会，2008（12下）：245.

② 端木义万. 美国传媒文化［M］. 北京：北京大学出版社，2001：100-101.

③ 金民卿. 西方文化渗透的程式与路径［J］. 马克思主义研究，2008（8）：105-106.

由于以知识分子为主的文化精英群体在我国文化建设中具有一种特殊而又重要的地位，因此，为了切实增强我国文化软实力，我们就必须高度警惕西方敌对势力对我国文化精英群体进行的文化渗透，要采取各种有力措施来挫败他们的阴谋，确保能够在这种"没有硝烟的战争"中取得真正而又彻底的胜利。

3. 通过各种渠道向我国兜售所谓"普世价值"

就在我国人民高度关注国家文化安全和文化软实力建设的关键时刻，以美国为首的西方资本主义国家利用互联网等先进传播手段，通过各种传媒渠道，向我国大肆兜售所谓"普世价值"，从而导致一股竭力鼓吹"普世价值"的思潮在我国社会传播开来，尤其是自"5·12"汶川大地震以来，总是有一些把西方"民主、自由、人权"等价值观念鼓吹为"普世价值"的言论见诸报端，有些杂志也不时登载一些这方面的文章，从而导致了"普世价值"论在我国的泛滥。应该说，在我国思想理论界李崇富、侯惠勤、周新城、冯虞章、刘书林等著名学者进行深入揭批之后，这股错误思潮在2010年后呈现出了一定的衰退趋势。不过，自从十八大报告明确提出倡导"富强、民主、文明、和谐、自由、平等、公正、法治、爱国、敬业、诚信、友善"的社会主义核心价值观以来，一些人又重新开始兜售和贩卖那失去了"昔日荣光"的所谓"普世价值"了。有人说："中共十八大最大的亮点就是将民主、自由、平等、公正等'普世价值'列入社会主义核心价值观""第一次提出了肯定'普世价值'的社会主义核心价值观"……诸如此类的言论使我们认识到，"普世价值"思潮在当前我国社会又呈现出了回暖趋势。①

根据李崇富教授的概括，在我国鼓吹"普世价值"论的人大肆散布的言论主要包括三大类型。第一类是崇拜和迷信西方民主、自由、人权等抽象价值观念，将资本主义制度说成是"历史的终结"。有人说："民主、法治、自由、人权、平等、博爱，是人类社会共同追求的普世价值，没有必要去区分是姓'资'还是姓'社'；民主一经产生，就具备了普世意义，从英国、美国推行民主以来，全世界2/3的地区都实行了民主，可见其普世的程度。"第二类是借口中国实行改革开放而强调要使中国实现向资本主义的"价值回归"。有人说："经过30年的改革开放，中国已经重新融入世界文明，人权、法治、公平、正义、自由、平等、博爱等普世价值日渐成为我们文明中的核心价值，无论是经济、政治还是社会、文化的理论创新，我们都必须以普世价值为尺度。"第三类是将中央提出的"解放思想""以人为本"归结和歪曲为确立"普世价值"。有人说："解放思想应该有个核心目标，这个核心目标就是价值体系，解放思想就是要确立普世价值；以人为本是个纲，要贯彻这个纲，就需要民主、自由、人权等一整套普世价值，就是需要价值观的转变，普世价值不能确立起来，就不会是以人为本。"②

此外，当前我国鼓吹"普世价值"的具有代表性的言论还包括以人类共同本性、共同利益与价值追求为借口，将"市场化、民主化、自由化、平等化"说成是"普世价值"的要求。有人说："我们承认普世价值，是因为人类除了各自的个性和特定群体的共性外，还存在着超越于一切差别的共同性，就是通常说的'人性'，也可以说是人

① 宁德业. 警惕"普世价值"论"回暖"[N]. 中国社会科学报，2013-10-18（A07）.
② 李崇富. 关于"普世价值"的几点看法[J]. 马克思主义研究，2008（9）：17.

的天性，是人类与生俱来的本性，例如趋利避害、珍惜生命、恻隐之心、对真善美的追求等等，正是这些共同的本性，产生了对社会生活的共同追求"，因此，"实现经济市场化、政治民主化、文化自由化、社会平等化，都是普世价值所要求的"。①

上述言论的散布，使我们认识到了"普世价值"论在当前我国社会泛滥的严重性。那么，为什么"普世价值"论会在当前我国社会泛滥开来呢？在我国学者看来，除了当前我国改革开放正面临着极为复杂的国际国内背景这一客观原因之外，还包括两大方面的主观因素："一方面，长久以来，我国一些理论工作者、党员干部和青年学生淡化意识形态，忽视马克思主义基本理论的学习和应用，在面对国内外出现的复杂社会思潮和社会现象时，不能用马克思主义的基本立场、观点和方法进行分析，辨不清方向，看不清本质，人云亦云、随波逐流，甚至也卷进去参与对错误观点主张的推波助澜；另一方面，长期以来，一些人忽视用阶级分析这样一个马克思主义的基本方法来观察和分析复杂的社会现象，丢弃了我们观察和分析复杂社会现象和问题的一种科学理论，解除了自己的思想武装，放弃了自己应有的思想立场，丧失了透过现象认识本质、辨别是非真伪的思维和判断能力，从而看不清'普世价值'的政治本质，导致了'普世价值'思潮在我国社会的出现甚至一度泛滥。"②

对于"普世价值"论的实质，我们可以从其鼓吹者的言论中清醒地认识到"普世价值"论的核心是以抽象的人性论作为立论基础的，以当今人类社会确实存在一些共同利益与共同价值追求、面临一些需要采取一致行动来加以解决的共同问题为借口，竭尽所能地想将美国式"民主、自由、人权、平等、博爱"等价值观念强加给当今国人，以期"通过扰乱我国意识形态阵地，改变我国社会主义发展方向，适应西方垄断资产阶级对我国推行和平演变战略的需要"③。这样一种错误思潮，有着非常明确的思想指向，就是企图废除马克思主义的指导地位，将西方资产阶级价值观念奉为圭臬，干扰社会主义核心价值体系建设，鼓吹指导思想多元化。同时，这种错误思潮还有着非常明确的经济和政治目的，不仅在经济领域为全盘私有化制造舆论，企图釜底抽薪，搞垮我国以公有制为主体的社会主义基本经济制度，而且在政治领域竭力为实行多党制造势，还公然站了国家统一和中华民族整体利益的对立面上，企图从根本上改变我国政治体制改革的社会主义方向，企图借所谓"民主、自由、人权"来破坏祖国完全统一，从而迎合西方敌对势力颠覆我国社会主义国家政权的要求。这正如侯惠勤教授所指出的那样："'普世价值'根本否定中国特色社会主义民主政治建设，完全割裂中国改革开放中经济体制改革和政治体制改革间的内在联系，力图把中国的改革开放引导到'回归西方文明'的方向，把中国的政治体制改革引导到西方'民主化'的陷阱"，"这是'普世价值'贩卖者坚定而明确的追求。"④

中国文化软实力的提升，需要有物质基础、政治保证、和谐环境等保障条件。但

①　杜光.普世价值：一个时代性的重大课题 [J].炎黄初秋，2009（1）：5.

②　刘书林."普世价值"问题出现的过程、原因及实质 [J].思想理论教育导刊，2008（11）：62.

③　周新城.论"普世价值"是否存在及"普世价值"鼓吹者们的政治目的 [J].政治学研究，2008（5）：16.

④　侯惠勤.我们为什么必须批判抵制"普世价值观"[J].马克思主义研究，2009（3）：5.

是，那些鼓吹"普世价值"的人，一方面以建立和完善社会主义市场经济体制为借口，竭力抹杀我国市场经济体制的制度属性，企图在经济制度方面为全盘私有化制造舆论，从而使我国在经济上成为西方强国的附庸；另一方面想要借我国深化政治体制改革之机，大肆宣扬"普选"之类的所谓"普世民主"来实现多党轮流执政，其政治企图昭然若揭；同时，这些人还企图放弃马克思主义指导地位，否定中国特色社会主义共同理想信念，支持民族分裂势力……这样发展下去的话，还何谈提升我国的文化软实力呢？

因此，在面对"普世价值"论入侵之时，但凡有一点常识的爱国之士，都必须坚定政治立场，高度重视意识形态领域的斗争，自觉加强政治理论学习来始终保持与党中央的高度一致，切忌人云亦云、随波逐流，绝不为"普世价值"论呐喊助威、推波助澜，而是要勇做反对"西化""分化"我国图谋的时代急先锋，通过认真揭批"普世价值"论来不断提升我国文化软实力。

第二节　实现"中国梦"亟须提升文化软实力

2012 年 11 月 29 日，习近平在参观《复兴之路》展览时第一次阐释了"中国梦"的概念。2013 年 3 月 17 日，习近平在十二届全国人大一次会议闭幕式上发表的近 27 分钟讲话中，又 9 次提及"中国梦"。习近平认为：实现中华民族伟大复兴，是中华民族近代以来最伟大的梦想；"中国梦"是中国人民的梦，是实现中华民族伟大复兴的梦，是每个中国人的梦；实现"中国梦"，必须走中国道路，必须弘扬中国精神，必须凝聚中国力量。习近平总书记对"中国梦"的这一时代解读，彰显了华夏儿女的共同心声和幸福憧憬，为我们党带领全国各族人民开创美好未来指明了前进方向。然而，要实现中华民族伟大复兴的"中国梦"，不仅需要有强大的硬实力，而且还需要有强大的文化软实力。可以说，实现中华文化振兴是实现中华民族伟大复兴的前提条件，增强文化软实力是实现"中国梦"的重要途径。

一、习近平"中国梦"的提出及其基本内涵

习近平强调的"中国梦"，并不是随意想象出来的。它的提出，具有一定的历史背景，符合中国现代社会的发展潮流，更迎合了世界和平与发展的主题。"振兴中华"、实现民族复兴是中华民族百年来的期盼，是全体中华儿女共同的理想。从历史上看，"中国梦"的提出与中国百年屈辱史和奋斗史有着非常密切的关系。实现中华民族的伟大复兴，是近代以来中国人民最伟大的梦想，是中华民族和中国人民百年的夙愿。"中国梦"是揭示中华民族历史命运的梦想，是团结海内外儿女共同奋斗的最大公约数和最大共识。我们要牢记中国的过去、立足中国的现在、展望中国的未来，为中国复兴努力加油。从国内现实上看，"中国梦"的提出与党的十八大确立的奋斗目标是紧密相连的。十八大已经向实现"两个一百年"的奋斗目标吹响了前进号角，"中国梦"是"两个一百年"奋斗目标形象的表达，这一目标通俗易懂，更接地气、更凝聚人心，有利于鼓舞、团结、带领人民奋斗。从国际上看，"中国梦"与世界各国人民追求美好、和平生活的梦想也是相通的。"中国梦"的提出，顺应了时代发展潮流和世界发展趋势的要

求，展现了我们国家新一代领导集体推动构建以共同发展、共同进步为主题的国际关系的高尚情怀，使中国形象在国际舞台上又上升了一个台阶。

（一）"中国梦"提出的背景

19 世纪 40 年代是中国历史上的一个烙印。没有这个烙印之前的中国，在政治、经济、军事、哲学、历史、教育、文学等许多方面，都创造了许多领先于世界或被世人至今奉为圭臬的思想和理论，诸子百家、微言宏旨，经史子集、浩如烟海。马克思都曾这样讲："火药、指南针、印刷术——这是预告资产阶级社会到来的三大发明。火药把骑士阶层砸得粉碎，指南针打开了世界市场并建立了殖民地，而印刷术则变成新教的工具，总的来说变成科学复兴的手段，变成对精神发展创造必要前提的最强大的杠杆。"[①] 马克思的这些话，展示了中国的科技文化对世界发展的巨大贡献。但从 19 世纪 40 年代开始，随着鸦片战争的爆发，中国人民开始书写中华民族复兴的篇章，展开了艰苦奋斗的历程。在洋务运动、戊戌变法、辛亥革命等最终都失败后，中国人民继续奋勇前进，不忘复兴使命。

1. 击碎"天朝大国"美梦

19 世纪 40 年代前，中华文明处于世界文明的前列。根据相关的史料记载，16 世纪以前，中国的发明创造总量占世界发明创造总量的百分之五十之多。在建造行业、数学、天文学、地质学、物理等方面的发明创造，服务于中国的农业、手工业、商业等，使中国当时的农耕、手工业水平都处于世界领先水平，出现了"文景之治""贞观之治""开元盛世""康乾盛世"等太平盛世。也正是由于这种盛世的出现，一些不追求发展的皇帝们"醉死"在"天朝大国"的美梦中，到 18 世纪开始实行闭关锁国的政策，使中国的经济衰退，人民赋税徭役沉重，硝烟四起，老百姓苦不堪言。中国古代的这种发展模式就如现代的"啃老"，从而导致中国的盛世没有能够很好地延续下来，中华民族开始衰落。

而此时，西方资本主义国家刚刚经历文艺复兴，资本主义国家的生产力和生产方式逐渐稳定下来，科学技术也有了巨大的进步。中国皇帝的"自信"，致使中国对西方的发展与进步视而不见，更导致后来鸦片战争的惨败。在第一次鸦片战争中，英国军队用的人数和战船数量都极少。第二次鸦片战争规模升级，法国也加入，英法联军更是战斗力强大，中国又以溃败告终。清政府从第一次鸦片战争失败，就开始签订各种丧权辱国的条约。割地、赔款破坏了中国的领土完整性，使清政府的财政更加拮据；允许英国在中国进出口岸纳税，破坏了中国的关税自主权；允许英国商人与中国商人自由交易，破坏了中国通商自主权。大清帝国已经处在衰退亡国的边缘。

鸦片战争彻底击碎了清朝皇帝"天朝大国"的美梦，给中国人民带来了深重的灾难。从此，中国开始沦为半殖民地半封建社会，经济停滞，思想落后，文化遭到破坏。中国开始经历一场长达百年的屈辱历史，这段屈辱历史击碎了皇帝们"天朝大国"的美梦，却没有使中国人民丧失斗志，反而激起了中华民族有志之士力挽狂澜、挽救民族危难、复兴民族的理想，开始了复兴中华民族的前奏音乐。

---

① 马克思，恩格斯. 马克思恩格斯文集（第 8 卷）［M］. 北京：人民出版社，2009：338.

2. 争取民族独立和人民解放

落后就要挨打，这是鸦片战争带来的历史教训，至今仍刻在每个国人心中。要想摆脱西方列强的魔爪，中国就必须强大起来，中国人民就必须奋起抗争。为此，中国许多有志之士进行了无数次的尝试和努力，其中，比较典型的事例共有七件。

一是洋务运动。当时清朝政府内忧外患，曾国藩、李鸿章、左宗棠等一批官员，在恭亲王奕䜣的支持下，想学习西方先进的技术。洋务派先打着"自强"的旗号，创办了近代军事工业、训练新式海军，后又以"求富"为口号，创办了民用工业，开办了新式学堂，翻译外国书籍，打开知识眼界，使传统的"重农抑商""重义轻利"等思想观念受到了严重冲击，社会观念和价值观发生了变化，工商业地位提升，有利于资本主义的发展和社会风气的提升。尽管洋务派做出了不少成绩，却没有使中国走上自强的道路，洋务运动最终以失败告终，原因有两大方面：一方面是受到顽固派、封建思想的大力阻挠和压制，"自强""求富"的目标没有实现，洋务派走向破产；另一方面是受到西方列强的制约，西方列强是极不愿意看到中国富强崛起的，西方列强的真正目的就是要奴役、剥削、侵略中国人民。但洋务运动失败的根本原因是其"中学为体，西学为用"的宗旨，即只改变经济制度不改变政治制度，中国的政治制度、传统等是不能动摇的，只新其貌，而不新其心。换句话说，洋务派就是在不触动政治制度的前提下，试图利用西方先进的技术来维护中国的封建统治。世界处于发展格局之中，而清朝政府的顽固集体还在故步自封，所以清朝时中国人无法摆脱被西方列强侵略的命运，最终也摆脱不了洋务运动失败的命运，更没法谈民族振兴。

二是戊戌变法。甲午战争失败，给岌岌可危的中华民族带来了新的危机，同时也唤醒了中国各阶层及广大民众的爱国意识，激发了民族爱国人士的觉醒。梁启超和康有为两位主要领导人物，通过光绪帝进行资产阶级改良，倡导学习西方，提倡科学文化，改革政治、教育制度，发展农、工、商业等。维新派试图通过走改良之路，建立君主立宪制，以挽救民族危亡。但戊戌变法损害了以慈禧太后为首的守旧派利益，所以遭到强烈抵制与反对。守旧派以及封建顽固势力疯狂地反扑、镇压，发动戊戌政变，戊戌变法就这样被守旧派扼杀。戊戌变法强调引进西方的政治体制，是中国近代史上一次重要的政治改革，也是一次思想启蒙运动，促进了思想解放、社会进步和文化的发展，对中国近代社会的进步起到了一定的推动作用。

三是太平天国运动。面对帝国主义列强的侵略和清王朝的反动统治，洪秀全领导发动了太平天国农民起义运动，它是由洪秀全、杨秀清、萧朝贵、冯云山、韦昌辉、石达开组成的农民集团领导发起的反封建统治、反外国资本主义侵略的起义战争，是19世纪中叶一场规模宏大的农民运动。它有力地打击了封建统治阶级和外来侵略者，加速了封建体制的解体，阻止了中国殖民化的进程。但由于农民阶级的局限性，最终结果也是失败，并没有改变中国继续处在封建社会的事实。小农阶级思想落后，没有科学的理论指导，《天朝田亩制度》具有落后性和空想性。组织上，由于小农阶级的落后性和分散性，农民之间难以形成统一的领导，反而使领导集团内部出现了不和、腐败严重等问题。当太平天国运动发展兴盛、封建势力无法镇压时，中外反动势力联合起来，大大超过了农民的力量，太平天国遭到了中外反动势力的联合绞杀。中国资产阶级和无产阶级还未足够壮大，农民阶级还没有得到先进阶级的领导。上述这些主客观因素决定了太平天国农民起义运动是不能挽救民族命运的，是注定会失败的。

四是辛亥革命。为了推翻清王朝统治，挽救民族危亡，争取国家民主、独立、富强，孙中山带领一批先进的、有思想的中国人开始尝试化解民族危机、解决民族矛盾，组织成立了"同盟会"，并以三民主义为行动纲领，展开了中国历史上具有里程碑意义的资产阶级民主主义革命运动——辛亥革命。1894年11月24日制定的《檀香山兴中会章程》宣称："是会只设，专为振兴中华、维持国体之起见。"① 孙中山最先喊出了"振兴中华"的口号，和现在实现民族振兴的目标不谋而合。1905年，孙中山创建了中国同盟会，在阐述该会的政治纲领时，更加具体地提出了"振兴中华"实现中国现代化的战略目标："中国文明已著于五千年前，此为西人所不及，但中间倾于保守，故让西人独步。然近十年思想之变迁，有异常之速度，以此速度维之，十年、二十年之后，不难举西人之文明而尽有之，即或胜之焉，亦非不可能之事也。"② 从孙中山阐述的话语中，我们可以看到其思想主旨就是为中国现代化奋斗、确立学习西方并赶超西方的目标。辛亥革命使中国发生了历史性的变化，具有开创性、划时代的意义。它推翻了腐朽的清王朝政府，结束了长达几千年的封建君主专制制度，打击了帝国主义在中国的侵略势力，传播了民主革命思想，为中国的进步打开了闸门。但由于资产阶级的妥协性和软弱性，最终胜利的成果被反动军阀所窃取。孙中山一百多年前的预言现在正在实现，一个多世纪以来，"振兴中华"始终成为激励海内外华夏儿女奋斗的理想，是最具有感召力、凝聚力、向心力的理想。

五是五四运动。五四运动是旧民主主义革命的结束、新民主主义革命的开始，是中国革命史上具有划时代意义的事件。洋务运动、戊戌变法、太平天国运动、辛亥革命到五四运动，都告诉人们一个事实：振兴中华，必须推翻帝国主义、封建主义。五四运动是一场彻底地反对帝国主义和封建主义的爱国运动，促进了思想启蒙和思想解放。在新文化运动中，以陈独秀为代表的中国先进知识分子率先举起民主和科学的旗帜，开始从思想文化领域向帝国主义、封建主义展开猛烈的攻击。民主和科学是这场运动中光鲜亮丽的一面旗帜，同时也是民族复兴的精神支柱。五四运动中，马克思主义被广泛地传播，以彻底的批判精神从思想上动摇了封建统治，中国的工人阶级第一次以独立的姿态站上历史的舞台并发挥了巨大作用，由于运动规模的不断扩大，先进青年知识分子搭起了马克思主义和工人阶级结合的桥梁，不少青年知识分子自觉地成为马克思主义者，到工人群众中去宣传马克思主义，组织、领导工人运动。因此，五四运动是中华民族全面觉醒的里程碑，为中国共产党的建立准备了条件，开启了中国革命的新纪元，开辟了民族解放和国家独立运动的崭新篇章，使中华民族奏响了救国胜利的序曲。

六是抗日战争的胜利。1921年中国共产党成立后，中国革命很快出现了崭新局面，把深受帝国主义、封建主义、官僚资本主义三座大山迫害的中国人民彻底地唤醒了。发生于1937年7月7日的卢沟桥事变，拉开了中国全面抗战的序幕。中国人民在中国共

---

① 孙中山. 孙中山全集（第1卷）［M］. 北京：中华书局，1981：19.

② 孙中山. 孙中山全集（第1卷）［M］. 北京：中华书局，1981：282.

产党的带领下，最终取得了抗日战争的胜利，从此中华民族踏上了从衰落走向振兴的征程。从1840年开始，中国屡次遭到西方列强的蹂躏和欺辱，国家领土和主权不断失去，人民的灾难不断地加深，但中国人民不屈不挠，越战越勇，受西方列强欺辱的历史也是中国人民反抗、走向振兴的过程。抗日战争的胜利，结束了近代中国屡战屡败的历史，是一个多世纪以来完全胜利的民族解放战争，是中华民族走向复兴的历史转折点。同时，由于中国在世界反法西斯战争中的突出表现，中国的国际地位大大提高，为中华人民共和国成立初期的外交打下了坚实的基础。在抗日战争中，我们看到了中华民族的大团结、中华民族伟大的爱国主义精神。中国人历来就崇尚正义、热爱和平，同样也历来就有顽强不屈、誓死抗战的精神。规模宏大的抗日战争唤起了所有中国人的救国救亡意识和使命担当意识，使全体中国人团结起来，凝聚一心，血战到底，进一步弘扬了以爱国主义为核心的民族精神。此外，抗日战争的胜利，使中华民族的自尊心和自信心大大增强，中国人民开始扬起自己的头颅，在中国大地上焕发生命活力，唱响了中国快速发展、进步、崛起的悠扬旋律。

七是中华人民共和国成立。在抗日战争胜利的基础上，毛泽东领导党和人民又经历了三年艰苦卓绝的解放战争，推翻了蒋家王朝，建立了人民当家做主的中华人民共和国，完成了中国历史上最伟大、最惊心动魄的社会变革。人民群众紧紧团结在党的周围，用共产主义的远大理想以及大无畏的革命英雄主义气概，砸碎了旧社会的枷锁，取得了争取民族独立和实现民族解放的伟大胜利。从此，中华民族在世界民族之林开始站立起来了。毛泽东在中华人民共和国成立的前夕还曾说过："中国人民将会看见，中国的命运一经操在人民自己的手里，中国就将如太阳升起在东方那样，以自己的辉煌的光焰普照大地，迅速地荡涤反动政府留下来的污泥浊水，治好战争的创伤，建设起一个崭新的强盛的名副其实的人民共和国。"[①] 毛泽东当时的预言，现在已经变成事实，展现在我们面前。

3. 实现国家富强和人民幸福

1949年中华人民共和国成立后，以毛泽东为核心的第一代中央领导集体带领中国人民，在完成了生产资料私有制社会主义改造任务、建立起社会主义制度之后，又带领党和人民进行了早期社会主义建设的伟大探索，彻底改变了建国初期一穷二白的经济面貌，为我国综合国力的提升奠定了坚实基础，但在探索经济发展、追求人民幸福的过程中，也遇到过重大挫折。1953—1957年通过实施第一个五年计划，我国初步建立起了独立的工业体系，为社会主义工业化奠定了基础。"一五计划"的完成，激发了中国人民想改变贫穷落后局面的热情，同时也增强了党和国家搞社会主义经济建设的信心。但由于后来没有能够很好地遵循经济发展的客观规律，党内"左"的冒进思想越来越严重，1958年开始的以"高指标、浮夸风、瞎指挥"为标志的"大跃进"和"人民公社化运动"，使我国经济建设偏离了实事求是、稳步前进的轨道，这不但没有促进经济的进步，反而阻碍了我国经济增长，更为严重的是直接导致了十年"文化大革命"，使我国经济建设遭受了巨大损失。

---

① 毛泽东. 毛泽东选集（第4卷）［M］. 北京：人民出版社，1991：1467.

　　粉碎"四人帮"、结束"文化大革命"之后，以邓小平为核心的第二代中央领导集体，开辟了建设有中国特色的社会主义道路，提出改革开放，朝实现工业、农业、国防和科学技术"四个现代化"目标迈进。改革开放在坚持和完善社会主义基本制度的前提下，改变了我国社会发展中不适合生产力发展的体制机制和管理方式，通过建立和完善社会主义市场经济体制，使我国的生产力得到了空前解放，解决了人民的温饱问题，科技教育和文化事业也得到了长足发展。实行改革开放，发展了中国，发展了社会主义，发展了马克思主义，使中国出现了一个崭新的局面。所以，邓小平被誉为我国改革开放的"总设计师"。

　　以江泽民为核心的第三代中央领导集体，提出了"三个代表"重要思想，把"发展才是硬道理"提到了一个新高度，强调"发展是党执政兴国的第一要务"，在坚持用发展的办法解决前进中的问题的基础上，提出了科教兴国、可持续发展战略等治国方略。这些重大战略进一步丰富了社会主义现代化建设的理论和实践，其主旨是全面落实科学技术是第一生产力的思想，坚持教育为本，把科技和教育摆在经济、社会发展的重要位置，增强国家的科技实力及向现实生产力转化的能力，提高全民族的科学文化素质，把经济建设转移到依靠科技进步和提高劳动者素质的轨道上来。这对于加速实现我国的繁荣昌盛，起到了非常重要的作用。

　　以胡锦涛为总书记的党中央明确提出了科学发展观，这一推动国家发展战略实现的新理论的深刻内涵和基本要求是以人为本，以实现人的全面发展为目标，从人民群众的根本利益出发谋发展、促发展，不断满足人民群众日益增长的物质文化需要，切实保障人民群众的经济、政治和文化权益，让发展的成果惠及全体人民。通过贯彻落实科学发展观，我们承受住了国际国内各种风浪的考验，全面推进了经济、政治、文化与和谐社会建设，实现了经济发展和社会的全面进步，我国的综合国力显著增强，各项社会事业取得了巨大进步，国际地位和影响力不断提高，从而为习近平"中国梦"的提出，提供了极为有利的条件。

　　4. "中国梦"的正式提出

　　2012年，中国在国际舞台上的表现十分吸引眼球，值得中国人自豪的话题特别多，人民的幸福指数一路飙升。这一年，我们召开了中国共产党第十八次全国代表大会，莫言获得了诺贝尔文学奖，异地高考、节假日高速公路免费等惠民政策出台。这一年11月底，习近平总书记在参观《复兴之路》展览时明确提出了"中国梦"。

　　可以说，习近平"中国梦"的提出，符合当今时代发展的要求。现在世界处在一个全球化、信息化的大熔炉之中，加上欧美主导的民主化浪潮，给这个时代提出了很多挑战。自中华人民共和国成立以来，中国日益发展壮大，经济快速发展，现在已经成为世界第二大经济体，国际地位越来越高，但也带来了国际社会对中国发展的误读。一直以来，掌握话语权的西方发达资本主义国家，把中国视为对手和敌人，蓄意中伤中国，提出了"中国威胁论"等错误论调。面对西方发达资本主义国家对我国的误解，最明智的方式就是通过行动告诉世界：我们永远崇尚和平与发展。中国的强大不是为了称霸世界，只是为了更好地维护世界和平。"中国梦"的提出，就是为了让世界更好地、更准确地了解中国的发展与进步。

同时，伴随经济全球化浪潮，我国与他国交流日益频繁，文化产品输出和思想交流机会增多，这就不可避免地带入了一些非主流的价值观念和其他一些有害的思想意识，腐蚀了一些人的思想认识，改变了一些人的理想信仰。比如，在西方某些反社会主义思潮的影响下，我国出现了否定和排斥马克思主义指导地位的错误论调，有些人丧失了对共产主义理想的信仰，动摇了社会主义必胜的信心，在他们的精神层面出现了比较严重的信仰危机；受市场经济和社会主义民主法制不够健全的影响，我国社会有少数领导干部缺乏道德底线，滥用权力、贪污受贿、腐化堕落，这种存在于少数腐败分子身上的屡打不绝的贪腐现象，严重影响了我们党在人民群众心目中的崇高形象，一定程度上动摇了我们党执政的群众基础，构成了对我们党执政地位的严重威胁。因此，在这样的背景下，我们要用"中国梦"来凝聚起全体中华儿女的强大力量，坚定他们的马克思主义信仰和共产主义远大理想信念，增强他们的社会主义必胜的信心，增强他们对我们党的信任，为实现中华民族伟大复兴构筑起一个强大的精神家园。

实现"中国梦"，需要中华儿女有共同的民族意识。我们现在是实现民族复兴距离最近的时候，面临困难也是最多的时候，需要我们党和人民群众共聚一心，一起攻坚克难。有了伟大的共同目标，一起努力才能实现。正是在这样一种时代诉求下，习近平提出并加以深刻阐述的"中国梦"，赢得了中华儿女的广泛共识。

"中国梦"的首次阐述时间是 2012 年 11 月 29 日，习近平总书记在参观《复兴之路》展览时指出："每个人都有理想和追求，都有自己的梦想。现在，大家都在讨论中国梦，我以为，实现中华民族伟大复兴，就是中华民族近代以来最伟大的梦想。这个梦想，凝聚了几代中国人的夙愿，体现了中华民族和中国人民的整体利益，是每一个中华儿女的共同期盼。"① 同时结合历史和时代背景，习近平有感而言："《复兴之路》这个展览，回顾了中华民族的昨天，展示了中华民族的今天，宣示了中华民族的明天，给人以深刻教育和启示。中华民族的昨天，可以说是'雄关漫道真如铁'。近代以后，中华民族遭受的苦难之重、付出的牺牲之大，在世界历史上都是罕见的。但是中国人民从不屈服，不断地奋起抗争，终于掌握了自己的命运，开始了建设自己国家的伟大进程，充分展示了以爱国主义为核心的伟大民族精神。中华民族的今天，正可谓'人间正道是沧桑'。改革开放以来，我们总结历史经验，不断艰辛探索，终于找到了实现中华民族伟大复兴的正确道路，取得了举世瞩目的成果。这条道路就是中国特色社会主义。中华民族的明天，可以说是'长风破浪会有时'。经过鸦片战争以来 170 多年的持续奋斗，中华民族伟大复兴展现出光明的前景。"②

在 2013 年 3 月 17 日十二届全国人大一次会议闭幕式上，习近平将"中国梦"阐述得更为具体详细。他指出："面对浩浩荡荡的时代潮流，面对人民群众过上更好生活的殷切期待，我们不能有丝毫自满，不能有丝毫懈怠，必须再接再厉、一往无前，继续把中国特色社会主义事业推向前进，继续为实现中华民族伟大复兴的'中国梦'而努力奋斗。"③ 习近平还进一步强调，实现"中国梦"，必须走中国特色社会主义道路，必须

① 习近平. 习近平谈治国理政 [M]. 北京：外文出版社，2014：36.

② 习近平. 习近平谈治国理政 [M]. 北京：外文出版社，2014：35.

③ 习近平. 习近平谈治国理政 [M]. 北京：外文出版社，2014：39.

弘扬中国精神，必须凝聚中国力量。在习近平总书记看来，中国特色社会主义道路既是历史的选择也是时代的选择，更是中国的正确选择，走中国特色社会主义道路是实现"中国梦"的必由之路；中国精神是以爱国主义为核心的民族精神和以改革创新为核心的时代精神，是凝心聚力的兴国之魂、强国之魂，能够为实现"中国梦"提供强大的精神支持；中国力量是中国各族人民大团结的力量，是一种坚持求真务实的"干劲"，是一种勇于攻坚克难的"韧劲"，是一种善于开拓创新的"闯劲"，只要全国各族人民牢记使命，心往一处想，劲往一处使，用13亿人的智慧和力量就可以汇集起不可战胜的实现"中国梦"的磅礴力量。

（二）"中国梦"的基本内涵

习近平总书记在十二届全国人大第一次会议闭幕式上，详尽系统地阐述了"中国梦"的含义，指出："实现中华民族伟大复兴的'中国梦'，就是要实现国家富强、民族振兴、人民幸福，既深深体现了今天中国人的理想，也深深反映了我们先人们不懈追求进步的光荣传统。"[①] 在习近平总书记阐述的"中国梦"的内涵中，国家富强、民族振兴、人民幸福三者关系非常密切。国家富强，即"强国"，是民族振兴和人民幸福的前提，为民族振兴和人民幸福提供坚实的物质基础；民族振兴，即"兴邦"，是国家富强和人民幸福的重要体现；人民幸福，即"富民"，是国家富强和民族振兴的出发点和归宿。因此，实现国家富强、民族振兴、人民幸福，即实现"强国、兴邦、富民"，这是对"中国梦"的形象概括，是我们理解"中国梦"内涵时一定要牢牢抓住的精髓。

1. 国家富强

近代中国遭受帝国主义列强的侵略，主权旁落，国家尊严屡遭践踏，随便哪一个国家都可以与中国签订不平等条约，都可以欺负中国，中国人民生活在水深火热之中，真正是山河破碎、民不聊生。之所以出现这种情况，主要是因为在中国近代历史上清王朝闭关锁国导致积贫积弱，导致落后挨打。在古老的中华帝国历经苦难沧桑之后，实现民族独立、国家富强就显得弥足珍贵了。

不过，虽然中国共产党带领人民到1949年取得了新民主主义革命的伟大胜利，使整个民族摆脱了帝国主义列强的魔爪，实现了民族独立，但新中国成立初期人们的生活依然艰苦，国家的经济实力远远落后于世界平均水平。即使到了实行改革开放的初期，我国那种贫穷落后的经济面貌依然没有能够从根本上得以改变。针对这种情况，邓小平曾经指出："我们革命的目的就是解放生产力，发展生产力。离开了生产力的发展、国家的富强、人民生活的改善，革命就是空的。……我们不要资本主义，但是我们也不要贫穷的社会主义，我们要发达的、生产力发展的、国家富强的社会主义。我们相信社会主义比资本主义的制度优越。它的优越性应该表现在比资本主义有更好的条件发展社会生产力。"[②] 因此，只有实现国家富强，才能改善人民生活，才能更好地体现出社会主义的优越性。

国家富强有两个层面的含义，既要富又要强。富是"富国"，强是"强军"。我们

① 习近平. 习近平谈治国理政 [M]. 北京：外文出版社，2014：39.
② 邓小平. 邓小平文选（第2卷）[M]. 北京：人民出版社，1994：231.

不参与军备竞赛，但我们要加快强军步伐。现在是我们实现国家富强的最好时期。在21世纪，中国经济高速健康发展、综合国力大大提高，"富国"为"强军"提供了强大的物质材料支持，坚持"富国"和"强军"的统一，在"富国"的基础上"强军"，通过"强军"为实现"富国"提供强大的后盾。军队建设永远要加强，富国强军是中国未来的方向，中国的富强是没有上限的，中国会始终地向前发展。

因此，习近平总书记提出的"中国梦"，首先强调的是国家富强，即"强国"。"强国"是实现"中国梦"的基础，是"兴邦、富民"的前提。只有国家综合实力强大，一个民族在世界舞台上才能有立足之地；如果国家整体实力不强，就会受人欺侮，就会丧权辱国，就会民不聊生。实现中华民族伟大复兴的"中国梦"，首先就是要按照十八大提出的中国特色社会主义经济、政治、文化、社会、生态建设"五位一体"总体布局的要求，着力推进社会主义物质文明、政治文明、精神文明、社会文明和生态文明全面发展，在大力提升以经济实力、军事实力为主的国家硬实力的基础上，显著增强国家文化软实力，努力建设强盛中国、文明中国、和谐中国、美丽中国。

2. 民族振兴

鸦片战争之后的中国，"天朝大国"的美梦被击碎，处于亡国灭种的危机边缘。为了争取实现民族独立和振兴，无数仁人志士不惜抛头颅、洒热血。这期间虽经历了洋务运动、戊戌变法、辛亥革命，但由于各种原因，中国都没有能够摆脱帝国主义列强的侵略而取得民族独立，当然也就谈不上实现民族振兴了。

然而，中国共产党领导人民经过艰苦卓绝的革命斗争，把帝国主义势力彻底赶出了中国大陆，建立起了中华人民共和国，取得了民族独立，完成了近代以来中国人民面临的"站起来"第一大历史任务，从而为完成"富起来"第二大历史任务提供了重要的前提条件。尤其是自改革开放以来，我们党领导人民进行社会主义现代化建设，取得了举世瞩目的成就，从而使我们离实现民族振兴的距离越来越近了。

实现民族振兴，即"兴邦"，是实现"中国梦"的核心，是"强国""富民"的重要体现。没有民族的兴旺发达，就谈不上什么中华民族的伟大复兴，就谈不上什么国家实力强大，就谈不上什么人民幸福安康。实现中华民族伟大复兴的"中国梦"，不是简单地重拾昔日荣光，而是要让曾经饱受列强凌辱的中华民族睡狮猛醒、意气风发，以更加强大的身姿傲然崛起于世界东方，以负责任的大国姿态更加积极地参与国际事务，与世界人民一道共同应对全球性挑战、共同破解全人类发展难题。

3. 人民幸福

"富民"是实现"中国梦"的归宿，是"强国""兴邦"的目的所在。没有人民的富裕生活，没有人民的幸福安康，就谈不上什么发展成就，就谈不上什么国家强大、民族兴旺。实现中华民族伟大复兴的"中国梦"，就是要让全体中国人民都能够接受更好的教育、获取更满意的收入、享有更可靠的社会保障和更高水平的医疗卫生服务，能够拥有更加舒适的居住条件和更加优美的自然环境，就是要让全体中国人民都能够过上更加宽裕、更有尊严的生活，促进每个人的自由全面发展。

《管子·牧民》里说："仓廪实则知礼节，衣食足则知荣辱。"这句话符合马克思主义哲学关于物质第一性原理的要求，它使我们认识到：保证人们物质生活富裕，是实现人民幸福的物质基础；要保障民生幸福，就必须有充足的物质生活资料。因此，要实现人民幸福，我们必须始终坚定不移地发展经济，促进经济健康发展，提高国民收入，提高中国的人均GDP；要坚持做好扶贫开发工作，通过实施精准扶贫真正使每一个中国人都能过上小康生活；要想方设法提高居民收入，鼓励大学生创业，不断完善以按劳分配为主体、多种分配方式并存的收入分配制度，真正实现"劳有所得，老有所养，学有所教，病有所医，住有所居"的目标。

当然，人民幸福并非仅仅体现于物质生活，还体现于人们的精神文化生活、民主政治生活等方面。因此，为了实现人民幸福的"中国梦"，我们还必须在实现物质财富极大丰富、满足人民物质需要的同时，大力发展文化教育事业、注重社会公平正义、保障人民更好地行使管理国家和社会事务的民主政治权利，不断满足人民的精神文化需要，使广大人民群众在政治上也能有更强的获得感。

二、文化软实力对于实现"中国梦"的意义

实现中华民族伟大复兴的"中国梦"，不仅需要经济、科技、军事等硬实力做支撑，更需要文化软实力为其提供强大的精神支柱。实现国家富强、民族振兴、人民幸福，不但需要有坚实的物质基础条件，还需要有润物细无声的精神养料，文化软实力就能提供这种精神养料。只有同时满足人民群众的物质需求与精神需要，才能真正实现人民幸福的"中国梦"，文化软实力就能够为实现"中国梦"提供源源不断的理论支持和精神动力。因此，增强我国文化软实力，是实现"中国梦"的关键一环。从一定程度上讲，没有中国文化的复兴，就不会有中华民族的复兴，"中国梦"也不可能真正实现。

（一）提升文化软实力是实现"中国梦"的内在要求

"中国梦"是每一个中国人的梦，只有凝聚起全体中国人民的力量，中华民族伟大复兴的美好梦想才能如期得以实现。中国有14亿多人口，是世界上人口最多的国家。虽然说人多力量大，但如果人心涣散，就无法形成一股强大的力量，只能出现一盘散沙的局面。加上中国疆域广阔，地势复杂，民族众多，还有历史上遗留下来的比较复杂的民族问题、宗教问题，我们在调动全体人民的积极性、主动性来实现"中国梦"时，面临着难以预料的矛盾和阻力。而且，我国现在还只是一个人口大国，远远算不上人口资源强国，这也为"中国梦"的实现带来了极为不利的影响。要改变这种状况，就必须大力提高我国文化软实力，进一步增强我国各族人民的凝聚力，提高全体人民的思想道德素质和科学文化素质，从而为"中国梦"的实现提供更为强大的推动力。

1. 中华文化持久的生命力奠定了"中国梦"的文化根基

文化的生命力是民族的生命力，中华优秀传统文化是维系中华民族生存和发展的精神纽带，具有凝聚和动员民族力量的重要功能，能够为中华民族的伟大复兴提供强大的精神动力。中国优秀传统文化能够顺应社会生活的变迁，不断满足人们日益增长的精神文化需求，以自己独特的魅力，增强人们的精神力量，推动"中国梦"的实现。

在历史的变迁中，有一部分东西已经灰飞烟灭，但另一部分却以物质或者非物质的形式得以保存下来，成为中华民族世代相传的宝贝。中华文化博大精深、生生不息、薪

火相传，镌刻着中华民族五千多年的生命力痕迹，是中华民族独特精神的代表和象征。细细回忆中国的发展历史，会有万千疑问被中华文化精神所解答。为什么我们遭受侵略和自然灾害时可以走向众志成城？为什么我们会从割据分散走向统一格局？为什么我们会历经贫穷之后走向温饱、小康？这都得益于中华文化的精神力量。实现"中国梦"所需要的勤劳勇敢、团结拼搏、自强不息等可贵精神品质，早就融合在中华文化之中，融化在每个中华儿女的血液之中，"中国梦"所主张的和平发展、合作共赢的理念等都是中国文化的组成基因。正如习近平总书记在多次重要讲话中所指出的那样："中华优秀传统文化是中华民族的突出优势，是我们最深厚的文化软实力。"这种突出的优势，是中华民族最重要的价值体系和最宝贵的精神财富。因此，在实现"中国梦"时，我们要继承和发扬中华优秀传统文化，否则就会失去实现"中国梦"的文化根基。

2. 文化特殊的传播力扩大了"中国梦"的影响范围

人不是孤立地成长的，文化也不是独自发展的，世界上任何一个国家、一个民族的文化都不是孤立存在的。人与人之间、国家与国家之间的互相往来、交流，无形之中发挥着文化的传播作用。文化的传播、交流，是历史发展的一种必然选择。21世纪全球文化交流、对话越来越频繁，一个国家的价值理念、国民素质、文化形象等能不能在国际上产生影响，文化传播在此过程中起着关键性的作用。历史上，中华民族的价值理念、文明制度、艺术文化等都对世界产生过巨大的影响。比如，凝聚中华儿女智慧的四大发明、瓷器、丝绸等，在促进人类文化发展、交流时做出了重大贡献。如今，随着我国改革开放的深入、经济平稳快速的发展，我们更有自信、更有能力通过中华优秀文化的传播力来展示中华文化的独特魅力，让世界人民更好地认识中国，更深入地了解"中国梦"的文化底蕴。

当然，要提升中华文化传播力，我们必须大力提高中国文化产品的创新力、创造力，要用更多优秀的文化作品来吸引人、鼓舞人、激励人，还要充分利用各种传播手段和媒介优势，加大文化传播的广度和深度。近些年来，我们注重从三个方面抓好中华文化传播工作：一是加大建立全球孔子学院的力度，在国外高等院校开设汉语课程，向外展示中华文化的内涵魅力；二是举办中国"文化年""汉语桥""文化节"等活动和各种各样的中华文化艺术讲座论坛活动，向外展现中华文化的精神风貌；三是充分利用报纸、杂志、广播、电视、互联网等传播媒介，多维立体地将我国优秀的民族文化推向国际，让全世界人民了解中国、认识中国文化及其价值体系。通过抓好这些工作，我国文化的对外传播能力明显增强，熟悉并称颂"中国梦"的国际友好人士日益增多，"中国梦"的世界影响力逐步增强。

3. 提升文化软实力能为实现"中国梦"营造良好环境

实现中华民族伟大复兴的"中国梦"，是近代整个中华民族的夙愿。雄厚的经济基础，高度发达的民主政治，强大的文化软实力，文明的生态建设，和谐的社会发展，这些都是实现"中国梦"的内在要求。

在和平与发展的时代条件下，国与国之间综合国力的竞争与较量，不能仅仅依靠军事、经济等硬实力，还要依靠国家的文化软实力。现在，文化软实力在综合国力中所处的地位越来越突出，世界各国都开始重视文化软实力对经济发展的促进作用，希望用本国的价值观念、制度模式吸引、感染他国，增强自身在国际舞台上的话语权。而就在当前我国正处于实现"中国梦"的关键时期，部分西方发达资本主义国家利用信息技术、互联网技术及其他各种途径，向我们大肆兜售功利主义、实用主义、"普世价值"等不符合我国社会主义发展要求的社会思潮，使我国的社会主义核心价值体系建设遭到了严峻的外部挑战，也影响了我国社会主义市场经济体制的有序运行和良好社会道德风尚的形成。只有彻底清除西方这些腐朽思想的不良影响，才能为实现"中国梦"营造出一个积极向上的健康的思想环境，而这就需要我们大力提升我国文化软实力。

4. 提升文化软实力能为实现"中国梦"提供强大精神动力

从历史唯物主义的角度思考，文化作为一种社会意识形态，对社会存在（社会政治、经济等）具有重要的反作用。20世纪初，我国的新文化运动为中国文化注入了新鲜的血液，为中国文化的发展增添了新的活力，掀开了近代以来中华民族思想解放的序幕，感染了大批民族有志之士，为实现我国的民族解放和独立凝聚了力量、提供了思想指南和精神支撑。而且，从某种意义上说，人不能只活在物质世界里，还要活在精神世界里，活在远大的理想和坚定的信念之中。对于人的基本的物理意义上的存活，只要一杯水、一碗饭、一片空气即可，"中国梦"是一种精彩的生活，一个人想要活得精彩，就要有理想和信念。理想和信念主要是从精神层面指引我们前进，让我们的生活更加精彩。历史和现实表明，一个政党、一个民族、一个国家，如果没有坚定的理想信念，就没有凝聚力，就会失去奋斗的目标和前进的方向。中国优秀的文化，为国家、为集体、为个人提供了充足的凝聚力和内在动力，是实现"中国梦"征程上所需的动力来源。

中华人民共和国成立之后，尤其是实行改革开放以来，我们坚持实行"百花齐放，百家争鸣""古为今用，洋为中用"的文化建设方针，促进了我国文化的大发展大繁荣，提升了我国文化软实力，促进了我国政治、经济的发展。文化的繁荣进步可以促进社会的发展、国家的富强，也可以实现民族振兴、人民幸福。因此，在当前我国人民实现"中国梦"的伟大征程中，我们党和国家领导人都非常重视提升国家文化软实力，纷纷强调要大力加强中国特色社会主义文化建设，增强我国文化的感染力、吸引力、号召力、凝聚力，进而为实现"中国梦"提供强有力的精神支撑。

同时，人们的思想价值观念是一个国家主流文化的重要体现，它能够潜移默化地影响人们的行为表现，使其符合一定的社会规则，推动整个国家和社会的健康有序发展。以爱国主义为核心的民族精神和社会主义核心价值观的确立，可以使人们形成共同的理想信念、共同的奋斗目标、共同的行为准则，从而能够有效地协调我国经济社会发展中的各方面关系，使整个国家系统平稳健康地运行，使全国各族人民能够真正做到心往一处想、劲往一处使，能够更好地为实现民族复兴贡献出自己的聪明才智。这正是我国文化软实力能够为实现"中国梦"提供强大精神动力的体现。

（二）文化软实力对实现"中国梦"所起的巨大作用

文化软实力的内涵十分丰富。首先，它包含着传统文化和价值观的感染力。国家的传统文化可以更全面地把国家发展历程展现出来；价值观代表着一个时代的社会风气和国民的思想觉悟，指导着人们的行为，影响着整个国家的发展进程、发展方向。其次，它包含着意识形态的凝聚力。一个国家的主流意识形态，与该国的政治、经济、社会制度等密切相关，所包含的内容可以从不同的层面反映国家的政策、人民追求的政治制度等，能够为全体人民追求美好生活提供强大的凝聚力量。最后，它还包含文化作为产业所具有的吸引力。文化产业是文化与经济相互渗透的重要表现，是文化经济功能的集中表现。因此，文化软实力是一种"形软实硬"的真实力，它能够为"中国梦"的实现提供强大的保障作用。

1. 提升文化软实力为实现"中国梦"提供经济保障

"中国梦"是富强梦，是复兴梦，是幸福梦，国家富强、民族振兴、人民幸福必须要依赖一定的经济基础，经济实力的增强，是实现"中国梦"的前提和基础。但文化对经济发展具有反作用，文化软实力的提升，不仅能促进我国文化地位的提升，还对我国经济发展起着促进作用。从意大利开始、随后蔓延到整个欧洲的文艺复兴运动，使西方国家对自然界各种现象的认识开始发生根本转变，面向现实世界、注重实践的时代精神激励着西方科学家以全新的思维方式认识世界，极大地促进了资本主义经济在欧洲的迅速发展。正是由于文化对于经济发展具有如此强大的促进作用，因此，大力提升我国文化软实力，自然也能进一步增强我国的经济硬实力，从而能够为实现"中国梦"提供强大的经济保障作用。

而且，在21世纪这种经济与文化相互交融渗透的今天，文化产品在一个国家的经济总量中所占的份额已经越来越大，日益成为其经济实力中必不可少的组成部分；文化产业已经开始被视为一种重要的经济构成要素，对国家形象、综合国力的提升有着至关重要的作用。如今，文化产业越来越专业化、系统化，生产范围不断扩大，和其他产业也开始融合，比如文化旅游业。因此，在文化软实力的构成要素中，文化产业的经济功能日益凸显。加快文化产业的发展，是提升国家文化软实力的内在要求。发展文化产业，不但有利于国家文化内容的丰富和表现形式的更新，还可以带动文化消费，促进经济增长。因此，提升我国文化软实力，促进我国文化产业发展，也可以为实现"中国梦"奠定坚实的物质基础，提供强大的经济保障作用。

2. 提升文化软实力为实现"中国梦"提供自信保障

半殖民地半封建社会的旧中国，无论是经济和军事硬实力，还是文化软实力，都处于非常落后的状况，帝国主义列强在中国大地上横行霸道、无恶不作，整个中华民族处于水深火热之中，民族尊严尽失，根本谈不上什么民族自信、文化自信。中国共产党带领人民经过艰辛探索，最终选择了符合国情的中国特色社会主义道路。实践证明，这是一条正确的道路。正走在这条正确道路上的全体中国人民，民族自尊心空前增强，今天的我们比历史上任何时期都更接近实现"中国梦"的目标。

但是，在实现中华民族伟大复兴"中国梦"这个伟大目标确立起来之后，我们更要满怀自信。这是因为，如果人一旦没有自信，就会颓废、懈怠，就会无所作为。因此，习近平要求全党同志坚定道路自信、理论自信、制度自信和文化自信。道路是实现途径，中国特色社会主义道路是实现社会主义现代化、创造人民美好生活的必由之路，沿着这条光明道路前进，我国的生产力获得了空前的解放和发展。理论是行动指南，中国特色社会主义理论体系是党和人民沿着中国特色社会主义道路实现中华民族伟大复兴"中国梦"的科学指引。制度是一种政治保证，中国特色社会主义制度体现了科学社会主义基本原理的要求，符合我国社会主义初级阶段的基本国情，顺应了和平与发展的时代潮流，集中体现了效率与公平、民主与集中、活力与秩序的统一，具有无可比拟的优越性和强大的生命力，只要我们能够自觉坚定对中国特色社会主义制度的高度自信，就一定能为凝聚中国力量提供强大的制度保障，有力地促进"中国梦"的实现。文化是一种精神食粮，中国特色社会主义文化坚持以马克思主义为指导，坚持发挥人民在文化建设中的主体作用，坚持文化发展为了人民、文化发展依靠人民、文化发展成果由人民共享，坚持继承和发扬中华优秀文化传统，坚持积极吸收、借鉴国外优秀文化成果，坚持弘扬社会主义核心价值体系和核心价值观，这必将有力地推动建设中华民族共有精神家园，提高人民抵制西方腐朽文化侵蚀的自觉性，增强人们的文化自信，从而为实现"中国梦"提供强大的智力支持和精神动力。

实践证明，随着我国文化软实力和综合国力的迅速提升，一个"富强、民主、文明、和谐"的社会主义现代化强国形象逐渐在世界民族之林中显现出来，人们对中国特色社会主义道路、理论、制度和文化的自信显著增强，这就为实现"中国梦"提供了强大的自信保障。

3. 提升文化软实力为实现"中国梦"提供安全保障

"中国梦"的实现，需要一个安全稳定的环境。只有维护好国家统一和社会安定，才能为加快国家各方面建设步伐提供有利条件，才能加速推进实现"中国梦"的进程。长期以来，中国一直是一个统一的多民族国家，现在也是一个爱好和平的伟大社会主义国家。然而，"冷战"结束之后，西方国家一直利用网络等各种手段向世界宣扬反社会主义的价值观，尤其是美国，试图通过对我国进行思想文化和意识形态渗透，来侵蚀和瓦解中国人民的思想价值观念。如今，思想文化领域已经成为政治斗争和意识形态较量的主战场。稍不留神，我国主流意识形态就会受到干扰和侵害，使"中国梦"的实现得不到强有力的精神安全保障。这就要求我们加强防范来自思想文化领域的非传统安全威胁，大力提升我国文化软实力，来为实现"中国梦"提供更为强大的安全保障。

高度重视和利用文化强大的渗透力，大力提升我国文化软实力，这是加强防范非传统安全威胁的重要手段。这是因为，大力提升我国文化软实力，可以让更多国民了解中华文化的发展过程、体会民族文化的迷人魅力，可以使广大文化工作者自觉丰富我国文化产品的民族文化内涵、促进我国文化产品的创新，从而使我国文化产品不盲目顺应世界文化市场潮流，这样就可以进一步增强我国文化产品的国际竞争力和影响力，更好地推动中华文化走向世界；可以帮助人们树立正确的世界观、人生观、价值观，可以为人民群众练就一双火眼金睛、铸就一个百毒不侵之躯，使人民群众抵御西方腐朽思想文化入侵的能力进一步得以增强。

而且，大力提升我国文化软实力，重视实施科教兴国战略，加速促进科技进步，加快发展文化教育事业，不仅可以增强我国的科技创新能力，加快实现我国产品升级换代和产业结构转型升级，还可以更好地提高人们的智力水平、科技文化素质、思想道德素质及其他各方面素质，培养和造就出一大批德才兼备的"有理想、有道德、有文化、有纪律"的社会主义新人，从而为我国现代化建设提供更多高质量的人才后备军，为实现"中国梦"提供更为强大的智力支持和人才支撑作用。

4. 提升文化软实力为实现"中国梦"提供动力保障

文化是民族的血脉，是人民的精神家园。回首一个多世纪以来中华儿女追求"中国梦"的光辉历程，我们可以非常清晰地认识到：中华民族优秀传统文化中自强不息的奋斗精神、深厚的家国意识和民族情怀等精神特质，在今天仍以自己独特的魅力，助力中华民族的伟大复兴，推动着"中国梦"的实现。

"没有文化的积极引领，没有人民精神世界的极大丰富，没有全民族精神力量的充分发挥，一个国家、一个民族不可能屹立于世界民族之林。物质贫乏不是社会主义，精神空虚也不是社会主义。"① 在实现"中国梦"的征程中，我们要牢记这种中国精神并将其自觉付诸实践。尤其是我们必须清醒地认识到，当前我国经济社会发展正处于大有作为的重要战略机遇期，但同时也出现了一些阻碍中国成长进步的不良因素：国际上，在世界多极化、经济全球化、文化多样化、信息化多元化的时代条件下，传统安全威胁和非传统安全威胁交织在一起，使外部环境不稳定因素增多；国内发展不协调、不可持续等问题突出，生态环境恶化，贫富差距仍然较大，腐败问题突出等。这些国际国内问题，都是实现中华民族伟大复兴必须应对和解决的问题。我们要坚持用辩证的眼光看待问题，既要看到挑战，不能盲目乐观，更重要的是要看到机遇，不能丧失信心。我们尤其应该看到，中华传统文化源远流长、博大精深，我们完全可以从中吸取经验、获取智慧，通过进一步发扬这种优秀文化传统来大力提升我国文化软实力，从而为实现"中国梦"获取更为强大的动力保障。

我们国家有56个民族，每个民族的语言、文字、习俗都不一样，但我们是个丰富多彩、和睦相处的大家庭。在这个大家庭中，56个民族互相融合、互相交流、互相支持，共同发展、共同繁荣、共同进步，然后就有了源远流长的中华传统文化。从秦朝开始，我国就是一个统一的多民族国家，到了近现代，56个民族在中华民族这个统一的大家庭里面依然和睦相处。这种和谐相处、和谐共生的具有多样性的中华文化，使各个民族的干劲凝聚在一起，形成了一股向实现民族复兴"中国梦"这一点汇聚的强大向心力。在这种强大向心力的推动下，14亿多中国人民齐心协力，众志成城，正在为实现国家富强、民族复兴、人民幸福的"中国梦"而努力奋斗。因此，我们完全可以相信，有了文化软实力为实现"中国梦"提供的强大推动力，我们国家的发展前途一片光明。

---

① 胡锦涛. 中共中央关于深化文化体制改革推动社会主义文化大发展大繁荣若干重大问题的决定 [N]. 人民日报，2011-10-26 (01).

第六章　提升中国文化软实力的战略选择

一个国家、一个民族要屹立于世界民族之林，要在各种不同文明的碰撞和交融中生存并发展下来，固然需要强大的军事力量作为保障，需要发达的经济力量作为支撑，但更需要高尚的精神、先进的文化作为这个国家和民族的灵魂归宿。自2007年党的十七大做出"要提高国家文化软实力"重大决策以来，提升国家文化软实力就开始成为我国文化建设的一个战略重点。2013年中央政治局第十二次集体学习时，习近平总书记指出："提高国家文化软实力，关系'两个一百年'奋斗目标和中华民族伟大复兴'中国梦'的实现。"[1] 这使我们认识到了提升国家文化软实力已经是当务之急，不仅关系到"两个一百年"奋斗目标的实现，更关系到中华民族伟大复兴"中国梦"的实现。但是，提升中国文化软实力需要的不仅仅是喊喊口号、打打旗帜，更需要的是确立一个切实有效的战略目标，做出一个符合国情的战略选择，制订一个能够迅速付之于行动的战略计划。而做出符合国情并能够付诸实施的战略选择，更是重中之重。"没有文化宽度的软实力，是短视的；没有文化深度的软实力，是肤浅的；没有文化广度的软实力，是狭隘的；没有文化开放的软实力，则是封闭、僵化、教条的。"[2] 所以，要完成提升我国文化软实力的目标任务，就必须要注重设计出有宽度、有深度、有广度、有气度的具体发展战略。

第一节　先进理论导向战略

每一个民族在其发展进程中都有着自己的文化导向，甚至于在不同历史阶段也会根据当时的社会背景产生不同的文化导向。中国近代历史中，不同理念、不同派系的政治势力相互角逐，关于文化问题的争论也一直没有停止过，每一个新的政治势力上台都意味着一次文化导向的改变，这些改变不仅仅影响了文化本身，更影响了中国社会的发展前途和命运。从清朝末年的维新派坚持"中体西用"的文化导向，保守派坚持"祖宗之法不可变"的文化导向，革命派坚持去旧革新的文化导向，到后来的新文化运动，到毛泽东的新民主主义文化建设，再到邓小平社会主义精神文明建设，这一系列文化导向的改变，看上去影响力没有政治变动那么巨大，但实际上一个错误文化导向带给一个国家的影响，远比想象的要严重得多。一次政变，一次革命，一次战争，影响的不过是参与其中的人员以及少数的利益攸关者，但一次错误的文化导向宣传，影响的却是整整一

---

[1]　习近平. 习近平谈治国理政 [M]. 北京：外文出版社，2014：160.
[2]　张国祚. 中国文化软实力研究论纲 [M]. 北京：社会科学文献出版社，2015：135-136.

代人，甚至几代人。

对于中国文化软实力的提升问题，我国社会各界人士提出过许许多多的对策和方法，形形色色的战略和谋划，但我们首先应该要找到这个问题的根本所在，找到这个问题的大方向所在。即使是一个天才的想法，如果方向不对，也没有一丝一毫的意义。所以，提升中国文化软实力首先要想到、要做到的就是坚持正确的文化导向。那么，何为文化导向呢？关于文化，在中国本是"人文化成"的意思，几千年前的古人就在《易经》里向我们诠释了文化的内涵："刚柔交错，天文也；文明以止，人文也。观乎天文，以察时变，观乎人文，以化成天下。"天文即自然的规律，观察体会大自然的规律可以知晓天时变化；而了解、传播人类社会的文化，则可以起到教化天下的作用，这充分说明了文化对人类社会发展的影响之大。这种影响体现在多个方面、多个层次上，这里主要谈论其导向功能。文化中所包含的精神理念、价值观念以及道德准则等，通过在社会上的广泛传播，能够对人们的世界观、人生观、价值观产生或消极或积极的影响，从而对人们的行为产生一种误导或引导作用。所以，文化导向总的来说就是运用文化来影响人们的意识，引导人们的意向，从而控制人们的行为，使他们按照社会管理者制定的路线、方针、政策从事正当社会活动。

一、提升中国文化软实力需要坚持正确的文化导向

只有在正确的文化引导下，只有在先进的文化前进方向指引下，我们才能更好、更快、更完善地提升中国文化软实力。一个正确的文化导向，必然要具有时代气息，要走在时代前列，站在历史的制高点上。如果将正确的文化导向比作一棵正苗壮成长的大树，传统文化就是它生长的土壤，外来文化就是滋养它的肥料，时代气息就是浇灌它的水源。"中国先进文化的前进方向所体现的文化立场是：一方面我们必须向资本主义学习现代文化，必须参与资本主义所主导的世界现代化进程，这一点我们不能动摇；另一方面，既然文化是一切制度与行为的基础，我们就必须声明，我们所主张的现代文化是社会主义的现代文化。"① 所以，在中国当前的社会环境下，坚持正确的文化导向，既要坚持并发扬自己的优秀传统文化和社会主义先进文化，又要学习和借鉴优秀的西方资本主义文化，同时还要做到与时俱进。

（一）植根传统土壤，弘扬优秀文化

一个民族想要强大起来，需要向更先进的对象学习，但绝不能忘记自己的根扎于哪块土壤，自己的魂熔铸于哪片土地。文化不可丧失，传统不可遗弃，迈步前须知立足要稳，开花前谨记扎根要牢。中国人生在中国这片土地上，流着华夏的血液，说着华夏的语言，拥有黄土地的肤色，更当继承古往今来的优秀传统文化。这是因为，优秀传统文化是我们国家鲜活生动的史书，更是泱泱中华五千年屹立不倒的支柱与灵魂。我们所做的一切努力，包括致力于中国文化软实力的提升，都是为了强大我们的国家，实现中华民族伟大复兴的"中国梦"。在这个过程中，我们所提倡的正确文化导向，首先一点必然是坚守自己的文化底线，发展自己的优秀文化，使更多的国人了解中国优秀传统文

---

① 张小平. 中国文化建设的理论与实践 [M]. 北京：社会科学文献出版社，2012：20.

化，传播中国优秀传统文化，再发展中国优秀传统文化。美国前总统肯尼迪曾经说过："在近代以前时期的各种文化中，显得最先进、感觉得出最优越的莫过于中国文明。"①连其他国家的元首都如此推崇中国文化，身为民族的一员，我们更应该对自己的传统文化感到自豪和骄傲。

弘扬中国的传统文化，关于"取其精华，去其糟粕"的做法已不必过多地强调了。2014 年的中共中央政治局第十三次集体学习，习近平总书记强调："要认真汲取中华优秀传统文化的思想精华和道德精髓，大力弘扬以爱国主义为核心的民族精神和以改革创新为核心的时代精神，深入挖掘和阐发中华优秀传统文化讲仁爱、重民本、守诚信、崇正义、尚和合、求大同的时代价值，使中华优秀传统文化成为涵养社会主义核心价值观的重要源泉。"②这些话表明中国的传统文化里有很多内容是优秀的，是值得继承并发扬的，是符合社会主义核心价值观的要求的。

如今的国际环境是开放的，也是包容的，军事侵略已不符合当今社会和平与发展时代主题的要求，文化殖民却开始大肆入侵。西方资本主义发达国家近些年的文化输出愈发明显，很多发展中国家都在向它们靠拢。在这个过程中，部分民族过于强调外来文化的先进性，反而忽视了自身民族传统文化的存在，导致自身文化的遗失。在现今的中国，也同样存在着一些人利用西方文化对中国传统文化加以否定和批判的现象。但是，我们应该认识到，西方文化不一定都是好的，中国传统文化也不一定都是坏的，我们没有必要一定要以西方文化为中心。"对于中国而言，要构建国家软实力，就必然要超越现代性'西方中心'的解释框架，就更应该充分利用和开发传统文化资源、继承优良的民族精神传统去应对现代化过程中的问题与挑战，从而在这一过程中实现传统文化的创造性转化。"③因此，要坚持正确文化导向，努力提升中国文化软实力，继承、发扬和创新我国传统文化就必不可少。

（二）开拓全球视野，借鉴外来文化

植根于传统文化的土壤，努力将我们的传统文化发扬光大，自然是每一个中国人的责任与义务所在。但在经济全球化进一步往纵深发展的视域下，我们发扬中国优秀传统文化已不应该仅局限于本国之中了，而更应该让中华优秀传统文化走出国门，让世界各民族都了解中国文化的底蕴和涵养，让世界各国人民都能够通过中国文化来了解中国这样一个友好和包容的国家。但是，中国的开放和友好却让很多不明就里的外国学者认为这是一种隐性的文化侵略。提出"软实力"概念的约瑟夫·奈曾在和我国著名学者张国祚先生谈话时说道："当一个国家的硬实力像中国一样快速增长时，会使邻国感到恐惧，但是，如果她的软实力也提升的话，就不大可能使邻国感到恐惧乃至于结盟反对。"④这样一段话看似是在宣传软实力有着硬实力不可比拟的巨大作用，实则却是在暗指中国有利用文化软实力去影响邻国、改变邻国，甚至同化和入侵邻国文化的迹象。其实，这都是那些对中国不甚了解的"门外汉"才会有的误解，或者是只了解被一些

---

①　肯尼迪. 大国的兴衰 [M]. 天津编译中心，译. 成都：四川人民出版社，1988：5.

②　蔡闯，刘文嘉，罗容海. 从延续民族文化血脉中开拓前行 [N]. 光明日报，2016-03-03（01）.

③　王一川. 中国文化软实力发展战略综论 [M]. 北京：商务印书馆，2015：94.

④　张国祚. 中国文化软实力研究论纲 [M]. 北京：社会科学文献出版社，2015：128-129.

别有用心的国家故意扭曲的中国形象而产生的误解。中国一直是一个友好和充满包容性的国家，我们发展本国文化，传扬本国文化，也只是秉持着一种分享"好东西"的态度，而并非文化上的同化和侵略。中国自古以来就有着"己所不欲，勿施于人"的处世原则，这个原则也是现在的中国人民一直坚持着的，所以我们不会去对邻国以及其他国家和民族实施文化侵略，但同样不会允许别的国家对中国进行文化侵略。中国的态度依然是很明朗的，努力发扬自身的优秀文化，并将其美好之处分享给中国的朋友，大家共同进步，一起发展，努力创造更先进、更优秀的文化，努力提升各自国家的文化软实力。

传承发展中国优秀文化是我们的责任和义务，学习吸收其他国家优秀文化则是提升我国文化软实力的必然要求。我们能谨守本源固然是不忘初心的表现，但故步自封也往往是一个国家走向没落的导火线。面对文化，我们需要的是一个学习借鉴的态度，而不是因循守旧的心理。全球各国越来越联结成一个整体，我们的视野也再不能局限于本国之内，而要有开拓全球性的视野，勇于去借鉴其他国家和民族的优秀文化，吸收它，丰富它，并以之填充自身才是真理。但是，这个学习当然不能一味地认为外国的就一定是优秀的，盲目自大之心不可取，妄自菲薄之心也不可有。面对世界各民族丰富多样的文化资源，我们更应该做的是纳百家为己用，集多元为一体，习优良之文化，正民族之脊梁。

每一个民族都有其优秀之处，也都有着值得学习和借鉴的地方，《论语》中说："三人行，必有我师焉。"在文化这个问题上，这句话同样适用。学习他国优秀文化的时候，要不以对方国大而惧之，不以对方国小而鄙之。在学习借鉴外国文化这一点上，美国人就做得很好，他们将充满中国文化符号的《功夫熊猫》和《花木兰》拍摄成美国电影，为美国创造了巨大的收益和文化影响力，甚至让很多国家认为这些本就是属于美国的文化底蕴。这对于我们中国来说是很值得吸取的经验，"我们有必要学习和借鉴各民族优秀文化，从而为中国文化注入新的元素和生命力"①。多年来，我国的艺术形式大多将其背景圈定在中国历史中，尤其是"三国""西游记"等传统文化被反复利用，这种"吃老本"的做法其实并不可取，我们应该将更多的外国优秀文化引入中国，就像美国打造《功夫熊猫》和《花木兰》那样，将外国文化打造成我们自己的东西，这不是剽窃，更不是抄袭，这是一种艺术上的创新，是一种文化上的吸收和融合。

那为什么借鉴外来文化需要"勇于"呢？这些年来，我们一直在强调保持中国文化发展的独立性，虽然也有提及学习外国文化，但大多数学者只是提出过连他们自己都没有底气的建议，并且还一而再、再而三地强调要适当借鉴，不宜过于西化，生怕在这个问题上谈及过多而使自己成为崇洋媚外的罪魁祸首。但在发展传统文化这方面，则全然没有这方面的担忧，在呼吁传承传统文化的时候也不会有太多保留。虽然也同样提及去芜存菁的内容，却和对待西方文化问题时的语气截然相反，或者只是略有提及，不做过多担忧，似是在说即使传承了些糟粕的文化也没什么大不了的。诚然，这些道理听起来是对的，是没有学术性错误的，却很容易让人产生一个方向上的误解，认为学习外来

---

① 王一川. 中国文化软实力发展战略综论［M］. 北京：商务印书馆，2015：497.

文化远不如发展自身文化重要。尤其是近年中国强调文化自觉、自信、自强的观点，更让诸多学者跟风研究这方面的东西，而忽略了学习西方文化的重要性。前文已经论及发扬中国优秀传统文化的重要性，但是借鉴学习外来优秀文化也应当具有同样重要的地位。勇于借鉴则是说要勇敢地认识到自己的不足，明白自己的缺陷，并主动地、积极地去向优于自身的国家学习，不要认为不足就很丢脸，每一个国家都有不足，每一个国家也都需要学习。因此，要提升中国文化软实力，我们还必须开阔自己的视野，扩展自己的认知，发扬自己的传统，传播自己的文化，勇于认知缺陷，勇于承认不足，勇于迈出步伐，勇于学习优点。

（三）紧跟时代步伐，发展先进文化

除了继承先辈遗产、发扬传统文化以及勇于向国外优秀文化学习之外，紧紧跟随着时代的步伐，时刻保持着当下的时代气息，既是避免文化导向误入歧途的保证，也是坚持正确文化导向的必然要求。正确的文化导向，与时俱进必然是不能被忽视的原则之一。"与时俱进"这个词来源已久，最早在《易经》中就可见其身影，但直到今天，这句话也是不会过时的。全国政协前副主席、民盟中央第一副主席张梅颖女士曾说："今天的创新汇入昨天的传统。传统文化需要与时俱进。只有使继承和发展、传统和现代相结合，文化才具有生命力，才会在传承中发展，在发展中创新，生生不息，兴旺发达。"[①] 外与中相合，古与今相应，以东方的琴弹出西方的音，用传统的墨书写时代的篇章。

首先要明确的一点是，与时俱进并非抛弃传统，这与先前所说的发扬传统并不相悖。与时俱进更多的是给予传统文化这汪泉水更新鲜的活力，赋予传统文化这块土地更肥沃的养料。就像中国的文字自古传承至今，这样一个传统并没有被遗弃，但形式上和工具上却都在不断变化，从甲骨文、金文等到今天的简体汉字，从竹简、帛书到现在的纸笔以及电子记录，这些都是时代赋予文字的新内涵，也是传统文化与时俱进的侧面体现。"我们的文化自信，不仅来自历史的辉煌，更来自当今中国的蓬勃生机，来自未来发展的光明前景。"[②] 历史辉煌的传统文化，结合当今中国蓬勃的现代文化，就能够创造出符合潮流、适应时代的先进文化。

其次，对于"与时俱进"这个词的理解，不能仅仅在意"时"和"进"，更要在意"俱"字。何为"俱进"？即同时代一起前进。时间的长河从没有停止的时刻，时代是不断变化的，跟随时代的脚步，与时代一同进步，就意味着我们的文化也要一直处在变化之中，不能僵硬，不能死板，不能封闭，不能如同一潭死水。这也就是说我们发展文化的脚步不能停留，创造文化的心不可懈怠，要紧跟时代步伐，不断吸收时代精华，来赋予文化以新的生机和活力。在过去的历史进程中，每一次实验，每一次改革，每一次取得成果，都在孕育着新的思想和文化，立足于实践，着眼于时代，让文化传承历久弥新，让创新精神生生不息。

最后，与时俱进还需要在意的是一个方向感的问题。文化的传承就像一艘行驶在历

① 张梅颖. 传统文化需要与时俱进［N］. 人民日报海外版，2012-07-13（07）.

② 张国祚. 中国文化软实力研究要论选［M］. 北京：社会科学文献出版社，2011：12.

史长河中的巨轮，到站的乘客下船了，将他们的文化传承给新的乘客，新的乘客赋予他自己的思想，又将这个文化传承给下一个人。文化在传承的过程中正是处于不断变化的状态里，每一代传承者在传承的时候都会带上自己的主观色彩，这就难以保持文化本身的纯洁性和方向上的正确性。更何况历史的河流从来都不是风平浪静的，波涛汹涌的环境更容易让传承的人们迷失文化的方向。为了保持方向的正确性，不至于迷失自己，轮船需要一个掌舵的人，文化也同样有这样一种需要。在当代中国，谁能够掌好文化传承的舵，指明文化发展的路，毫无疑问，是马克思主义思想，是中国特色社会主义理想，只有这样，才能一路披荆斩棘、破浪前行，才能"直挂云帆济沧海"，才能走在正确的道路上，走向正确的未来，才能真正做到与时俱进，紧跟时代的步伐。

二、坚持以马克思主义文化理论为行动指南不动摇

纵观整个世界的复杂变局，我们能够清楚地看到马克思主义理论的强大作用和蓬勃生命力。尤其是在中国共产党成立以来的近百年风云变幻中，我们更能清楚地看到，每一次偏离了马克思主义理论正确方向的时候，中国都会走进历史的岔路口；每一次革命取得胜利、建设取得突破时，必定是因为我们党牢牢把握住了马克思主义这一行动指南。在这段近百年的时间里，马克思主义不仅在中国从理论上的存在变成了现实中的坚守，也不仅让包括中国在内的诸多社会主义国家获得了巨大发展，更是对资本主义发展进程都产生了重大的影响，让那些从前对马克思主义嗤之以鼻的人也不得不对马克思主义产生佩服的心理，由此足以证明马克思主义理论的巨大作用。而纵观新中国的发展历程，透过一次次成功的改革实践，我们都能够清楚地看到马克思主义同中国实践相结合之后所焕发出的强大生命力和创新力。历史已经向我们证明了坚持马克思主义理论的重要性，我们还有什么理由不去坚持呢？因此，在当前我们大力呼吁提升中国文化软实力的时候，必须牢牢把握住社会主义文化建设的正确方向，高举起马克思主义这面伟大旗帜，毫不动摇地坚持以马克思主义文化理论作为我们的行动指南。而要做到真正地、全面地、具体地把握马克思主义文化理论的基本立场和观点方法，是不能够停留在过去的台阶上的，而是要更进一步地推动马克思主义中国化，形成中国化的马克思主义。正因如此，我们强调的提升中国文化软实力的行动指南——马克思主义文化理论，不是虚假的、僵化的、空洞的，而是富有强大生机的、能够指导实践并付诸实践的中国化马克思主义文化理论。

(一) 坚定信仰，正确理解

文化作为人类生活的重要领域，也是马克思主义理论研究的一个重要对象。坚持马克思主义的指导地位，不仅是我国在经济建设和政治建设上的要求，在思想文化建设上也是一项不容忽视的、必须坚守的原则。马克思主义文化理论的内涵当然是丰富的，是复杂的。提升中国文化软实力，我们说要坚持以马克思主义文化理论作为行动指南，这个指南是大方向上的指导，很难精确地指导到每一个细节上，但是恰恰因为如此，我们在提升文化软实力的时候，更是要做到每一项建设、每一个细节都体现到马克思主义文化理论上。提升中国文化软实力，坚持以马克思主义文化理论为行动指南，不能够停留在嘴上，更要落到实处；不能够一知半解，更要深刻分析。

第一，马克思主义文化理论的指导方向是必然正确的，是无法替代的。"中国人民在从 1840 年鸦片战争到今天的沧桑巨变中，更是深切体会到，那些五花八门的主义，如无政府主义、工团主义、互助运动、新村主义、合作主义、基尔特社会主义、伯恩施坦主义等都是昙花一现，都是中国思想史上极为短暂的过客；只有坚持以马克思主义为指导，才能获得民族独立和人民解放，才能实现国家富强和人民幸福。"[①] 历史上无数次的经验都在告诉着我们，无数次的教训都在提醒着我们，如果不坚持以马克思主义为指导就会走向歧途。那些质疑和污蔑马克思主义的人，其目光的短浅和言论的错误，都已经被历史所证实了。从另一方面看，我国的经济建设和政治建设都是以马克思主义为指导的，因此，我国的文化软实力建设也必须要以马克思主义文化理论为指导。坚持以马克思主义文化理论指导中国文化软实力建设，方向是正确的，前途是光明的。因此，我们必须坚定马克思主义信仰不动摇。

第二，对马克思主义文化理论的理解要正确无误。要始终坚持做到以马克思主义文化理论作为我国文化软实力建设的行动指南，就必须要正确地理解它。对马克思主义文化理论的理解不能是泛化的，也就是说不能乱用马克思主义文化理论，将任何理论都冠以马克思的名义，将马克思主义当成一个大篮子，什么都往里面装。对马克思主义文化理论的理解不能是窄化的，也就是说不能将马克思主义文化理论单纯理解为某一个理论，其他的都是错的，凡是违背这个理论的都不应该用。这样也是不对的，中国化的马克思主义讲究以我为主、为我所用，马克思主义更是具有包容性和可塑性的理论。对马克思主义文化理论的理解不能是片面的，有人说马克思主义的核心观点是暴力革命，但中国又宣讲和平发展，这不是自相矛盾吗？实际不然，我们对马克思主义的理解是结合我国国情以及世界大环境所做出的新的理解，是符合我国环境更是符合国际环境的理解，何况马克思主义理论并非只是单纯地宣传暴力革命。我们在坚持马克思主义文化理论的同时也一样如此，结合国内外环境去理解它，结合具体实际去理解它，只有这样，才能更好地发挥马克思主义文化理论的指导功能，才能又好又快地提升我国文化软实力。

（二）深入把握，全面发展

关于坚持以马克思主义文化理论作为行动指南的方针，还要坚持的一个原则即全面性原则，主要包括两个方面：其一是对作为行动指南的马克思主义文化理论理解上的全面性；其二是在提升中国文化软实力时对马克思主义文化理论应用的全面性。

以马克思主义文化理论作为行动指南，并不是单纯地指以马克思的某一个观点或某一种思想作为指南，而是要以马克思的价值立场及方法作为指南。"一种理论的价值立场决定了这种理论的立足点、趣味及旨归。"[②] 马克思主义文化理论中所倡导的文化，是以人为本的文化，是革命的、进步的文化，是科学的、理性的文化，是世界视野下的民族文化，是多样的、丰富的文化，是与时俱进的、和谐的文化。马克思主义文化理论内涵是复杂多变的，但又是万变不离其宗的，在坚持以马克思主义文化理论为指南的过

---

① 张国祚. 中国文化软实力研究要论选 [M]. 北京：社会科学文献出版社，2011：76.
② 王一川. 中国文化软实力发展战略综论 [M]. 北京：商务印书馆，2015：91.

程中，我们不能管中窥豹，也不能盲人摸象，而要做到多方位地、全面地把握住马克思主义文化理论的核心理念，并在实践中将其具化为一系列的指导方针政策。我们切记要避免用狭隘的目光去理解马克思主义文化理论，不要以为抓住了马克思主义的尾巴就是抓住了整个马克思主义理论，认识要全面，理解要透彻，执行要具体。就当代中国文化软实力建设前景而言，社会主义核心价值观就是文化软实力的灵魂所在，所以，努力把握住社会主义核心价值观，就能够全面、准确地把握住马克思主义文化理论。

坚持以马克思主义文化理论作为行动指南，我们的目的还在于能够更好更快地提升中国文化软实力，"道不可坐论，德不能空谈"。一切基础理论都是服务于社会实践的。在运用马克思主义文化理论指导实践的时候，也要深入贯彻全面性的原则，不可"拆东墙补西墙"和"丢西瓜捡芝麻"。前者是指建设文化软实力的时候不能只顾某个方面而忽视另一面，更不能为了提升文化软实力而破坏经济建设或环境建设；后者则是指不可因小失大，具体说来就是不要因为那些小成绩而破坏整体的大方向，不能只为了那些面子工程而毁坏了中国文化软实力的根基。用马克思主义文化理论引领中国文化软实力建设工作，关键在于将这个理论观点嵌入文化建设的各个领域、各个群体，不仅要让文化工作者深入地掌握它，更要让所有的参与者都全面了解它，从而使中国文化软实力建设的方方面面最终都能做到知有所依，行有所归，这样的文化软实力建设才是全面的、透彻的、没有后患的。

（三）协调推进，全民参与

我们在进行中国文化软实力建设的时候，坚持以马克思主义文化理论作为行动指南，更应该坚持中国化的马克思主义文化理论，坚持具体的马克思主义文化理论。所谓具体的马克思主义文化理论，就是将马克思主义文化理论民族化，把马克思主义文化理论应用到中国具体环境、具体斗争中去，而不是抽象地应用它。而且，这里说到的具体化不仅是指已经发展的马克思主义中国化成果，更是指未来可能要发展的方向。"中国化马克思主义文化软实力理论不是简单地重述或停留于马克思主义文化思想，而是在新的社会主义时期，总结社会主义新鲜经验，在一系列重大问题上发展马克思恩格斯及党的三代领导集体文化思想，向前推进了一大步，做出了卓越贡献。"[①] 在新的历史阶段，在当前高度重视文化软实力建设的环境下，我们要坚持符合当下中国现实的、符合未来中国发展的马克思主义文化理论，要坚持将马克思主义文化理论渗透到具体的每一个行业和领域，要坚持将马克思主义文化理论宣传到每一个投身于文化建设的工作者和每一个学习中国文化的人身上去。

一方面，马克思主义文化理论涉及非常广泛的范围，也涉及诸多复杂的领域，但就中国文化软实力建设而言，最重要的还是将马克思主义文化理论具体应用于文化事业和文化产业两大领域。我们一直强调发展文化事业的时候要树立强烈的机遇意识，要不断开阔视野，不断推进文化事业又好又快发展。这样一来，文化事业的进程在加快，成绩也越来越好，但是体现在意识形态领域上的问题也就越来越严重了。归根结底，就是在发展的过程中一味地贪图效果、谋求发展，而忽视了最核心、最重要的马克思主义文化

---

① 洪晓楠. 提高国家文化软实力的哲学研究 [M]. 北京：人民出版社，2013：75.

理论的方向问题。同样的，在壮大我国文化产业规模的时候，为了完成指标，获得更大的利益收入，就有选择性地忽视了马克思主义文化理论指导的问题。而要使中国文化软实力能够持续发展，马克思主义指导地位就一定不能放弃。要真真正正地做到将马克思主义文化理论视为提升中国文化软实力的行动指南，就一定要将这个核心理念具体贯彻到文化事业和文化产业发展的每一项任务上。在文化事业和文化产业领域，要做到精神文化产品的创作内容与马克思主义文化理论有机结合、相得益彰，要对能够创造性地体现马克思主义文化理论的优秀精神文化产品予以鼓励和支持。

另一方面，马克思主义文化理论的研究不仅仅是学者的专利，也不是什么高高在上、不可触及的东西，让马克思主义文化理论具体化，就是要让它渗透到百姓当中，深入每一个接触中国文化的人的心里。这不仅对中国文化软实力的提升有巨大帮助，也对意识形态工作有极大的影响。坚持以马克思主义文化理论作为提升中国文化软实力的行动指南，但如果人民群众都不了解马克思主义文化理论，这样做的效果无疑会大打折扣。面对广大人民群众，我们不仅要将马克思主义文化理论体现在丰富多彩的文化作品当中，更要将马克思主义文化理论从抽象上升到具体、由深奥简化为通俗，让更多的人去接触它、认识它、了解它。文化建设工作者无法做到任何事情都亲力亲为，很多文化传播工作还是要依靠广大人民群众去完成，所以，让马克思主义文化理论具体到群众中去，无疑是一个必然的要求。"只有在马克思主义文化理论指导下，我们的事业才能健康发展；也只有当马克思主义文化理论被广大人民群众真正地理解和掌握，并转化为投身改革建设的内在动力时，我们的宏伟目标才能够顺利实现。"[1] 因此，当全民都在心里认同了马克思主义文化理论时，当群众都在为马克思主义文化理论的宣传而争相传颂时，当繁荣多样的中国文化处处都能体现马克思主义文化理论的精髓时，当马克思主义文化理论支撑下的中国文化软实力一步步走向强大时，当中华民族伟大复兴的"中国梦"终于实现时，我们就会为今天做出的正确抉择而感到骄傲和自豪！

第二节　全面协调发展战略

"软实力"这个词语最早是由哈佛大学肯尼迪政府学院前院长约瑟夫·奈于1990年首次提出的。约瑟夫·奈受英国实用主义学者卡尔的影响，认为权力分为三种形态：一种是军事权力；一种是经济权力；一种是文化权力。中国国家文化软实力研究协同创新中心主任、中国文化软实力研究中心主任张国祚教授对此有一个很形象的解释："军事权力就是强制性的，不听自己的就要消灭对方；经济权力是收买性的，不听自己的就给对方点钱，还不听，就再多给点钱，直到让对方听话为止；文化权力则是通过思想、观念、情感，去诱导、拉拢对方使其服从自己。"[2] 其实，这里所说的前两者就属于硬实力的范畴。硬实力就是指支配性的实力，通常是指一个国家的经济力量、军事力量和科技力量等看得见、摸得着的物质性力量。相对而言的软实力，是指一个国家的民族文

---

① 洪晓楠. 提高国家文化软实力的哲学研究 [M]. 北京：人民出版社，2013：94.

② 张国祚. 中国文化软实力研究论纲 [M]. 北京：社会科学文献出版社，2015：134.

化、价值观念、社会制度等影响自身发展潜力和对外感召力的因素。硬实力是有形的载体，软实力则是无形的支撑，它们各司其职、分工明确，却又互为表里、相辅相成，就像计算机的硬件和软件一样。硬实力是软实力的物质基础，软实力是硬实力的精神支柱；软实力引导硬实力的发展，硬实力为软实力的发展提供物质力量。一个国家即使拥有很强大的硬实力，若没有对应发展起来的软实力，则它在综合国力较量中最终还是会败下阵来。所以，不管是为了中国文化软实力的提升，还是为了促进硬实力的增长，二者都应做到相互协调，相互促进。

一、硬实力、软实力和巧实力协调发展

很长的一段时间里，我国在综合国力提升战略的选择上，面对经济硬实力和文化软实力的取舍时，都更倾向于前者，这在一定历史阶段虽然是可以理解的，但在我们正阔步迈向新的历史阶段的时候，战略侧重点也应当适时得到调整。其一是我国已经进入了全面建成小康社会的历史新阶段，二来则是面对更加开放、更加融为一体的全球化时代。在这样的历史阶段，在增强我国综合国力的策略选择上，更应当"改变过去忽视文化软实力建设的情况，要更加重视文化软实力的建设，把文化软实力建设提升到同经济硬实力建设同等重要的战略位置，科学定位和确立文化软实力发展的国家战略"①。而将硬实力与软实力相统一的综合实力，我们称之为"巧实力"。这个词最先由美国学者苏珊尼·诺瑟于2004年在《外交》杂志上提出，所强调的是美国政府在外交战略上要综合运用硬实力和软实力，即当用硬实力时用硬实力，当用软实力时用软实力，或是同时运用、混合运用。2007年美国前副国务卿阿米蒂奇和著名学者约瑟夫·奈发表题为《巧实力战略》的研究报告，提出运用"巧实力"进行对外战略转型，帮助美国摆脱当前困境，重振全球领导地位。2009年1月，美国国务卿希拉里提出，美国将采取"巧实力"战略来处理国际关系。至此，"巧实力"这个词才一度成为一个时髦词语，众多学者纷纷对其做出研究。如果说硬实力是最锋利的矛，软实力是最坚实的盾，那么巧实力则是持着矛与盾攻防一体最均衡的武士。

（一）硬实力和软实力的对立性

硬实力，又被称作"硬权力"，在传统的国际关系中，其核心理念就是硬实力。在约瑟夫·奈提出软实力之前，硬实力一般是作为处理国家关系的主要手段。同样的，软实力也被称为"软权力"，它是将民族价值观、伦理观、文化观等多种社会意识集合后所表现出来的一种反作用力，"是一种普遍存在于所有竞争主体之中的精神性的力量，能够有助于主体参与竞争并对竞争结果产生直接的影响"②。在中国的传统认知中，我们已经了解了很多事物的对立性，包括大小、长短、高低、阴阳等等，软和硬也是一对具有明显对立含义的字眼。软实力和硬实力当然也有着一定的对立性，这从它们的命名上就可以略知一二。

首先，它们的表现形式不同。硬实力是一种客观实在性的力量，是一个国家和民族

---

① 张国祚. 中国文化软实力研究要论选 [M]. 北京：社会科学文献出版社，2011：520.

② 黄牧仪. 关于软实力的哲学思考 [J]. 唯实，2004（12）：14.

外在力量的表现，它的形式趋于具体化，能够产生直接的作用和效果。软实力则是一种主观意识性的存在，是一个国家和民族精神文化的表现，对它的形容趋于模糊化，往往通过间接性的长期渗透产生影响力。

其次，它们的作用形式不同。硬实力之所以被冠以"硬"的称呼，是因为它具有强制性和支配性，作为代表的力量就是军事力量和经济实力，也就是强迫性和利诱性的力量，根据约瑟夫·奈的观点，可以形象地理解为"大棒"加"胡萝卜"。而软实力的作用形式要委婉得多，它具有一定的吸引力和潜移默化的影响力，作为代表的就是文化力量，有时候也具有一定的诱导和拉拢的性质。

最后，它们的成果衡量标准不同。硬实力是物质力量，无论是运用策略提升它，还是通过硬实力达到自己的目的，其结果成功与否、效果如何都很容易衡量，比如，衡量经济总量大小、经济增速快慢，或军事实力的增长情况，往往都有具体而明确的指标。但是，软实力却不像硬实力那样有着显而易见的效果，这也是很多人容易忽视软实力的一大原因。而且，对软实力很难进行具体的量化工作，因为它通常只是通过一些文化标志或意识形态成果体现出来，而这些东西要么不能用数字之类的衡量标准来进行仔细裁量，要么需要一个很长的周期才能够将其效果明显体现出来。

（二）硬实力和软实力的同一性

硬实力和软实力虽然代表着物质和精神两个层面上的东西，但是，这并不意味着两者就是彻底对立、毫无共通性的存在。相反，硬实力和软实力在很多方面是具有同一性的，这也正是二者能够形成相互结合的巧实力的理论依据。

首先，硬实力和软实力对于一个国家的综合国力构建都是不可或缺的一部分。综合国力是衡量一个国家的经济、政治、军事、文化、教育、技术实力的综合性指标，这些用来衡量的指标都可以被囊括在软硬两种实力里面。因此，硬实力和软实力对于综合国力的构建是不可或缺的。并且，软实力和硬实力作为综合国力这一主体的两个方面，它们在很多时候都处于一种互为前提、相互联结、相互渗透的状态。形象地说来，它们就是同一个部门的两名员工，各司其职却又彼此关联，缺一不可，只有二者通力协作，才能得到更好的发展，更大的进步。

其次，硬实力是软实力的物质基础，软实力也会对硬实力产生重要影响。马克思主义认为物质决定精神，硬实力作为物质文明的体现，它构成了作为精神文明体现的软实力的基础。哈佛大学的教授塞缪尔·亨廷顿也认为，物质上的成功能够使文化和意识形态更具有吸引力，而经济和军事上的失败则可能导致自我怀疑和认同危机。美国的强大实力，使得很多美国以外的人都愿意认同和接受它的文化；中国经过这些年的改革发展，日渐强大的国力也为中国文化的宣传增强了说服力。因此，一个国家的硬实力越强，这个国家的软实力就越有可能获得更大的发展空间。在物质决定精神的同时，精神对物质也具有一定的反作用，软实力与硬实力的关系也正是如此。硬实力决定了软实力的物质基础，软实力的提高同样能够反哺硬实力。软实力的提高会使整体的国民素质得到提高，同时也会增强一个民族的凝聚力，这些都能够促进公民在经济建设中发挥更大的作用，能够有效促进生产力的发展和整个社会的进步。而且，软实力在某些方面也有着硬实力无可比拟的优势，比如它强大的说服力就比武力压迫更容易让人接受，就像洪晓楠教授所说的:"因为善意总能感动人,'软实力'总是容易让人内心折服。"①

最后,硬实力和软实力是可以相互转化的。软硬实力二者之间的关系并非机械而单向的,二者虽然有着明显的差别和界限,但这并非就是说它们是完全不可相容、无法转化的。我们更应该用辩证的目光去看待它们之间的关系,这样我们就会发现,其实它们是可以相互转化的。就硬实力转化为软实力而言,一个国家拥有了更强大的经济实力,就可以使国家加大对文化教育等方面的投入,从而提升整个民族的文化水平,这样一来,硬实力的增强就间接转化成了软实力的提高。其实,在这方面软实力转化为硬实力的效果更加突出,形式也更加明显,可举的例子也更加多。就美国而言,这些年的文化全球扩张行为极其明显,无论是作为快餐文化代表的麦当劳、肯德基等,还是作为电影艺术文化代表的好莱坞大片,每年给美国带去的收益绝对是一笔庞大的利润。1998 年,美国第一大出口行业既不是飞机制造,也不是农业,而是影视和音像出版业,出口总收入达 600 亿美元以上。②

(三) 软硬实力相结合的巧实力

所谓的巧实力,就是对硬实力和软实力的综合运用,这个概念被提出来的初衷是外交。然而,随着巧实力概念的不断发展和深入人心,软硬结合的巧实力的运用,无疑将被赋予更深层次的内涵。约瑟夫·奈认为巧实力是硬实力和软实力的结合体,但是,软硬结合的比例是多少、如何做到软硬结合等问题并没有一个标准的答案。巧实力是灵活的,是综合性的,运用巧实力的时候应该要视情况而定,这样就可以在运用巧实力时更好地避免出现不必要的失误,但很难把握好这个度。大多数人认为,既然巧实力是由硬实力和软实力结合而成的,那么增强硬实力、提高软实力,自然就可以发展巧实力。但事实却并非这么简单。因为它们的结合不是盲目的结合,不是将硬实力和软实力随意地揉捏在一起就一定能成为巧实力,就像沙子和水泥粉只有比例适当时,才能成为坚固的混凝土。还是就美国而言,它的硬实力和软实力的发展都不可谓不快,然而,在它发动伊拉克战争的时候,虐杀俘虏、滥杀平民等行为使得世界人民都为之反感,这让其软实力一度下降,但美国政府没有意识到这点的重要性,依然只顾着军事实力的发展,最终导致了软硬实力不协调,国际上诸多国家对待美国的态度也发生了变化,甚至于这种态度持续到今天都没有改变。当然,这和美国本身的政策有关,但软硬实力的不匹配也是极其重要的一个原因。所以,我们不仅要知道增强硬实力和提升软实力,还要保证二者的协调发展,共同进步。

硬实力和软实力都能够得到很好的发展,且二者实力匹配,这才是巧实力趋于强大的基础。这时候,我们应该知道怎么去运用巧实力,空有实力而不会运用导致失败的例子在历史上也比比皆是,巧实力就像我们手中的武器,要善于运用才能发挥出它的功能。那么,巧实力究竟要如何运用呢?巧实力既然是一种综合运用强制手段和吸引力来实现目的的能力,是硬实力和软实力的结合,它就必然拥有这二者的长处和优点。善用巧实力,就是要发挥硬实力和软实力各自的优点,并运用它们相互弥补彼此的不足。用

---

① 洪晓楠. 提高国家文化软实力的哲学研究 [M]. 北京:人民出版社,2013:169.
② 王晓德. "软实力"与美国大众文化的全球扩张 [J]. 历史教学,2007 (10):9.

经济上、军事上强大的实力来发展经济，保证国家安全，提升国家地位等；用文化上、思想上强大的吸引力来凝聚民族精神，在国际上扩大本国文化的影响范围，提升国家良好形象等。而且，由于硬实力和软实力都在各自的领域里有着不可替代的作用，因此要充分发挥它们各自的优点，既要做到用硬实力来作为软实力的物质保障，为软实力的提升保驾护航，又要做到用软实力来作为硬实力的精神引导，为硬实力的发展指明方向。只有如此合理地运用巧实力，才能够进一步增强我国的综合国力，有效提升我国的国际影响力。

所以，简单概括起来，巧实力的发展策略实际上就三句话：持续增强硬实力，协调发展软实力，善于运用巧实力。

二、促进文化事业和文化产业协调发展

中共十六大把文化领域明确区分为文化事业和文化产业，这在党的政治报告中还是第一次。进行这样的明确区分，更加符合社会主义市场经济的发展要求，也更加有利于调动全体人民进行社会主义文化建设的积极性。将文化事业和文化产业区分开，不仅仅体现在两个名字上，更体现在分工和责任上。那么，文化事业和文化产业到底有什么区别呢？从主体及行业划分上看，文化产业的主体以企业或法人为代表，它更加倾向于将文化资源的文化价值转化为商业价值；而文化事业的主体以政府部门为代表，它们在行业划分上具有公益性、无偿性、非营利性的特点，走的是非产业化道路。从目标取向上看，文化产业更多的是追求经济效益的最大化；文化事业则更侧重于国民的教育感化和公益性文化服务。从资金来源上看，文化产业多是从社会募集资金，自主经营、自负盈亏；文化事业单位的资金一般依靠政府财政拨款。从运作方式上看，文化产业的运作方式偏向于市场化的运作和公司化的管理，主要由市场来优化配置资源；而文化事业的运作方式则偏向于行政化的运作和政府的规划管理。从组织形式上看，文化产业组织形式更加灵活，以企业组织形式为主，也包括其他各类组织形式；文化事业则多为事业部门或单位团体组织形式。总的来说，它们的区别体现在两个对立关系上：一是文化产业的商品属性和文化事业的意识形态属性的对立，二是文化产业的经济效益和文化事业的社会效益的对立。但是，它们作为文化发展的两种主要存在方式，在对立的同时又有着千丝万缕的联系，相互交叉、相互渗透。那么，对公益性文化事业和经营性文化产业采取不同的改革路径，从实际出发，分阶段、有区别地加以实施，推动文化事业与文化产业协调发展，最终必将顺利完成我国文化软实力发展的目标任务。

（一）明确文化事业和文化产业的具体划分标准

要深化体制改革，实现公益性文化事业和经营性文化产业的双轮驱动、协调发展，就一定要事先明确文化事业和文化产业在文化建设中分别担任了什么职责，具有怎样的作用，这有助于发挥它们各自的优势，弥补互相的不足，最终实现协调发展，共同进步。

首先，从定义上看，文化事业是指为满足人们娱乐、休闲、健身、求知、审美、交际等精神需要和求知需要而组织活动，并提供经费、场地、器材和各种服务的社会公益性而非营利性的活动等。这就表明了文化事业的主要特征是公益性，盈利极少甚至没有

盈利。这样一来，能够承担文化事业发展任务的主体就不可能是私人或企业了，主导它发展的也不可能是市场调节，而是以政府为主导、由政府提供资金和相关服务。文化产业则恰恰相反，它是指从事文化生产和提供文化服务的经营性行业，其首要目的是盈利，和其他产业的目的相同，只是其承载的内容是文化上的，而非其他。文化产业的存在是为了满足人民群众多层次、多方面、多样性的精神文化需求，也是为了分担文化事业的发展压力，同时更是一条创新型的创业方向。文化事业的存在主要是为了宣传主流意识形态的思想，弘扬主旋律，同时弥补文化产业发展的不足。从这里可以看出，二者是相互渗透、相互促进的，也是各自分工明确的。但是，在文化事业和文化产业的现实发展过程中，却未必能够做到这样。往往很多文化产业还是被政府过多地干预发展，很多时候政府主导要更重于市场调节，导致了文化市场主体的不明确，更使文化市场上不公平竞争现象屡见不鲜。同样的，文化事业的包含面过于广大，但其本身没有盈利能力，反而占用了过多的政府财政资源，一旦政府的财政扶持没有落实，就会使其陷入困境。

其次，从详细分类上看，根据 2006 年《国家"十一五"时期文化发展规划纲要》和 2007 年十七大对文化体制改革中文化事业和文化产业的划分，文化事业包括：（1）义务教育；（2）自然科学基础理论研究；（3）党报党刊、国家电台电视台、通讯社、重点新闻网站和时政类报刊，少数承担政治性、公益性出版任务的出版单位；（4）重要文化遗产和优秀民间文化的保护；（5）国家兴办的体现民族特色和国家水准的艺术表演团体；（6）国家兴办的图书馆、博物馆、文化馆、群众艺术馆、美术馆等公共文化服务机构；（7）社区、农村面向大众的公共文化体育基础设施。而除这七个方面之外的所有文化机构和单位，都属于文化产业的范畴。这就已经为文化事业和文化产业制定了具体的领域划分标准，为它们各自的发展奠定了基础，也为它们共同的协调发展指明了方向。这样的分工一方面当然是为了更好地区分它们，另一方面我们也能看出文化产业的比重得到了大幅提升，意味着我国正在逐渐加大对文化产业发展的重视程度。但单纯地依靠政府主导有着很大的局限性，不仅拖累了政府的财政资源，也大大打击了人们从事文化建设的积极性。所以，为了文化事业更好更快发展，适时地调整文化产业比重是很重要的一个措施。但文化领域毕竟有着意识形态领域的特征，所以也不能完全放任自流。而且，加快发展政府宏观指导和以市场微观调节相结合的文化产业，更加符合当今世界文化发展大环境的要求，也更加符合提升我国文化软实力的要求。

（二）正确行使政府对文化市场的监督管理职能

很多人觉得，政府的作用主要是体现在文化事业的建设上面，对文化产业的影响并不大。其实不然，"我国文化主管部门曾经在很长时期里，既主管文化又主办文化，政府几乎掌握全部社会资源，对文化单位和文化机构具有绝对的控制和支配力。"① 政府主管文化是应当的，但同时主办文化则并不妥当，这相当于把所有的权力都握在了自己的手里，极大地弱化了市场调节的作用，使得文化产业发展积极性受到了严重打击。在这样的束缚下，文化产业很难得到期盼中的盈利，最终必然会走向消亡。即使在文化事

---

① 洪晓楠. 提高国家文化软实力的哲学研究［M］. 北京：人民出版社，2013：439.

业的发展上，这样做也是有着诸多弊端的，强力控制和大包大揽，会使得文化事业单位越来越缺乏工作效率、丧失社会竞争力，最终沦为一个毫无作用的存在。但是，从另一方面来说，文化对社会意识形态的影响极大，尤其是在当下我国正注重意识形态建设的时候，文化事业和文化产业能够发挥的作用也会越来越大。所以，完全放任自流的市场主义在文化建设上是不可行的，加强政府干预和宏观调控是必不可少的。在这样的一个环境下，既不能不让政府干预文化建设工作，又不能只让政府来负责所有文化工作。那么，在发展文化事业和文化产业问题上，到底如何合理发挥政府的作用呢？

首先，鉴于文化事业的公益性特征，其必然是不适合市场主导的。而且，文化事业对意识形态、价值观念、道德体系等方面的传播有着无可替代的作用，在复杂的社会环境下，是不适合交给市场去主导的。那么，文化事业最终的主导者依然要落实到政府一方来。但同样是政府主导，也需要有很大程度的变革和创新，不能一味循旧，不知变通。第一点就是要在财政上加以改变，不能只是政府出钱，文化事业单位循规蹈矩地工作就可以了，这样的投资模式，长此以往必然会催生其工作人员的惰性，消弭其工作的积极性。关于这方面，文化事业单位应该在坚持公益性原则为主的前提下，加大对盈利目的的重视程度，并将工作人员的业绩与盈利挂钩。这样的做法在很大程度上是有利于促进文化事业的发展的，但也要注意避免腐败贪污现象的出现。第二点就是在公益性文化事业单位的改制方式上需要根据不同公共文化组织的不同特点加以分类，施行区别对待的改革方式。例如政治宣传的事业组织，就可以减少业务干预，增强内容管理。而对文化艺术类事业组织，应减少内容上的干预，同时加大资源上的扶持，使其更加符合市场和人民群众的需求。

其次，对于以盈利为目的的文化产业而言，一直以来坚持以市场作为主导，但由于文化建设工作的特殊性，这些年政府在其中的干预程度也并不低。相对于我国其他类型的产业来说，文化产业算得上一个新兴产业了，一个产业在新兴时期尤其脆弱，这种时候任何打击都有可能是致命的。所以，文化产业就像孩子一样被政府紧紧地保护在怀里，参与的市场竞争较少且风险都被降低了很多，参与的国际文化竞争更是少之又少。但是，文化产业毕竟还是属于产业的范畴，其所面对的前路不是政府可以为其完全遮风挡雨的。在未来的一段时期里，中国社会的文化建设工作还是要极大地依靠文化产业的发展，过多的政府干预和保护措施其实并不好。政府在文化产业发展中的职能和作用，应该只是起到宏观上的调控作用，也就是在大方向上的指导，不要让文化产业走错方向。至于具体走哪条分叉路，具体怎么走，都应该交由文化产业自身或市场去决定。在文化产业发展过程中，还是应当更加坚持市场主导的原则，促进市场在文化产业资源配置中发挥决定性作用，政府只在文化产业发展的过程中，提供公平、透明的竞争环境和正确、光明的发展道路就可以了。并在未来的改革过程中，一步一步地将文化产业由国有文化单位转向现代文化企业的方向上去，将文化产业的积极性充分调动起来。

另外，政府的另一大作用就是培育和管理整个文化市场，并为文化事业和文化产业的发展培养文化人才和文化建设工作者。培育和管理市场，一方面要扩大市场包容度，即扩大市场的消费能力，为文化产业和文化事业的发展提供良好的消费环境。另一方面则是鼓励文化产业的发展，提高其在所有产业中的地位和在整个市场上的占有率，同时加强文化管理，弘扬主旋律文化，保证文化产业和文化事业的健康有序发展。至于人才培养计划，则应该搞好文化教育工作，在对学生以及文化工作人员甚至全体公民进行的教育中，宣传发展文化产业和文化事业的重要性，宣传自主创业尤其是文化产业方向的自主创业道路的可行性，这在一定程度上也有利于搞好文化产业创业的扶持工作。

（三）文化事业和文化产业协调发展的改革举措

我们已经看到了文化事业和文化产业在各个方面都有所不同，无论是定义还是职能上，它们都有着各自的内涵和作用。但是，文化事业和文化产业的区分是相对的，而不是截然相反的，在社会文化建设的过程中，二者之间有着紧密的联系。从整个社会文化建设工作以及提升中国文化软实力的任务上看，无论是发展文化事业，还是鼓励发展文化产业，其根本目的都是一致的。将文化产业和文化事业明确区分开，是为了让二者的分工更明确，也是为了更好地适合社会文化环境的要求。"分"是一种改革手段，"合"同样是一种改革手段，从某种程度上说来，"合"才是分的最终目的。实现文化事业和文化产业的协调发展，就是为实现"合"这一最终目的而服务的。只有先让二者的发展能够协调了，能够做到共同进步、互相促进，才能够最终合二为一，将公益性和盈利性、社会效益和经济效益完全地、彻底地、和谐地结合在一起，实现整个社会文化建设事业的大发展大繁荣。

而要实现文化事业和文化产业的协调发展，必然要经历一个探索和改革的过程，对于文化体制上的改革则更是首先的。文化体制改革的基本思路一定要两手抓，一手抓公益性文化事业，一手抓经营性文化产业。这两手抓在实施过程中可能有先后之分，但在总体目标上是没有主次之分的，两手都要抓，两手也都要抓牢。

深化文化体制改革，首先必须要转变思想观念。在社会主义市场经济大环境下，文化产品一般具有双重属性，即意识形态属性和商品属性。要处理好文化产品的意识形态属性和商品属性的问题，也就是要处理好文化企事业单位的社会效益和经济效益的关系问题。这一问题也是有主次之分的，也就是说不管什么时候，我们都要将社会效益放在首位，经济效益固然不能丢下，但其目的也是为更好地发挥文化产品的社会效益而服务的。只有在确保社会效益的前提下，才可以去强调经济效益，因为没有经济效益的文化产品最坏的结果也只是弱化文化建设的作用，但失去社会效益的文化产品则对文化建设毫无用处。当然这并不是说我们要过于片面地强调一方面而刻意忽视另一方面，只是在发展建设的过程中我们应该找准重心，坚守底线，立足根本，这样才不至于迷失方向，走向歧途。转变思想观念，就是要从计划经济体制下形成的传统文化发展观念走出来，树立起与社会主义市场经济体制相适应的文化发展观，打破固有的、僵化的文化发展思维，改变过去的、没有跟上时代步伐的发展方式，创造新颖的、符合潮流的社会主义现代文化，打造公益性与经济性齐头并进、互相推动的文化事业与文化产业。

深化文化体制改革还要保障人民群众的文化权益。不管是文化事业也好，文化产业也罢，都是本着为人民服务的目的去建设的。我们所创造的文化也都是属于人民群众的文化，都应该是能为人民群众所愿意接纳的。要保障人民群众的文化权益，就要将文化事业的功能放大，将文化产业中的公益性加强，以文化产业的盈利优势带动文化事业的建设和发展，以文化事业的公益原则填补文化产业服务上的不足。并以此为基础形成新的文化企事业格局，创造新的文化企事业内容，满足人民群众多种多样的文化需求。要做到这些，需要制定一系列的具体步骤，并将其落实到发展规划的方方面面，深入文化建设工作的各个层次。"要从现阶段的社会发展水平出发，以实现和保障公民基本文化权益、满足广大人民群众基本文化需求为目标，坚持公共服务普遍均等原则，兼顾城乡之间、地区之间的协调发展，统筹规划，合理安排，形成实用、便捷、高效的公共文化服务体系。"①

深化文化体制改革，还要注重增强文化产业的竞争力。我们要重视文化产业在社会效益方面的主要作用，但也不能忽视文化产业存在的根本主导是市场经济。而且，随着全球化时代的来临，也伴随着人类对精神需求越来越高的趋势，发展文化产业无疑能够成为新的经济增长点，甚至在未来成为我国的经济支柱性产业。要做到这些，同样需要不断地改革和建设，需要完善对于文化产业的政策，需要确定哪些文化产业应该着重发展，哪些文化产业还存在较大的缺陷，这些问题都是亟须解决的。而对于有些方面的问题，例如文化产业布局、结构的改革和文化产业增长方式的转变，用文化事业的优势去弥补反而能够起到不俗的效果。在文化产业布局方面，施行区域重点建设，以点带面，共同发展，发挥政府主导的优势作用，迅速帮助文化产业站稳脚跟，获得全方位的推广和宣传。在文化产业结构方面，将公益性和盈利性互相结合，打造既满足社会效益又拥有不菲的经济效益的协调性产业，促进整体文化企事业的和谐发展。在转变文化产业增长方式方面，既要符合社会主义的发展要求，又要适应市场经济的竞争环境，还要面对国际文化产品的冲击，在这种大环境下，更应该将更多的中小型文化产业联合起来，形成规模化和集约化的经营模式，以此来形成更强的市场竞争力。同时努力宣传本土文化，发展创新文化，从文化制造向文化创造转变，从文化产品数量优势向质量优势转变。将传统文化与现代化手段结合起来，在推动传统文化的同时还能获得文化再创新上的收益，达到两全其美的效果。总的来说，要增强文化产业的竞争力，就是要团结协作、改革创新、以优带劣、联动发展。

第三节　民族文化认同战略

民族文化显示出一个民族走过的道路，映照出一个民族生活的全貌，是推动一个民族向前发展的强大力量。在全球化深入发展的现代社会，一个民族、一个国家要立足于世界，必有其足以立国兴邦的根基和精神的凝聚力、感召力，这就是民族文化认同。在当今越来越注重软实力较量的国际角逐中，民族文化认同的价值愈益凸显，它已经成为一个国家凝魂聚气、强基固本的重要支撑。当前，我国民族文化认同中出现的种种问题，已日益成为制约我国综合国力发展的瓶颈。因此，把握民族文化认同的内涵，分析民族文化认同的软实力价值，解决民族文化认同中存在的种种问题，这对于进一步增强我国文化软实力、实现文化强国战略目标来说，具有非常重要的理论价值和强大的现实

---

① 张小平. 中国文化建设的理论与实践［M］. 北京：社会科学文献出版社，2012：56.

意义。①

一、增强我国文化软实力亟须增进民族文化认同

在全球化的进程中,文化的影响力越来越大,其价值和实力也日益受到重视。在与世界其他国家和民族进行文化交流时,中国的民族文化受到西方文化的冲击也越来越严重。美国基辛格同仁公司总裁曾经在美国《外交季刊》上撰文直言不讳地宣称:"美国应该确保:如果世界向统一语言方向发展,那么这种语言就应该是英语;如果世界向统一的电信、安全和质量标准发展,那么这些标准就应该是美国的标准;如果世界逐渐被电视、广播和音乐联系在一起,那么节目的编排就应该是美国的;如果世界正在形成共同的价值观,那么这些价值观就应该是符合美国人意愿的价值观。"② 毋庸置疑,在如今激烈的国际角逐中,人们已越来越清醒地意识到了民族文化认同的重要性。亨廷顿曾经预言:"后冷战时代的世界主要冲突之源不是经济或意识形态上的,而是文化方面的冲突。虽然民族国家将仍是国际事务中的主要角色,但国际冲突将主要发生在不同文明而不是民族国家之中。这种'文明冲突'将决定未来的国际政治,未来的全球冲突将是文明冲突,下一次世界大战如果发生的话,将是文明之间的战争。"③ 这种"文明冲突论"固然带有强烈的文化霸权主义、文化帝国主义色彩,但也敲响了我国现存民族文化认同问题的警钟。

(一)民族文化认同:一种强大却无形的软力量

在世界多元文化碰撞、交流、融合的过程中,我们必须通过增进民族文化认同来增强文化自信,真正挺直中华民族文化的脊梁,呵护好我国的文化主权。历史曾多次表明,真正能够把人们维系在一起的是本民族优秀文化,即民族共有的价值观念和准则。民族文化体现了一个民族特有的精神气质、价值取向、心理特征和行为模式,它能形成一种长远而广泛的群体意识和社会文化环境。对民族文化的认同,即是对这种群体意识、社会文化环境的认同。正是在这种共同文化背景中养成的民族文化认同,使人们能够获得对社会、国家、民族的强烈归属感。因而,民族文化认同是凝聚民心的一种无形的"软"力量。到底如何才能充分发挥出这种力量的强大作用呢?

首先,一定要明确民族文化认同的深刻内涵。费孝通先生曾就我国的民族概况提出民族应包括三个层次的含义:"第一层是中华民族的统一体";"第二层是组成中华民族统一体的各个民族,即现在组成中华民族的56个民族";"第三层是组成中华民族统一体的各个民族内部还有各具自身特色的部分,现在称作各种'人'"。④ 关于认同的含义,可以从三方面来理解:第一,"认同"是一种辨识的过程,需要以他者为参照物,是通过与他者的比较来确认自我与他者的异同,进而达到自我社会位置与身份的认识;第二,"认同"是一个社会互动的过程,不会自发地生成,它是主体在复杂社会中通过长期的交往与实践而逐渐意识到的自身身份归属;第三,"认同"是一个变化发展的过

---

① 宁德业. 增进民族文化认同:增强国家文化软实力的硬要求 [J]. 理论导刊,2014(2):72-75.
② 徐邵刚. 浅谈当代中国的文化安全问题 [J]. 新视野,2002(4):35.
③ 徐国琦. 塞缪尔·亨廷顿及其"文明冲突"论 [J]. 美国研究,1994(1):106-107.
④ 费孝通. 边区民族社会经济发展思考 [J]. 北京大学学报(哲学社会科学版),1993(1):12.

程，时代的变迁与发展赋予人们多重角色的同时，也促使人们的认同度、归属感日益呈现出多重性、流动性与多变性。每个民族在历史长河中都积淀了本民族的文化精华，形成了各具特色的文化认同。就目前而言，作为统一体的中华民族文化主要由两部分构成：一是中国五千年的古老文化资源，其中又以儒家文化为主要内容；二是马克思主义政治文化。因此，我们所说的中华民族文化认同，就是指以马克思主义文化理论为指导、以中国优秀传统文化为载体、以独具特色的民族精神为依托的民族自我肯定、自我同一、自我激励和自我凝聚。

其次，我们要清楚地认识到民族文化认同的软实力价值。"软实力"的强大固然离不开硬实力，但最为突出地体现于一个国家和民族自身的文化魅力。而一个民族要形成强大的软实力，是无法回避以下三点认识的：第一，这种民族文化本身是先进文化，具有强大的生命力和感染力；第二，这种民族文化能够获得受众认同并在受众中流行；第三，这种民族文化能够内化于民心、外化于民行。而其中的核心，就是民族文化认同。因此，民族文化认同无疑是文化软实力的支撑，它从多方面发挥着强大的软实力价值。

一方面，民族文化认同是维护国家文化安全的"保护伞"。民族文化认同的缺乏往往是造成安全威胁的开始，诸多安全问题的突显或多或少与民族文化认同的缺失有关。历史上，由于民族文化认同的缺位而造成国家分裂的例子比比皆是，苏联的解体即是最好的明证。俄罗斯曾经拥有优秀的文化传统，但在激烈的世界文化竞争中没能在继承文化传统的基础上创新民族文化，致使民族文化认同弱化，最终导致政治危机的发生。

另一方面，中华民族文化认同是凝聚我国各族人民力量的"黏合剂"。民族文化认同是民族凝聚力的基础性、稳定性、深层次性的要素。中华民族文化是各民族、各地区文化在长期交流互动中产生的、具有共同价值取向的文化整体，它凝结着各民族文化的共性，代表着各民族的利益诉求。在我国这样一个多元文化交织与碰撞的多民族国家，民族文化认同的形成无疑是一种强大的精神纽带和凝聚力量，它可以把全体社会成员紧密地团结在一起，给予他们共同的归属感，培育他们共同的美德，指导他们的日常行为和政治生活，使这个共同体能够世代延续下去。

（二）文化认同危机：我国文化认同问题的凸显

无论是外来文化的种种挑战，还是本民族文化内部的各种制约，都对中华民族文化的发展和传播起到了一定的消极作用。这些消极作用体现在文化发展的各个方面，包括文化产业受到的冲击、民族文化特色逐渐消退、民族精神和道德观念受到影响以及主流意识形态受到挑战等等。这些消极影响，其实都源于文化认同危机的产生。而以文化认同危机作为主要特征的我国民族文化认同问题，是伴随着世界文化的激荡与人们自我意识的觉醒而逐渐显露的，它以显性或隐性的方式分散着民族凝聚力，对提升我国文化软实力，造成了一定的消极影响。这就要求我们高度重视文化认同危机的化解问题。

首先，我们要准确把握我国民族文化认同问题的具体表现。中华民族文化主要由中国五千年的古老传统文化及马克思主义政治文化构成，所以，当前我国民族文化认同问题的凸显，第一方面体现于人们对中国传统文化的认同危机。传统文化认同危机的实质是人们对中国传统文化价值的怀疑问题，一定程度上也可以说是五四运动、"文化大革命"时期过度批判我国传统文化的历史遗留问题。在当下全球化、信息化时代，不断有人质问：中国传统文化价值观是否适用于现代人的生活？倘若适用，传统文化怎样与现代文化结合？诸如此类质疑，一定程度上反映了传统文化在当代中国所处的尴尬境遇。而如今西方各种社会思潮的涌现，更让我国人民徘徊在一种西化和回归传统的两难选择之中，以传统文化为动力来增强我国民族凝聚力当然也就显得势单力薄了。第二方面则是对以马克思主义作为指导思想的当代中国主流文化的认同危机。当代中国主流文化认同危机的实质是人们对我们党倡导的核心价值观的怀疑，是当前我国民族文化认同问题凸显的另一表现形式。随着改革开放的深入、社会价值取向多元化局面的出现，我国原有的崇尚集体主义的文化发展模式正在失去其社会影响力，以马克思主义作为指导思想的当代中国主流文化的渗透力日渐减弱。同时，腐败问题、贫富差距问题、社会公平正义问题等得不到妥善解决，一定程度上也影响了人们对我们党所倡导的核心价值观念的认同。此外，有人认为：我们对西方文化批判的多，吸收的少；作性质判断的多，作价值判断的少；贴意识形态标签的多，进行借鉴创新的少。这就使得人们在面对西方文化产品所呈现出的强大魅力时，对我国倡导的核心价值观与现实的统一性多了一份疑虑，弱化了人们对我国民族文化的认同。

其次，我们应该深入分析民族文化认同问题的形成原因。在传统中国社会，由于自然交通的阻隔及信息流通的限制，人们被束缚在一个狭小的圈子里，各司其职，各安其事，人们对于建立在农业文明基础上的中国传统文化的认同，长期处于一种相对稳定状态。即使在与其他族群进行文化交流时，人们也总是以泱泱"天朝大国"的臣民自居，对自己的民族文化始终抱有一种强烈的优越感，对其他文化样态抱有的只是一种好奇或学习的心理。因此，中国古代社会自然也就不存在真正意义上的文化认同问题了。这一问题的出现，是中国近代以来的历史事件引发的。自鸦片战争以来，西方的坚船利炮打开了我国的国门，随之而来的西方文化开始侵蚀我国人民的思想价值观念。在与西方列强博弈的过程中，中国传统文化的优越性日渐陨落，中华民族文化认同危机也就开始逐步突显出来。而今，以市场化为取向的改革开放，使我国社会的多元化趋势日益明显，不同利益主体追寻不同的价值诉求，这一方面催生了与之相应的价值观念，另一方面，市场经济本身固有的功利性、实效性的价值追求也呈现出了一定的负面影响。同时，随着我国经济体制的深刻变革、社会结构的深刻变动、利益格局的深刻调整，在各种思想文化相互交织、相互激荡的复杂背景下，我国不同社会阶层和利益群体纷纷出现，他们更多地从各自利益出发来评判他们的价值选择。这就在一定程度上弱化了人们对于我国民族文化的认同。同时，现代化、全球化的深入发展，虽然促进了各民族国家的物资、文化交流，但一些西方发达国家却运用其经济上的优势，推行其自身文化价值观念，从而导致世界各种文化样态、各种文明形式出现了一种交流、融合、冲突的态势。在这种文化交融、冲突与碰撞中，人们也在将自己的民族文化与他者文化进行比较，并不断地反思自己该认同什么样的文化。此外，我们无法忽视的一个历史事实是，凡是在物质方面处于劣势的文明，在面对现代化、全球化的挑战时都会遇到一种思想危机：一方面，相信自己有优秀的精神文化传统；另一方面，"社会经济生活方式和其他生活方式的同化趋势，使人们不能不反躬自问："我是谁？我到底要什么？文明的意义何在？'"① 在现代社会，西方在物质文明方面的巨大成就及精神文明方面的强大渗透力，很容易让人艳羡西方的成功而贬低自身的文化价值，于是，越来越多的人在民族文化认同方面，处在一种拉锯状态或直接接受西方文化，这自然也就影响了人们对中华民族文化的认同。

（三）增进民族文化认同：增强软实力首选之道

近些年来，对于中国文化软实力的发展问题，学者们进行了深入研究，也提出了许多极富建设性的提升我国文化软实力的对策和建议。应该说，学者们并不否认民族文化认同对于提升文化软实力的巨大作用。然而，在我们看来，要有效应对和化解当前我国社会存在的民族文化认同危机，这样的思想认识还远远不够。只有大力增进民族文化认同，才是增强我国文化软实力的首选之道。

增进民族文化认同，对于增强整个中华民族的凝聚力、向心力来说，对于维护我国领土完整和主权安全来说，具有不可替代的重要作用。只有当中华民族文化得到了全体华夏儿女的认同，才能使他们产生出情感上的强烈共鸣，才能使人们在投身于文化软实力建设工作时，更积极、更主动地挥洒自己的热情和汗水，才能使我国的文化软实力得到更加长足的进步和发展。尤其是在面对钓鱼岛事件、南海争端时，在面对日本及其他国家的强词夺理、无理取闹时，更需要我们增进民族文化认同。试想一下，如果我们国家的公民、我们民族的成员都不能对这些问题有一个正确的认识，如果所有华夏儿女都不能同仇敌忾，那我们又如何去战胜我们共同的敌人呢？

中国历史传承久远，且地域辽阔、民族众多，在历史长河的流动中，在不同民族的交融中，共同的民族文化将华夏儿女连在了一起，使全国各民族融合成了一个统一的整体，形成了深厚而又强大的民族凝聚力。这种凝聚力是自古至今都有的，也是能够超越时间和空间的分隔的。对于民族文化的认同，铸就了这样一个传承五千年的文化奇迹；对于民族文化的认同，才有了我们今天蓬勃发展的社会主义现代化建设事业。同样，通过进一步增进民族文化认同，一个软硬实力发达、屹立于世界强国之巅的未来中国必定会出现！

同时，增进民族文化认同，也是发扬和扩大中国传统文化的迫切需要。继承和发扬中华优秀传统文化，对于提升我国文化软实力来说，具有无法替代的重要作用。但这些年我国传统文化丢失严重，而对于造成这种状况的罪魁祸首的认识，我们往往习惯于将其归咎于西方文化的入侵。麦当劳、肯德基的进入，使我们忽略了传统中餐的美味；圣诞节、情人节的流行，使我们降低了对传统节日的重视；等等。诚然，西方文化入侵是导致传统文化丢失的一个重要原因，然而，就像我们犯了错误时习惯性地会先去找客观原因而忽略主观原因一样，在这个问题上，我们也是如此。分析传统文化大量丢失的原因时，我们更应该将焦点放在自己身上，而不是刻意地去敌视外来文化，毕竟没有挑战就难有进步。只要自身足够强大，强大到可以蔑视所有的挑战者的时候，西方文化纵使强行入侵进来，也无法在中国站稳脚跟。所以，增进对传统文化的认同，我们认为首要的一点还是不断发扬创新传统民族文化，使传统文化焕发新的活力和生机，更使人民群

---

① 张汝伦. 经济全球化和文化认同 [J]. 哲学研究，2001 (2)：17.

众不是因为认同民族文化的需要而去喜欢它，而是因为它的美好和吸引力而认同它。只有这样，才能够更好地发挥出它对于提升我国文化软实力的强大作用。

二、充分发掘传统文化资源以增强民族文化自信

法国作家罗曼·罗兰认为，一个民族的政治生活只是它生命的浮面，一个民族的文化才是它内在的生命和各种行动的源泉，因为文化反映了人们的思想热情和理想。为了延续中华民族的这种强大生命力，我们必须高度重视当前我国存在的文化认同危机问题，通过采取各种有效措施来化解危机，以增进全体国民对我国民族文化的认同。《红旗文稿》2010 年第 15—17 期刊发的云杉的《文化自觉 文化自信 文化自强》一文，带动了我国学术界关于文化"三自"的研究热潮。提升文化自觉、增强文化自信、实现文化自强，开始被许多学者认为是加强文化建设、推动文化发展、建设社会主义文化强国的三大重要战略。而习近平总书记在庆祝中国共产党成立 95 周年大会上明确提出的"四个自信"里，尤其强调了"文化自信是更基础、更广泛、更深厚的自信"。由此可见，文化自信对于提升我国文化软实力的重要性不言而喻。而这样的文化自信，一个重要来源就是对于中华民族传统文化的认同。因此，充分发掘优秀传统文化资源，增进民族文化认同，提升我国文化软实力，增强全体人民的文化自信，已经成为时代赋予我们的光荣使命。

（一）调整文化心态，树立民族文化自信

现代性的发展使文化出现多样性展示、流变性呈现和断裂性改变，各民族文化在碰撞、交流和交锋中都经受着各种历练，使各民族的文化心态呈现出一种复杂多变的态势。要使文化有一个健康的发展态势，必须树立良好的文化心态。

良好的文化心态应是以自尊、自觉、自信的态度对待本民族文化，以理性平和、包容差异的态度对待外来文化，强烈反对"文化霸权主义"和"文化强权政治"，以不卑不亢的恣态、不屈不挠的志趣、不偏不倚的气度走出一条理性沟通、利己利人的文化发展道路。固然，在全球化深入发展的进程中，文化交流已呈不可阻挡之势，但我们必须意识到，在不同文化之间的交流成为人类文明发展的动力面前，保持高度的民族文化自觉与自信具有非常重要的现实针对性。面对西方文化，我们既不能夜郎自大也不必妄自菲薄，既不能一味排斥也不能全盘接受。我们唯有客观公正、理性睿智地看待西方文化的精华与糟粕，我们的民族文化才能在自身发展中不断汲取营养，在新的历史时期焕发出新的生命力，世世代代延续下去。也唯有如此，中华民族的文化自信才能得以真正树立，全体国民对于中华民族的文化认同才能进一步得以增强，我国的文化软实力才能充分得以彰显。

民族文化自信是支撑社会主义道路自信、理论自信、制度自信的基础，广泛地渗透于人的一切活动、一切方面之中，并且深埋于人的内心之中。一旦树立起民族文化自信，其影响不是短暂的、阶段性的，而是持续的、深远的。也即是说这种民族文化自信的影响既作用在各个领域和行业上，也作用在不同的人身上；既影响着当前的种种文化建设工作，也影响着未来我们规划要走的道路和文化建设工作。面对当今世界全球化、市场化和信息化迅猛发展这样一种大趋势，在中国成功实现大国崛起和民族复兴的重要

关头，中国共产党人和中国人民推动中国特色社会主义在实现经济崛起的同时进一步实现文化崛起，发展好文化软实力，使之与硬实力发展水平相协调，就成了关键所在。而要做到这些，树立强大的民族文化自信是我们肩负的尤其重要的一项任务，也是充满艰难险阻的一项任务。无论是面对国外那些别有用心的人们的诋毁和诽谤，还是面临国内一些不明是非的人们的质疑和讽刺，所有的文化工作者都应当砥砺前行，不忘初心，自觉保持对民族文化的强大自信，并将这种自信传播开来，要让所有的中国人都感受到这种文化自信，也要让所有国外接触到中华文化的人都对中华民族文化感到由衷的敬佩。这种自信，不是盲目自大的，更不是没有理由的，它是建立在深厚的民族文化底蕴之上，并散播于浩瀚的文化星空之中的。

（二）发扬文化传统，盘活民族文化资源

中国传统文化是五千年历史文明演化和糅合而成的，是中华民族几千年文明的结晶，是一种能够反映中华民族精神和面貌的文化，具有民族特色鲜明、历史文化悠久、内涵博大精深等特点，除了影响最为深远、地位最为崇高的儒家文化之外，还包括同为本土诞生的道家文化以及外国传入的佛教文化等等。

这种源远流长、历史悠久的中华民族传统文化的力量是巨大的，它展现了千百年来多种多样的民族特色，传播着不同时代人们的思想价值观念，也凝聚着世世代代先辈们的心血，是无法复制的宝贵的思想文化遗产。马克思曾经说过："人们自己创造自己的历史，但是他们并不是随心所欲地创造，并不是在他们自己选定的条件下创造，而是在直接碰到的、既定的、从过去继承下来的条件下创造。一切已死的先辈们的传统，像梦魇一样纠缠着活人的头脑。"① 这使我们认识到：一个国家、一个民族的发展，深深地打上了历史文化的烙印；只有正确对待民族文化遗产，才能顺应时代发展的要求。倘若忽视民族文化传统和历史经验，全盘否定民族文化，犯民族虚无主义错误，任何一个民族、国家都难以在现代化浪潮中激流勇进。同时，民族文化是我们在世界文化潮流的碰撞中能够安身立命的基础，也是我们未来能够创造出更多优秀文化的根源。传统文化创造于过去，发展在当下，也应当蓬勃在未来，这份传承不能够也不允许在我们的手上断绝。历代前辈们创造了传统文化，也继承发展了传统文化，不断地革新，不断地创造，这种精神必须被我们继承和发扬下去。

当然，发扬民族文化传统的目的并不仅仅局限于文化传统的延续，而是要通过文化传统的弘扬，去培育适应现代社会发展潮流的文化本位和民族精神，去焕发中华民族的凝聚力、意志力和生命力，让全体人民在深刻感受传统文化力量的同时也能认知、认识、认同具有现代气息的民族文化。因此，唯有通过充分挖掘我国民族文化传统中饱蕴思想精髓和价值追求的丰富的软实力资源，才能使我国在未来的发展之路中走得更远。传统文化自然有着一定的弊端，有着落后的地方，如果没有创新和发展，就会像冻结的资金、积压的存货，我们空有宝山在手，却无法将之发挥作用。那么，我们当下要做的，就是努力去盘活它，唤醒它，赋予它时代的气息，让它恢复青春的活力，充满年轻的朝气。不仅如此，我们还要为它做更多的努力，让它美丽，让它优秀，让它能够感染

---

① 马克思，恩格斯：马克思恩格斯文集（第2卷）[M]．北京：人民出版社，2009：470-471.

无数的人，让它能够吸引所有的来客，更让它永葆先进和优秀的基因。中国有着五千年的优秀文化资源，这都是我们创造文化的宝贵土壤，有着这样得天独厚的条件，又何愁不能创造出优秀的时代文化呢？然而，现实却并非如此。究其原因，无非是当前我国思想文化界并没有能够将这些宝贵的传统文化资源充分地加以发掘和利用。三国豪杰因为一本《三国演义》而众所周知，现代的影视、音乐等文化作品也都在这上面下功夫；隋唐英雄因为有《隋唐演义》而被广为传诵，现代的文化工作者也都在不停地啃这块骨头；金庸的几本经典武侠小说被一次次地翻拍，抗日战场上的经典事件也被一次次地重新拾起。所有这些工作，其中当然有值得肯定的，但是，难道除了以上这些文化资源就没有别的可以开发利用的资源了吗？难道非要不停地去翻拍、去捡那些陈芝麻？五千年的历史演变，有多少故事埋没在烟尘之中，有多少优秀的文学作品等待着人们去发现它的魅力，又有多少默默无名的革命先烈在尘埃下感慨着无人知我。资源就在那里，传统文化就在那里，这些优秀的、博大精深的文化传统不应该是一潭被遗忘的死水，而应是一汪源源不竭的有待开发的甘洌清泉。

（三）加强文化交流，促进文化整合创新

"文化是沟通人与人心灵和情感的桥梁，是国与国加深理解和信任的纽带。作为中国独立自主的和平外交政策的重要组成部分，对外文化交流始终坚持以增进民众对中国的理解、沟通民众的感情为目的，在文化的交流借鉴与合作发展中，努力向世界真诚、真实地展示一个有着悠久历史和灿烂文化，同时又充满活力、开放自信的中国，一个改革发展、文明进步、倡导建设和谐世界的中国。"① 因此，文化软实力的展示，离不开文化交流。一个国家要扩大其民族文化的影响力，就必须与其他民族进行文化交流，并在交流的过程中挖掘本民族文化的亮点、整合本民族文化的资源、实现本民族文化的创新。

目前，我国民族文化的国际影响力与经济的国际影响力很不相称，文化产品输入国地位与物质产品输出国地位很不匹配，要实现民族文化认同、维护国家文化安全的任务非常艰巨。在与他国文化的交流中，我们时常处于被动的状态，受到其他民族文化的影响也远远大于对其他民族文化的影响。而实践多次证明，一个国家越能输出具有本民族特色的文化产品，表明其民族文化的影响力、渗透力、辐射力越广，其文化软实力越强，其民族文化的认同率越高。反之，如果一个国家总是习惯于接受其他民族的文化产品，不断受到其他民族文化的影响和渗透，其文化软实力就会越来越弱，民族文化的认同率也会越来越低。不容否认，中华民族文化自身是具有独特魅力的，也有着很多丰富的、优秀的传统民族文化，但是要实现民族文化认同，仅依靠民族文化自身的魅力还不足以同化人心，更需要现代化的传播方式与手段。有学者坦言，当今时代，谁的传播手段先进、传播能力强大，谁的文化理念和价值观念就能更广泛地流传，谁就能更有力地影响世界。或许这种说法有片面的地方，但它也从另一个角度说明了传播方式和手段对于民族文化认同的重要作用，比如美国好莱坞电影在世界范围内的成功就有力地证明了这一点。而传播手段或许只是有利于民族文化发展的某一个方面的因素，必然还有其他

---

① 赵少华. 把握规律科学发展加快推动中华文化走向世界 [J]. 求是. 2012 (16)：51.

多方面的因素存在，需要我们去探索和发现。所以，在发展民族文化的过程中，我们不断提到的创新，除了内容方面之外，包括传播手段在内的其他方面也是我们需要着重注意的地方。在面对民族文化交流日趋频繁的当下，我们更要注意搞好文化发展理念创新、文化建设机制创新、文化传播手段创新，让更多含有中国元素的文化样态走向世界，进一步增强中华民族文化的生命力、影响力和亲和力，更好地促进世界人民对我国文化的了解和认同，从而显著增强我国的文化软实力。

在过去的诸多研究中，我们对于传统文化一直是秉持"取其精华，去其糟粕"的态度，对于外来文化也是采取这样一种态度。这样做固然是对的，然而，对于如何判断一种文化是优良还是低劣，这种文化里的精华部分是什么，糟粕部分又是什么，却无疑是一个很大的难题。而且，文化内容是否优秀的评判标准，很大程度上是要受到具体历史环境影响的，也受到具体受众人群影响，特定的文化属于特定的时代和人群。我们所强调的文化整合创新，并不要求过多地对文化进行优劣区分，不强调搞太多的形式上的东西，主要还是强调坚持"以我为主，为我所用"的原则，也就是在坚持以社会主义先进文化作为主体的同时，广泛借鉴吸收其他优秀文化成果，努力做到中西合璧、古今交融、推陈出新。这样，我们整合创新的文化在其传播过程中，在其发展历程中，就会不断被同化成更加适合群众、更加贴合时代、更加符合潮流的优秀文化，我们民族的文化自信也就会得到更好的体现。

第四节　国家文化安全战略

随着全球化的发展，不同民族文化之间的交汇融合也愈加频繁。在这种大环境下，既要善于抓住机遇，自觉参与国际文化交流，加速促进本国文化发展，又要切实保护好本民族的文化传承不受影响，确保本国文化安全。这对于每一个国家来说，都是必须要坚守的原则。因此，维护国家的文化安全，也就成为提升国家文化软实力的一个重要前提。那么何为文化安全呢？胡惠林教授指出："国家文化安全，是指国家文化生存与发展免于威胁或危险的状态。"[①] 而随着当今世界文化交流的日益频繁，国际上越来越多的国家也都意识到了文化安全的重要性，并将其提升到与经济安全、政治安全同等重要的程度上。

一、维护国家文化安全的重大意义

古人曾说过：欲灭其国者，必先灭其史；欲灭其族者，必先灭其文、去其俗。维护国家文化安全，对于保持一个国家的主权独立来说，起到了举足轻重的作用。如果文化安全得不到保证，维系这个国家和民族的精神纽带崩断，人们所信仰的主流意识形态坍塌，国家民族安全又如何能得到保障呢？这不仅仅是对当今世界局势进行分析后得出的必然结论，也是早已经过历史证明了的经验和教训。"二战"时期，不论是日本还是德国，在占领一个地方后，都会实行"奴化"教育，大肆宣扬他们国家的文字、语言、

---

① 胡惠林. 中国国家文化安全论（第2版）［M］. 上海：上海人民出版社，2011：15.

节日和风俗习惯等，并且会试图抹去这个国家原本的历史和文化。由此可见，文化腐蚀或文化侵略手段的效用，早已被古今中外各国统治阶级所洞悉。虽然今天我们的国家独立而自由，国力蒸蒸日上，却不可不未雨绸缪。在当今和平与发展的时代条件下，其他国家想要对中国有所企图，军事上的大规模入侵不符合世界发展潮流，但文化上的渗透却无处不在。对于这种情况，我们应该防微杜渐，努力做好维护国家文化安全工作。

（一）有利于增进我国的意识形态安全

意识形态是文化的一部分，和文化有着不可分割的联系，文化的发展影响着意识形态的发展，社会文化发展趋势也反映出主流意识形态的发展趋势。同样，文化安全与否，也关系着意识形态安全与否。"国家文化安全语境下的文化包含三个方面，即意识形态、民族文化、公共文化。"① 其中，意识形态排在首位，可见联系之深、影响之大。所以，做好意识形态工作，加强意识形态建设，就一定要维护好国家的文化安全。

做好意识形态工作需要维护国家文化安全，是因为国家文化安全保障了意识形态的主导地位。中国作为一个社会主义国家，尽管一直秉持和平发展的方针策略，但在社会制度和意识形态领域上同西方资本主义国家还是存在着无法避免的对立，因而成为西方意识形态渗透和颠覆的主要对象。尤其是对美国而言，它不仅谋求经济上的优势和军事上的霸主地位，在意识形态上也在谋求绝对统治的地位。而文化由于其与生俱来的特点——强大的包容力和无形的渗透力，它在传播过程中辐射性极广、穿透性极强，加上世界的多极化趋势下各个国家相互制衡，很难在经济、政治和军事上进行大的动作，文化就成了各国重要的突破口了。意识形态是文化内容的一部分，依赖于文化传播，它能够进入大众视野，并进一步成为全民的共识，从而实现了主流意识形态在一个国家的统治地位。就我国而言，马克思主义作为中国的主导意识形态，要巩固和发展，单纯地宣扬并不能使广大民众认识和接受，依然需要灌注在不同的文化产品中去体现，通过不同文化产品的传播和发展，带动马克思主义的传播和发展。但这种方法同样有弊端，它太过于依赖文化内容本身了。这样的过程里，意识形态的统治地位只有通过在文化领域得到认同，才能够巩固自己的地位。这样一来，若是文化安全得不到保障，意识形态的主导地位也同样会受到威胁。

做好意识形态工作需要维护国家文化安全，也是因为马克思主义中国化进程尚未完成。在中国本土的马克思主义，自进入中国以来，在中国的革命和改革实践中已然得到了丰富和发展，马克思主义中国化进程也在不断加快，我们也深信马克思主义能够指导中国变得更加富裕和强大。但是，苏联解体后，马克思主义文化圈立即处在弱势地位，直到今天，资本主义文化在当前世界环境下显然占据着更大的比重，有着更大的国际影响力。随着经济全球化进一步往纵深方向发展，文化的全球交流与融合愈加频繁，而文化的冲突也日益加剧。对于尚未彻底完成的马克思主义中国化进程来说，这种冲击无疑是巨大的，这也是近些年来马克思主义作为中国的主导意识形态其影响力反而有所下降的原因之一。再者，中国本土传承数千年的儒家文化，以及佛、道等其他根深蒂固的文化传统，也对外来的马克思主义文化发展起到了很大的制约作用。马克思主义中国化终

---

① 韩源等. 国家文化安全引论［J］. 当代世界与社会主义，2008（6）：90.

会有完成的一天，但是这个过程是漫长的，也是曲折的。就目前而言，马克思主义尽管在一定程度上已经融入了中国民族文化之中，但其在中国的文化积淀还不够深厚，发展时间还不够久远。面对西方资本主义意识形态的扩张，面对以美国为代表的西方文化入侵，中国主流意识形态发展正经受着严峻的考验。我们只有正视这种严峻考验，切实采取各种有力措施，维护好国家文化安全，才能有力地防止外来文化的入侵，才能有效地发展中国民族文化，也才能够确保马克思主义在我国意识形态领域的指导地位。

（二）国家发展和民族复兴的重要保障

中华民族文化历史悠久、源远流长，其内涵也丰富多彩，这些民族文化无论是哪一方面的，哪一类型的，都能够体现在中华民族的精神当中。而民族精神是维系一个国家和民族共同生活的精神纽带，是支撑一个国家和民族生存、发展的精神支柱，是推动一个国家和民族走向繁荣强大的精神动力。民族文化是否安全，影响着这个民族的精神或意志是否团结和不屈；民族文化是否繁荣，反映着这个民族的精神或意志是否强大和富有生命力。实现人民的共同富裕，实现国家的繁荣富强，实现中华民族的伟大复兴，不仅需要我们不断地去努力，也需要坚持正确的指导思想。保障中华民族的文化安全，成为国家发展和民族复兴的前提和基础，文化安全也就成为确保中华民族伟大复兴的战略需要。在实现"中国梦"的过程中，除了发展经济实力，我们还要维护好我们的文化安全，防止民族文化被腐蚀和入侵，切实保障中华民族文化的先进性和纯洁性。

在全球化背景下，多元文化相互激荡、相互交融，不同民族的文化相对于其民族自身来说，其实就是使自身有别于其他民族的一个证明，是区分价值领域的"文化边疆"。而文化安全问题，除了对意识形态工作有着较大的影响之外，对于民族文化传承和国家的生存与发展也有着不可忽视的作用。文化对于任何民族和国家来说，都是一种能够凝聚和整合一切资源的精神力量。文化不仅作为一种形式，更是作为一种力量而存在，而且是极为强大的一种力量。文化力量一点点地丧失，文化阵地一块块地沦陷，终将危及一个民族和国家的生存安全。文化的入侵不同于经济或政治的显性入侵，它的表现形式是隐性的，因而也是更加难以防范，且一旦被入侵成功就会影响深远的。文化的殖民相比于领地的殖民来说，其危害丝毫不弱。"事实上，维护文化的安全是目前全球化、后现代、后殖民背景下最为迫切而又最容易被隐藏和忽略的问题，特别是伴随经济一体化、政治民主化、文化消费主义的不断扩张，所谓价值普世性、文化普遍主义甚嚣尘上，成为文化殖民主义所熬制的一剂迷魂汤。"① 对中国而言，这种潜藏的危险无处不在，西方资本主义国家以及那些别有用心的人，时刻都在对中国虎视眈眈，一旦中国的文化安全出现了问题，就会有人试图搞破坏。对于这种情况，我们更要加紧防范，做好文化安全的防护措施，保证我国文化安全，让我国的文化得到蓬勃发展。

此外，文化的功能多种多样，其中最为重要的两种功能是价值引导功能和舆论导向功能。这两种功能既在某种程度上为社会稳定做出了卓越的贡献，又在一定程度上对社会稳定具有一定的威胁。也就是说，正确的文化引导和理性的舆论导向能够促进社会的稳定发展。"人是文化的动物，文化是社会的黏合剂，文化的矛盾和冲突常常是社会动

---

① 王本朝. 国家文化安全的价值意义 [J]. 前进论坛，2011（9）：35.

荡的内在诱因。"① 一方面，社会的稳定是基于人心的稳定，而人心却是善变的，是易受影响的，如果人心受到了负面的影响，产生了负面的情绪，就会人心惶惶，社会的稳定就会受到影响；另一方面，社会的稳定是基于群众价值观的统一，而若是一部分人受到了其他价值观的引导，偏离主流价值观，形成了相对立的价值观，就会和原本的价值观产生冲突，这种内部产生的冲突不易解决，而且解决不好反而会愈演愈烈，最终导致社会的动荡不安。社会的稳定保证了人们井然有序的生活状态，文化在其中起到了一种调控的作用，适时的文化引导可以使得社会更加趋于稳定和和谐地发展，错误的文化引导则会导致社会环境的混乱和无序。如此一来，维护社会稳定的一个根本前提，就是要维护好国家的文化安全。

（三）提高国家文化软实力的基本要求

真正的安全还是源自自身的实力，只有自身发展起来了，安全问题才能够得到保证。相反地，要提高实力，安全的环境也是必不可少的条件。二者相辅相成，互相促进。我们常说"发展才是硬道理"，这不仅仅是指经济的发展，同样适用于文化软实力的发展。在全球化背景下，既要坚持指导思想不动摇，又要紧紧抓住发展这一核心目标，维护好国内文化环境的安全，这无疑是极其重要的。

在今天，文化软实力的重要性已毋庸赘述，它和硬实力一起，共同构成一个国家的综合国力，这一事实早已得到全世界的普遍认同。在硬实力的相互比拼和较量背后，文化软实力的较量也一直在进行着，而且，当今文化软实力的竞争，越来越成为各国之间综合国力较量的焦点所在。往近处看，韩国秉持文化立国的方针，不断扩大自身文化影响，在亚洲范围内甚至是全球范围内掀起了一股"韩流"，而它在中国的影响尤其明显，包括服装、饰品、影视及音乐作品等，无不在中国占据了巨大的市场份额，加上韩国对其传统文化的宣扬，无不彰显着韩国对于文化遗产的重视。这些韩国文化的进入，无疑对中国本土文化产业产生了重大的影响，这些影响不仅仅体现在一些文化产品市场的收益上，更体现在对中华民族下一代人的思想上。随着"哈韩"一族的人越来越多，社会上对于下一代人的担忧也越来越重，而这种担忧并非没有道理。再者，前几年传得沸沸扬扬的"限韩令"也未必是空穴来风，是时候对韩国的文化输出进行一些控制了。而往远处看，美国的文化输出更甚于韩国，而且其影响的范围更广，程度更深。很多国人已经习惯美国许多文化了，包括麦当劳、肯德基，还有圣诞节、情人节等。不可否认，在有些方面，美国确实做得比我们要好，或者说好得多，但是，就文化安全方面来说，我们是时候清醒一下了，外人的强大应该成为促进我们努力改善自己的动力，而不是放弃自身去搞崇洋媚外的借口。

因此，有学者指出："面对以美国为首的西方发达国家处心积虑、无孔不入的文化渗透，作为一个发展中国家，中国在全球化中的话语权和传播技术等方面处于劣势，更应该具有强烈的文化安全意识和制定有效的文化安全策略。只有在保障文化安全的基础上，才能不断提高软实力的竞争能力。"② 美国和其他一些西方国家奉行的这种"文化

---

① 王本朝. 国家文化安全的价值意义 [J]. 前进论坛，2011（9）：36.
② 范秋贵. 维护国家文化安全的现实意义三题 [J]. 理论导刊，2015（11）：85.

霸权主义", 是在旧殖民体系土崩瓦解之后提出的新策略, 他们企图借助全球化平台对广大发展中国家进行文化渗透和文化入侵, 最终达到文化控制和文化殖民的目的。对于目前的中国来说, 不论是韩国还是美国, 它们都是文化强国, 面对这些国家实施的文化渗透、文化入侵, 我们要保持高度警惕, 维护好民族文化安全, 这是提高我国文化软实力的一项基本要求。

二、维护国家文化安全的重要举措

文化安全关系到一个国家、一个民族的兴衰存亡, "事关国家生命的全部基因的活性程度和可再生程度"①。能否有效维护本国文化安全、拥有本民族特色文化, 已成为一个国家独立程度乃至独立与否的重要标志之一。在全球化浪潮的冲击下, 国家文化安全问题日益凸显, 文化安全已经成为继政治安全、军事安全、经济安全之后, 国家安全的一个重要组成部分。我国目前就面临着如何维护好文化安全这一问题, 不仅是因为西方利用一切手段对我国进行全方位的文化渗透, 而且马克思主义在我国意识形态领域的指导地位也受到了严峻挑战, 中国特色社会主义文化的主导性受到了巨大冲击。因此, 我们必须采取各种有效措施, 竭力维护我国文化安全。

(一) 大力弘扬爱国主义精神

在我们过去的传统安全观当中, 国家安全通常是指政治安全和军事安全, 后来也包括经济安全。而在"冷战"结束之后, 国际上对于安全观有了一个新的认识, 一种包括政治、经济、军事及文化为一体的综合安全观念正逐步形成。从一方面来说, 文化安全是综合安全观念中非常重要的内容之一, 也是不可忽视的一部分; 从另一方面来说, 一个国家的没落, 往往是从思想领域开始的, 一个民族的败亡, 往往是其遗忘了自身的文化传承。无论从哪一角度来说, 文化安全都是维护国家安全当中至关重要的一环。"思想是行动的先导, 维护国家文化安全, 首要的前提是要从战略高度确立科学的国家文化安全观念。"② 随着全球化进程加快, 如何树立起科学的文化安全观也引起了世界各国政府的重视。

树立科学的国家文化安全观, 首先要大力弘扬爱国主义精神。爱国主义精神的弘扬, 能够有效增强全民文化安全意识, 也能够逐步提高民众对本民族文化的认同度, 有利于国家文化安全体系的构建。而要从弘扬爱国主义精神上着手树立科学的国家文化安全观, 就要从两个方面去做:

一方面, 要激发全民族对中华民族文化的认同感和自豪感, 增强全民族的文化自信, 提高全民族的文化自尊, 促进全民族的文化自强, 从而加强抵御外国文化渗透的能力。"文化的冲突和融合构成了全球化时代特有的文化景观, 在全球一体化的过程中, 每个民族为了保持本民族的特征, 延续民族文化命脉, 就必须努力保持本民族文化。要培育人们对优秀民族文化的认同感, 对民族文化发展和创新的责任感和使命感。"③ 在文化自信的基础上, 进一步积极地发展文化事业和文化产业, 打造"中国特色、中国风

---

① 胡惠林. 中国国家文化安全论 (第 2 版) [M]. 上海: 上海人民出版社, 2011: 15.
② 赵子林. 经济全球化背景下我国文化安全探析 [J]. 思想理论教育导刊, 2011 (8): 69.
③ 王本朝. 国家文化安全的价值意义 [J]. 前进论坛, 2011 (9): 38.

格、中国气派"的文化品牌，最终不仅要具有全民族的文化自信，还要将这种文化自信宣扬出去，让世界上更多的人感受到中国的文化自信。

另一方面，要以维护国家利益和文化完整为原则，坚持国家的利益高于一切，坚持文化的完整不容侵犯。国家利益是"一切满足民族国家全体人民物质与精神需要的东西"①，而现实主义大师摩根索所说的国家利益"三个重要方面"②之一就包括文化完整。从某些方面来说，维护国家利益，是维护文化完整，也是维护文化安全的必然要求。努力保持民族特色，更好地发展民族文化，建设文化强国，这也同样是文化软实力建设的目的。

（二）合理借鉴他国经验教训

文化安全问题并非仅仅只是中国所需要面对的问题，全球化背景下的文化冲突凸显了文化安全的重要性，文化安全问题也因此成为世界各国在文化发展过程中都必须要面对的一个问题，即使奉行文化殖民和文化霸权的美国也无法例外。虽然每个国家环境各不相同，历史背景也有着差异性，但面对文化安全问题时的对策终归还是会有共通之处，国外的很多做法也有着值得我们借鉴和学习的地方，很多教训也是值得我们重视和预防的。古语云："三人行必有我师。"合理地借鉴他国处理文化安全问题的经验教训，对于我国做好维护国家文化安全工作具有重要意义。

首先要学习的就是对于文化安全的高度重视。尽管这些年我国对于国家文化安全的重视程度已经逐年增加，但尤嫌不足，这一点正是我们需要向美国人学习的地方。"美国是当今世界大国中唯一没有文化部的国家，它没有文化立法，也没有一套公开的、完整的、系统的文化政策，但美国的文化政策却渗透于它的国家整体战略和政治、外交、军事、经济和贸易政策之中。在这个意义上可以说，美国的文化政策无处不在。"③ 对于美国"文化部的功能散见于若干政府部门之中"④ 而并非不受重视的观点被诸多学者认同，这种观点不仅能够通过美国其他文化政策和文化机构对文化安全的重视程度来佐证，从其强大的文化实力中也可见一斑。而文化软实力的提出者约瑟夫·奈也正是美国人，并且他曾是克林顿政府时期的助理国防部长。以上足以说明美国人对文化尤其是文化安全的重视程度之高，这些做法值得我国借鉴采纳。

除了认识到文化安全的重要性之外，美国的文化扩张方式也是值得我们学习的。文化是无形的，但文化产品是有形的，文化的传播也大多是伴随着文化产品的流通而进行的，就如同月饼代表着中秋节文化，粽子代表着端午节文化一样。布什说过这样一句话："世界上还没有哪个国家发现一种办法，既进口世界的产品和技术，又能够把国外的思想阻止在边界。"⑤ 这也是美国的自由贸易政策，市场不单是与商业挂钩，也与文化同行。文化的扩张和发展依靠着文化产品的流通，文化产品的输出则依靠文化产业的壮大，所以发展文化产业也是维护文化安全的一条重要途径。同时，美国为了抬高文化

---

① 阎学通. 中国国家利益分析 ［M］. 天津：天津人民出版社，1996：10.
② 徐若琦. 汉斯·摩根索的"国家利益"概念探究 ［J］. 国际论坛，2015（3）：50.
③ 黄旭东. 美国文化安全战略及其对我国的启示 ［J］. 贵州师范大学学报（社会科学版），2009（3）：41.
④ 张玉国. 国家利益与文化政策 ［M］. 广州：广东人民出版社，2005：148.
⑤ 张骥，刘中民. 文化与当代国际政治 ［M］. 北京：人民出版社，2003：107.

安全的地位，增强公民对于文化安全的重视程度，还将其与广大公民最关注的事情联系起来。"9·11"事件之后，美国就曾赋予文化安全与反恐活动同样高的地位，以此来提高民众的关注度。而我们要学习美国的地方，并非他们的文化扩张政策，而是将文化内涵同文化产品结合推销的这种方式方法。

当然，我们所要学习的对象肯定不仅限于美国一个国家，任何一种处理文化安全的优秀策略都值得我们学习，即使有不好的地方也是值得作为教训来引起重视的。就比如苏联，苏联解体的原因是多方面的，但有很多学者还是认为文化是其解体的重要原因之一。"冷战"时期，军事冲突被意识形态的冲突和文化冲突所取代，文化安全的问题也随之凸显。而美国的文化入侵对于苏联的解体无疑是起到了巨大的推动作用，这既说明了美国文化战略的正确性，也说明了维护文化安全的重要性。其他诸国例如新加坡提倡的亚洲价值观，对于复兴民族文化，传承本土文化具有重要作用。原联邦德国总理赫尔穆特·施密特也曾强调要"防止全球化来侵蚀我们自己的语言乃至文化"，"我们应当在全球泛滥的伪文化的压力面前捍卫自己的文化特征"。① 这是对于本国语言文字文化的一种安全保护策略。法国在关贸总协定的乌拉圭回合谈判上，提出了"文化例外"原则，说明法国敏锐地意识到了国家和民族文化独立的重要性，坚决而果断地提出反对把文化列入一般性服务贸易，这更是一种文化自觉和文化自信的体现。

（三）发展繁荣社会主义文化

在信息化时代背景下，如果是为了维护文化安全而彻底固守原有的意识形态，这不仅是不现实的，也是不符合发展需求的。文化安全的落脚点不应是墨守成规，而应是发展，只有发展起来的中国文化，只有繁荣昌盛的中国文化，才能够拥有足够的内涵和底气去抵御外来文化的入侵，才能够让文化安全问题从根源上得到解决，这也是历史留给我们的经验和教训。发展繁荣社会主义文化，提升中华民族的文化魅力，同样是文化软实力建设的必然要求。

党的十七大报告强调，要"建设社会主义核心价值体系，增强社会主义意识形态的吸引力和凝聚力，要积极探索用社会主义核心价值体系引领社会思潮"②。因此，增强社会主义意识形态的吸引力，提高中华文化的凝聚力，这也是文化软实力建设的两个着力点。发展繁荣社会主义文化，首要的一点还是要坚持马克思主义的指导地位，这是建设社会主义核心价值体系的重要内容。"我国文化安全的核心问题是维护马克思主义在意识形态领域的指导地位，但马克思主义的指导地位不能仅仅靠政权来推动，更要靠自身的不断发展、不断创新、与时俱进，永葆科学的生机与活力。"③ 要维护国家文化安全，就必须以社会主义核心价值体系作为各种社会思潮的一面旗帜，引领它们走在正确的方向上，价值观可以多元化，人们的价值选择也可以多样性，但在影响人民群众的过程中更需要得到调适和规范，为构建社会主义和谐社会提供助力而非阻力。

文化的发展和繁荣离不开创新，文化软实力的提升更离不开创新。文化创新要"立足于改革开放和现代化建设的实践，着眼于世界文化发展的前沿，发扬民族文化的优秀

---

① 施密特. 全球化与道德重建［M］. 柴方国，译. 北京：社会科学文献出版社，2001：64.
② 胡锦涛. 胡锦涛文选（第2卷）［M］. 北京：人民出版社，2016：639.
③ 韩源，县祥. 国家文化安全战略论纲［J］. 思想政治教育研究，2009（5）：17.

传统，汲取世界各民族的长处，在内容和形式上积极创新，不断增强中国特色社会主义文化的吸引力和感召力"①。党的十七大报告提出要"推进文化创新，增强文化发展活力"，党的十八大报告提出要"不断推进理论创新、科技创新、文化创新以及其他各方面创新"，党的十九大报告提出要"激发全民族文化创新创造活力"。由此可见我们党对于文化创新的高度重视。文化创新是综合性的创新，既指对古今中外文化资源的一种创新，也指对其内容、形式、制度等方面的创新。汲取中国传统思想文化，是从根本上实现文化创新能力提高的基础，外来文化则起到了一定的借鉴和学习作用。而创新文化生产方式、传播方式，培育新的文化精神，以及文化体制机制的改革创新等，也是文化创新必不可少的环节。随着文化冲突成为国际上的热门话题，创新意识和创新能力也逐渐成为每一个国家都在重视的问题。能否在文化的竞争中掌握主动权，尤其是当西方发达国家对发展中国家进行文化扩张与渗透时，能否在逆流中得到发展和进步，创新能力已成了重中之重，并且也是构成国家文化安全的核心之一。

第五节　谋求文化强国战略

中华民族有着悠久的历史，有着灿烂多彩的文化，是世界上最古老的民族之一，也是四大文明古国中唯一没有中断传承的民族。然而近代以来，中国饱受欺凌与压迫，从让人仰望的东方大国变成了各国眼中想要瓜分的"香饽饽"，文化强国的地位也受到了重重挑战。也正是因为这样，十八大以来，习近平总书记才提出了中华民族伟大复兴"中国梦"的构想。实现"中国梦"，是中国走向世界、屹立于世界民族之林的关键一步，是再现中国历史高度与进一步创新辉煌的大目标。而文化强国是民族复兴的体现，文化强国战略也是未来30年中国社会发展的核心战略。建设社会主义文化强国战略的形成，是我们党在和平与发展的时代条件下，对中国特色社会主义文化建设规律的认识不断深化的必然结果，是全球化背景下维护国家文化安全的重要性日益凸显的必然要求，是当代中国社会转型期多元文化相互并存、相互冲突条件下的必然产物。

一、努力谋求文化强国战略的形成背景

在十七届六中全会上，胡锦涛同志就曾强调要"努力建设社会主义文化强国"；在十八大报告中，胡锦涛同志再次强调："文化是民族的血脉，是人民的精神家园。全面建成小康社会，实现中华民族伟大复兴，必须推动社会主义文化大发展大繁荣，兴起社会主义文化建设新高潮，提高国家文化软实力，发挥文化引领风尚、教育人民、服务社会、推动发展的作用。……我们一定要坚持社会主义先进文化前进方向，树立高度的文化自觉和文化自信，向着建设社会主义文化强国宏伟目标阔步前进。"② 在十九大报告中，习近平总书记强调："要坚持中国特色社会主义文化发展道路，激发全民族文化创

① 江泽民. 江泽民文选（第三卷）[M]. 北京：人民出版社，2006：559.
② 胡锦涛. 胡锦涛文选（第3卷）[M]. 北京：人民出版社，2016：637-640.

新创造活力，建设社会主义文化强国。……提高国家文化软实力。"① 这充分显示出了我们党对提高国家文化软实力、建设社会主义文化强国的高度重视，标志着我国文化强国战略的正式形成。当前，在全国上下深入学习贯彻党的十九大精神的过程中，我们有必要就我国建设社会主义文化强国战略决策的形成背景做出深入探讨。

（一）和平与发展的时代主题

正确判断国际形势、准确把握时代主题，这是任何一个国家在制定和执行科学的内外政策时必须高度关注和认真解决的首要问题。20 世纪 70 年代末以后，邓小平在对世界形势的发展变化进行深入研究和分析的基础上，做出了和平与发展是当今世界的时代主题的新的科学判断。这一时代主题的确立，为我国改革开放和现代化建设事业的深入发展创造了有利条件，使我们党对中国特色社会主义文化建设规律的认识不断深化。

十一届三中全会以后，在深刻总结以往经验教训的基础上，以邓小平为核心的第二代中央领导集体创造性地阐述了社会主义精神文明建设思想。他强调指出：社会主义精神文明是社会主义社会的重要特征，"我们要建设的社会主义国家，不但要有高度的物质文明，而且要有高度的精神文明"②。物质文明和精神文明都搞好，才是有中国特色的社会主义；要坚持"两手抓"，一手抓物质文明，一手抓精神文明，而且"两手都要硬"；要着力培育"四有"新人，努力提高全民族的思想道德素质和科学文化素质。这不仅明确了社会主义精神文明建设的地位和作用，而且明确了社会主义文化建设的目标任务和具体内容，从而使以加强精神文明建设作为根本要求的中国特色社会主义文化得以形成，同时也为其在当代中国的深入发展奠定了坚实的基础。

从党的十三届四中全会到党的十六大，以江泽民为核心的第三代中央领导集体在深刻把握到时代主题没有发生根本性改变的条件下，在领导全国人民继续推进改革开放和现代化建设的进程中，推动了中国特色社会主义文化建设跨世纪发展目标的实现。1991年 7 月，在庆祝中国共产党成立 70 周年大会的讲话中，江泽民第一次对"中国特色社会主义的文化"的基本内涵和具体要求做出了明确论述，确立了中国特色社会主义文化建设的指导思想、目标任务、方针政策。1992 年 10 月，他代表党中央在十四大所做的报告中把邓小平建设有中国特色的社会主义理论概括为九个方面的内容，明确提出了"物质文明和精神文明都搞好，才是中国特色的社会主义"的科学论断。1996 年 10 月，在党的十四届六中全会上，江泽民做了《努力开创社会主义精神文明建设的新局面》的讲话，明确提出了初级阶段精神文明建设的指导思想和总体要求。1997 年 9 月，党的十五大报告强调指出："中国特色社会主义的文化，是凝聚和激励全国各族人民的重要力量，是综合国力的重要标志。"③ 这就使我们明确了中国特色社会主义文化的地位和作用。到 2001 年，在庆祝建党 80 周年大会上，江泽民系统阐述了"三个代表"重要思想的科学内涵、精神实质，并要求我们党牢牢把握中国先进文化的发展趋势和要求。2002 年 11 月召开的十六大不仅把"三个代表"重要思想确立为我们党必须长期坚持的

① 习近平. 全面建成小康社会 夺取新时代中国特色社会主义伟大胜利 [M]. 北京：人民出版社，2017：41-44.

② 邓小平. 邓小平文选（第 2 卷）[M]. 北京：人民出版社，1994：367.

③ 江泽民. 江泽民文选（第 2 卷）[M]. 北京：人民出版社，2006：33.

指导思想，而且还专门阐述了把握先进文化前进方向、坚持弘扬和培育民族精神、切实加强思想道德建设、大力发展教育和科学事业、积极发展文化事业和文化产业、继续深化文化体制改革等重大问题。这就使我们明确了新世纪我国社会主义文化建设的科学规划和具体部署，对于促进21世纪中国特色社会主义文化发展来说，具有深远的指导意义。

自党的十六大以来，我国开始进入全面小康社会建设的新阶段。虽然我们面临的时代主题、我国社会的主要矛盾和主要任务没有发生根本改变，但是，随着我国经济体制的深刻变革、社会结构的深刻变动、利益格局的深刻调整、思想观念的深刻变化，我国经济社会发展出现了一些新的矛盾和问题，呈现出了一系列新的阶段性特征。在这种情况下，以胡锦涛为总书记的党中央在深刻把握中国特色社会主义文化建设规律的基础上，适时做出了提升我国文化软实力、建设社会主义文化强国的战略决策，一再强调：要按照科学发展观的要求，把文化建设摆在更加突出的位置；要建设社会主义核心价值体系，增强社会主义意识形态的吸引力和凝聚力；要建设和谐文化，培育文明风尚；要弘扬中华文化，建设中华民族共有精神家园；要推进文化创新，解放和发展文化生产力，增强文化发展活力；唯有如此，才能不断推动社会主义文化大发展大繁荣，才能大力促进我国经济建设、政治建设、文化建设、社会建设和生态文明建设的全面协调发展。

因此，建设社会主义文化强国战略的形成，是我们党在和平与发展的时代条件下对中国特色社会主义文化建设规律的认识不断深化的必然结果。

（二）经济全球化往纵深发展

当今世界，全球化深入发展，出现了"经济全球化、地域联系全球化、文化全球化、生活全球化、科技全球化、生态环境等问题的全球化"[①]，甚至还出现了"政治全球化"[②]。当然，全球化的突出表现主要还是以西方发达国家为主导的经济全球化。毫无疑问，全球化推动了世界开放市场的形成，加强了世界上各个国家和地区之间的经贸往来与人员流动，实现了资源在全球范围内的有效配置，促进了国家之间尤其是各大国之间的利益协调与合作，加速了各种文明之间的交流与融合。

但是，全球化也拉大了世界范围内的贫富差距，加剧了各主权国家之间综合国力的竞争与较量，强化了不同民族文化之间的矛盾和冲突。这正如萨义德所说："文化成了一个舞台，各种政治的、意识形态的力量都在这个舞台上较量。"[③]在这种相互较量、激烈竞争的世界文化战场上，以美国为首的西方强势文化利用其资本、技术和市场优势，大肆宣扬所谓"文明冲突论"，利用其话语霸权加强对世界上其他弱势文化的渗透、扩张和控制，通过推行所谓文化"新干涉主义"来企图谋求世界文化霸权，构建文化帝国主义。这种情况严重威胁到了我国及广大发展中国家的文化生存与发展，使我国以及世界上一些弱势民族国家的文化安全问题日益凸显。

对于任何一个国家来说，只有确保本国文化安全，才能为保持本国政治局面稳定、

---

① 张彩凤，苏红燕. 全球化与当代中国文化产业发展［M］. 济南：山东大学出版社，2009：37-40.

② 于炳贵，郝良华. 中国国家文化安全研究［M］. 济南：山东人民出版社，2007：23.

③ 萨义德. 文化与帝国主义［M］. 李琨，译. 北京：生活·读书·新知三联书店，2003：4.

人际关系和谐、国民经济发展与科学技术进步提供强大的智力支持、精神动力和思想保证作用。尤其是在当今这样一个全球化的时代条件下，中国作为最大的发展中国家，作为一支维护世界和平的强大力量，要确保我国文化安全更加具有强烈的必要性和紧迫性。而要确保当前我国文化安全，就必须大力提升我国文化软实力，努力建设社会主义文化强国。

"软实力"一词最早是由美国哈佛大学教授约瑟夫·奈于 20 世纪 90 年代初提出来的，是一个与由军事力量和经济力量组成的国家"硬实力"相对应的概念，是一种通过政治价值观、外交政策和文化科技创新等体现出来的国家力量，它主要来自文化、政治价值观及外交政策等三种资源，强调的是通过吸引而非强迫或收买的手段来达到自己目的的一种能力。这正如他本人所言："一个国家达到其在世界政治中所期望的结果，可能因为其他国家希望追随它，羡慕其价值观，以其为榜样，渴望达到其繁荣和开放的水平等。从这个意义上讲，作为实现世界政治目标的方式，确定议程，吸引其他国家，与通过威胁、运用军事或经济武器迫使他们改变同样重要。软权力（使得他者期望你所期望的目标）吸引民众，而不是迫使他们改变。确立预期的能力往往与无形的权力资源相关，如有吸引力的文化、政治价值观和政治制度、被视为合法的或有道义威信的政策等。如果我能够让你期望去做我所期望的事情，则我不需要迫使你做你不想做的事情。如果一个国家代表着其他国家所期望信奉的价值观念，则其领导潮流的成本就会降低。"① 在这种"软实力"的具体构成方面，"文化软实力"是其中的一个重要方面。"所谓'文化软实力'，就是以文化为基础的国家软实力。"② 由于"文化是文明基石、文化创造核心价值观、文化凝聚民族精神、文化创造和谐社会、文化促进科学发展、文化引导公平竞争、文化满足精神需求"，因此，"文化力是软实力的核心"。③

文化力的这种核心地位要求我们高度重视国家文化软实力提升和文化强国建设。可以说，只有文化软实力强大，才会有国家文化安全；不善于建设文化强国，一种民族文化就会走向衰败乃至灭亡。在人类几千年文明发展史中，古巴比伦文化早在公元前 10 世纪就消失了，古希腊文化在被罗马人征服后夭折了，古印度哈拉帕文化也过早地衰亡了，古埃及文化残留的仅是壮丽的金字塔，犹太人的古代文明也只是被部分地继承下来，而中国文化却以其海纳百川的胸怀，在吸收、借鉴、融合外来文化优秀成果的基础上，不断壮大和发展自己，成为世界上唯一一个具有很强的统一性和连续性的文化种类，即使是历史上发生了众多游牧部族的入侵、封建王朝的更替，都没有能够迫使中国文化接受外族的语言、习俗或畜牧经济，从而创造了世界文化发展史上的奇迹。这是中国文化很好地实现了文化的主体性与开放性、包容性有机结合的结果，是中国文化通过主动吸收外来文化、实现多元文化交流与融合、不断提升自身软实力的结果，是中国文化在动态发展中淘汰陈旧落后的文化成分、积极吸纳先进文化成果、努力建设社会主义文化强国的结果。

因此，建设社会主义文化强国战略的形成，是全球化背景下维护国家文化安全的重

---

① 奈. 硬权力与软权力 [M]. 门洪华, 译. 北京: 北京大学出版社, 2005: 6-7.
② 童世骏. 提高国家文化软实力: 内涵、背景和任务 [J]. 毛泽东邓小平理论研究, 2008 (4): 1.
③ 高占祥. 文化力 [M]. 北京: 北京大学出版社, 2007: 2-6.

要性日益凸显的必然要求。

（三）国内社会转型带来挑战

目前，无论中国还是整个世界，都处于极为重要的社会转型期。这正如吉登斯所言："我们有更充分、更客观的理由认为，我们正在经历一个历史变迁的重要时期。而且，这些对我们产生影响的变迁并不局限于世界的某个地区，而是几乎延伸到了世界的每一个角落。"① 当代中国的社会转型，虽然从本质上看仍然是由农业文明向工业文明转变，却已经改变了自鸦片战争以来"救亡图存"的主题，开始了由计划经济体制向社会主义市场经济体制的转换，其具体转型内容包括：以市场经济取代计划经济，以对外开放取代封闭落后，以民主法治取代独裁专制，以中国特色社会主义文化取代封建主义文化及新旧民主主义文化。在这样一种引起了深刻而又广泛的经济、政治、文化及各方面体制变革的现代化转型期，当代中国社会出现了错综复杂的多元文化并存与冲突的局面。

对于文化冲突的理解，有学者指出：文化冲突不是指一般的文化变迁，而是指旧的文化模式受到了根本的挑战，出现了深刻的文化危机，人们从整体上对其展开了全面的批判，所以它不是文化发展的渐进过程，而是文化发展中质的飞跃；文化冲突也不是指文化系统中各要素之间的不平衡，不是指物质文化、制度文化、精神文化之间的内在矛盾，更不是指某种新文化形式取代旧文化形式的过程，"主要是指两种不同的文化模式或文化精神相互接触、彼此抗衡，最终导致一种文化模式或文化精神逐渐被超越，另一种新的文化模式或文化精神取而代之的过程"②。对于当代中国文化冲突的主要体现，有学者将其概括为"传统文化与现代文化、本土文化与西方文化"的冲突，也有学者将其概括为"外来文化与本土文化之间、精英文化与大众文化之间、传统文化与现代文化及后现代文化之间"的冲突。这种理解和概括的准确性毋庸置疑，但对于导致冲突的原因及其对当前我国文化软实力提升和社会主义文化强国建设的影响，还应做进一步深入的分析。

当代中国社会转型的现实情况使我们深刻认识到：作为中国"第二次革命"的改革，引起了我国社会经济成分、组织形式、物质利益、就业方式的多样化，导致了利益主体的多元化和社会结构、社会关系的深刻变化，并对人们的价值观念带来了强烈的冲击，使人们思想活动的独立性、选择性、多变性、差异性明显增强；市场经济强调遵循的盈利原则、交换原则、竞争原则等，在形成了强大激励机制的同时，也在一定程度上诱发了自由主义、分散主义、拜金主义、享乐主义的盛行；在实行全面对外开放的过程中，国外资产阶级腐朽思想、价值观念、生活方式也乘虚而入；中国传统文化中长期存在的封建主义残余在新的历史条件下又开始沉渣泛起。这就导致当前中国社会出现了先进思想意识形态与陈腐落后的意识形态相互碰撞的局面，使当代中国进入了一个多元价值观念和多元文化形态并存、冲突、较量的"非标准化"时代。

多元价值观念的存在，"一方面扩展了人们选择生活方式的自由，但另一方面也带

---

① 吉登斯. 失控的世界 [M]. 周红云，译. 南昌：江西人民出版社，2001：1-2.
② 李庆霞. 社会转型中的文化冲突 [M]. 哈尔滨：黑龙江人民出版社，2004：40.

来主流价值和共同理想的弱化，许多主流价值被遮蔽和消解，绝对价值被相对主义所颠覆，基本的是非、善恶、美丑界限被杂乱无章的多元价值混淆，社会在很多方面丧失了基本的价值准则"①。多元文化形态的存在，体现了文化的差异性、多样性特征，使传统文化、现代文化、革命文化、创业文化、大众文化、精英文化、网络文化、民族文化、地区文化、职业文化等多种文化范式在当代中国竞相绽放，这一方面满足了不同层次社会主体的文化需求，另一方面也导致大量文化泡沫和文化垃圾的产生，"有了被称为'精神快餐'的大众文化、通俗文化的出现与盛行；有了蓝领文化与白领文化的区分；有了所谓官方文化与民间文化的区分；有了网络世界的虚拟文化与现实社会之间的冲突；有了'少儿不宜'的成人文化对传统道德带来的挑战等"②。

正是在上述多元化价值观的影响之下，社会主义共同理想信念在一些人心目中日渐淡化，社会传统美德与远大共产主义理想在一些人心目中日渐淡漠，从而在一定程度上削弱了中国特色社会主义文化的影响力、感召力和凝聚力。正是在上述由文化差异性导致的多元文化冲突、碰撞、摩擦和博弈的过程中，作为当代中国主流文化的中国特色社会主义文化在一定程度上被一些亚文化群体所遮蔽，从而使当前我国文化软实力提升、社会主义文化强国建设面临着极为严峻的危机和挑战。在这种情况下，我们党从容应对，化危为机，适时做出了建设社会主义文化强国的战略决策，从而掀起了我国文化建设的又一轮新高潮。

因此，建设社会主义文化强国战略的形成，是当代中国社会转型期多元文化相互并存、相互冲突条件下的必然产物。

二、建设社会主义文化强国的路径选择

随着文化软实力建设方针的提出，随着文化在世界各国综合国力竞争中的地位日益提高，近年来我国对于文化建设的重视程度也不断加深。在中共中央提出推动社会主义文化大发展大繁荣的方针后，我国的文化建设也取得了显著成就。不仅是中央提出了文化强国的战略构想，地方上也纷纷提出文化强省、文化强市以及世界文化名城等等建设意见，文化的重要性已经得到了充分的体现。在建设文化强国的过程中，我们难免会遇到困惑与阻力，面对这些一味逃避是不可取的，奋力蛮干也是对精力和热情的浪费，那么，规划一条或多条正确的路径就成了建设文化强国的一项重任。

（一）建设社会主义核心价值体系

社会主义核心价值体系的提出，是经济全球化和政治多极化发展特征下的必然要求，也是取得意识形态领域斗争胜利的重要保证。其内容包括马克思主义指导思想、中国特色社会主义共同理想、以爱国主义为核心的民族精神和以改革开放为核心的时代精神以及社会主义荣辱观。它们是社会主义意识形态最重要的部分，也是建设社会主义文化强国的根本。

马克思主义是我们立党立国的根本指导思想，是历史与人民的选择，也是全国人民

---

① 代金平，郝烨. 信息时代中国主流文化整合与文化多样化发展的矛盾——基于社会学视角的一种探讨［J］. 重庆大学学报（社会科学版），2008（5）：133.

② 肖萍，康东亮. 论社会主义主流文化建设与人的全面发展［J］. 河南社会科学，2006（5）：141.

团结奋斗的共同思想基础。马克思主义指导思想是社会主义核心价值体系的灵魂，为我们提供了正确的世界观和方法论，提供了正确认识世界和改造世界的强大思想武器。在过去长期的革命斗争和社会主义建设实践当中，我们党依靠着马克思主义的正确指导，取得了中国革命建设、改革和发展的巨大历史性成就。在未来的文化建设当中，马克思主义也将指导我们完成建设文化强国的使命。"先进性代表一种崇高趋势和最终追求，只有理直气壮、旗帜鲜明地提倡，才能发挥它凝聚引导、潜移默化的作用，才能不断将人们向更高、更新的层次提升。①

中国特色社会主义共同理想是社会主义核心价值体系的主题，在中国共产党的领导下，走中国特色社会主义道路，实现中华民族的伟大复兴，是现阶段我国各族人民的共同理想。增强中国特色社会主义文化的吸引力和向心力，为了同一个目标共同努力，共同构建文化强国。在现阶段，还应继续奋力开展中国特色社会主义理论体系的教育和宣传活动，广泛开展理想信念教育，把广大的人民群众紧紧团结凝聚在中国特色社会主义伟大旗帜之下，这对于实现文化强国的目标具有重要的引领作用。

民族精神和时代精神是社会主义核心价值体系的精髓，大力弘扬民族精神和时代精神，有利于人民对自己民族的历史文化有更深层次的了解。人们对中华民族的光辉历史和光荣传统了解得更多，对中华民族曾经有过的深重灾难和正在创造的美好未来了解得更深，就越能够激起他们的民族自尊心、自信心、自豪感和自强不息的奋斗精神。而改革创新也是文化强国的另一关键，这与时代精神的核心不谋而合。民族精神体现民族文化中最本质的东西，时代精神则体现了社会的发展方向，二者的有机结合对于构建文化强国的作用是巨大的。

社会主义荣辱观是社会主义核心价值体系的基础，"以'八荣八耻'为主要内容的社会主义荣辱观，体现了中华民族传统美德与时代精神的有机融合，是对社会主义思想道德体系全面系统、准确通俗的表达"②。社会主义荣辱观是公民价值观的一个风向标，能够有效地增强公民对于善恶美丑、对于优秀文化还是糟粕文化的判断能力，在面对外来文化的影响时，能够使人们更加理智地去判断和分别。这对于我国的文化安全富有重大意义，对于文化强国的建设也起到了一定的保障作用。

（二）吸收古今中外优秀文化成果

文化是开放的，面向世界的。当前的国际环境下，任何国家文化的发展，都无法避免受到其他民族的影响。即使抛开这种被动影响而言，任何一个国家想要发展优秀的先进的文化，成为世界文化强国，也是离不开人类文明的共同成果的。

建设文化强国意味着要有更大的包容性，要有更加开放的心态，面对外来文化要更客观地去对待，面对多元价值观念需要更理智地区分。"积极吸收优秀的外来文化成果，是建设中国特色社会主义文化的内在要求，是提高民族文化素质的不可缺少的一个重要方面。"③ 文化全球化的趋势不可避免，未来文化的特征必然是开放的和交流的，我们不能局限在本民族单一的文化传承中，这样只会使得民族文化的发展越来越小众化，与

① 张传开. 建设社会主义核心价值体系的方法论思考［J］. 求是，2007（20）：10.
② 郭建宁. 中国文化强国战略［M］. 北京：高等教育出版社，2012：101.
③ 周和平. 文化强国战略［M］. 海口：海南出版社，2013：46.

世界主体的潮流渐行渐远，最终脱离在世界文化圈子之外。文化强国自然不能是夜郎自大那样的"强国"，而是能够使本民族为之自豪、其他民族为之赞叹和钦佩的强国。欲使世界为中华文化所敬服，欲增强中华文化在世界上的竞争力，多元化、多样性则必不可少。但建设多元的文化强国会使社会文化领域、价值观领域以及意识形态领域呈现出多样性的特点，多元的形式是发展的必然需要，可是若不能在这多元的发展节奏下保持本心、不忘初心，就会迷失在复杂激荡的文化潮流之中。多元化的发展必然会导致在产生先进文化的同时出现一些落后文化，在产生高尚文化的同时出现"三俗"文化，意识形态领域也会出现多种多样的冲突与争辩。然而，越是这样充满碰撞、充满流动性的文化形式，越是需要主旋律的引领，这也正是我们不断呼吁弘扬社会主义主旋律和加强意识形态领域建设的目的所在。枝叶需要枝干的延伸才能生长得更加茂盛，多元的文化也需要一元的引领和规范才能走得更远、更稳。

文化是历史的沉淀，是先辈的遗产，也是时代的精华，是吾辈的创新。提高文化竞争力，最终还是要落实到文化的发展创新上来。先辈们给中华民族留下了丰富多彩的文化传承，不是意味着我们可以吃老本，而是给了我们更加有利的文化创新条件。躺在古人的功劳簿上无法建设文化强国，站在巨人的肩膀上摘取更高层次的果实才能够建设文化强国。文化的发展与时代是息息相关的，不同的时代背景和科技程度造就了不同的文化成果。立足于当今，我们所需要的创新最有利的方式就是促进文化与科技的交融发展。现代社会的科学技术发展比之古代无疑是天差地别，文化又是依赖于产品的无形之物，加强文化建设与信息技术的科技融合，是当前环境下抢占文化发展制高点的战略需要。科技的创新日新月异，文化的创新也在飞速发展，二者的结合不是简单的一加一等于二，文化与科技的有机结合在某种程度上是会产生一加一大于二的效果的。

（三）丰富人民群众精神文化生活

文化强国的标准究竟是什么样的，有学者认为其包括六个方面：高度的文化自信、强大的文化创新能力、文化产业的规模大幅提升、文化贸易由净进口变为净出口、文化人才队伍壮大结构合理以及国家文化影响力大幅度提高。[①] 也有学者认为其包括四个因素：全社会的文化创新活力充分激活、文化产业的规模大幅提升和竞争力大幅提高、文化人才辈出、国家文化软实力大幅提高。[②] 不同的学者对该问题的看法自有其独特的见解，但其实总的来说，可以将这个标准分为对内和对外两个角度，外部的强大即国家地位和文化影响力的提高，内部的强大则包括文化自信、文化创新以及文化产业等多方面内容。就文化本身的作用来说，推进文化强国建设是我国内部最主要的目的，还是希望每一个公民都有着更加丰富的精神文化生活，希望整个社会的科学文化素质和思想道德素质都能够得到质的提高。

文化发展需要依靠人民去推动，文化发展是为了丰富人民的精神文化生活，文化发展的成果也应由人民去共享。人民是文化发展的主体，在建设文化强国的过程中，我们要充分发挥人民主体地位。这就要求我们：第一，要培养出更多的优秀文化人才，突出

---

① 周和平. 文化强国战略 ［M］. 海口：海南出版社，2013：37-40.
② 温宪元. 中国文化强国的使命与方略 ［J］. 广东社会科学，2012 (6)：5-12.

人才队伍建设这个关键，为广泛开展群众文化活动提供人才支撑和带动作用；第二，要让更多的人民群众参与到文化建设工作当中来，广大的群众才是文化活动的主角，没有群众的广泛参与，群众文化就会缺乏生机与活力；第三，做好文化事业工作，夯实文化阵地建设，建立起完善的公共文化服务体系，解决群众参与文化活动的场所和设施问题；第四，立足时代，结合信息科技，发展健康向上的网络文化，改进网络内容建设，加强网络规范管理，推进网络依法有序运行，占领网络文化主流阵地，使互联网等新兴媒体真正成为社会主义先进文化新阵地、公共文化服务新平台、人们精神文化新空间。

人民群众精神文化生活的丰富能够促进文化软实力的发展，而全民思想道德素质问题也应该受到更深层次的重视。人民是文化建设的主体，文化建设队伍的强大与否直接关系到文化软实力发展程度和文化强国战略构建的进度。更高的科学文化素质和思想道德素质能够成为建设文化强国的一大助力，能够加快文化软实力的建设步伐，反过来构建文化强国也会反哺公民素质，拥有整体文化实力强大的国家和民族，其公民素质不可能不高。科学文化素质依托于教育事业，而公民道德素质则更依托于文化建设工作。思想道德建设作为社会主义文化建设的重要内容之一，也是其中心环节，全面提高公民道德素质既是文化强国构建的目的，也是文化强国构建的一大助力。

结　语

　　国家文化软实力的提升，是一个错综复杂的系统工程，我们必须认真探索、选择制定切实可行的发展战略和具体路径。应该说，学者们在这方面的研究工作确实已经取得了比较大的突破。如有学者强调：在我国文化软实力建设和发展中，要"坚持和实施科学发展战略、价值主导战略、文化融合战略和自主创新战略"①，要把握好以建设社会主义核心价值体系为根本、以社会主义文化大发展大繁荣为核心、以推进文化创新和文化体制改革为关键、以加强文化交流与传播为手段、以继承中华民族优秀传统为基础等五大原则，要大力发展两种生产力（物质生产力、文化生产力），践行社会主义核心价值体系，增强文化创新力。但是，在具体如何实现以马克思主义文化理论指导我国文化软实力发展的问题上，却鲜有学者深入进行过系统研究。因此，在新的时代条件下，努力探讨以马克思主义文化理论指导我国文化软实力发展的有效实现形式，理应成为学者们高度关注的重大问题。

一、继承与发展：通过以马克思主义文化理论指导我国文化软实力建设的实践，进一步发展马克思主义文化理论

　　列宁在《怎么办?》一文中强调指出："没有革命的理论，就不会有革命的运动。……只有以先进理论为指南的党，才能实现先进战士的作用。"② 这充分说明，理论对于实践，具有非常重要的指导作用。因此，文化建设必须坚持以科学理论为指导，这是文化建设的核心和灵魂，决定着文化的性质和发展的方向。

　　马克思主义作为我们党和国家的指导思想，是指导我们一切工作的理论基础。毛泽东同志早就说过："指导我们思想的理论基础是马克思列宁主义。"③ 邓小平同志也曾经反复强调："对马克思主义的信仰，是中国革命胜利的一种精神动力。"④ 我国社会主义现代化建设的伟大实践也证明，马克思主义的指导地位任何时候都不能动摇，否则我们的事业就会因为没有正确的思想灵魂而迷失方向。因此，要提升我国文化软实力，就必须坚持马克思主义文化理论的指导地位不动摇。尤其是在全球化和发展社会主义市场经济的条件下，我国思想文化领域的情况错综复杂，封建主义、资本主义腐朽思想、小生产意识以及其他非马克思主义思想的消极影响还将长期存在，我们只有坚持以马克思主义文化理论为指导，反对指导思想多元化，才能克服各种消极落后思想的影响，从而确

---

① 骆郁廷. 我国文化软实力的发展战略 [J]. 马克思主义研究，2009 (5)：79.
② 列宁. 列宁专题文集（论无产阶级政党）[M]. 北京：人民出版社，2009：70-71.
③ 毛泽东. 毛泽东文集（第6卷）[M]. 北京：人民出版社，1999：350.
④ 邓小平. 邓小平文选（第3卷）[M]. 北京：人民出版社，1993：63.

保我国文化发展的正确方向，更为有效地增强我国文化软实力。

同时，马克思主义作为一种科学理论，具有与时俱进的理论品格，其强大生命力就在于不断发展和创新。因此，要提升我国文化软实力，不仅必须坚持马克思主义文化理论的指导地位不动摇，而且还必须努力做到与时俱进，坚持用中国化马克思主义文化理论成果，作为我国文化建设实践的行动指南。当代中国共产党人坚持把马克思主义基本原理同中国革命和建设的具体实践相结合，坚持从中国实际出发来灵活运用和发展马克思主义，在不断推进马克思主义中国化的历史进程中实现了两次历史性飞跃，创立了毛泽东思想和中国特色社会主义理论体系两大理论成果，这充分体现出了马克思主义这一科学理论所具有的与时俱进的品格特征。也正是在实现马克思主义中国化两次历史性飞跃的过程中，马克思主义文化理论也实现了与中国文化建设实践相结合的两次飞跃，形成了两大中国化的马克思主义文化理论成果：毛泽东新民主主义和社会主义文化建设理论、中国特色社会主义理论体系的文化建设思想。正是由于有了毛泽东新民主主义和社会主义文化建设理论的正确指引，我们党领导人民取得了新民主主义文化革命的胜利和早期社会主义文化建设的成功；也正是由于有了中国特色社会主义理论体系的文化建设思想的正确指引，我们党带领人民取得了中国特色社会主义文化建设的巨大成就，使中国特色社会主义文化焕发出了强大的生机和活力。因此，在当今时代，随着国际国内形势发生的深刻变化，随着各种新情况、新问题的不断涌现，我们一定要在文化领域的各项工作中坚持以马克思主义文化理论及其中国化理论成果为指导，认真贯彻落实科学发展观，这样才能确保中国特色社会主义文化沿着正确方向健康发展，才能使我国文化软实力真正得以提高和壮大。

因此，马克思主义文化理论是中国文化软实力建设的科学指南，提升中国文化软实力是马克思主义文化理论发展的价值体现。我们要努力做到继承与发展的统一，既坚持马克思主义文化理论基本原理，又做到在我国文化软实力建设实践中发展马克思主义文化理论。

二、批判与借鉴：吸收西方马克思主义文化理论的有益成分，通过自觉抵制各种错误思潮来有效提升我国文化软实力

以文化批判作为主题的西方马克思主义文化理论，对于我国文化软实力发展来说，也具有非常重要的借鉴意义。因此，我们要努力做到批判与借鉴的统一，通过革命的批判，即扬弃，充分吸收与借鉴西方马克思主义文化理论的有益成分（此处着重强调吸收与借鉴葛兰西的文化领导权思想），来促进我国文化软实力的不断提升。

葛兰西文化领导权思想以丰富的革命实践经验和雄厚的理论基础为依据，探寻了一条在西方发达资本主义国家进行社会主义革命的新道路。通过对西方国家市民社会、有机知识分子的分析，葛兰西看到了文化领导权在巩固国家政权中的突出作用，因而强调要推翻资产阶级的统治，就必须采用"阵地战"策略，发挥有机知识分子的力量，夺取资产阶级的文化领导权。在当前我们党高度重视提升我国文化软实力的大好形势下，

葛兰西文化领导权思想仍然具有十分重要的现实启迪意义。①

在葛兰西看来，对于西方发达资本主义国家的无产阶级来说，夺取文化领导权是取得革命胜利的关键。而对于已经执掌了国家政权的当代中国共产党人来说，大力加强执政党文化领导权建设仍然尤为重要。我们党的执政能力建设，是一个全方位、多维度的任务。其中，我们党领导文化建设能力的提高，极大地影响着我们党领导经济、政治、社会、生态等各方面建设能力的提高。这不能不引起我们对加强执政党文化领导权建设的高度重视。尤其是在当今这样一个全球化、多极化、多元化的世界格局中，面对着复杂多变的国际形势，以国家文化安全为主的非传统国家安全问题日益凸显，一些西方敌对势力在意识形态领域发起了对马克思主义的恶毒攻击、对文明冲突论及"普世价值"论的大肆鼓吹，使人们越来越意识到加强执政党文化领导权建设、维护国家文化安全的重要性，使我们充分认识到：经济的高速发展不能忽视文化安全，文化安危将决定一个国家的生死存亡。因此，我们必须居安思危，高度重视执政党文化领导权建设，自觉捍卫国家文化安全，建立健全维护国家文化安全的相关法律法规，从而为提升我国文化软实力打造一个安全可靠的文化生态环境。

葛兰西曾经指出："人根据自己的世界观，总要附属于一定的集团，而且恰恰附属于一切和他采取同样思想方式和行动方式的社会分子所加入的那个集团。"② 不难想象，这个集团必须是一个能让人们找到一种文化价值认同感、归属感的组织。而人们对于一种文化价值的认同感、归属感，很大程度上源自其自身作为文化建设主体的高度自觉性。随着经济的发展、社会的进步、法制的健全，人民群众的主人翁地位日益突显，其自主性得到了显著增强，他们不仅能够自由地、自动地接受统治阶级的思想，而且也能果断地联合起来分裂统治阶级的思想，威胁统治阶级的地位。这就要求我们深入研究和掌握群众心理，培育深得民意的文化土壤，真正落实"从群众中来，到群众中去"的思想认识路线，了解群众之急，探索群众之需，解决群众之惑，果敢构建体现民意的上层建筑，这样才能紧紧把握意识形态的阵地。而要掌握好群众心理，自然离不开在上层与下层之间建立起顺畅的沟通机制，也离不开文化教育者善意的疏通和导向（如创作贴近民意、富有灵性的文学影视作品等），更离不开群众主体自身的实践参与（"思想是行动的先导"，群众的参与程度也是群众心理的真实写照）。近年来，"雷锋精神"的重新弘扬，得到了群众的积极回应，激励着人们形成一种强烈的为人民服务的意识。通过这种意识对人的具体行动的内化作用，我国国民的整体素质必将得到明显提高，民族的优良传统必将得到极大体现，群众对国家的认同感必将与日俱增，我国的文化软实力必将得以显著增强。

葛兰西认为，有机知识分子始终与时代发展同进退，是文化传承和文化常青的重要力量，是国家精神发展的生命线，是支配文化领导权的核心；同时，有机知识分子扮演着多重角色，如宣传教育的教育者、文化创作的创作者、各项政策的制定者等，而宣传教育和文化创作则是其最基本的职能。因此，要提升我国文化软实力，努力打造一支先

① 宁德业. 葛兰西文化领导权思想及其现实启迪意义 ［J］. 云梦学刊, 2016（1）：89-91.
② 葛兰西. 狱中札记 ［M］. 葆煦, 译. 北京：人民出版社, 1983：6.

进的知识分子队伍，充分发挥其角色职能就显得尤为重要。从充分发挥知识分子的宣传教育职能角度来看，无论是通过网络等现代媒体还是通过报纸杂志等传统媒介，或者是学校教育等等，我国广大知识分子都要认识到自己作为"组织者""建设者"而肩负的重要职责，要以负责任的形象出现在公众面前，为公众提供丰盛的思想盛宴，为我国文化软实力的提升乃至整个人类文明进步积极建言献策。从充分发挥知识分子的文化创作职能角度来看，我国广大知识分子要认真履行自身肩负的文化创作使命，通过深入现实社会去发掘创作素材和新的思想源泉，创造出大量具有深刻思想性的好作品。"思想对于作家创作的功能就可以比喻为像钢厂冶炼精钢一样，手段越先进，质量就越高，粗钢就相当于一般的文学作品，精钢就是优秀的文学作品，冶炼手段就是作家的思想，作家对生活的体验不仅是一种积累素材的过程，更是对生活素材的冶炼过程，思想的深刻程度决定着对生活素材冶炼的质量。"① 因此，我们必须努力打造先进知识分子队伍，充分发挥其重要角色职能，才能使中华文化之树根深叶茂、万古长青，才能使我国文化软实力更好地得以彰显。

在葛兰西的文化领导权思想中，市民社会不再单纯代表传统的经济活动领域，而代表着从经济领域中独立出来与政治领域相并列的伦理文化和意识形态领域，它包括政党、工会、学校、教会等民间社会组织所代表的社会舆论领域，也包括报刊、新闻媒介、学术团体等所代表的意识形态领域。占领了此类意识形态领域，也就意味着征得了市民社会的"认可"和"同意"，就拥有了掌握文化领导权的坚实基础。随着我国市场经济的日趋完善和经济社会的飞速发展，人们的思想认识、道德选择、价值取向的独立性、多样性和差异性日益明显。而正是在我国思想文化领域日趋多元化的条件下，一些西方敌对势力却打着"民主、自由、人权"的"普世价值"旗号，对我国进行思想意识形态领域的渗透，企图进一步搅乱我国人民的思想认识。这是当前我国意识形态领域面临的一项重大挑战。为应对这一挑战，我们必须高度重视我国主流意识形态建设，认真践行社会主义核心价值观，积极引领多元文化发展潮流，必须抓住社会主义核心价值体系这个根本，坚持不懈地用马克思主义及其中国化理论成果武装全党、教育人民，坚持不懈地用中国特色社会主义共同理想凝聚力量，坚持不懈地用以爱国主义为核心的民族精神和以改革创新为核心的时代精神鼓舞斗志，坚持不懈地用社会主义荣辱观引领社会风尚，把人民大众不同的文化需求整合在社会主义主流意识形态的框架中，把当前我国社会存在的各种亚文化形态规范在当代中国主流文化周围，使其在爱国主义与集体主义的共同信念下和谐共存、完美融合，这样就能够更好地体现出社会主义核心价值体系对于多元文化发展潮流的引领作用，从而显著增强我国文化软实力。

三、创新与超越：在继续推进马克思主义文化理论中国化进程中，大力开拓提升我国文化软实力的可行路径

毛泽东新民主主义和社会主义文化建设理论、中国特色社会主义理论体系的文化建设思想，是马克思主义文化理论实现中国化的丰硕成果，对于增强我国文化软实力来

---

① 吉冬文. 作家始终不忘关注国家和民族的命运——对话陈忠实［J］. 记者观察，2011（12）：9.

说，具有无法替代的重要指导作用。在扎实推进马克思主义文化理论中国化的进程中，我们必须努力做到创新与超越的统一，不断完善中国特色社会主义理论体系的文化建设思想，自觉遵循我国文化建设的基本原则，大力加强实现我国文化发展目标的具体机制建设，积极探讨适应现代文化发展规律的行之有效的方法和途径，从而真正达到增强我国文化软实力的目的。

（一）提升我国文化软实力应该遵循的基本原则

中国特色社会主义文化建设的主要目的是满足人民群众日益增长的精神文化生活需要，根本任务是培育"四有"新人，全面提高人们的思想道德素质和科学文化素质，促进人的全面发展。这一目标任务决定了提升我国文化软实力必须遵循一定的基本原则。

1. 坚持"二为"方向和"双百"方针相结合原则

"二为"方向主要强调我国文化建设要坚持"为人民服务、为社会主义服务"的方向。人民群众的社会实践是文化艺术不朽的主题和创作源泉，人民群众的取舍是衡量文艺价值的唯一标准。中国特色社会主义文化只有为最广大人民服务，才能为最广大人民所认同并乐于参与其建设进程，才能形成推动我国文化软实力不断得以提升的强大动力。同时，我国文化建设也要为社会主义经济基础服务，为中国特色社会主义事业服务，否则就不成其为社会主义文化，就会丧失它作为社会主义意识形态的根本性质，我国文化发展就会迷失方向，提升我国文化软实力的目标就会落空。

"双百"方针主要强调繁荣和发展我国文化事业，必须认真贯彻执行"百花齐放，百家争鸣"的方针。这一方针允许和鼓励学术上的自由讨论和思想上的自由交锋，反对以政治标准代替学术标准，反对以权力意志和行政手段干预学术问题，充分尊重学术研究成果和学者智慧，在宏观上解决了文化建设所需要的民主的政治环境问题，在微观上解决了文化领域内各家各派要有一种正派的学风问题，从而为学术自由和文化多样化发展创造了一个民主的、宽松的、平等的、和谐的环境，使我国文化事业的发展出现了空前繁荣的大好局面。因此，要提升我国文化软实力，也必须贯彻执行"双百"方针，正确处理主流文化与各种亚文化之间的关系，在把握好主流、唱响主旋律的同时，努力实现先进性与广泛性、主导性与多样性的有机结合，促进多种文化范式良性互动发展。

同时，"二为"方向和"双百"方针之间的关系非常密切，要提升我国文化软实力，必须把二者结合起来。总体来看，"二为"是中国特色社会主义文化建设的根本方向，"双百"是中国特色社会主义文化建设的基本方针；只有在实践中把二者切实结合起来，才能有效促进我国文化健康发展，才能有力推动我国文化软实力的整体提升。具体来说，要实现"二为"方向和"双百"方针的密切结合，应着重抓好两方面工作：一是要尊重文艺工作者的创造性劳动，充分调动和发挥其主动性、积极性和创造性，不断激发其工作热情、创作灵感和实干精神，使他们更加努力地为繁荣我国文化事业贡献自己的聪明才智；二是要坚决反对资产阶级自由化，对那些打着所谓"民主""自由"幌子、肆意歪曲"双百"方针、宣传资产阶级自由化的言行，严肃认真地进行批判和斗争。

2. 坚持"古为今用，洋为中用"原则

中国特色社会主义文化建设，离不开灿烂悠久的中华文明，离不开人类文明发展大道。因此，要促进我国文化发展、提升我国文化软实力，我们就必须遵循"古为今用，洋为中用"原则，坚持以一种科学的态度对待古今中外文明成果，立足当代又继承发扬民族优秀文化传统，立足本国又充分吸收世界优秀文化成果，努力使中国特色社会主义文化实现历史性与现代性、民族性与开放性的有机结合。

"古为今用"原则要求我们继承和弘扬中华民族优秀传统文化。辉煌灿烂、博大精深的中华民族传统文化之中，既有精华，也有糟粕。对待这些传统文化，我们决不能生吞活剥、毫无批判地吸收，而必须像毛泽东曾经指出的那样，"剔除其封建性的糟粕，吸收其民主性的精华"①，通过坚决反对"全盘肯定论"和"全盘否定论"等形而上学错误观点，将优秀的中华民族传统文化与伟大的现代化建设实践结合起来，真正做到"古为今用"，从而使中国特色社会主义文化既具有深厚的民族文化底蕴，又具有蓬勃生机的现代文化气息，以进一步彰显我国文化的吸引力和感召力。

"洋为中用"原则要求我们积极吸收借鉴世界其他一切优秀文明成果。从根本上看，任何一种文化都具有其无法替代、独一无二的民族性特征。中国特色社会主义文化也具有鲜明的民族特性，这是我国文化与西方文化相区别的重要标志。面对全球化带来的巨大冲击，我们必须维护好我国文化的民族性，这是提升我国文化软实力的前提。但是，任何一个国家、民族的存在与发展都不可能是完全封闭、与世隔绝的，与其他国家、其他民族发生经济文化上的接触和交流，是一个国家或民族生存与发展的必然要求。因此，我们必须坚持"洋为中用"原则，在进一步扩大对外文化交流的过程中，积极吸收借鉴西方优秀文明成果，从而使我国文化发展不断获得新的血液和养分，使我国文化的国际影响力进一步得以增强。

（二）提升我国文化软实力应着力加强的机制建设

建立健全规范有序、科学高效的文化建设机制，这是促进中国特色社会主义文化繁荣发展、大力提升我国文化软实力的重要保证。当然，这种建设机制也是一个多维的、综合的统一体系，我们在此着重强调激励机制、保障机制、创新机制、预警机制的建设。②

1. 激励机制

激励是指通过满足人们生理或心理的某些需要来激发人们积极性的一种方法，其目的是充分调动人们的主动性和创造性。在大力提升我国文化软实力的过程中，用以满足人们从事文化建设实践活动的需要、激发其动机、引导其行为的各种手段、方式、方法、程序等，构成我国文化发展、文化软实力提升的激励机制，主要包括物质导向激励、精神导向激励、绩效导向激励。

物质导向激励主要强调通过物质奖励或物质刺激手段来提高我国文化工作者的积极性。物质利益推动是激励文化建设者最有效、最直接的办法。在促进我国文化发展、提

---

① 毛泽东. 毛泽东选集（第2卷）［M］. 北京：人民出版社，1991：707.
② 宁德业. 提升我国文化软实力的机制和路径研究［J］. 求索，2010（8）：50-51.

升我国文化软实力的过程中，我们不仅要满足广大文化工作者的基本生活需要，还应尽力改善他们的工作条件，力争为他们提供更为宽松的生活与工作环境，从而更好地激发他们的工作热情。

精神导向激励主要强调通过榜样的力量来激发作为我国文化建设主体的广大人民的积极性、主动性和创造性。在提升我国文化软实力的过程中，我们通过及时发现、提倡、鼓励、推介在文化建设中做出过突出贡献的单位、地区和个人，及时传播他们的先进经验，有利于激发全体人民对社会主义文化事业的热爱、对成就的渴望、对自我实现的追求，从而有利于在全社会形成一种你追我赶、竞相超越的促进我国文化发展的大好局面。

绩效导向激励主要强调通过对文化建设工作效果的考核、检查、评价来激发各单位、各部门负责人从事文化建设工作的热情。具体考评指标包括文化建设领导体制、运行管理、投入保障、队伍建设、阵地建设及实际效果等。在考评过程中，通过定量分析与定性分析相结合，努力实现考评的客观性、公正性和科学性，可以达到奖勤罚懒、奖优罚劣的目的，从而为提升我国文化软实力提供强大动力。

2. 保障机制

在对经济、政治、文化三者之间关系问题的认识上，毛泽东曾经指出："一定的文化（当作观念形态的文化）是一定社会的政治和经济的反映，又给予伟大影响和作用于一定社会的政治和经济；而经济是基础，政治则是经济的集中的表现。这是我们对于文化和政治、经济的关系及政治和经济的关系的基本观点。"① 正是这样一种关系使我们认识到：提升我国文化软实力的保障机制也是一个复合体，主要包括物质保障和政治保证。

我国文化软实力的提升，需要有物质保障，否则就会犹如"无米之炊"，难以取得实效。建立物质保障机制，关键是要制订明确具体的文化建设经费投入计划，多渠道筹措文化建设资金，并根据文化建设的客观需要和财力状况，坚持实事求是、从实际出发、因地制宜、量力而行的原则，合理分配各地区、各单位、各部门文化建设投入资金，通过增大文化设施建设的投入比重，不断改善文化建设的物质条件。

同时，我国文化软实力的提升，需要有强有力的政治保证做后盾。我们所强调的政治保证，主要指党的领导、政策导向和法规约束。党的领导是我国文化健康发展的根本保证，我们只有坚持中国共产党的领导，才能保证我国文化发展的正确方向；正确的政策导向是我国文化健康发展的重要保证，我们只有在坚持我国社会主义基本制度的前提下，认真贯彻执行"双百"方针，努力践行"二为"方向，我国社会主义文化大发展大繁荣局面才能真正得以实现；法规约束是我国文化健康发展的强大保证，我们只有加大文化立法和执法力度，推动文化法制化建设，努力将我国文化建设纳入法制轨道，才能形成促进我国文化健康发展的良好社会风气和文化生态系统。

3. 创新机制

党的十七大强调要"积极推进文化创新，增强文化发展活力"，这对于促进我国文

---

① 毛泽东. 毛泽东选集（第2卷）［M］. 北京：人民出版社，1991：663-664.

化发展、提升我国文化软实力来说，具有重大而深远的意义。根据十七大精神的要求，我们强调要大力推进文化内容形式创新、文化管理体制创新、文化传播手段创新，努力构建适合我国文化发展要求的创新机制。

文化内容形式创新，是指在既有文化要素和价值目标的基础上，对其进行拓展。我们一方面要建立古今结合的创新机制，实现对我国传统文化的转化革新；另一方面，我们要建立兼收并蓄机制，广泛吸收、融合西方文化精华，以开放的眼光、恢宏的气度、宽阔的胸怀，瞄准世界文化发展前沿动态，广泛汲取各民族文化的精华和长处，融会贯通，发展创新，从而充分体现出中国特色社会主义文化的民族特色和世界意义。

文化管理体制创新是我国建立和完善社会主义市场经济体制的要求。在现阶段，要大力推进我国文化管理体制机制创新，促进我国文化发展和文化软实力的提升，我们必须着重抓好四个方面的工作：一是要重视文化产业在国民经济发展中的重要作用，努力按照市场规律要求来重构和形成具有较大影响力、竞争力的文化"品牌"企业；二是要理顺政府和文化企事业单位的关系，主要依靠市场调节来实现文化资源的优化配置；三是要深化文化企事业单位内部改革，逐步建立"人尽其才、物尽其用"的文化管理体制和运行机制；四是要加强文化法制建设，建立和完善相应法律法规和知识产权保护体系来规范文化市场，为我国文化发展创造良好的社会环境。

文化传播手段创新是现代科技革命的要求。随着互联网的发展，信息传播媒体在价值认同方面扮演的角色越来越得到人们的重视，网络已经成为影视、音像、书籍等内容及各种信息得以广泛传播的重要载体。我们要紧紧抓住网络在传递信息过程中的快捷性、平等性、交互性、开放性、国际性等鲜明特征，促使我国文化传播发生一次深刻转型，通过加强当代中国主流文化网络阵地建设，更好地实现我国文化"送出去"战略的既定目标，让世界人民更好地了解中国文化，让中国文化更加顺利地走向世界市场。

4. 预警机制

全球化浪潮的涌现，加速了不同文化间交流与融合的步伐，同时也加剧了不同文化间的矛盾与冲突，尤其是美国借助全球化推行文化霸权主义的做法，使包括中国在内的处于文化弱势地位的民族国家的文化安全问题日益凸显。而国家文化安全是整个国家安全体系的一个重要组成部分，对于确保国家政治、经济、军事安全来说，都有着非常重要的意义。因此，在全球化的时代背景下，要大力提升我国文化软实力，就必须高度重视国家文化安全问题，通过建设我国文化安全预警机制来铸造防范文化霸权主义的坚固盾牌。

当然，我国文化安全预警机制建设，也有许多方面的工作要求我们抓紧抓好。第一，我们必须把发展经济作为构建我国文化安全预警机制的柱石，通过发展经济来为文化活动的开展和国家文化软实力的提高，提供坚实的物质保障。第二，我们必须高度重视文化安全教育，增强人们的忧患意识，强化中华民族的文化认同感，进而使我国文化逐渐走向自信、自觉和自强。第三，我们必须不断改进马克思主义理论宣传教育的方式方法，使宣传思想工作体现时代性、把握规律性、富于创造性，推动群众自觉接受马克思主义世界观、方法论，提高他们应对文化安全形势的主动性、自觉性和积极性，进一步增强中国特色社会主义文化的免疫力。第四，我们必须完善网络立法，以法律制度来规范网络文化传播，积极防范和打击网络文化糟粕；必须采用先进技术手段来规范网络运行，把好网站内容的质量关，防止涉密信息或者其他不良信息上网传播；必须加强网络文化安全教育，提倡网络文明言行，进而形成网络文化安全的长效管理机制，确保我国网络信息安全。

（三）提升我国文化软实力的可行性路径选择

要大力提升我国文化软实力，我们还必须积极探寻切实可行的具体路径。总的来看，我们要坚决做到"以我为主，为我所用"，在把握好我国文化发展正确方向的前提下，通过调动各方面积极因素，广泛吸收世界上一切优秀文化成果，积极引导和规范大众文化及其他亚文化形态健康发展，努力改善适合我国文化发展要求的文化生态系统。①

1. 维护人民文化权益，提高主体文化自觉

在人与社会的主客体关系问题上，虽然社会主体的活动受到了一定社会关系和历史条件的制约，必须遵循社会历史发展的客观规律，但人作为社会历史活动的主体，还是能够充分发挥其主观能动性，自觉认识社会客体的属性和规律，促进或延缓社会客体的发展进程。因此，在当代中国主流文化的构建过程中，我们必须努力提高作为文化建设主体的广大人民的文化自觉，充分调动其参与文化建设的主动性、积极性。

文化自觉是由我国著名社会学家费孝通先生最早提出来的。它的意思是：生活在既定文化之中的人，对其文化要有自知之明，明白其来历和形成过程，以及它所具有的特色和发展趋向。文化自觉关键在于文化主体的自觉，即需要党和政府、思想文化工作者及广大人民群众具有文化自觉意识。各级党委和政府是文化建设的主导者，思想文化工作者是文化建设的骨干力量，广大群众是文化建设的主力军。只有充分调动这三大主体的文化自觉意识，才能顺利推进当代中国主流文化的构建工作。而要提高包括思想文化工作者在内的广大人民的文化自觉，一个基本的前提就是必须维护好广大人民的基本文化权益。

对于文化权益的认识，联合国《保护和促进文化表现形式多样性公约（草案）》提出了文化权利保障的八项原则：尊重人权和基本自由原则、主权原则、所有文化享有同等尊严和尊重原则、国际调节与合作原则、经济和文化发展互补原则、可持续发展原则、平等共享原则、公平和平原则。这八项原则涵盖了文化权益的两种基本类型：一是文化主体的权益，即文化主体公平地享受文化发展成果；二是对不同文化类型的同等尊重。党的十七大报告提出要"坚持把发展公益性文化事业作为保障人民基本文化权益的主要途径"，"使人民基本文化权益得到更好保障"。我们党在此强调的是要维护好作为文化建设主体的广大人民的文化权益。

当前，切实保障好人民的文化权益，这既是社会主义制度优越性的充分体现，也是提高主体文化自觉、促进我国文化繁荣发展的重要条件。我们必须按照贯彻落实科学发展观的要求，坚持以人为本，把实现好、维护好、发展好人民群众的基本文化权益、不断满足人民群众日益增长的精神文化需求放在突出位置，尊重群众的文化创造，推动群

---

① 宁德业. 提升我国文化软实力的机制和路径研究［J］. 求索，2010（8）：51-52.

众文化参与，推进文化资源优化配置，加强公共文化服务体系建设，优先发展文化教育事业，解决好教育公平问题，让全体人民共享文化发展成果，这样才能充分调动广大人民群众在社会主义文化建设中的积极性和创造性，激发起他们对当代中国主流文化构建的热情和兴趣，引导他们努力营造自己的精神家园，使他们在文化建设中接受教育、陶冶情操，真正实现自身的全面发展。

2. 建设核心价值体系，引领文化发展潮流

随着我国市场经济的日趋完善、社会经济的飞速发展，人们的思想认识、道德选择、价值取向的独立性、多样性和差异性日益明显。这就要求有一种共同的价值观来加强文化的社会凝聚力，整合不同利益群体的价值观念。

社会主义核心价值体系是马克思主义意识形态理论与当代中国实际和时代特征相结合的产物，其核心内容就是爱国主义与集体主义精神。它能够把不同利益群体的精神取向整合成为一种积极向上的进步力量，形成一个"文化磁场"，增强整个社会的文化凝聚力。因此，构建当代中国主流文化，必须抓住建设社会主义核心价值体系这个根本，把人民大众不同的文化需求整合在主流意识形态的框架中，把当前我国社会存在的各种亚文化形态规范在主流文化周围，使其在爱国主义与集体主义的共同信念下和谐共振、相互渗透、完美融合，通过推动实现各自的价值诉求来更好地体现当代中国主流文化对文化发展潮流的引领作用。

当前，抓好社会主义核心价值体系建设，必须注重以下三个方面的工作：首先，我们要巩固马克思主义指导地位，坚持不懈地用马克思主义中国化最新成果武装全党、教育人民，用中国特色社会主义共同理想凝聚力量，用以爱国主义为核心的民族精神和以改革创新为核心的时代精神鼓舞斗志，用社会主义荣辱观引领社会风尚，巩固全党全国各族人民团结奋斗的共同思想基础。其次，我们要大力推进理论创新，不断赋予当代中国马克思主义鲜明的实践特色、民族特色、时代特色；开展中国特色社会主义理论体系宣传普及活动，推动当代中国马克思主义大众化；推进马克思主义理论研究和建设工程，深入回答重大理论和实际问题，培养造就一批马克思主义理论家特别是中青年理论家；切实把社会主义核心价值体系融入国民教育和精神文明建设全过程，转化为人民的自觉追求。再次，我们要积极探索用社会主义核心价值体系引领社会思潮的有效途径，主动做好意识形态工作，既尊重差异、包容多样，又有力抵制各种错误和腐朽思想的影响；繁荣发展哲学社会科学，推进学科体系、学术观点、科研方法创新，鼓励哲学社会科学界为党和人民事业发挥思想库作用，推动我国哲学社会科学优秀成果和优秀人才走向世界。

3. 努力建设和谐文化，大力培育文明风尚

和谐文化是中国共产党在新时期、新阶段理论创新的重要组成部分，是马克思主义文化观在当代中国的最新发展成果，是当代中国主流文化的最新表现形式，是全体人民团结进步的重要精神支撑，是推动和谐社会建设的强大精神动力。

搞好社会主义和谐文化建设，有助于在全社会形成一种健康向上的文明风尚，促进人的全面发展、推动社会和谐进步，从而为当代中国主流文化发展营造一种和谐的社会环境。同时，搞好社会主义和谐文化建设，有助于在全社会形成一种诚实守信的良好人

际关系，这样有利于减少经贸往来中的交易风险，降低交易成本，更好地推动经济繁荣发展，从而为当代中国主流文化发展奠定更加坚实的物质基础。因此，我们要构建当代中国主流文化，必须高度重视社会主义和谐文化建设，着力培育社会文明风尚。

当然，要推动和谐文化建设、大力培育文明风尚，我们有许多工作要做，其中的重要任务主要包括：积极发展新闻出版、广播影视、文学艺术事业，坚持正确导向，弘扬社会正气；重视城乡、区域文化协调发展，着力丰富农村、偏远地区、进城务工人员的精神文化生活；加强网络文化建设和管理，营造良好网络环境；大力弘扬爱国主义、集体主义、社会主义思想，以增强诚信意识为重点，加强社会公德、职业道德、家庭美德、个人品德建设，发挥道德模范榜样作用，引导人民自觉履行法定义务、社会责任、家庭责任；加强和改进思想政治工作，注重人文关怀和心理疏导，用正确方式处理人际关系；动员社会各方面共同做好青少年思想道德教育工作，为青少年健康成长创造良好社会环境；深入开展群众性精神文明创建活动，完善社会志愿服务体系，形成男女平等、尊老爱幼、互爱互助、见义勇为的社会风尚；弘扬科学精神，普及科学知识，在全社会大力弘扬求真务实、开拓进取精神，提高全体人民的科学技术水平，进一步提升文化建设主体的文化自信与自觉。

4. 加快发展文化产业，不断繁荣文化市场

在全球化条件下，经济与文化一体化的趋势日益明显，经济与文化的互动关系日益为世人所关注，文化产业化已成为世界性潮流。

从我国的具体情况来看，发展文化产业与当代中国主流文化构建的关系十分密切。首先，发展文化产业，能够创造出更加丰富多彩的文化产品和文化服务，不仅可以满足人们的文化需求，而且可以成为引导人们文化消费方向和潮流的重要力量，为人们创造出一种文明、健康、科学的全新生活方式，这样就有利于提高人们的生活质量，增进人们的身心健康，培育社会主义"四有"新人，促进人的全面发展，从而不断提升当代中国主流文化构建主体的思想道德和科学文化素质，提升其文化建设自觉意识。其次，在建立与完善社会主义市场经济体制的条件下，当代中国主流文化只有通过文化产业的市场化运作，才能为更广大的人民群众所接受，才能进一步扩大其社会影响力，才能使其规范、引导其他文化形态健康发展的主导作用得以充分发挥。同时，随着全球化进一步向纵深方向发展，文化软实力已经成为综合国力的重要组成部分，在当前国际竞争中发挥着不可替代的作用，我们只有大力发展民族文化产业，提升我国文化软实力，提高国产文化商品在国际文化市场的竞争力和占有率，才能使当代中国主流文化在向外传播的过程中进一步增强其抵御西方文化霸权侵蚀的能力，才能有效捍卫我国的文化主权和文化安全。因此，加快发展我国文化产业，这不仅是一个重大经济问题，而且是一个重大政治问题。

要加快发展我国文化产业，不断繁荣我国文化市场，我们必须立足于基本国情，以改革创新精神探索出一条中国特色社会主义文化产业发展的崭新道路。第一，我们要清醒地认识到，尽管我国文化产业发展还处于蓄势待发阶段，但具有良好的发展机遇，只要我们始终保持冷静心态、进取精神，善抓机遇，勇于探索，大胆创新，就一定能迎来文化产业发展的美好前景，这样我们就能树立起发展民族文化产业的坚定信心；第二，

我们要更新思想观念，使文化单位确立起自主经营、自负盈亏、自我约束、自我发展的理念，树立起与社会主义市场经济发展相适应的竞争、风险、人才、法制、效益等一系列新观念，在通过转变政府职能的条件下，使政府从对文化单位的具体管理事务中解脱出来，使文化单位成为真正的市场主体，使政府对文化产业进行更为有效的宏观管理与监督指导，从而确保我国文化产业健康发展；第三，我们要按照科学化、现代化、产业化、规范化和国际化原则，搞好现代企业制度建设，不断完善文化产业经营机制，通过推进文化产业集团化建设，促进我国文化产业整体素质的提高；第四，我们要加大人才培养力度，努力提高文化产业中的科技含量，加快实现产业升级换代，大力发展高科技文化产业，进一步增强我国文化产业的核心竞争力。

5. 提升文化创新能力，增强文化发展活力

随着全球化导致的文化竞争的进一步加剧，文化创新能力日益成为一个国家能否在这场竞争中掌握主动权的关键因素。尤其是当美国文化霸权对发展中国家进行扩张与渗透时，创新能力已构成了这些国家文化安全的核心。因此，提高全民族文化创新能力，已经成为增强我国文化发展活力的重要源泉，在确保我国文化安全方面具有十分重要的意义，对于推动当代中国主流文化的构建来说，也是一个需要加以高度重视的问题，我们必须站在时代的高起点上推动文化思想观念、内容形式、体制机制、传播手段创新，通过不断解放和发展文化生产力来进一步增强我国文化发展活力。

首先，我们必须着眼于思想观念的转变更新和理论探索创新，克服对现代西方文化的能力依赖，立足于中华民族五千年文明所承传下来的丰富思想文化资源，在总结近百年来中华学人创造的全部文化成果的基础上，融合世界上一切优秀文明成果，创造具有民族特色的属于当代中国主流文化的新概念、新理论、新艺术，建立新国学，全面树立对中华民族文化创新能力的自信。

其次，我们必须在中国的思想文化界、学术界和艺术界，积极倡导"独立之精神、自由之思想"的文化创新理想境界，广开言路，在宪法和法律所赋予的言论自由的范围内，鼓励人们在文化领域进行大胆的科学探索，在坚持"为人民服务、为社会主义服务"的方向和"百花齐放、百家争鸣"方针的前提下，坚持做到贴近实际、贴近生活、贴近群众，始终把社会效益放在首位，真正实现经济效益与社会效益的有机统一，从而创作出更多反映人民主体地位和现实生活、群众喜闻乐见的优秀精神文化产品。

同时，我们必须深化文化体制改革，完善扶持公益性文化事业、发展文化产业、鼓励文化创新的政策，营造有利于出精品、出人才、出效益的环境；要坚持把发展公益性文化事业作为保障人民基本文化权益的主要途径，加大投入力度，加强社区和乡村文化设施建设；大力实施重大文化产业项目带动战略，加快文化产业基地和区域性特色文化产业集群建设，培育文化产业骨干企业和战略投资者，繁荣文化市场，增强国际竞争力；要运用高新技术创新文化生活方式，培育新的文化业态，加快构建传输快捷、覆盖广泛的文化传播体系；要设立国家荣誉制度，表彰有杰出贡献的文化工作者。

6. 弘扬中华优秀文化，促进中西文化融合

中华文化是中华民族生生不息、团结奋进的不竭动力，是当代中国主流文化的重要源泉和根脉。因此，继承和发扬中华民族一切优秀传统文化，建设具有中国风格和中国

气派的文化，这是构建当代中国主流文化的根本所在。我们必须要全面认识祖国传统文化，取其精华，去其糟粕，使之与当代社会相适应、与现代文明相协调，努力使当代中国主流文化既能保持民族性，又能体现时代性；我们必须加强中华优秀文化传统教育，运用现代科技手段开发利用民族文化丰富资源，加强对民族文化的挖掘和保护，重视文物和非物质文化遗产保护，做好文化典籍整理工作，努力弘扬和彰显悠久灿烂的中华文化。只有这样，我国文化建设主体对民族文化的认同感才能进一步得以增强。

同时，坚持以"和而不同"为核心，积极推进世界文明不断走向融合，这对于当代中国主流文化的构建来说，也具有非常重大的现实意义。当代中国主流文化的构建，不可能离开整个世界文明去孤立地进行，而必须是在大力弘扬民族文化主体精神的前提下，在坚持以"和而不同"为核心的基础上，加强对外文化交流，通过引进、消化、吸收西方优秀文明成果，更好地实现对中国传统文化进行自我更新、自我扬弃，从而增进中西文化融合。"和而不同"是社会事物和社会关系发展的一条重要规律，也是人们待人处世应该遵循的准则，是人类各种文明协调发展的真谛。大千世界，丰富多彩。事物之间、国家之间、民族之间、地区之间，存在这样或那样的不同和差别是正常的，也可以说是必然的。我们主张坚持以"和而不同"为核心，通过改变两极对立、非此即彼的传统思维方式，正确处理全球文化统一性与民族文化多样性的关系，鼓励世界各种文明、社会制度和发展模式相互交流、相互借鉴，使之能够在和平竞争中取长补短、在求同存异中共同发展，最终实现双赢、共赢。只有这样，当代中国主流文化的国际影响力才能进一步得以提升。

后　记

　　伴随着本书最后一个字符在电脑键盘上的敲出，我终于可以长吁一口气了。

　　记得是在 2011 年 9 月，我正在美国印第安纳州西拉法叶的普渡大学哲学系做为期一年的访问学者。就是在当时那暑气渐退的普渡大学人文学院六楼的一间视野开阔的办公室里，我在即将回国之时抽时间完成了 2012 年度教育部社科规划基金项目的网上申报。令人惊喜的是，在我回到国内大概过了 3 个月之后，该项目竟然获得了批准立项。但由于自己的慵懒，加上其他一些主客观原因，该课题研究工作进展缓慢。差不多是经过了 8 年鏖战，一直拖拉到现在，才终于可以说是即将为本课题研究工作圆满地画上一个句号了。

　　此时此刻，我可谓是感慨万千，激动的心情无以言表。不过，静下心来，我觉得，最为重要的还是应该对曾经给了了本课题研究和本著作出版以热情支持和无私帮助的人们致以最诚挚的谢意。

　　我必须感谢普渡大学哲学系的威廉·麦克布莱德教授。他当时作为世界哲学协会的主席，曾经在百忙之中为我留学普渡提供了无私的帮助，并给予了我在美国留学生活方面无微不至的关照和极大的便利。应该说，没有他为我在普渡校园安排的办公场所，也就不会有我今天这本著作的问世了。当然，我也必须感谢普渡大学哲学系的其他老师、同学和朋友。正是因为有了他们，才有了我那段难以忘怀的留学经历。在这些朋友当中，尤其值得我感谢的是杨述刚。他当时与我同为威廉教授的访问学者，曾经就我的课题申报书，还提出了许多宝贵的意见和建议。

　　我必须感谢我的博士生导师李崇富教授！他作为中国社会科学院学部委员、全国政协委员，还曾经抽出宝贵时间指点过我的课题申报书。而且，也正是由于 2009 年暑期在国家教育行政学院亲自聆听了李老师"关于'普世价值'问题的思考"之演讲，才最终促成了拙作《提升中国文化软实力与反对"普世价值"》在重点期刊《马克思主义研究》上的发表，并赋予本人有关文化软实力研究以十分难得的灵感和启发。

　　我必须感谢湖南大学马克思主义学院的领导和全体同仁，还必须感谢湖南大学社会科学处的领导和工作人员，当然也必须感谢教育部社科规划办和国家留学基金委的领导和工作人员。正是因为有了他们的支持和帮助，本课题研究工作才得以顺利开展。

　　我必须感谢我的研究生赵亚飞、曾俊、许旺君、徐永兰和徐鑫。这 5 位同学分别担任了本书第 2—6 章的前期起草工作。虽然全书的体系结构安排都事先由我做好了谋篇布局，还由我为 5 位"小作者"分别准备了相应的写作资料，并亲自完成了"导言""结语"和"第 1 章"的写作任务，最后再亲自认真细致地对他们完成的"半成品"加以修改、润色和完善，这样才有了现在的最终"成品"。如果没有这 5 位"小作者"的鼎力相助和密切合作，我估计这一课题研究工作肯定会中途夭折。还有我曾经指导过的已毕业的研究生李慧、周磊、张珊等同学，她们为本课题前期研究工作的开展，也做出了不小的贡献，在此一并表示感谢！

我必须特别感谢湖南大学出版社。本著作的出版得益于出版社提供的 2018 年度出版基金资助，尤其是得益于陈建华老师为拙作所付出的辛勤劳动。记得正是 10 年前，本人的第一部著作《中国现阶段收入分配公平问题研究》就是在责任编辑陈建华老师的帮助下有幸在湖南大学出版社顺利出版的。而 10 年后的今天，本人的第二部著作又是在陈建华老师的帮助下获得了出版社的全额出版基金资助，并由刘非凡老师负责本著作的相应出版工作。这不能不说是一种"缘分"吧！

我必须感谢我的妻子李小平女士和我的女儿宁妮。因为本课题研究任务的顺利完成，也离不开家人的理解和支持。

当然，我也必须感谢学术界的各位前辈和同仁。正是在借鉴了各位学者相关研究成果的基础上，本课题研究的最终成果才得以面世。

"桃李不言，下自成蹊。"作为一名深谙其中艰辛却仍在踽踽前行的高校教学科研人员，本人将铭记马克思的箴言："在科学上没有平坦的大道，只有不畏劳苦沿着陡峭山路攀登的人，才有希望达到光辉的顶点。"我相信，虽然自己现已年过半百却仍然几无建树，但只要心中那团激情燃烧的梦想之火永不熄灭，并坚定地站在"巨人们"的肩膀上去执着追求，就一定能够开拓出一片灿烂辉煌的光明前景！

宁德业

2019 年 6 月